Doppelgänger

CARAMBAIA

NAOMI KLEIN

Doppelgänger
Uma viagem através do Mundo-Espelho

1ª reimpressão

Tradução
Renato Marques

Posfácio
Rodrigo Nunes

IN MEMORIAM:

Mike Davis,
Barbara Ehrenreich,
bell hooks,
Leo Panitch

*Uma terrível multidão de duplicatas surgiu do nada.**
– Fiódor Dostoiévski, *O duplo*, 1846

Quantos de todo mundo vai haver?
– Jordan Peele, *Nós*, 2019

* Tradução da citação, tal qual foi inserida, em inglês, pela autora. Há diferenças em relação a traduções do russo presentes em edições brasileiras do texto. "[...] brotavam como que de debaixo da terra figuras, iguaizinhas, totalmente semelhantes." Fiódor Dostoiévski. *O duplo: Poema petersburguense*. Trad., posf. e notas de Paulo Bezerra. São Paulo: Ed. 34, p. 157. [NOTA DESTA EDIÇÃO]

Introdução: A eu genérica

Em minha defesa, jamais foi minha intenção escrever este livro. Eu não tinha tempo. Ninguém me pediu. E várias pessoas me alertaram com veemência contra a ideia. Não agora – não com os incêndios, literais e metafóricos, que assolam o nosso planeta. E certamente não sobre este tema.

A Outra Naomi – é assim que me refiro a ela agora. Essa pessoa com quem eu tenho sido cronicamente confundida há mais de uma década. Minha *doppelgänger* de cabeleira exuberante. Uma pessoa que tantas outras parecem achar indistinguível de mim. Uma pessoa que faz muitas coisas extremas, por causa das quais desconhecidos me condenam com severidade, me agradecem ou expressam pena de mim.

O próprio fato de eu me referir a ela me valendo de qualquer espécie de código demonstra o absurdo da minha situação. Durante um quarto de século, fui uma pessoa que escreveu sobre o poder corporativo e as devastações que ele engendra. Eu me esgueiro furtivamente para dentro de fábricas desumanas em países distantes e através de fronteiras para bisbilhotar ocupações militares; faço relatos sobre as consequências de derramamentos de petróleo e furacões de categoria 5. Escrevo livros de Grandes Ideias sobre Assuntos Sérios. E, no entanto, nos meses e anos durante os quais este texto surgiu – uma época em que os cemitérios ficaram sem espaço e bilionários se lançaram espaço sideral afora –, todas as outras coisas que eu tive de escrever ou poderia ter escrito me pareceram apenas uma intromissão indesejada, uma interrupção rude. Por acaso eu aceitaria participar de uma série de eventos antecedendo uma importante Cúpula do Clima das Nações Unidas? Não, sinto muito, minha agenda já está lotada de compromissos. Tem algum comentário a fazer sobre a retirada das tropas estadunidenses do Afeganistão? Sobre os vinte anos do 11 de Setembro? A invasão russa da Ucrânia? Não, não e, de novo, não.

Em junho de 2021, quando este projeto começou de fato a escapar do meu controle, um novo e estranho fenômeno climático apelidado de "domo de calor" desceu sobre a costa sul da Colúmbia Britânica, a parte do Canadá onde hoje em dia vivo com a minha família. A massa de ar denso parecia uma entidade invasiva e rosnante, movida por intenções malévolas. Morreram mais de seiscentas pessoas[1], em sua maioria idosos; estima-se que 10 bilhões de criaturas marinhas tenham sido cozinhadas vivas no nosso litoral; uma cidadezinha inteira ardeu em chamas. É raro que este rincão remoto, isolado e pouco povoado chegue às manchetes internacionais, mas por um breve momento o domo de calor nos tornou famosos. Um editor me perguntou se eu, na condição de alguém envolvido na luta contra as alterações climáticas havia quinze anos, gostaria de apresentar um relato sobre como foi viver esse evento climático inaudito.

"Estou trabalhando em outra coisa", aleguei, o fedor da morte enchendo minhas narinas.

"Posso perguntar em quê?"

"Não, não pode."

Durante esse período de subterfúgios febris, negligenciei muitas outras coisas importantes. Naquele verão, permiti que meu filho de 9 anos passasse tantas horas assistindo a uma sanguinolenta série documental sobre a natureza chamada *Clube da luta animal* que ele começou a me acertar cabeçadas "feito um grande tubarão-branco" quando eu me sentava à escrivaninha. Não passei tempo suficiente com os meus pais octogenários, que residem a apenas meia hora de carro de distância da minha casa, apesar da sua vulnerabilidade estatística à pandemia mortal que assolava o mundo e a despeito daquela letal bolha de ar quente. No outono, meu marido concorreu a um cargo numa eleição de âmbito nacional; embora eu o tenha acompanhado em algumas viagens de campanha, sei que poderia ter feito mais.

Eu me deixei enredar em toda essa negligência para poder... o quê? Checar a conta dela no Twitter, suspensa diversas vezes? Estudar as aparições dela nas lives de Steve Bannon a fim de obter indícios reveladores da química elétrica que existia entre os dois? Ler ou ouvir mais alguns de seus alertas de que medidas básicas de saúde eram a bem da verdade uma conspiração secreta orquestrada pelo Partido Comunista Chinês, Bill Gates, Anthony Fauci e o Fórum Econômico Mundial com o intuito de semear a morte em massa em escala tão colossal que só poderia ser o trabalho do diabo em pessoa?

Minha vergonha mais profunda está no indescritível número de podcasts que consumi com sofreguidão, no imenso volume de horas perdidas que jamais recuperarei. Uma quantidade de tempo equivalente a um mestrado. Eu dizia a mim mesma que era "pesquisa". Minha desculpa era a seguinte: se quisesse entender a Outra Naomi e seus seguidores e simpatizantes, que agora haviam declarado guerra total contra a realidade objetiva, eu teria de mergulhar de cabeça no arquivo de um sem-número de programas semanais e quinzenais, extremamente prolíficos e avessos a qualquer esforço de edição, com nomes como *QAnon Anonymous* e *Conspirituality*, devotados a desvendar, destrinchar e desconstruir uma mixórdia de mundos de teorias da conspiração, embusteiros vendedores de fórmulas de saúde e bem-estar, e suas várias interseções com o negacionismo da covid-19, a histeria antivacina e o fascismo crescente. A isso se somava a tarefa de acompanhar a produção diária de Bannon e Tucker Carlson, de cujos programas a Outra Naomi se tornara uma convidada habitual.

Esse trabalho de escuta devorava quase todos os momentos de interstício da minha vida: o tempo de dobrar a roupa lavada, guardar a louça da máquina, passear com o cachorro, fazer o trajeto de carro para buscar o filho na escola. Numa outra vida, muitas dessas brechas eram períodos em que eu ouvia música ou notícias de verdade, ou telefonava para as pessoas que amo. "Eu me sinto mais próxima dos apresentadores do *Conspirituality* do que de você", choraminguei certa noite numa mensagem de voz para minha melhor amiga.

Eu dizia a mim mesma que não tinha escolha. Que o que estava fazendo não era, com efeito, um desperdício épico, frívolo e narcisista do tempo já apertado de que dispunha para dedicar à escrita, ou do tempo escasso que ainda resta no relógio do nosso planeta em acelerado aquecimento. Racionalizava que a Outra Naomi, no papel de uma das mais eficazes criadoras e disseminadoras de desinformação e informações fraudulentas sobre muitas de nossas crises mais urgentes – e alguém que aparentemente ajudou a inspirar multidões a sair às ruas em rebelião contra uma "tirania" que não passava de alucinação coletiva –, está no centro de convergência de várias forças que, embora ridículas ao extremo, são, todavia, importantes, uma vez que a confusão que semeiam e o oxigênio que absorvem acabam por atravancar sobremaneira e com força cada vez mais acentuada a realização de praticamente qualquer coisa útil ou saudável que os humanos possam, em algum momento, decidir realizar juntos.

Como colocar de castigo os bilionários que viajam pelo espaço e utilizar a riqueza que eles adquiriram por meios ilícitos para custear programas de moradia e assistência médica e abandonar os combustíveis fósseis antes que o futuro seja um domo de calor interminável. Ou, de forma mais modesta, despachar para a escola seu filhinho que se identifica com tubarões sem temer que o pequeno volte para casa infectado por um vírus extremamente contagioso e potencialmente letal que ele contraiu de um colega de classe cujos pais juram de pés juntos que as vacinas fazem parte de uma conspiração para cometer genocídio e escravizar a humanidade, porque uma senhora na internet chamada Naomi os convenceu de que é assim que as coisas são.

A palavra "*Doppelgänger*" vem do alemão, combinando *Doppel* (duplo, réplica) com *Gänger* (andarilho, aquele que vaga). Às vezes o termo é traduzido como "duplo caminhante", e posso dizer que ter um dublê perambulando à solta por aí é uma experiência profundamente perturbadora. O "inquietante", sentimento que Sigmund Freud descreveu como "aquela espécie de coisa assustadora que remonta ao que é há muito conhecido, ao bastante familiar"[2] – mas é subitamente estranho. A inquietação provocada pelos *doppelgängers* é particularmente aguda porque aquilo que se torna desconhecido é você mesmo. Um indivíduo que tem um *doppelgänger*, Freud escreveu, pode sentir "identificação com uma outra pessoa, de modo a equivocar-se quanto ao próprio Eu"[3]. Freud não estava certo com relação a todas as coisas, mas quanto a isso ele tinha razão.

E aqui está um ingrediente a mais: a minha *doppelgänger* é uma pessoa que passou por uma transformação política e pessoal tão drástica que muita gente comentou que ela mesma parece um *doppelgänger* de seu antigo eu. E isso, de certa forma, faz de mim um duplo de um duplo, situação tão inquietante que nem sequer o próprio Freud foi capaz de prever.

Estou longe de ser a única a me engalfinhar com a sensação de que a realidade está de alguma forma distorcida. Quase todo mundo com quem eu converso me conta histórias sobre pessoas que se perderam "toca do coelho abaixo" – pais, mães, irmãos, melhores amigos, bem como intelectuais e analistas outrora de confiança. Pessoas, antes próximas, que se tornaram irreconhecíveis. Alteradas. Começou a parecer que as forças que desestabilizaram o meu mundo faziam parte de uma expansiva teia de forças a desestabilizar o nosso mundo mais amplo – e que compreender essas forças poderia ser a chave para chegar a um terreno mais firme.

*

Ao longo de mais de vinte anos, desde que aqueles aviões se espatifaram contra o vidro e o aço do World Trade Center, preocupa-me a forma como os choques em grande escala chacoalham e desarranjam as nossas sinapses coletivas, levam à regressão em massa e tornam os humanos presas fáceis para os demagogos. Nos anos que levei para pesquisar e escrever *A doutrina do choque*, meu livro de 2007 sobre esse tema, mergulhei profundamente nas maneiras como certos grupos influentes e oportunistas tiraram proveito de estados de atordoamento pós-choque em muitos contextos diferentes: o 11 de Setembro, o colapso da União Soviética, a invasão do Iraque, o furacão Katrina e acontecimentos bem mais remotos no tempo. Diante de uma opinião pública aterrorizada, aturdida e distraída, segmentos sedentos de poder conseguiram, sem nenhum debate ou consentimento, fomentar e impor medidas políticas que beneficiaram as elites das corporações – o que não difere muito dos métodos brutais utilizados por torturadores que submetem seus prisioneiros ao isolamento e ao estresse para "amolecê-los" e destroçá-los. Ao realizar a pesquisa, acompanhando os ataques aos direitos políticos, bem como as vendas em leilões de terras e serviços públicos, sempre me imaginei imune a essas táticas de choque, já que sabia como funcionavam. Eu não me deixava abalar por acontecimentos sem precedentes, a minha visão se mantinha límpida e lúcida durante as crises, e era meu papel ajudar os outros a ver com clareza. Ou pelo menos era o que eu pensava.

Olhando para trás agora, estremeço, constrangida, ao constatar o quanto a minha posição era cômoda e fácil. Se eu me sentia impermeável ao choque, era sobretudo por causa da minha distância com relação às fontes dos abalos. Não foram os meus familiares que perderam a vida. Não era o meu bairro que estava na fila para ser demolido, tampouco eram os professores do meu filho que estavam perdendo o emprego para que as escolas públicas pudessem ser convertidas em instituições de ensino privadas.

Mas a covid... com a covid a história foi diferente. A epidemia transtornou meu mundo pessoal, assim como o mundo de todos nós. Durante os primeiros quatro meses, enquanto eu ainda morava em New Jersey, fiquei confinada em casa com nosso filho neuroatípico, tentando em vão ajudá-lo a estudar nas aulas online e, mais importante, acalmar sua alma porosa, para a qual era inevitável absorver o terror que nos cercava. Ambulâncias vieram buscar nossos vizinhos, o vírus devastou nosso círculo de amigos. Ainda assim tive sorte – eu não estava na linha de frente nas enfermarias da covid –, mas tampouco a habitual distância com que observava e relatava os fatos me punha a salvo da pandemia. Todas as manhãs eu acordava exausta e, em um torpor estupefato, fitava minhas várias telas. Pela primeira vez, não era o choque de outrem. E os choques continuaram chegando sem parar.

Um estado de choque é o que nos acontece – individualmente ou como sociedade – quando vivenciamos um acontecimento repentino e ímpar para o qual ainda não temos uma explicação adequada. Em sua essência, um choque é a lacuna que se abre entre o acontecimento e as narrativas existentes para explicá-lo. Sendo criaturas narrativas, os seres humanos tendem a se sentir muito desconfortáveis diante de vácuos de significado – razão pela qual punhados desses oportunistas, as pessoas a quem denominei "capitalistas do desastre", se apressaram a preencher a lacuna com as suas listas de desejos preexistentes e histórias simplistas do bem contra o mal. De tão equivocadas, essas histórias podem até beirar o caricatural ("Ou vocês estão conosco ou estão com os terroristas", eles nos disseram depois do 11 de Setembro, e também "Os terroristas odeiam as nossas liberdades"). Mas pelo menos essas histórias existem – e isso por si só é suficiente para torná-las melhores que o nada que caracteriza a lacuna.

"Reúnam-se, encontrem sua base de equilíbrio e sua história." Esse é o conselho que, há duas décadas, eu venho dando sobre como se esquivar do choque em momentos de trauma coletivo. Metabolizem juntas o choque, eu digo às pessoas, e juntas criem significado. Resistam aos tiranos desprezíveis que lhes dirão que agora o mundo é uma folha em branco na qual eles escreverão histórias violentas.

É um conselho robusto. Mas a covid dificultou muito as iniciativas de ação. O controle do vírus impôs a muitos de nós, incluindo a mim, as mesmas condições que tornam os humanos mais vulneráveis a estados de choque: o estresse e o isolamento prolongados. Meu próprio isolamento ficou mais extremo quando, quatro meses depois do início da pandemia, regressamos ao Canadá. Era para ser uma viagem temporária a fim de ficarmos perto dos meus pais. Mas, como tantas outras pessoas, ficamos presos. Agora vivemos em tempo integral num penhasco, no fim de uma rua sem saída situada a três horas da cidade mais próxima, incluindo uma travessia numa balsa meio periclitante. Eu só me arrependo às vezes de ter deixado para trás o serviço de entrega em domicílio dos restaurantes, e de abrir mão do fornecimento estável de energia elétrica e do metrô em troca de uma confiável escola de educação aberta do interior, do fácil acesso a trilhas na floresta e da chance pequena, mas ainda assim bastante concreta, de vislumbrar a barbatana dorsal preta de uma orca cortando as águas cor de aço do mar de Salish. Aqui é bom – quando o lugar não é sufocado pelo calor e pela fumaça dos incêndios florestais ou açoitado por tempestades para as quais temos sempre de aprender novos nomes ("ciclone bomba", "rio atmosférico" e "expresso do abacaxi", tudo em um longo e úmido inverno). Mas é uma região isolada. Então, talvez tenha sido isto que por fim me fez chegar ao limite (ou me fez perder as estribeiras?): os meses a fio sem o contato com humanos em carne e osso para sentir e com quem pensar.

Isso, e entrar na internet para tentar encontrar algum simulacro das amizades e comunidades que me faziam falta, e me deparar, em vez disso, com o contrário, a Confusão: uma torrente de pessoas discutindo a meu respeito e sobre coisas que disse e fiz – só que não era eu. Era ela. O que suscitou uma questão alarmante: quem, então, era eu?

Na tentativa de compreender a enrascada em que eu estava, comecei a ler e assistir a tudo o que consegui encontrar sobre duplos e *doppelgängers*, de Carl Jung a Ursula K. Le Guin; de Fiódor Dostoiévski a Jordan Peele. A figura do duplo começou a me fascinar – seu significado na mitologia antiga e no nascimento da psicanálise. A forma como o "eu gêmeo" representa nossa aspiração mais elevada – a alma eterna, aquele ser efêmero que supostamente sobrevive ao corpo. E a forma como o duplo representa também as partes mais reprimidas, depravadas e rejeitadas de nós mesmos que não suportamos ver – o gêmeo maligno, o eu sombrio, o antieu, o médico que se desdobra no monstro. Essas histórias logo me ensinaram que a minha crise de identidade era provavelmente inevitável: quase sempre caótica e estressante, a aparição de um *doppelgänger* causa paranoia, e a pessoa que encontra seu duplo é sempre levada ao limite devido à frustração e à estranheza de tudo.

Todavia, os *doppelgängers* não são apenas formas de tormento. Durante séculos os duplos foram entendidos como avisos ou arautos. Quando a realidade começa a se duplicar, a refratar-se, isso muitas vezes significa que algo importante está sendo ignorado ou negado – uma parte de nós e do nosso mundo que não queremos ver – e que, se não dermos a devida atenção ao alerta, um perigo adicional nos aguarda. Isso se aplica aos indivíduos, mas também a sociedades inteiras que estão divididas, duplicadas, polarizadas ou dilaceradas em vários campos beligerantes e aparentemente irreconhecíveis. Sociedades como a nossa.

Em seu clássico filme *Um corpo que cai* [*Vertigo*], de 1958, Alfred Hitchcock chamou de "vertigem" o turbulento estado de viver na presença de *doppelgängers*; entretanto, a julgar pela minha experiência, um termo ainda mais ressoante é aquele usado pelo filósofo mexicano Emilio Uranga em 1952: *zozobra*. Palavra em espanhol para descrever ansiedade existencial e melancolia profunda, *zozobra* evoca também uma instabilidade generalizada: "um modo de ser que oscila incessantemente entre duas possibilidades, entre dois afetos, sem saber em qual deles fiar-se"[4] – absurdo e gravidade, perigo e segurança, morte e vida. Uranga escreve: "Nesse vaivém a alma sofre, sente-se dilacerada e ferida".

Philip Roth esmiuçou esse movimento de "puxa e empurra" no romance *Operação Shylock: Uma confissão*, sobre seu próprio *doppelgänger*: "É ridículo demais pra levar a sério e sério demais pra ser ridículo"[5], ele escreveu sobre um sósia do próprio Roth. Essa frase se tornou meu mantra durante o período inquietante a que me refiro. Os movimentos políticos que a Outra Naomi ajuda a encabeçar são ridículos, indignos de atenção – ou serão parte de uma grave mudança no nosso mundo que necessita de nosso enfrentamento urgente? Devo rir ou chorar? Estou empacada neste penhasco, ou tudo ao redor é que está se movendo rápido demais?

Se a literatura e a mitologia sobre os *doppelgängers* servirem de guia, quando se depara com o surgimento de um duplo, uma pessoa tem o dever de embarcar em uma jornada – uma busca para entender quais mensagens, segredos e presságios lhe estão sendo oferecidos. Então, foi o que eu fiz. Em vez de rechaçar minha sósia, tentei aprender tudo o que podia sobre ela e os movimentos dos quais faz parte. Eu a segui enquanto ela chafurdava cada vez mais fundo em um labirinto de tocas de coelhos conspiratórias, lugares onde muitas vezes pareceu que minha própria pesquisa para *A doutrina do choque* atravessara o espelho e agora me encarava como uma rede de tramas fantásticas a alardear que as crises muito reais que enfrentamos – da covid às alterações climáticas e à hostilidade militar russa – são de fato operações de bandeira falsa, plantadas pelos comunistas chineses/globalistas corporativos/judeus.

No encalço de minha *doppelgänger*, monitorei as novas alianças que ela forjou com alguns dos homens mais malévolos do planeta, aqueles que semeiam o caos informativo em grande escala e que de bom grado incitam insurreições de país em país. Investiguei suas recompensas – políticas, emocionais e financeiras – e esmiucei a fieira dos profundos medos e negacionismos raciais, culturais e históricos dos quais eles se alimentam. Acima de tudo, tentei descobrir os tipos de respostas que seriam capazes de fazer esvair o poder – em franco crescimento – dessas forças antidemocráticas armadas até os dentes.

A meu ver, essa busca tinha fundamentos legítimos. Venho sendo confundida com a Outra Naomi há tanto tempo e com tanta frequência que muitas vezes tive a sensação de que era ela quem estava me seguindo. Parecia muito justo que eu a seguisse de volta.

Em histórias sobre duplos, gêmeos e impostores, invariavelmente acontece que o *doppelgänger* atua como uma espécie de espelho indesejável, que mostra ao protagonista uma versão vaidosa e venal de si mesmo. Não será revelador demais dizer que, enquanto eu observava minha sósia, em mais de uma ocasião senti aquele sobressalto indesejado de reconhecimento. No entanto, o que me levou a escrever este livro, persistindo nele e contrariando todo o bom senso, é que, quanto mais eu olhava para minha *doppelgänger* – suas desastrosas escolhas e a maneira cruel como muitas vezes era tratada pelos outros –, mais tinha a sensação de estar vendo não apenas partes indesejáveis de mim mesma, mas também uma ampliação de muitos aspectos indesejáveis de nossa cultura compartilhada. O apetite abrangente e onipresente por uma relevância cada vez mais fugaz; a descartabilidade com que tratamos as pessoas que fazem besteira; a banalização das palavras e as transferências de responsabilidade, e muito mais. Ao fim e ao cabo, olhar para a Outra Naomi me ajudou a ver a mim mesma com mais clareza; contudo, ao mesmo tempo, bizarramente, me ajudou a ver melhor a armadilha dos perigosos sistemas e dinâmicas nos quais estamos todos enredados.

Este livro, portanto, não é uma biografia da Outra Naomi, tampouco oferece um diagnóstico psicanalítico dos comportamentos dela. É uma tentativa de utilizar a minha própria experiência com uma *doppelgänger* – os estragos causados e as lições que aprendi sobre mim, sobre ela e sobre nós – como um guia a conduzir o leitor para dentro e através do que passei a entender como nossa cultura do *doppelgänger*. Uma cultura apinhada de formas diversas de duplicação, em que todos nós que mantemos uma persona ou avatar online criamos nossos próprios duplos – versões virtuais de nós mesmos que nos representam para os outros. Uma cultura na qual muitos passam a pensar em si mesmos como marcas pessoais, forjando uma identidade cindida que a um só tempo somos nós e não somos nós, uma duplicata que encenamos incessantemente no éter digital como o preço a se pagar para obtermos acesso a uma voraz economia da atenção. E, o tempo todo, as corporações tecnológicas utilizam esses dados para treinar máquinas incumbidas de criar simulacros artificiais da inteligência humana e das funções humanas, duplos assemelhados à vida real que têm as suas próprias pautas de interesses, as suas próprias lógicas e as suas próprias ameaças. Tenho me perguntado: o que toda essa duplicação está fazendo conosco? De que maneira está controlando aquilo em que devemos prestar atenção, e – de maneira mais decisiva – aquilo que tratamos com descaso?

À medida que espreitava minha sósia e seguia seu rastro nas profundezas de seu mundo – um lugar onde influenciadores de bem-estar (em cenários oníricos e o rosto modificado por filtros de beleza) agem em conluio com propagandistas de extrema direita possessos e vociferantes, tudo em nome de salvar e proteger "as crianças" –, eu me vi confrontando outras tantas formas de duplicação e criação de *doppelgängers*, estas com consequências nitidamente mais relevantes. Assim como toda a esfera política se assemelha cada vez mais a um mundo espelhado, a sociedade se rachou em duas, cada lado definindo-se em contraposição ao outro – toda vez que um lado afirma algo e acredita em algo, seja lá o que for, o outro lado parece ter a obrigação de afirmar o contrário e acreditar exatamente no oposto. Quanto mais eu me aprofundava, mais notava este fenômeno ao meu redor: indivíduos que não eram norteados por princípios nítidos ou crenças e convicções decifráveis, mas em vez disso agiam como membros de um grupo empenhado em jogar o yin contra o yang do outro – potente versus fraco; lúcido versus ingênuo; virtuoso versus depravado. Oposições binárias onde outrora vigorava o pensamento.

De início, pensei que o que eu estava vendo no mundo da minha *doppelgänger* era sobretudo uma fraude desenfreada. Com o tempo, porém, comecei a ter a nítida impressão de que estava testemunhando também uma nova e perigosa formação política a estruturar-se em tempo real, com suas alianças, visão de mundo, slogans, inimigos, palavras-código e zonas proibidas – e, principalmente, acima de tudo, seu trabalho de base organizado para usurpar o poder.

E tudo isso, logo ficou claro, estava emaranhado num outro tipo de duplicação, mais sinistro: a antiquíssima forma como raça, etnia e gênero criam perigosos duplos que pairam sobre categorias inteiras de pessoas – aquelas que outras consideram Selvagens. Terroristas. Ladrões. Prostitutas. Propriedades. Isso desperta a parte mais assustadora da minha jornada *doppelgänger*: não é apenas um indivíduo que pode ter um duplo sinistro; nações e culturas também os têm. Muitos de nós sentimos e tememos uma guinada decisiva. De democratas para autoritárias. De seculares para teocráticas. De pluralistas para fascistas. Em alguns lugares, a guinada já ocorreu. Em outros, parece tão próxima e íntima quanto um reflexo distorcido no espelho.

À medida que a minha investigação avança, esta é a forma de *doppelgänger* que me preocupa cada vez mais: o Estado-palhaço fascista que é o irmão gêmeo ubíquo das democracias liberais ocidentais, perpetuamente ameaçando engolir-nos em suas fogueiras de pertencimento seletivo e de desprezo feroz. Há séculos a figura do *doppelgänger* tem sido usada para nos alertar sobre essas versões sombrias de nosso eu coletivo, sobre esses monstruosos futuros possíveis.

Já chegamos lá? Nem todos nós, pelo menos ainda não. Mas a pandemia, que se soma a tantas outras emergências há muito reprimidas, levou a humanidade a algum lugar onde nunca estivemos, a algum lugar próximo, mas diferente. Essa diferença é o que explica a estranheza que tantos de nós estamos tentando nomear – tudo tão conhecido e, ainda assim, um bocado insólito. Pessoas inquietantes, a política de pernas para o ar, e até mesmo, à medida que a inteligência artificial acelera, uma dificuldade cada vez mais acentuada de discernir quem e o que é real. Aquela sensação de desorientação da qual falamos uns para os outros? De não saber em quem podemos confiar e em que acreditar? De amigos e entes queridos comportando-se como desconhecidos? É porque o nosso mundo mudou, mas, tal qual um caso de *jet lag* coletivo, a maioria de nós ainda está sintonizada com os ritmos e hábitos do lugar que ficou para trás. Já passou da hora de encontrarmos nosso esteio e nosso rumo nesse novo lugar.

No romance *O homem duplicado*, José Saramago inclui uma epígrafe: "O caos é uma ordem por decifrar"[6]. Eis aqui a minha tentativa de decifrar o caos da cultura do *doppelgänger*, com o seu labirinto de eus simulados e avatares digitais e vigilância em massa e projeções raciais e étnicas e duplos fascistas e as sombras deliberadamente negadas que estão todas vindo à tona ao mesmo tempo. Serão necessárias algumas desvairadas reviravoltas - mas tenha certeza de que o objetivo deste mapeamento não é ficarmos presos dentro da casa de espelhos, e sim fazermos o que julgo que muitos de nós desejamos fazer: escapar dos limites enlouquecedores e encontrar nosso caminho em direção a alguma espécie de poder e propósito coletivos. O objetivo é escaparmos dessa vertigem coletiva e chegarmos, juntos, a algum lugar inequivocamente melhor.

Parte 1
Vida dupla
(Performance)

Encontrei uma maneira de viver
ao lado do meu nome. Isso se
mostrou bastante útil.
– Judith Butler, 2021[7]

1
Ocupada

Na primeira vez que isso aconteceu eu estava na cabine de um banheiro público nos arredores de Wall Street, em Manhattan. Prestes a abrir a porta, ouvi duas mulheres falando de mim.

"Você viu o que a Naomi Klein disse?"

Congelei, pré-humilhada, e num súbito estalo me vieram à lembrança todas as meninas malvadas dos meus tempos de ensino médio. O que eu havia dito?

"Alguma coisa sobre como a marcha de hoje é uma péssima ideia."

"E quem perguntou a ela? Na verdade, eu acho que ela não entende as nossas demandas."

Espere aí. Eu não havia dito nada a respeito da marcha – e nem uma palavra sobre as demandas. Aí me dei conta: eu sabia quem tinha feito isso. Fui tranquilamente até a pia, pelo espelho fiz contato visual com uma das mulheres e disse palavras que repetiria muitas vezes nos meses e anos seguintes.

"Acho que vocês estão falando da Naomi Wolf."

Isso foi em novembro de 2011, no auge do Occupy Wall Street (OWS), o movimento em que grupos de jovens acamparam em parques e praças públicas em cidades dos Estados Unidos, do Canadá, da Ásia e do Reino Unido. Inspirado na Primavera Árabe e nas ocupações de praças encabeçadas por jovens no sul da Europa, o protesto foi um grito coletivo contra a desigualdade econômica e os crimes financeiros e que, ao fim e ao cabo, daria origem a uma nova política geracional. Naquele dia, os organizadores do acampamento original de Manhattan convocaram uma marcha em massa pelo distrito financeiro, e, a julgar por todas as roupas pretas e o pesado delineador líquido, dava para perceber que ninguém naquele banheiro público estava só num intervalo das atividades de trading de derivativos.

Eu entendia por que alguns de meus colegas manifestantes confundiam as Naomis. Nós duas escrevemos livros de grandes ideias (o meu *Sem logo*, *O mito da beleza* dela; o meu *A doutrina do choque*, o *O fim da América* dela; o meu *Tudo pode mudar*, o *Vagina: Uma biografia* dela). Nós duas temos cabelos castanhos que vez por outra ficam aloirados por causa do excesso de luzes (os dela são mais compridos e volumosos que os meus). Ambas somos judias. O mais confuso é que, até certo momento, nossa escrita percorreu estradas claramente distintas (os temas sobre os quais ela se debruçava eram o corpo e a sexualidade femininos e as mulheres em papéis de liderança; já a minha obra se voltou para os ataques corporativos à democracia e para as mudanças climáticas). Porém, quando o Occupy aconteceu, a até então nítida linha amarela que dividia essas pistas começou a se transformar num oscilante borrão.

Por ocasião do incidente no banheiro público, eu já havia visitado a praça Occupy um par de vezes. Estive lá sobretudo a fim de realizar entrevistas sobre a relação entre a lógica do mercado e o colapso climático para o que viria a ser o livro *Tudo pode mudar: Capitalismo vs. clima*. Porém, enquanto lá estive, os organizadores me pediram que fizesse uma breve palestra sobre o choque da crise financeira de 2008 e as violentas injustiças que se seguiram – os trilhões de dólares arregimentados para salvar os bancos cujas inconsequentes operações e transações causaram a crise; a austeridade punitiva imposta a praticamente todo o restante da população mundial; a corrupção legalizada que tudo isso desmascarou. Essas foram as sementes de descontentamento das quais os populistas de direita em dezenas de países acabariam por tirar proveito para fomentar um projeto político ferozmente anti-imigração e anti-"globalista", incluindo Donald Trump, sob a tutela do seu principal conselheiro, Stephen K. "Steve" Bannon. Àquela altura, porém, muitos de nós ainda alimentávamos a esperança de que a debacle pudesse catalisar um renascimento democrático e uma nova era de poder de esquerda, capaz de disciplinar o poderio corporativo e empoderar democracias em maus lençóis para enfrentar os nossos muitos vagalhões de emergências, entre elas a emergência climática. Foi em torno disso que girou meu discurso no Occupy. Se você o procurar e assistir, talvez vá às lágrimas diante de tamanha ingenuidade da minha parte.[8]

Naomi Wolf, outrora a porta-bandeira do feminismo na década de 1990, também se interessou pelos protestos, e suponho que tenha sido aí que o quiproquó começou. Ela escrevera um bocado de artigos argumentando que a repressão ao Occupy demonstrava que os Estados Unidos estavam em vias de se transformar em um Estado policial. Esse foi o tema de seu livro *O fim da América*, no qual delineou os "dez passos" que, segundo ela, dão todos os regimes que abandonam a democracia rumo ao fascismo escancarado. A prova apresentada por Wolf de seu diagnóstico de que esse futuro maligno já pairava sobre nós foi a agressiva forma com que estava sendo coibida a liberdade dos manifestantes do Occupy. As autoridades municipais proibiram a utilização de megafones e sistemas de som no parque, e houve uma série de prisões em massa. Em seus artigos, Wolf argumentou que os ativistas deveriam refutar as restrições à sua liberdade de expressão e de reunião a fim de evitar o golpe que, ela insistia, vinha se desenrolando bem debaixo do nariz de todos. Não querendo dar à polícia uma desculpa para evacuar o campo de protestos, os organizadores adotaram uma estratégia diferente, lançando mão do que ficou conhecido como "microfone humano" (em que a multidão repete as palavras do orador, de modo que todos possam ouvir).

Esse não foi o único ponto de divergência entre Wolf e os organizadores do protesto. Para o bem ou para o mal, os "ocupantes" deixaram muito claro que o movimento não tinha uma pauta política - duas ou três demandas que os legisladores pudessem atender de modo que todos os manifestantes fossem embora para casa satisfeitos. Wolf insistiu que isso não era verdade: alegou que o movimento tinha demandas específicas e que, com efeito, ela própria, de maneira improvável, as havia entendido. "Eu descobri o que o OWS realmente queria", ela escreveu no jornal inglês *The Guardian*, explicando: "Pela internet, comecei a perguntar a autoproclamados ativistas do Occupy: 'O que vocês querem?'"[9]. Desprezando o comprometimento do movimento com a democracia participativa e radical, Wolf transformou os resultados de sua pesquisa aleatória em uma pequena lista de reivindicações e assumiu pessoalmente a responsabilidade de entregá-la em mãos ao governador de Nova York, Andrew Cuomo, em um evento formal organizado pelo site de notícias *The Huffington Post*, ao qual ela e Cuomo compareceriam como convidados.

As coisas ficaram ainda mais esquisitas. Sem conseguir falar com Cuomo lá dentro, Wolf deixou o evento para se dirigir espontaneamente à multidão de manifestantes do Occupy Wall Street na calçada e, ao mesmo tempo que lhes informava quais eram as demandas deles e lhes dizia que estavam reivindicando do jeito errado porque "tinham o direito assegurado pela Primeira Emenda de usar um megafone"[10], conseguiu ser detida pela polícia usando um vestido longo cor de vinho, em meio a um empurra-empurra documentado por um amontoado de câmeras. Era a isso que as mulheres no banheiro se referiam quando falavam sobre como "a Naomi Klein" não entendia suas demandas.

Prestei uma atenção apenas periférica às travessuras de Wolf à medida que se desenrolavam – suas estrepolias foram somente mais algumas em meio às muitas coisas bizarras em torno do Occupy durante aquele outono turbulento. Num dia o acampamento fervilhava de rumores de que o Radiohead estava prestes a fazer um show gratuito – apenas para descobrir que isso era uma primorosa pegadinha e que a banda ainda estava na Inglaterra. No dia seguinte, Kanye West e Russell Simmons apareceram, comitivas a reboque, trazendo presentes para os manifestantes acampados. Em seguida foi a vez de Alec Baldwin dar as caras. Nessa atmosfera circense, uma escritora já no meio da carreira sendo algemada enquanto dava ordens em vão a manifestantes com metade de sua idade era fichinha.

Depois do incidente no banheiro público, todavia, comecei a prestar mais atenção ao que Wolf vinha fazendo, por causa da recente constatação de que algumas de suas ações estavam respingando em mim. E a situação foi ficando cada vez mais estapafúrdia. Depois que a polícia evacuou os parques e as praças dos acampamentos do Occupy de uma ponta à outra dos Estados

Unidos, Wolf escreveu um artigo alegando, sem nenhuma prova, que as ordens vieram diretamente do Congresso e da Casa Branca de Barack Obama.

"Quando você liga os pontos"[11], Wolf escreveu, tudo faz sentido. A repressão ao OWS foi "a primeira batalha numa guerra civil [...]. É uma batalha em que membros do Congresso, em conluio com o presidente dos Estados Unidos, ordenaram uma repressão violenta e organizada contra o povo que em tese deveriam representar". Isso, declarou Wolf, marcava uma guinada definitiva em direção ao regime totalitário – afirmação que ela já havia feito antes, na administração George W. Bush, prevendo com toda a convicção do mundo que Bush não permitiria a realização das eleições de 2008 (ele permitiu), e que voltaria a fazer muitas outras vezes no decorrer dos anos seguintes. "Infelizmente, esta semana os estadunidenses chegaram mais perto de se tornar verdadeiros irmãos e irmãs dos manifestantes da praça Tahrir"[12], Wolf escreveu. "Tal como aconteceu com eles, os nossos próprios líderes nacionais [...] agora estão travando uma guerra contra nós."

Os furos na argumentação e as conclusões precipitadas já eram péssimos. Mas o que piorou as coisas para mim foi que, diante do novo foco de Wolf nos abusos do poder corporativo e político durante estados de emergência, algo que ela havia mencionado apenas de passagem em *O fim da América*, tive a impressão de estar lendo uma paródia de *A doutrina do choque*, na qual todos os fatos e evidências foram cuidadosamente extirpados e em que se chegava a conclusões amplas e caricaturais que eu jamais endossaria. E, embora ainda não fosse confundida com minha *doppelgänger* com tanta frequência, eu sabia que algumas pessoas me dariam crédito pelas teorias de Wolf. Tive a sensação de uma experiência extracorpórea. Examinei mais de perto os artigos sobre sua detenção em trajes de gala, e uma frase de uma matéria do *Guardian* me chamou atenção: "O parceiro e namorado dela, o produtor de cinema Avram Ludwig, também foi detido"[13].

Li a frase para meu parceiro, o diretor e produtor de cinema Avram Lewis (que atende por Avi).

"Que porra é essa?", perguntou ele.

"Eu sei", disse eu. "Porra, parece uma conspiração."

E nós dois caímos na risada.

Na década que se seguiu ao Occupy, Wolf ligou os pontos entre um número quase insondável de fragmentos díspares de fatos e fantasias. Ela lançou especulações infundadas sobre o denunciante da Agência de Segurança Nacional, Edward Snowden ("ele não é quem afirma ser"[14], insinuando que Snowden é um espião em atividade). Sobre as tropas dos Estados Unidos enviadas para construir hospitais de campanha na África Ocidental durante o surto de ebola de 2014 (não se tratou de uma tentativa de impedir a propagação da doença, mas sim de uma conspiração para trazer o vírus para os Estados Unidos a fim de justificar "lockdowns em massa" em solo estadunidense)[15]. Sobre as decapitações de prisioneiros estadunidenses e britânicos pelo Estado Islâmico (possivelmente não eram assassinatos reais cometidos pelo E. I., mas operações secretas encenadas pelo governo dos Estados Unidos e estreladas por atores contratados)[16]. Sobre a prisão de Dominique Strauss-Kahn, ex-diretor-gerente do Fundo Monetário Internacional, sob alegações de que ele agrediu sexualmente uma governanta em um quarto de hotel em Nova York (as acusações acabaram sendo retiradas e o litígio foi resolvido por um acordo financeiro, mas Wolf conjecturou se tudo teria sido uma operação de "serviço de inteligência" com o intuito de tirar Strauss-Kahn da disputa nas eleições francesas, em que ele era "o favorito para derrotar Nicolas Sarkozy")[17]. Sobre os resultados do referendo escocês de 2014 que consultou a população acerca da independência, e em que o voto de "não" à separação do país do Reino Unido venceu por uma margem de mais de 10% (plebiscito potencialmente fraudulento, afirmou Wolf, com base num punhado de depoimentos aleatórios que ela coligiu em sua casa em Nova York)[18]. Sobre o "New Deal Verde" (não são as demandas de organizações de mobilização popular por justiça climática, asseverou ela, e sim mais um embuste orquestrado pela elite para disfarçar o "fascismo")[19].

Na nossa era de extrema concentração de riqueza e de impunidade aparentemente infinita para os poderosos, nada mais racional, e até mesmo sensato, do que averiguar a veracidade das histórias oficiais. Descobrir conspirações reais é a missão imprescindível do jornalismo investigativo, assunto ao qual retornarei com maior profundidade mais adiante. No entanto, uma investigação genuína não era o que a minha *doppelgänger* pretendia quando lançou no ar as suas suculentas teorias sensacionalistas sobre Snowden, o Estado Islâmico e o ebola. Tampouco era o que ela estava fazendo quando imaginou tramas no aparecimento de nuvens de estranhos formatos (que ela insinuou serem parte de um programa secreto da Nasa para pulverizar os céus com "alumínio em nível global"[20], potencialmente causando epidemias de demência). E também não era o que ela estava fazendo quando compartilhou no Twitter alguns pensamentos verdadeiramente extraordinários sobre redes celulares 5G, incluindo o seguinte: "Foi sensacional ir a Belfast, que ainda não tem 5G, e sentir a terra, o céu, o ar, a experiência humana, sentir como as coisas eram na década de 1970. Tudo calmo, quieto, pacífico, relaxante, natural"[21]. O comentário desencadeou uma avalanche transnacional do tipo de zombaria pela qual a plataforma é mal-afamada, a maior parte apontando que (1) Belfast já havia lançado o 5G no momento em que Wolf visitou a cidade, e (2) na década de 1970 a Irlanda do Norte passava por um horrendo e sangrento conflito armado que ceifou milhares de vidas.

Pode parecer difícil acreditar que tudo isso venha da autora que escreveu *O mito da beleza* quando tinha uma bolsa de estudos Rhodes em Oxford. "O que as meninas aprendem cedo não é o desejo pelo outro, mas o desejo de ser desejada", ela escreveu naquela época. "Elas aprendem a observar seu sexo juntamente com os meninos. Isso ocupa o espaço que deveria ser dedicado a descobrir o que é que elas querem, a ler e a escrever sobre isso, a procurar e a alcançar o objetivo. O sexo é um refém da beleza e os termos do resgate são gravados cedo e em profundidade na mente das meninas com instrumentos mais bonitos do que aqueles que os anunciantes e os pornógrafos sabem usar: a literatura, a poesia, a pintura e o cinema."[22]

O livro era coalhado de substanciais erros estatísticos[23], um prenúncio do que estava por vir, mas também era evidente um paciente trabalho de pesquisa. Hoje em dia a produção escrita de Wolf na internet é tão frenética e fantástica que pode ser desconcertante ler as palavras de suas primeiras obras e lembrar que se trata de uma pessoa que claramente amava a linguagem, refletia com profundidade sobre a vida interior de meninas e mulheres e tinha uma visão ideal para a libertação feminina.

No início da década de 1990, Germaine Greer declarou que *O mito da beleza* era "a publicação feminista mais importante desde *A mulher eunuco*"[24] (best-seller da própria Greer, publicado em 1970). Em parte, havia ali um momento propício. Após a década perdida de 1980 – quando de súbito o feminismo se tornou mundano e sério demais para fazer sucesso no horário nobre –, a mídia corporativa estava pronta para declarar o advento de uma terceira onda do movimento das mulheres, e *O mito da beleza* alçou Wolf à condição de rosto fotogênico do movimento. Ela estava longe de ser a primeira escritora feminista a desmascarar os impossíveis padrões de beleza impostos às mulheres, mas fazia isso de um ângulo singular. O cerne do argumento de Wolf era que, durante os anos 1980, exatamente quando a segunda onda do movimento feminista conseguiu conquistar maior igualdade para as mulheres na educação pós-ensino médio e no mercado de trabalho, a pressão sobre as mulheres para atender a impossíveis padrões de magreza e beleza aumentou de forma acentuada, o que as colocava em desvantagem competitiva com os homens em suas áreas de atuação. Isso nada tinha de coincidência, alegou ela. Wolf escreveu que "a elite dominante" sabia que ocupava empregos que estariam em risco se as mulheres pudessem galgar postos livremente, sem nenhum obstáculo, algo que "precisa ser solapado ou a tradicional elite no poder ficará em desvantagem"[25]. O "mito" da beleza foi inventado, Wolf especulou, para drenar o poder e o foco das mulheres – mantê-las ocupadas às voltas com rímel e dietas de fome, em vez de ficarem livres para ascender na carreira profissional e sobrepujar seus rivais masculinos. Em essência, ela apresentou os elevados padrões de beleza da década de 1980 como uma reação ao feminismo da década de 1970.

No entanto, o feminismo que Wolf propôs em resposta não era um retrocesso às radicais demandas das décadas de 1960 e 1970, época em que o movimento feminista estava vinculado ao anti-imperialismo, ao antirracismo e ao socialismo, e em que as ativistas construíram os seus próprios coletivos, publicações e candidaturas políticas insurgentes propondo-se a contestar e transformar de fora para dentro os sistemas de poder dominantes. Pelo contrário, assim como Bill Clinton e Tony Blair afastaram seus partidos das diretrizes que defendiam a universalidade dos serviços públicos e a redistribuição da riqueza em direção a uma "terceira via" pró-mercado e pró-militarista, a versão de Wolf do feminismo da terceira onda traçou um caminho rumo ao centro, com pouco a oferecer às mulheres da classe trabalhadora, mas prometendo mil maravilhas às mulheres brancas de classe média com alto grau de instrução formal como ela. Duas décadas antes de *Faça acontecer: Mulheres, trabalho e a vontade de liderar*, de Sheryl Sandberg[26], Wolf publicou seu segundo livro, *Fogo com fogo*, que exortava o feminismo a abandonar os dogmas e a abraçar o "desejo de poder"[27].

Wolf seguiu seu próprio conselho. Em vez de angariar poder no âmbito do movimento das mulheres, como fizeram suas antepassadas feministas, ela se lançou feito um míssil dentro do coração do establishment progressista tanto na cidade de Nova York quanto na capital, Washington. Ela se casou com um jornalista que se tornou redator de discursos de Bill Clinton e editor do jornal *The New York Times*; prestou consultoria ao analista e assessor político Dick Morris, que desempenhou um papel fundamental na guinada de Clinton à direita; e ajudou a fundar um instituto dedicado à liderança feminina. Pelo visto, Wolf não estava interessada em derrubar as estruturas de poder da elite – queria fazer parte delas.

A imprensa não enjoava de Wolf, que, em sua primeira década sob os olhos da opinião pública, se parecia muito com a atriz Valerie Bertinelli na minha série de TV favorita na infância, *One Day at a Time*. Ela não apenas era linda e segura de si enquanto reduzia a frangalhos a indústria da beleza, mas também escrevia de forma explícita e ousada sobre sexo e o direito das mulheres jovens ao prazer.

Muitas teóricas feministas excelentes que surgiram antes e depois de Wolf fizeram associações robustas entre experiências íntimas – incluindo estupro, aborto, violência doméstica, fetichismo sexual baseado em raça, doença e dismorfia de gênero – e as amplas estruturas sociais que as produziam. A década de 1980 foi repleta de livros desse tipo, muitos deles escritos por feministas negras: *E eu não sou uma mulher?: Mulheres negras e feminismo*, de bell hooks[28]; *Mulheres, raça e classe*, de Angela Davis[29]; e *Irmã outsider*, de Audre Lorde[30], entre outros. *Os monólogos da vagina*, a inovadora peça feminista de Eve Ensler (que agora se chama V), foi encenada pela primeira vez quatro anos após a publicação de *O mito da beleza*. Essas obras continham revelações pessoais que ajudaram a unir movimentos de massa em prol da justiça coletiva, nos quais o aspecto pessoal se tornou político. O que diferenciava a escrita de Wolf desses tipos de movimentos intelectuais era uma aparente escassez de curiosidade sobre a vida de mulheres que não eram ela e cuja vida era marcadamente diferente da sua. Isso veio à baila em seu primeiro livro, que de alguma forma conseguia ser um estudo sobre o impacto dos ideais de beleza europeus brancos sem se envolver com os específicos e agudos impactos desses ideais sobre mulheres negras, asiáticas e outros grupos de não brancas (muito menos as *queer* e transgênero).

Embora sempre houvesse céticos – rival de Wolf, Camille Paglia a considerava "uma pensadora do nível da revista [destinada ao público adolescente] *Seventeen*"[31] –, as críticas ao trabalho de Wolf raramente iam além dos departamentos acadêmicos de estudos da mulher. No final da década, Wolf era tida e havida como uma autoridade tão soberana em todas as questões femininas que, durante as eleições presidenciais de 2000, Al Gore, o candidato do Partido Democrata, a contratou para orientá-lo sobre como atrair as eleitoras. O conselho dela, alardeado aos quatro ventos, foi que Gore tinha de sair da sombra de Bill Clinton e transformar-se de "macho beta" em "macho alfa"[32] – em parte vestindo ternos em tons terrosos para dar calor a suas emoções robóticas. Wolf negou ter fornecido consultoria de moda, mas ainda assim os relatos suscitaram uma torrente de zombarias, inclusive de Maureen Dowd, colunista do *New York Times*, que escreveu que "a sra. Wolf é o equivalente moral de uma camiseta Armani, porque o sr. Gore lhe pagou quantias obscenamente elevadas por algo básico"[33].

No novo milênio, algo mudou em Wolf. Talvez tenha sido a derrota eleitoral de Gore (ou o roubo eleitoral de George W. Bush), e a forma como algumas das recriminações pós-eleição se concentraram no controverso papel por ela desempenhado na campanha. Talvez tenha sido algo mais pessoal – um casamento em ruínas com dois filhos pequenos (ela fez referência a "um ano de caos, logo depois de eu completar 40 anos"[34]). Seja qual for a causa, a meteórica trajetória ascendente de Wolf despencou consideravelmente no início e em meados da década de 2000. Em 2005 ela publicou um livrinho intitulado *O que meu pai me ensinou: As lições de um poeta sobre como ver, viver e amar*. Nessa versão filha-pai do livro

A última grande lição: O sentido da vida[35], Wolf retrata a si mesma como uma filha pródiga que, após décadas de rebeldia, retorna à sábia casa paterna. Seu pai, Leonard Wolf, lhe ensina como construir uma caprichada casa na árvore para sua filha – e como viver uma vida boa.

Wolf escreve que, durante seu período como intelectual feminista, ela valorizava fatos concretos e mudanças materiais. Isso ia contra aquilo que o pai, poeta e acadêmico estudioso de literatura especializado em gótico e terror, a ensinara a valorizar: "Meu pai me criou para honrar acima de tudo o poder da imaginação"[36]. Segundo Wolf, no entendimento de Leonard "o coração" era mais importante do que "fatos, números e leis"[37]. À época, a maioria dos resenhistas julgou tratar-se de um conselho benigno, embora piegas, sobre criatividade – em retrospecto, levando-se em conta a maneira criativa como Wolf passaria a brincar com fatos, números e leis relacionadas à covid-19, parece mais um agouro sombrio, digno de um dos livros de ficção gótica favoritos de Leonard Wolf.

Mais do que isso, o que chamou minha atenção em *O que meu pai me ensinou* foi uma das principais lições de vida de Leonard – sua diretriz de "destruir a caixa", no sentido de recusar categorizações estanques. De acordo com Wolf, seu pai lhe disse: "Antes mesmo de você conseguir pensar em encontrar sua verdadeira voz, terá que rejeitar caixas... despedaçá-las". Ela enfatizou este ponto: "Descubra em que caixa você pode estar e esteja disposta a destruí-la".

Até então, como a própria Wolf admitiu, ela estava inequivocamente dentro da caixa feminista. Porém, dois anos mais tarde, em 2007, Wolf arrebentou a caixa ao lançar o ultrapatriótico e paranoico *O fim da América*. Nesse livro não havia sequer uma vírgula sobre questões femininas, e Wolf parecia ter se voltado contra as instituições de elite a que antes lutara tanto para ter acesso. Agora ela tinha um novo foco: as formas como o autoritarismo atinge sociedades outrora livres, e os perigos das ações governamentais secretas.

Olhando para trás, foi realmente aí que comecei a ter problemas: o ponto em que Wolf deixou de se parecer tanto com ela mesma – a Naomi que escrevia livros sobre as batalhas que se travavam pelos corpos das mulheres – e começou, veja bem, a ficar mais parecida comigo – a Naomi que escreve sobre a exploração corporativa de estados de choque. Estou dizendo que essa confusão foi intencional por parte de Wolf? Não, de jeito nenhum. É apenas profundamente lamentável.

E não foi só aquele livro. Eu tinha começado a escrever sobre o New Deal Verde em 2018. Ela também fez isso, pouco depois, só que acrescentando suas especiais pitadas conspiratórias. Comecei a publicar sobre os perigos da geoengenharia como resposta à crise climática, com foco particular na maneira como simulações de vulcões de alta altitude, destinadas a escurecer parcialmente o sol, corriam o risco de interferir nos índices pluviométricos no hemisfério sul. Wolf estava ocupada especulando nas mídias sociais sobre a semeadura de nuvens químicas e envenenamentos em massa secretos. Meus textos eram embasados em dezenas de artigos científicos revisados por pares, e obtive acesso a duas conferências de geoengenharia realizadas a portas fechadas, em que entrevistei vários dos principais cientistas envolvidos em pesquisas de laboratório sobre o envio de partículas para a alta atmosfera a fim de controlar a radiação solar. Wolf começou a tirar fotos de nuvens aleatórias no norte do estado de Nova York e em Londres, o que levou a revista ambientalista *Grist* a declarar, em 2018, que "Wolf é uma conspiracionista climática que vive com a cabeça nas nuvens".

Sempre sei quando ela está ocupada – porque minhas menções online são preenchidas instantaneamente. Com condenações e excomunhões públicas ("Não acredito que eu respeitava Naomi Klein. Mas que merda aconteceu com ela??"). E com expressões simplistas de simpatia e solidariedade ("A verdadeira vítima de tudo isso aqui é a própria Naomi Klein" e "Pensamentos e orações para Naomi Klein").

Com que frequência ocorre essa fusão de identidade? Basta saber que existe um poema viral, postado online pela primeira vez em outubro de 2019, que invariavelmente aparece em momentos assim, e que já foi compartilhado em milhares de ocasiões:

> Se a Naomi for a Klein,
> tudo bem, ela é legal.
> Se a Naomi for a Wolf,
> meu amigo, eu diria
> que você entrou numa fria.

Como em qualquer história de *doppelgänger*, a confusão flui nos dois sentidos. Wolf mantém um grande número de seguidores aparentemente leais em diversas plataformas, e de tempos em tempos tenho notado que ela corrige as pessoas, dizendo-lhes que se sente lisonjeada, mas não, ela não é a autora de *A doutrina do choque*.

Durante a maior parte da primeira década dessa atrapalhação, a minha estratégia pública foi a negação cautelosa. Eu reclamava em esfera privada com amigos e com Avi, claro, mas, na esfera pública, quase sempre me mantinha em silêncio. Mesmo quando, em 2019, Wolf começou a me marcar diariamente nos seus tuítes sobre o New Deal Verde, claramente tentando me arrastar para um debate sobre a sua teoria infundada de que a coisa toda era uma espécie de "doutrina do choque verde" – um nefasto plano de banqueiros e capitalistas de risco para se apossar do poder sob o disfarçado pretexto da emergência climática –, não me envolvi com ela. Não tentei esclarecer a confusão. Eu não fiz coro aos que zombavam dela.

Pensei em fazer isso, mas nunca me pareceu sensato. Há certa humilhação inerente em ser confundida a toda hora com outra pessoa, o que confirma, sempre e sempre, a própria natureza intercambiável e/ou esquecível de cada indivíduo. Este é o problema com os *doppelgängers*: qualquer coisa que você faça para dissipar a confusão serve apenas para chamar atenção para ela, e corre o risco de cimentar ainda mais na mente das pessoas a associação indesejada.

Dessa forma, inevitavelmente os confrontos com os nossos *doppelgängers* suscitam questões desestabilizadoras em termos existenciais. Eu sou quem penso que sou ou sou quem os outros entendem que sou? E se um número grande o bastante de pessoas começar a ver outra como eu, quem sou eu, então? É claro que os *doppelgängers* não são a única maneira de perdermos o controle sobre nós mesmos. O eu cuidadosamente construído pode se desfazer de inúmeras formas e num piscar de olhos – em decorrência de um acidente incapacitante, um surto psicótico ou, hoje em dia, por uma conta hackeada ou por um vídeo de *deepfake*. Este é o apelo perene dos *doppelgängers* nos romances e filmes: a ideia de que dois desconhecidos podem ser indistinguíveis um do outro tira proveito da precariedade que está no cerne da identidade – a verdade dolorosa de que, por maior que seja o obstinado zelo com que cuidamos de nossa vida pessoal e nossa persona pública, a pessoa que pensamos ser é fundamentalmente vulnerável a forças além do nosso controle.

François Brunelle, artista de Montreal que fotografou centenas de pares de *doppelgängers* ao longo de décadas para um projeto chamado *I'm Not a Look-Alike!* [Eu não sou um sósia!], sintetizou assim a questão: "Alguém, em algum lugar deste mundo, está se olhando no espelho e vendo mais ou menos a mesma coisa que eu vejo no meu próprio espelho. O que nos leva à pergunta: quem sou eu exatamente? Sou o que vejo no meu reflexo ou outra coisa que não pode ser definida e é invisível aos olhos, até mesmo aos meus?".

Nas dezenas de livros que já foram escritos sobre pessoas que encontram seus duplos, os *doppelgängers* sinalizam amiúde que a vida do protagonista está prestes a ser virada de cabeça para baixo - o duplo joga os amigos e colegas do protagonista contra ele, destrói sua carreira ou o acusa de crimes que não cometeu e, muitas vezes, faz sexo com seu cônjuge ou amante. Um tropo-padrão no gênero é uma incômoda incerteza sobre se a existência do duplo é real. Trata-se na verdade de um desconhecido fisicamente idêntico, ou são gêmeos que há muito se afastaram um do outro? Pior ainda: será o duplo uma invenção da imaginação do protagonista - a expressão de um subconsciente instável ou em desarranjo?

No conto "William Wilson", de Edgar Allan Poe, por exemplo, o leitor começa acreditando na "odiosa coincidência" de que existe outra pessoa de mesmo nome, mesma data de aniversário e mesma fisionomia geral do pomposo narrador. Porém, rapidamente surgem suspeitas de que as coincidências são um pouco perfeitas demais. No final, fica claro que o duplo, cuja voz, quando ele falava, "não passava de um sussurro muito baixo", nunca existiu fora do subconsciente paranoico e autodepreciativo do narrador e que, ao matar seu homônimo antagonista, um "arqui-inimigo e gênio do mal", William Wilson havia tirado a própria vida.

O mesmo destino recai sobre o protagonista do romance *O retrato de Dorian Gray*, de Oscar Wilde, que conta a história de um homem vaidoso e lascivo que, após ter seu retrato pintado por um amigo, faz um pacto demoníaco para permanecer jovem e bonito para sempre. À medida que Gray conserva a juventude, o rosto na pintura vai ficando mais velho e mais feio, uma espécie de *doppelgänger* virtual. Quando Gray tenta destruir seu medonho duplo, é ele quem desaba no chão, emurchecido e sem vida.

Toda essa bagunça me faz lembrar da minha cadela Fumaça, que, todas as noites, ao pôr do sol, vê seu reflexo no vidro da nossa porta e começa a latir com ferocidade. Ela é da raça cockapoo, e está evidentemente convencida de que algum outro cachorro adorável e peludo branco (um *doppelcãozinho*?) está determinado a invadir a casa dela, comer sua comida e roubar o afeto de seus humanos.

"É você mesma...", digo a Fumaça com a voz mais tranquilizadora de que sou capaz, mas ela sempre se esquece. E este é o problema de confrontar seu *doppelgänger*: você pode latir o quanto quiser, mas inevitavelmente acabará confrontando a si próprio.

Eu não

Havia outro motivo pelo qual, nos primeiros anos do meu problema com a *doppelgänger*, eu nem me preocupava muito e não me dava ao trabalho de corrigir os mal-entendidos e colocar as coisas em pratos limpos: à exceção do episódio no banheiro público de Manhattan, ser confundida com Naomi Wolf parecia ser uma coisa das mídias sociais. Meus amigos e colegas sabiam quem eu era, e, quando interagia no mundo físico com pessoas que não conhecia, o nome dela não marcava presença; eu e ela tampouco nos enroscávamos em artigos ou resenhas de livros. Portanto, arquivei a barafunda com Naomi na categoria de "coisas que acontecem na internet que não são exatamente reais" (na época em que éramos tolos o suficiente para fazer isso com relação a todo tipo de coisa). Eu disse a mim mesma que não estava sendo confundida com Wolf, mas que nossos avatares digitais é que estavam sendo trocados por engano – as nossas fotografias em tamanho miniatura e as minúsculas caixas que prescreviam os parâmetros de nosso discurso nessas plataformas, achatadas e borradas como tantas outras coisas.

Naquela época, eu via o problema como algo mais estrutural do que pessoal. Um punhado de jovens ficou podre de rico projetando plataformas tecnológicas que, em nome da "conexão", não apenas nos permitiam bisbilhotar conversas entre desconhecidos, mas também nos estimulavam ativamente a procurar as interações que citavam nosso nome (também conhecidas como nossas "menções"). De certa forma, ter escutado pela primeira vez meu nome ser confundido com o de Naomi Wolf numa conversa entreouvida num banheiro público foi perfeito. Quando entrei no Twitter e cliquei no pequeno ícone de sininho que indicava minhas "notificações/menções", meu pensamento inicial foi: eu estava lendo uma pichação escrita a meu respeito numa parede de banheiro público que rolava infinitamente.

Por ter sido alvo de pichações sem trégua no ensino médio, isso me causou uma sensação familiar e profundamente angustiante. De pronto soube que o Twitter seria ruim para mim – mas, como muitos de nós, eu não conseguia parar de olhar. Então, talvez, se há uma mensagem que eu deveria ter aprendido com a desestabilizadora aparição da minha *doppelgänger*, é esta: de uma vez por todas, pare de espreitar gente desconhecida falando sobre você neste banheiro público global abarrotado e imundo conhecido como mídias sociais.

Talvez eu também pudesse ter levado a sério essa mensagem. Não fosse a covid ter entrado em cena.

2
Entra em cena a covid, multiplicadora de ameaças

"Posso ler só esse tuíte pra você?", pergunto, entrando na cozinha enquanto tento equilibrar meu laptop numa das mãos.

"Tudo bem", responde Avi, apertando os lábios. Ele decidiu concorrer a um assento no Parlamento do Canadá e está às voltas com todo tipo de decisões de alto risco: precisa contratar um gestor de campanha, elaborar uma plataforma, angariar 100 mil dólares.

"Ela acabou de escrever: 'a urina e as fezes das pessoas vacinadas precisam ser separadas "do sistema de esgoto geral/distribuição de água" até que se defina seu impacto na água potável das pessoas não vacinadas'. Dá pra acreditar nisso? Ela acha que as pessoas vacinadas são um risco biológico! Ela quer construir um sistema de esgoto paralelo!"

"Aonde você quer chegar com isso?", pergunta Avi, sem muita paciência.

Pois é: aonde?

*

Nos anos anteriores à covid, o flerte com alegações conspiracionistas efêmeras parecia ser uma espécie de passatempo para Wolf. Ela pulava de uma teoria para outra – ebola, Snowden, 5G, Estado

Islâmico –, mas nunca se detinha em nenhum assunto por muito tempo, com certeza não o suficiente para, de fato, provar alguma coisa. Ela estava apenas "alertando" e "fazendo perguntas", e, em seguida, invariavelmente seguia em frente. Trata-se de um clássico caso de "conspiração sem teoria", conforme a descrição de Russell Muirhead e Nancy L. Rosenblum em seu livro de 2020, *A Lot of People Are Saying: The New Conspiracism and the Assault on Democracy* [Está todo mundo dizendo por aí: O novo conspiracionismo e o ataque à democracia], parte da bibliografia cada vez mais abundante que tenta atribuir sentido ao aumento da crença em um ampla gama de bizarrices carentes de comprovação.

Contudo, ao observar a produção de Wolf na era da covid-19, logo percebi que algo estava diferente. Agora ela já não pulava de galho em galho, alternando-se entre temas e fazendo perguntas. Parecia estar obcecada por um único assunto: o vírus – suas origens, os lockdowns e protocolos de confinamento, os testes, a obrigatoriedade do uso das máscaras, as vacinas, a obrigatoriedade das vacinas, os aplicativos de verificação de vacinação. Nada disso era o que parecia. De acordo com ela, não fomos assolados por um vírus zoonótico novo e extremamente contagioso que nos impôs duríssimos conflitos de escolha, um vírus que a nossa incompetente classe política e as burocracias do setor de saúde – exaurido por cinquenta anos de práticas e cláusulas neoliberais – repetidamente abordaram de forma desastrada ou foram incapazes de controlar, ao passo que as corporações farmacêuticas maximizaram seus lucros protegendo patentes que jamais deveriam existir. Em vez disso, alardeava Wolf, fazíamos parte de um experimento, de um complô, de um golpe, de um ato de guerra engendrado para nos transformar em tecnoescravos e nos persuadir a renunciar voluntariamente às nossas liberdades, ao mesmo tempo que exterminaria grandes porções da humanidade. É "um genocídio", afirmou Wolf reiteradas vezes, sem se cansar de traçar uma paulatina série de paralelos com a Alemanha nazista, o apartheid na África do Sul, o Sul dos Estados Unidos sob as leis segregacionistas de Jim Crow e a China moderna.

Um ano depois de a pandemia ter sido declarada, a atuação online de Wolf tornou-se um dos principais pontos de confluência nas redes dedicadas a espalhar esse tipo de horripilante desinformação, quase duplicando sua audiência no Twitter com relação ao ano anterior – seu perfil chegou à marca dos 138 mil seguidores. Em pelo menos sete plataformas tecnológicas que pude contar, ela retratou praticamente todas as medidas tomadas pelas autoridades de saúde para controlar o vírus como parte dessas tramas conspiratórias, com os objetivos nefastos de capturar o nosso DNA, adoecer a todos nós, esterilizar-nos, matar os nossos bebês, rastrear todos os nossos movimentos, transformar crianças em zumbis desprovidos de emoções, derrubar a Constituição dos Estados Unidos da América, corroer o poder do Ocidente. Ela especulou que o vírus talvez fosse uma arma biológica – e as vacinas também, possivelmente criadas para assassinar políticos ("líderes locais também estão morrendo", ela escreveu. "[É] por isso que eu temo que seja um ataque. As dosagens diferem"). Ela comparou o epidemiologista Anthony Fauci, então diretor do Instituto Nacional de Alergia e Doenças Infecciosas dos Estados Unidos, a Satanás, e chamou de "demoníacas" as tentativas de combater a desinformação sobre as vacinas.

Um "grupo transnacional de maus atores – incluindo o Fórum Econômico Mundial (FEM), a Organização Mundial da Saúde (OMS), a Fundação Bill e Melinda Gates, empresas de tecnologia e o Partido Comunista Chinês (PCC) – usou a pandemia para acabar com a humanidade e, em particular, para destruir o Ocidente", Wolf escreveu. "Existe uma forma melhor de debilitar a outra superpotência mundial do que destruir as nossas linhas de frente e a nossa próxima geração estadunidense com vacinas contaminadas e assassinas, que escoam com tremenda facilidade Ocidente adentro por meio de (nem tantas assim) empresas de fachada e intermediários secretos? Não seria bem fácil fazer o mesmo com a Europa Ocidental, com o Canadá e a Austrália como um todo?"

Já de partida, ficou claro que a destacada atuação de Wolf como um implacável manancial de desinformação relacionada à covid estava produzindo resultados no mundo real. Por meio de seu site, DailyClout, bem como de novas alianças com uma série de parlamentares estaduais republicanos, Wolf reivindicou crédito parcial pela bem-sucedida pressão para aprovar a legislação proibindo a obrigatoriedade de máscaras e passaportes vacinais em dezenas de estados republicanos do país.

A minha *doppelgänger* é afeita a exagerar a sua própria influência – a bem da verdade, ela é apenas uma voz em meio a uma cacofonia global que fala muitas línguas, alcança dezenas de milhões de pessoas e se esparrama por todas as plataformas e ferramentas de comunicação social. Todavia, no âmbito dessa rede global, alguns indivíduos – graças a seu prestígio e notoriedade pré-covid, a seu traquejo para lidar com as mídias sociais e à sua obstinada capacidade de trabalho árduo e incansável – desempenharam um papel descomunal. Embora tenham começado com a covid, estão migrando depressa para toda sorte de conspirações supostamente concebidas para instalar a tirania.

Wolf é um desses indivíduos, sobretudo quando se trata de desinformação médica direcionada ao grupo que de início a elevou à fama internacional: as mulheres. Num dos seus tuítes relacionados à covid, amplamente divulgados e compartilhados com o seu público que crescia em velocidade vertiginosa, ela escreveu que "centenas de mulheres [...] relatam que depois de tomarem a vacina estão tendo hemorragias/coagulação, ou que sangram estranhamente quando estão PERTO de mulheres vacinadas".

O mito viral que associa as vacinas à infertilidade revelou-se especialmente deletério no mundo online do bem-estar das mulheres, em que uma influenciadora, autoproclamando-se "apaixonada pela saúde do útero", alertou suas seguidoras para não se aproximarem demais de qualquer pessoa que tivesse tomado "a picada no braço". Pelo menos uma escola privada na Flórida decidiu proibir em suas salas de aula a presença de professores *vacinados*, em nome da proteção dos alunos contra a "disseminação viral" de substâncias nocivas da vacina, que eram transmitidas pelo corpo de uma pessoa imunizada para quem não tomou a injeção. Uma investigação da National Public Radio (NPR), realizada com a ajuda de especialistas em análise de dados, constatou que muitas dessas falsas crenças poderiam ser atribuídas a "uma influenciadora com imenso número de seguidores no que chamamos de comunidade pseudomédica": Naomi Wolf.

Ou, para quem lê um pouco rápido demais: Naomi Klein.

*

Essa enxurrada de atividades da Outra Naomi durante a era da covid significava que os riscos de ser confundida com ela se tornaram significativamente maiores do que naquele banheiro público em Manhattan. As incursões anteriores de Naomi em conspirações infundadas eram amiúde ofensivas e, sem dúvida, nocivas para as pessoas que, ela insinuava, agiam como espiões ou partícipes de crises. Mas suas investidas nunca colocaram um número grande de pessoas em perigo concreto e imediato.

Com a covid, esse cenário mudou. E, quando se tratava da notória ficção da "disseminação viral de substâncias patogênicas pela vacina", era fácil ver por que ela estava ganhando tanta força. A alegação de que as pessoas inoculadas poderiam de alguma forma infectar com partículas perigosas as pessoas não vacinadas começou a circular num momento crucial da pandemia, quando muita gente ainda estava decidindo se valia a pena confiar nas vacinas. Para algumas pessoas saudáveis que se convenceram de que o vírus representava pouca ameaça para elas, mas se preocupavam com os possíveis efeitos adversos da vacinação, a ameaça de disseminação da doença que foi inventada proporcionou uma forma prática de inverter a situação.

Vejamos o caso de uma famosa instrutora de ginástica e influenciadora antivacina de Toronto autodenominada "Glowing Mama" [Mamãe exuberante]. Obcecada pela teoria da transmissão de doenças via vacinas, a instrutora declarou que estava "sangrando entre um período menstrual e outro" porque as pessoas ao seu redor haviam sido vacinadas[38]. Em um vídeo que viralizou por todos os motivos errados, a Glowing Mama irrompeu em lágrimas enquanto se enfurecia pelo fato de que os avós de sua filha, que se vacinaram, queriam segurar a neta no colo, evidentemente indiferentes aos riscos que representavam para a criança e a mãe. "Eles estão esterilizando uma geração inteira de pessoas", afirmou a influenciadora, entre soluços.[39] A seu ver, era inacreditável o egoísmo dos idosos, que estavam com "um pé na cova"[40] – e eram egoístas por terem se vacinado e ainda esperavam ter uma relação de afeto com a netinha.

O vídeo era uma maluquice – não existe vínculo entre vacinação e infertilidade, as vacinas não "passam" por abraços, e há um bocado de recursos e evidências científicas facilmente disponíveis para provar por A mais B ambos os pontos. Porém, nessa manifestação, o fascínio exercido pela teoria de que as vacinas transmitem doenças – que a minha sósia tanto fez para difundir – revela-se como a suprema e definitiva ferramenta de projeção e absolvição. Wolf e seus simpatizantes pegaram o argumento a favor das vacinas – o de que pertencemos a comunidades de corpos emaranhados, então o que fazemos e não fazemos com nosso corpo afeta a saúde de outros corpos, sobretudo corpos vulneráveis – e o viraram de ponta-cabeça. De acordo com eles, na verdade eram as pessoas vacinadas os egoístas que sacrificavam os vulneráveis, os imunizados eram os responsáveis por espalhar a doença e infectar os outros.

A mim me pareceu que tudo isso aumentou consideravelmente a probabilidade de ser confundida com Naomi Wolf. O mesmo aconteceu com a frequência dos episódios de confusão de identidade. Já não se tratava de um aborrecimento periódico a cada poucos meses. No primeiro ano da covid, era uma avalanche diária. E foi assim que, depois de alguns meses enredada nessa mixórdia, encontrei razões para fundamentar minha iniciativa de começar a revidar. Adicionei à minha biografia de mídias sociais um breve recado ("Não aquela Naomi") e, em fevereiro de 2021, enquanto Wolf fazia uma turnê pelos programas da Fox News para alertar que os governos que impunham medidas contra a covid eram "tiranos e autocráticos"[41], tuitei: "Este é o seu lembrete periódico para manter as coisas no devido lugar e fazer a distinção entre uma Naomi e outra"[42]. Quando a conta de Wolf no Twitter foi suspensa, aparentemente banida para sempre, escrevi "Ainda aqui, infelizmente"[43]. Essas duas frases foram "curtidas", da última vez que verifiquei, 20 mil vezes.

Isso porque, em meio ao extremo isolamento e à ansiedade do início da vida pandêmica, a confusão entre as duas Naomis se tornou uma das piadas favoritas do Twitter de esquerda. A mentalidade coletiva da internet não apenas gostava de rir das coisas ultrajantes que a Outra Naomi dizia, mas também ficou em igual medida encantada com a perspectiva de que eu receberia pelo menos parte do crédito/culpa ("Pensamentos e orações para Naomi Klein"). Passamos a ser um passatempo para pessoas atoladas em um profundo tédio, viciadas em doses de dopamina fornecidas por nossas máquinas. Não era bem algo que dava prazer às pessoas, mas algo sinteticamente adjacente a ele – uma falsa experiência comunitária naqueles tempos de solidão e ansiedade.

E, veja bem, até para mim *era de fato* confuso e também, de um jeito sombrio, engraçado. Repetidas vezes, Wolf dizia coisas que se pareciam um pouco com o argumento que apresentei em *A doutrina do choque*, mas refratadas através de um espelho mágico de parque de diversões de tramas e conspirações baseadas quase exclusivamente em uma série de palpites. Ela teimava em questionar a gravidade da covid, descrevendo-a como "uma crise médica muito badalada"[44], mesmo quando a epidemia já havia matado centenas de milhares apenas nos Estados Unidos. Ela disse ao [apresentador de televisão] Tucker Carlson que a administração Biden estava, sob o "disfarce" de uma emergência médica, recorrendo a "ordens de emergência" com o intuito de "nos privar de nossos direitos - direitos de propriedade, direitos de reunião, direitos de culto, todos os direitos garantidos pela Constituição"[45].

Observando isso, tive a sensação de que Wolf surrupiou minhas ideias, colocou-as em um liquidificador maluco e depois compartilhou o purê de pensamentos com Carlson, que assentiu a tudo com veemência. Enquanto isso, os seguidores de Wolf me perseguiam com uma saraivada de acusações e questionamentos sobre por que eu havia me vendido aos "globalistas" e estava ludibriando a opinião pública no sentido de fazer as pessoas acreditarem que máscaras, vacinas e restrições a encontros em ambientes fechados eram medidas de saúde pública legítimas - e não um pretexto para uma doutrina de choque de âmbito mundial da mesma espécie sobre a qual eu havia alertado em meus livros. "Acho que ela foi comprada, estão pagando propina pra ela!", alguém cujo apelido na mídia social é "RickyBaby321" afirmou a meu respeito, dizendo a Wolf: "Eu releguei Naomi Klein à posição de ser 'a Outra Naomi'!"[46]. É uma coisa vertiginosa ser esculachada nas mídias sociais por causa de sua suposta incompreensão das próprias ideias - enquanto ouve que uma outra Naomi é uma versão melhor de você do que você mesma.

A comédia de humor sombrio *Dual*, estrelada por Karen Gillan, traduz claramente um pouco do absurdo do meu problema com Naomi. Diagnosticada com uma doença fatal e com chances insignificantes de sobrevivência, Sarah, a personagem interpretada por Gillan, opta por encomendar um clone de si mesma para poupar entes queridos do sofrimento do luto. Acontece que a clone de Sarah é competitiva e começa a substituí-la em todos os seus relacionamentos mais próximos. Quando fica claro que se tratou de um diagnóstico equivocado e Sarah não está com os dias contados, a única solução é um duelo estilizado até a morte entre ela e sua *doppelgänger*. "Não podemos ter duas de você andando por aí. Isso seria ridículo", alguém diz a Sarah.[47] De fato, seria. Ridículo e sério. Seriamente ridículo. É por isso que, tal qual Sarah, também comecei a duelar com meu duplo, mesmo que fosse apenas um embate no mundo digital, com minhas postagens pequenas e concisas sobre "manter as coisas no devido lugar e fazer a distinção entre uma Naomi e outra".

Como muitos de nós durante a covid, eu passava muito mais tempo online do que o normal, porque, bem, afinal onde mais poderia estar? Até então, mantinha meu uso cotidiano das mídias sociais sob um controle bastante rígido. Mas, no isolamento da covid e na minha vida isolada no penhasco, tudo isso desapareceu. As mídias sociais eram algo de que eu não precisava abrir mão em nome daquele maldito vírus, então, pensei, por que deveria?

Quanto mais tempo eu passava rolando a tela e percorrendo as menções a mim, mais reais elas começavam a parecer. A covid cancelou muitas das coisas que, durante anos, deram consistência a quem eu era no mundo. Os planos de uma turnê de divulgação de livro. Uma série de palestras. Lugares onde as pessoas vinham me ouvir, conversar comigo e me contavam o que meu trabalho significava para elas, e onde eu aprendia coisas novas com essas pessoas. Eu ainda falava em todos os tipos do que viemos a chamar de "eventos virtuais" - reuniões de campanhas para incentivar as pessoas a votar nas eleições, festivais de livros e coletivas de imprensa -, mas fazia tudo isso sentada exatamente na mesma cadeira, exatamente na mesma sala, exatamente no mesmo penhasco, com minha energia e esperanças despejadas exatamente no mesmo vazio morto da luz verde da câmera do computador. Depois de cada evento, eu checava o Twitter para obter qualquer tipo de confirmação de que realmente havia tido contato com outros humanos. E muitas vezes eu encontrava apenas minha duplicata: suas teorias disparatadas, a confusão, as reações hostis, as piadas sarcásticas.

O mundo estava desaparecendo, e eu também.

Faz sentido que a confusão tenha piorado sobremaneira durante a pandemia, época em que muitos de nós éramos representados para o mundo além das paredes de nossa casa por avatares que ofereciam versões cada vez mais aproximadas de nosso eu físico. Mais ou menos depois de um ano de vida no Zoom, um amigo me contou sobre a ferramenta "retocar minha aparência" da plataforma. Agora, quando participo de eventos públicos, eu de caso pensado desfoco meu rosto, só um pouquinho; descobri que gosto de ficar com a imagem borrada. "[...] o efeito inquietante é fácil e frequentemente atingido quando a fronteira entre fantasia e realidade é apagada", Freud escreveu, "quando nos vem ao encontro algo real que até então víamos como fantástico"[48]. Depois de dois anos de vida pandêmica, eu me parecia fisicamente menos com quem eu era antes de tudo isso, e menos ainda com as minhas fotografias online, em especial a foto de divulgação que mais circulou, tirada em 2014 no escritório da minha editora sob a supervisão de um maquiador e com iluminação profissional. A relação entre aquela Naomi chiquérrima e atraente e a Naomi que sou escrevendo estas palavras, de calça legging e camiseta regata, meus cabelos presos em um caótico rabo de cavalo alto para domar a franja que eu mesma cortei, parece tão aproximada quanto a relação entre minha própria foto de divulgação e a de Naomi Wolf.

Foi em meio a toda essa ruptura e indistinção, a todos esses eus performáticos, eus distorcidos e eus digitalizados, que as barreiras entre mim e Wolf também ficaram confusas. Meu eu público havia encolhido para aquela foto comprimida em miniatura e para o limite de 280 caracteres do Twitter, e agora, graças a Wolf, nem sequer isso eu tinha mais. Eu me senti como a Alice encolhida dizendo à Lagarta: "não sou eu mesma, entende? [...] ser de tantos tamanhos diferentes num dia é muito perturbador"[49].

Então, não, sendo honesta comigo mesma, eu não entrei nas tretas do Twitter simplesmente porque era importante rechaçar o que Wolf estava dizendo sobre a covid – fiz isso também porque *eu* estava me sentindo menos importante, como se estivesse desaparecendo. Não era por essa razão que tantos de nós teclavam em frenesi e postavam coisas tão furiosas durante aqueles dias solitários?

Está no código

Gordon Pennycook, cientista comportamental da Universidade de Regina, explica que, à medida que o vírus se espalhava, os disseminadores de alarmismo e conspirações encontraram uma audiência pronta, uma opinião pública em estado de medo generalizado, receosa de adoecer gravemente e morrer, e que ao mesmo tempo tinha preocupações muito concretas sobre o que medidas de saúde pública – como a obediência a ordens de ficar confinado em casa, o fechamento de escolas e a obrigatoriedade do uso de máscaras – significariam para seus meios de subsistência e seus entes queridos. "Receios desse tipo distraem as pessoas e as impedem de julgar a exatidão do conteúdo que acabam lendo na internet", disse ele ao *New York Times*, acrescentando: "Via de regra as pessoas não querem espalhar conteúdos falsos. Mas, num momento como este, quando todo mundo está preocupado com o vírus, manchetes como 'Vitamina C cura a covid' ou 'É tudo uma farsa' tendem a circular amplamente"[50].

Wolf tinha culpa no cartório por esse tipo de postagem inconsequente. E muitos de seus seguidores, que sem pestanejar compartilhavam suas afirmações irresponsáveis, foram cúmplices. Mas é aqui que as coisas ficam mais complicadas: também muitas das pessoas que não perdiam a oportunidade para atacar Wolf por espalhar desinformação mal liam o que postavam. E eu deveria saber, porque, no afã de serem vistas e conseguirem engajamento, essas pessoas acabavam postando sobre mim. Mesmo quando o nome correto de Naomi Wolf aparecia em negrito no título de um artigo.

Isso despertou algo ainda mais preocupante. Durante muito tempo as pessoas claramente confundiam Wolf comigo, trocando nossos nomes, como vez por outra acontece com qualquer um. Porém, à medida que a covid avançava e toda essa coisa de não-ler-com-atenção adquiria uma qualidade cada vez mais afobada, ficou claro que Wolf e eu não estávamos apenas confundidas, mas *amalgamadas*, tratadas como uma única Naomi intercambiável.

Essa é a parte mais desestabilizadora das conversas entre Naomi e Naomi com as quais eu topava por acaso na internet. Mais de uma vez, alguém digitou: "Meu Deus. Acabei de me dar conta de que elas não são a mesma pessoa"[51]. Ou: "Hoje eu percebi que

Naomi Wolf não é Naomi Klein, e sinceramente as coisas fazem um pouco mais de sentido agora". Alguém afirmou que *A doutrina do choque* era "um dos livros mais informativos de todos os tempos" e que, nele, descrevo "os dez passos que levam a um governo fascista" - o que eu nunca fiz, mas Wolf sim.

Por um bocado de tempo eu resisti à verdade acerca dessa fusão. Além do que julgo serem nossos enfoques divergentes com relação a fatos e métodos de pesquisa, existem muitas outras diferenças entre nós duas. Ela foi criada nos Estados Unidos, eu, no Canadá. Ela é uma liberal que se refere com reverência aos "pais fundadores dos Estados Unidos", fetichiza uma versão extremamente individualista de "liberdade" e escreveu um livro inteiro dirigido a um "jovem patriota". Eu sou uma esquerdista de terceira geração que acredita que a liberdade é conquistada coletivamente e que sente comichão quando está perto de bandeiras. Ela frequentou universidades privadas nos Estados Unidos e no Reino Unido; eu abandonei o curso numa universidade pública no Canadá. Os olhos dela são azuis; os meus são castanhos.

Acabei aceitando, no entanto, que embora essas distinções sejam importantes para mim, e sem dúvida para ela, a maioria das pessoas não está nem aí. E por que estariam? Ambas somos Naomis céticas com relação ao poder da elite. Temos até alguns alvos em comum. Eu, por exemplo, fiquei furiosa quando Bill Gates tomou o partido das empresas farmacêuticas na defesa de suas patentes de vacinas contra a covid - imunizantes capazes de salvar vidas -, empregando como arma o perverso acordo de propriedade intelectual da Organização Mundial do Comércio (OMC), a despeito do fato de o desenvolvimento de vacinas ter contado com generosos subsídios de dinheiro público, e de que esse lobby ajudou a manter os imunizantes longe dos braços de milhões das pessoas mais pobres do planeta. Furiosa porque as pessoas estavam sendo obrigadas a se vacinar, Naomi Wolf impulsionou teorias da conspiração sobre Bill Gates usar vacinas para implantar microchips nas pessoas e rastreá-las com o intento de inaugurar uma sinistra ordem mundial.

São diferenças substanciais, refletindo os diferentes sistemas de crenças de duas pessoas diferentes. Mas acabei por aceitar que, para muitas pessoas que dão uma olhada nas mídias sociais durante as partes chatas das séries da Netflix, somos apenas um borrão indefinido de Naomis teimosas e metidas a donas da verdade afirmando coisas sobre estados de emergência e Bill Gates.

Em um dia especialmente sombrio, alguém tuitou que eu já vinha endoidecendo havia anos e que agora comparava a obrigatoriedade de tomar a vacina contra a covid à obrigação imposta aos judeus na Alemanha nazista de usar estrelas amarelas costuradas na roupa. Essa pessoa se referia, é claro, a uma declaração de Naomi Wolf dizendo exatamente isso. A analogia com a estrela amarela realmente me irrita; então, depois de ter redigido e excluído uma série de respostas repletas de palavrões, decidi postar uma que era fria e contida: "Você tem certeza disso?". Aturdido, o tuiteiro em questão deu outra olhada, rapidamente apagou o que havia escrito e se desculpou: "Ah, meu Deus, o correto é Wolfe [sic]... maldito autocompletar do Twitter. Desculpe por isso. Foi mal".

Autocompletar?!?

Senti meu rosto pegar fogo. Naquele momento, depois de nove meses vivendo no penhasco no fim da rua, treze meses de ensino remoto e de uso de máscaras em ambientes fechados, uma eternidade sem ver meus amigos mais próximos, de repente me dei conta: agora a confusão se tornara tão frequente que, todo solícito, o algoritmo do Twitter estava preenchendo automaticamente o erro, de forma a ajudar seus usuários, assegurando que economizassem um tempo precioso. É assim que funciona a aprendizagem de máquina – o algoritmo imita, aprendendo com os padrões. Então, se meu nome é repetidas vezes confundido com o de Wolf, mesmo que em piadas, meu nome começa a ser sugerido no lugar do nome dela, o que resulta em mais equívocos. O que também significava que qualquer coisa que eu fizesse para corrigir o registro – ou declarar minha própria posição acerca do tema que se converteu no assunto de estimação de Wolf – simplesmente treinaria o algoritmo para confundir nós duas ainda mais.

É o que acontece quando permitimos que muitas das nossas ações antes privadas sejam engolidas por plataformas tecnológicas corporativas cujos fundadores juraram de pés juntos que o objetivo era nos conectar, mas na verdade sua intenção sempre foi extrair coisas de nós. O processo de cercamento e cerceamento, de restrição da possibilidade de realização de nossas atividades dentro dos limites dessas plataformas privativas, acaba por nos mudar, incluindo a forma como nos relacionamos uns com os outros e o propósito subjacente dessas relações. Isso remonta às primeiras formas de cercamento, iniciadas na Idade Média. Quando as terras comuns da Inglaterra foram transformadas em mercadorias de propriedade privada circundadas por sebes e cercas, a terra tornou-se outra coisa: seu papel já não era beneficiar a comunidade – com acesso compartilhado a pastagens, alimentos e lenha comunitários –, mas aumentar a produção das lavouras e, portanto, os lucros dos proprietários de terras individuais. Uma vez encerrado do ponto de vista físico e legal, o solo passou a ser tratado como uma máquina cujo papel era ser o mais produtiva possível.

O mesmo acontece com as nossas atividades na internet, em que os nossos relacionamentos e conversas são a nossa lavoura moderna, concebida para a colheita de uma quantidade cada vez maior de dados. Tal como se vê com o milho e a soja cultivados em grandes fazendas monocultoras, a qualidade e a individualidade são sacrificadas em favor da padronização e da homogeneização, mesmo quando a homogeneização assume a forma de indivíduos que competem para se destacar como peculiares e absolutamente singulares.

É por isso que o filme *Matrix* e as suas continuações provaram ser paisagens metafóricas tão duradouras para a compreensão da era digital: não se trata apenas de pílulas vermelhas e de pílulas azuis. Em *Matrix*, os humanos, vivendo em cápsulas sintéticas, são mero alimento para máquinas. Muitos de nós suspeitam que nos tornamos comida de máquinas. E, de certa forma, de fato nos tornamos. Como escreve Richard Seymour em sua emocionante dissecação de mídias sociais de 2019, *The Twittering Machine: How Capitalism Stole Our Social Life* [A máquina de tuitar: Como o capitalismo roubou nossa vida social], pensamos estar interagindo – escrevendo, cantando, dançando e conversando – uns com os outros, "nossos amigos, colegas de profissão, celebridades, políticos, membros da realeza, terroristas, atores e atrizes pornôs – qualquer pessoa de quem gostamos. Porém, não estamos interagindo com pessoas, mas com a máquina. Escrevemos para ela, e a máquina transmite a mensagem por nós, depois de fazer um registro dos dados"[52].

Zadie Smith previu tudo isso há mais de uma década. Escrevendo sobre a ascensão do Facebook e, por extensão, de todas as outras plataformas de mídias sociais, ela observou: "Quando um ser humano se torna um conjunto de dados em um site como o Facebook, ele ou ela é reduzido. Tudo encolhe. Caráter individual. Amizades. Linguagem. Sensibilidade. De certa forma, é uma experiência transcendental: perdemos nosso corpo, nossos confusos sentimentos, nossos desejos, nossos medos"[53]. Acontece que não estamos transcendendo para algo superior, mas apenas para menos de nós mesmos. E uma versão achatada e reduzida de nós mesmos é mais fácil de ser confundida com uma versão achatada e reduzida de outra pessoa.

Nenhum desses problemas é algo que eu consiga resolver, não importa quantas vezes poste correções sarcásticas, desdenhosas ou contidas. Pelo menos não dou conta de resolvê-los sozinha. E assim, um ano após o início da pandemia, comecei a me sentir estranhamente sem palavras, incapaz de dizer qualquer coisa. Um editor de jornal me pediu que escrevesse sobre o novo livro de Bill Gates acerca das alterações climáticas, que chegou ao topo das listas de mais vendidos e alertava contra as respostas à crise climática que considero decisivas, como a regulação dos poluidores e a devolução das redes de energia à propriedade pública a fim de acelerar a transição para energias renováveis. Fiz algumas anotações sobre a interferência de Gates na política de saúde da covid-19, sobre como ele mostrou sua inclinação para proteger os lucros das corporações em detrimento da segurança humana, e que não deveríamos deixá-lo fazer o mesmo com as nossas soluções para a questão climática. Mas então me lembrei de que qualquer coisa que eu escrevesse sobre Gates provavelmente daria munição a meu problema com a Outra Naomi. Na veloz cacofonia da era da internet, as coisas não se embaralhariam todas, ganhando os vagos contornos de uma grande conspiração? Esse emaranhado não confundiria ainda mais os algoritmos que agora moldam nossa vida, fazendo com que mais pessoas recebessem meu nome no preenchimento automático quando na verdade estavam procurando por ela? O Twitter começaria a suprimir meu conteúdo? Será que já estaria fazendo isso? Interrompi meu artigo no meio.

Enquanto eu emudecia, Wolf continuava tagarelando. E digitando. Ocupando espaço suficiente para nós duas e mais algumas Naomis de sobra.

Nos livros e filmes sobre *doppelgängers* que passaram a preencher as minhas noites, impressionava-me a fiabilidade com que este fenômeno ocorria: mais cedo ou mais tarde a duplicata substitui o original, por meio de pura energia e tenacidade, ao passo que o original desaparece ou coisa pior. O romance *O duplo*, de Dostoiévski, termina com Golyádkin, o atormentado protagonista, sendo levado para um hospício, enlouquecido pela dissimulação de seu impostor.

Era esse o meu destino? Ser descartada e levada embora? Eu precisava começar a gritar mais alto para não ser privada da minha própria identidade? Talvez. Para provar aos outros – e a mim mesma – que eu realmente existo, eu precisava abastecer a máquina com conteúdos novos: opiniões novas, raiva nova, intimidade nova. No entanto, eu me vi totalmente incapaz de dar conta do recado, impossibilitada de fazer a manutenção básica da identidade que eu fizera durante toda a minha vida adulta e que a economia da atenção exige. Tendo desenvolvido o hábito extracorpóreo de observar os tiros que a minha sósia dava saírem pela culatra e explodirem na minha cara, era como se a única coisa que eu pudesse fazer fosse assistir de camarote: a mim, a ela, à confusão. Uma espectadora da minha própria vida. O que significava, de acordo com as menções a mim (agora quase todas a respeito de Wolf), que eu estava desaparecendo.

Na adaptação cinematográfica de *O duplo*, de 2013, Jesse Eisenberg tem uma atuação memorável como Simon, um burocrata insosso e banal que tem a identidade roubada e a vida destruída por um *doppelgänger* inescrupuloso e extravagante, também interpretado por Eisenberg. Perto do final do filme, com o rosto ensanguentado pela luta, Simon encara a câmera e diz: "Eu gostaria de achar que sou bastante singular".

Todos gostaríamos de achar isso, não? O problema é que há muitos de nós por aí tentando ser únicos e singulares ao mesmo tempo, utilizando as mesmas ferramentas pré-programadas, escrevendo nas mesmas fontes tipográficas, respondendo às mesmas solicitações. Não é de admirar que a imagem de Eisenberg dizendo essas palavras tenha se tornado um meme viral, que circula nas mesmas plataformas nas quais todos competimos por singularidade, autenticidade e, no caso de alguns, pela prova de que nestes tempos irreais ainda somos realmente nós mesmos.

O livro de Naomi

Certa noite, enquanto eu rolava compulsivamente a tela e ia consumindo notícias desalentadoras, ocorreu-me que todos os meus problemas com a *doppelgänger* poderiam ter sido evitados se eu tivesse cumprido minha ameaça adolescente de alterar de forma legal meu primeiro nome. Na comunidade judaica de Montreal onde fui criada, quase todo mundo pronunciava "Nái-ô-mi", com um "ai" de queixume fixo na primeira sílaba que soava choroso e tristonho aos meus ouvidos. Não importava quantas vezes eu me apresentasse como "Nei-ô-mi", o som ecoava de volta com o lamentoso zumbido "Náááái-ô-mi".

"Você me deu um nome que vem com um gemido embutido", reclamei com a minha mãe quando estava no segundo ano do ensino médio.

Era o início da primavera; estávamos no quintal, e os restos de cocô que o cachorro fizera no inverno haviam recentemente se transformado em uma nojenta sopa de lama e grama morta. A vovó, mãe da minha mãe, cochilava numa cadeira de jardim. A essa altura, ela estava envolta na névoa do Alzheimer avançado, outra maneira pela qual nós, humanos, perdemos o controle sobre nosso eu do qual cuidamos com tanto zelo.

"Assim que eu fizer 18 anos, já era", ameacei.

"Você recebeu seu nome em homenagem a Nathan", mamãe respondeu com toda a paciência do mundo. Ao ouvir o nome do marido falecido havia muito, a vovó se remexeu ligeiramente na cadeira. "Nate", o avô materno que nunca conheci, morreu de ataque cardíaco repentino um ano antes de eu nascer.

Insisti. "Sim, mas por que não 'Natalie'? Tem as mesmas três primeiras letras de 'Nathan'. 'Naomi' tem apenas duas. Ou por que não 'Natalia'? Esse é ainda melhor. Ou 'Natasha'. Ou 'Nadia'. Vou trocar pra 'Nadia'."

Sem que ela soubesse, eu já vinha experimentando "Nadia" com os caras da universidade em bares, graças à atitude notoriamente negligente de Quebec com relação ao consumo de álcool por menores de idade. Com sua pegada sexy do Leste Europeu, "Nadia" parecia o nome de alguma personagem dos romances sensuais de Milan Kundera, meu autor favorito na adolescência. Além do mais, era a década de 1980, e a romena Nadia Comăneci era a rainha suprema da ginástica; dona de um corpo minúsculo e esbelto, ela obteve pontuações máximas e medalhas de ouro na Olimpíada de Moscou, e circulavam rumores de uma iminente deserção do bloco soviético. Mas "Natalie" também era uma boa escolha. A mim me parecia um nome alegre, cheio de vida, livre de sons de choramingos – do tipo comum que encontramos em colares pendurados em displays do tipo carrossel nas lojinhas de suvenir de beira de estrada, ao lado dos baleiros com guloseimas coloridas e pegajosas. Já "Naomi", por mais que eu girasse aqueles displays rangentes, nunca, jamais estava lá.

Mas "Natalie" não era um nome suficientemente judeu na opinião da minha mãe, que cresceu num lar *kosher* na Filadélfia e foi para o seminário movida pela remota esperança, apesar de seu gênero desqualificador, de se tornar rabina. E, no entanto, de alguma forma, no final da década de 1960 ela engravidou e se casou com um homem que vinha de uma família de comunistas que endossava ferrenhamente a ideia de Karl Marx de que a religião era o ópio das massas, distraindo as classes trabalhadoras e entorpecendo-as diante das injustiças da vida sob o capitalismo. Quando o meu pai, médico de profissão, abandonou o Corpo Médico do Exército dos Estados Unidos porque se recusou a ter qualquer relação com o que considerava uma guerra ilegal e imoral no Vietnã, meu pai e minha mãe foram parar em Montreal. Foi lá que minha mãe procurou um nome para mim que soasse do Antigo Testamento o bastante para nos unir à nossa antiga tribo.

Em hebraico, "Naomi" significa "agradável", ou "delicada", e às vezes é traduzido como "doce". Há pouco tempo, quando lhe perguntei, minha mãe se lembrou do significado "reconfortante" – embora eu não tenha conseguido encontrar nenhuma evidência disso. Talvez seja essa a lembrança dela, porque consolo era o que ela procurava enquanto carregava uma filha no ventre, ao mesmo tempo que estava de luto pela perda do pai naquela congelante ilha francófona.

Meu nome aparece no livro de Rute, no Antigo Testamento, que fala de uma mãe israelita, Noemi, que perde o marido e os dois filhos homens, de modo que seus únicos parentes são as viúvas de seus filhos. Rute é a nora mais devotada e apegada à sogra, e juntas elas viajam para Belém, cidade natal de Noemi. Quando os habitantes da cidade cumprimentam a velha amiga pelo nome de nascença, ela diz que não combina: ela sofreu muitas perdas na vida e já não é agradável, nem amorosa, tampouco doce. Em vez disso, deveriam chamá-la de Mara, que significa "amara" ou "amarga": "Não me chameis de Noemi [...]. Chamai-me de Mara, porque o Todo-Poderoso me afligiu e tornou minha vida muito amarga"[54].

No terceiro ano do ensino fundamental, eu tinha uma melhor amiga chamada Mara, que morava a três quarteirões de distância da minha casa e, ao contrário de mim, tinha a paciência de uma santa e sempre dava um jeito de fazer seu estoque de doces arrecadados no Dia das Bruxas durar o ano inteiro. Enchíamos a boca de balas puxa-puxa já meio passadas e recitávamos uma para a outra a nossa própria versão dessa frase, sentindo que ela santificava nosso vínculo como duas meninas judias vivendo em um bairro de classe média tipicamente WASP (protestante branco anglo-saxão). "*Não me chamem de Naomi, podem me chamar de Mara.*"

À medida que meu problema com a Outra Naomi se arrastava (e se prolongava), de tempos em tempos essa frase voltava à minha cabeça. "Não me chamem de agradável", eu pensava comigo mesma, rolando a tela para ler as críticas a acusações furiosas e os memes sarcásticos. "Me chamem de amarga."

Contudo, à medida que esse período de visão dupla perdurava, espelhando o caos intelectual e ideológico da era da covid, descobri que a minha amargura estava aos poucos desaparecendo, dando lugar a emoções mais complexas e inesperadas. Ser cronicamente confundida com outra pessoa pode ser humilhante, mas não é só isso. É também uma experiência estranhamente íntima. As fronteiras entre você e o outro começam a se extinguir, tornando-se tênues e até diáfanas. Os problemas do seu duplo são os seus problemas, a vergonha dele é a sua vergonha. Um *doppelgänger* é o seu rastro, a sua sombra, um pouco como na história bíblica da qual derivamos nosso nome, em que Rute proclama a Noemi: "pois para onde fores, irei também; onde ficares, também ficarei"[55]. Talvez seja por isso que, cada vez mais, eu me tornei não mais amarga ou zangada quanto à confusão, mas intensamente interessada.

Interessada, à medida que o mundo ficava cada vez mais bizarro, no significado disso tudo. E em por que ela estava fazendo o que estava fazendo – e no que ela faria a seguir.

3
Minha marca fracassada, ou me chame pelo nome dela

Existem palavras mais simples para descrever o assunto que até aqui venho rodeando, e talvez eu devesse tratar delas sem subterfúgios antes de prosseguir. Dan Hon, um destacado consultor de estratégia digital, tuitou que as ações de Wolf o deixavam em estado de absoluta confusão, porque o tempo todo ele as atribuía a mim. O problema, na opinião dele, era óbvio: "Naomi Klein deveria entrar com um processo judicial por diluição de marca registrada e dano à marca"[56]. Em suma, segundo Hon, minha marca estava em crise.

Procurei em um popular site de marketing uma definição corrente de "diluição de marca registrada" e descobri que são três as principais causas para esse tipo de violação:

1. "Sobrecarregar demais a capacidade" (por exemplo, um restaurante que decide se expandir e abre diversas franquias em um ritmo tão veloz que perde o controle sobre a qualidade das refeições).
2. "Oferecer serviços ou produtos não relacionados" (como naquela ocasião em que a Colgate entrou no mercado de comida congelada, apenas para descobrir que as pessoas não queriam comer lasanha à bolonhesa fabricada pelas mesmas pessoas que fazem sua pasta de dentes).
3. "Perder o controle da marca" (quando, por exemplo, sei lá... em meio a uma pandemia mortífera, atribuem a você as palavras e

ações de uma propaladora de teorias da conspiração empedernida e incorrigível, que inclusive já foi expulsa das mídias sociais).[57]

Na época em que Hon me ofereceu esse aconselhamento jurídico gratuito, a diluição da marca estava nas manchetes porque a Nike havia anunciado que processaria Lil Nas X e o coletivo de arte MSCHF por essa mesma violação. Sem a aprovação da gigante dos esportes, os artistas, experientes em marketing, pegaram 666 pares de tênis de corrida Nike Air Max 97 e os customizaram inserindo uma gota de sangue humano nas solas, renomearam a linha de calçados como "Tênis de Satanás" e os venderam por 1.018 dólares o par. Tudo fazia parte do lançamento promocional de um *single* de estrondoso sucesso de Lil Nas, *Montero* (*Call Me by Your Name*), cujo videoclipe mostrava o cantor no inferno executando uma *lap dance* sensual para o próprio diabo. A Nike alegou que o Tênis de Satanás "provavelmente causaria confusão e diluição" para sua marca[58], uma vez que os consumidores presumiriam erroneamente que os tênis modificados tinham algo a ver com a empresa. O processo caiu como uma luva para a estratégia de Lil Nas, por gerar uma tonelada de publicidade gratuita, e a Nike rapidamente fez um acordo extrajudicial. (Enquanto digito estas palavras, percebo que se trata de uma analogia terrível com a minha própria situação: eu faço as vezes de uma litigiosa e gigantesca multinacional, e a Outra Naomi encena o papel de Lil Nas X, que é um gênio.)

Ainda assim, Hon estava certo. Meu problema de *doppelgänger* era a prova cabal de que fui reprovada em uma das atividades mais valiosas do capitalismo contemporâneo: desenvolver, manter e defender minha marca pessoal. Como qualquer especialista em marketing dirá, uma marca é uma promessa – de consistência e confiabilidade. E estava claro que a minha promessa havia sido diluída e degradada. De que outra forma tanta gente me confundiria com uma pessoa que parece não saber a diferença entre medidas temporárias de saúde pública e um golpe de Estado?

Ora, se de fato a minha marca havia sido diluída, nada mais lógico do que eu imediatamente empreender esforços para me tornar uma marca melhor e mais excepcional, ao mesmo tempo que defendia agressivamente as vantagens da minha marca contra todos os supostos e possíveis infratores. No entanto, esse plano apresentava um problema gritante. Tenho uma relação profundamente conflituosa com a ideia de humanos se comportarem como marcas corporativas. Meu primeiro livro, *Sem logo*, é um tratado contra a ascensão das marcas como estilo de vida, incluindo a noção de que os indivíduos devem moldar e comercializar a si mesmos feito mercadorias. Eu tratar Wolf como um problema de gestão de marca seria a coisa mais "marca genérica de segunda linha" que eu poderia imaginar.

No final da década de 1990, enquanto pesquisava e escrevia *Sem logo*, ouvi o primeiro murmúrio de que a questão do branding pessoal era algo a que todos nós, mesmo as "não celebridades", deveríamos aspirar. No livro, examino esta ideia nova e controversa: que a insegurança que todos sentíamos com relação ao rápido desaparecimento de empregos estáveis poderia ser resolvida se todos fizessem como Michael Jordan e Oprah e se transformassem em marcas. Em 1997, o guru da gestão Tom Peters detalhou as novas regras em uma reportagem de capa publicada na revista *Fast Company* com o título "The Brand Called You" [A marca chamada Você]:

> Independentemente da idade, da posição, do setor de atividade em que atuamos, todos nós precisamos compreender a importância do branding. Somos CEOs de nossas próprias empresas: "Eu Sociedade Limitada". Para estar no mercado hoje, o trabalho mais importante é ser o principal profissional de marketing da marca chamada Você. [...] A boa notícia – e em grande medida é uma boa notícia – é que todos têm a chance de se destacar. [...] Comece identificando as qualidades ou características que diferenciam você de seus concorrentes – ou de seus colegas. O que você fez ultimamente – esta semana – para sobressair?[59]

É interessante notar que, à época, Peters foi ridicularizado; a revista chegou a publicar um mea-culpa repudiando o artigo e a sua visão distópica de um mundo em que colegas de escritório competem entre si pelo reconhecimento de marcas registradas[60]. Não seria insuportável? O fim da camaradagem? Havia também um problema de ordem mais prática: uma coisa eram celebridades e empresários mundialmente famosos, a exemplo de Michael Jordan, Oprah e Richard Branson, se posicionarem como suas próprias marcas – e outra bem diferente era um estudante universitário, um gerente de nível intermediário ou um operário de fábrica demitido fazer isso. Peters escreveu que agora os indivíduos tinham a mesma necessidade de visibilidade que as grandes corporações, que têm condições de pagar por "uma série completa de anúncios de TV e folhetos publicitários a fim de obter bilhões de 'impressões' [...]. Se você é o dono da marca Você, tem a mesma necessidade de visibilidade – mas não dispõe do orçamento para bancá-la"[61].

Bem, exatamente: humanos normais não dispõem de orçamentos publicitários, e é por isso que todo o conceito parecia absurdo ao nosso cérebro dos anos 1990. Tenha em mente que isso foi muito antes da existência do Facebook, sem falar do TikTok ou do Substack. E os reality shows ainda não estavam a pleno vapor para tirar da obscuridade os anônimos aspirantes a celebridade. Em suma, a ideia da marca pessoal começou como um estratagema – um transparente cala-boca à guisa de paliativo oferecido, em vez de empregos de verdade ou de uma renda estável – das empresas e de seus consultores de gestão, embriagados com o corte de custos e a inflação dos preços das ações, resultantes das estratégias de redução da mão de obra e da terceirização.

Quando publiquei *Sem logo*, essas eram algumas das verdades que o meu eu de 29 anos imaginava estar apresentando ao mundo, como uma bandeja de aperitivos provocadores, mas originais, em uma festa no jardim. Recém-chegada das fábricas exploradoras de mão de obra da Nike na Ásia, eu contaria a verdade sobre as falsas promessas e o lado sórdido do branding.

Em vez disso, entrevista depois de entrevista, eu ouvia a mesma pergunta: "*Você* não é uma marca?".

O problema da gestão de marca antimarcas

Nos primórdios da minha carreira de escritora, quando os jornalistas me acusaram de ser uma marca, eu insistia que isso era infundado. Respingando desdém, eu dizia: "Sou uma escritora. Não uma marca. O produto não sou eu. Estou tentando comunicar *ideias*. As ideias estão no livro. Leiam o livro". Eu salientava que não oferecia derivados nem subprodutos, extensões de marca, camisetas ou sacolas, não tinha nada à venda além de um livro. Antes de mim houve uma porção de escritores e escritoras que venderam carradas de livros – por que não foram acusados de serem marcas?

O fato, porém, é que eu estava meio que contando uma lorota. Tive bastante cuidado com relação à maneira como *Sem logo* foi concebido e posicionado. Por ter passado anos estudando o branding corporativo eficaz, eu queria que meu primeiro livro fosse fluente no mesmo idioma. Muito antes de eu encontrar uma editora, de algum jeito consegui convencer um dos principais designers gráficos do mundo, Bruce Mau, a fazer o projeto gráfico do livro. A capa era elegante e toda preta – o que, à época, foi chocante –, e o título do livro era em si um logotipo instantaneamente icônico em vermelho, branco e preto. Tomei as providências para me assegurar de que meus editores não tentassem tirar proveito da capa e lucrar vendendo produtos *Sem logo*, mas paguei do próprio bolso para que no lançamento do livro fossem distribuídos gratuitamente desfazedores de costura *Sem logo*, que os leitores poderiam utilizar para remover logotipos de suas roupas. (Até hoje ainda uso o meu, principalmente para proteger o pescoço do meu filho contra etiquetas de roupas que arranham a pele.)

O teórico cultural britânico Stuart Hall descreveu a esquerda durante a era de Margaret Thatcher como "historicamente anacrônica"[62]; escrevendo uma década depois, a teórica política estadunidense Wendy Brown viu uma esquerda "presa numa estrutura de apego melancólico a certa tensão do seu próprio passado morto, cujo espírito é fantasmagórico, cuja estrutura de desejo é retrógrada e punitiva"[63]. Sendo filha de radicais da década de 1960, cresci nessa cultura fantasmagórica; eu não queria que minha obra se juntasse aos livros empoeirados da esquerda. Eu queria vestir *Sem logo* com as roupas vistosas do próprio capitalismo.

Toda essa atenção à embalagem e ao estilo do livro era, eu disse a mim mesma, uma piscadela para o mundo das marcas corporativas – melhor ainda, era um ataque a esse mundo. E funcionou: *Sem logo* vendeu mais de 1 milhão de exemplares, muito além de tudo que eu poderia ter imaginado. Durante a minha turnê de divulgação do livro, ao longo de dois anos ininterruptos, continuei brincando com a ideia de ser uma marca antimarcas. Adotei um look simples, mas consistente: calça preta, camiseta, jaqueta jeans – principalmente para facilitar na hora de arrumar a mala.

Criei um logotipo *Sem logo* e o colei na minha garrafa de água. Durante as palestras, eu bebia um gole e fazia uma piada cáustica: "Não consigo entender *por que* todos esses jornalistas insistem em dizer que sou uma marca".

Havia uma insinceridade nesse teatro, hoje eu vejo com clareza cristalina. Eu queria as duas coisas: ser a garota *Sem logo* (o rosto de um emergente movimento anticapitalista) e negar que eu me importava em construir uma marca. Ser a única figura limpa num negócio sujo. E não é exatamente isso que muitos de nós queremos quando tentamos vencer o jogo da criação e gestão de uma marca pessoal – ou pelo menos não sermos aniquilados por ela? Na internet, cultivamos cuidadosamente personas – duplicatas do nosso eu "real" – que têm o equilíbrio certo entre sinceridade e cansaço do mundo. Aprimoramos vozes irônicas e imparciais que não são promocionais em demasia, mas ainda assim fazem o trabalho de promoção. Entramos nas mídias sociais para aumentar nossos números, ao mesmo tempo que reclamamos do quanto odiamos os "sites infernais".

É um caminho precário de percorrer, o que descobri já no início, quando meu truque antimarcas *Sem logo* rapidamente escapou do meu controle. À medida que a longa década de 1990 começava sua gradual desaceleração e uma postura anticorporativa começava a criar raízes, tive de admitir que o meu livro se tornou uma espécie de significante – um objeto ou acessório a ser transportado e não lido. Estudantes de marketing compraram exemplares em massa, alguns deles para sinalizar que eram revolucionários enrustidos, todos para ter ideias a serem usadas em campanhas futuras.

Um de meus editores tentou me persuadir a registrar o título do livro como marca, nem que fosse apenas para evitar que outros lucrassem com ele. Orgulhosamente recusei: isso transformaria em zombaria tudo o que escrevi sobre o cerceamento da cultura por trás de agressivas leis de proteção de direitos autorais. Como era de esperar, em menos de um ano alguém havia registrado a marca e estava usando uma imitação do logotipo *Sem logo* para vender camisas de golfe na Flórida. Uma elegante empresa de alimentos gourmet na Itália começou a produzir azeite *Sem logo* e outros produtos diversos. Uma cerveja artesanal *Sem logo* apareceu no Reino Unido. Em Genebra, inaugurou-se um restaurante *Sem logo* meio capenga (tomei um café lá e me apresentei ao proprietário, que pareceu ter entrado em pânico e correu para a cozinha).

A essa altura, quando os jornalistas me perguntavam se eu me tornara uma marca, já não era crível fingir inocência. No entanto, ficaram mais claras as razões pelas quais ser uma marca era tão desconfortável para mim. Boas marcas são imunes a transformações fundamentais. Admitir que me tornei uma aos 30 anos significaria abrir mão do que eu considerava minha prerrogativa de mudar, evoluir e, com sorte, melhorar. Isso teria me impedido, por prazo indeterminado, de desempenhar essa versão específica de mim.

Parte disso era certa quantidade de idealismo juvenil. As diretrizes de um bom branding me pareciam antagônicas com relação aos princípios de ser uma boa jornalista, e mais ainda de uma analista política digna de confiança. Esses papéis baseiam-se num compromisso tácito de seguir a investigação aonde quer que ela nos leve, mesmo que no fim fique claro que é um local muito diferente do que originalmente se esperava. Analistas confiáveis precisam estar dispostos a serem mudados por aquilo que descobrem. Para uma marca confiável, a obrigação é o oposto: continuar incorporando a identidade da sua marca – sua "promessa" –, não importa o que o mundo colocar no seu caminho. Um bom branding é um exercício de disciplina e repetição. Significa saber o tempo todo exatamente para onde você está caminhando – que é essencialmente em círculos concêntricos.

Sem logo me transformou em uma marca; era tarde demais para mudar isso. Mas percebi que ainda me restava uma boa opção: tornar-me uma marca muito mal gerida, quebrando as regras contra a diluição e a excessiva expansão. (Esta, suponho, é a minha versão do ditame de Leonard Wolf: "Destruir a caixa".) Na prática, isso significava deixar as imitações e cópias piratas reinarem a rédeas soltas e renunciar àquilo que me tornou brevemente famosa – escrever e falar sobre branding e marketing. Recusei várias ofertas para desempenhar o papel de celebridade ativista antimarcas em campanhas publicitárias, incluindo uma das mais esquisitas, concebida pelo designer Helmut Lang. A certa altura, a revista *Vogue* me pediu que acompanhasse um de seus articulistas em uma incursão de compras de luxo, na qual eu seria instigada a criticar todas as belas roupas de grife por causa dos crimes trabalhistas e ambientais cometidos pelas marcas grã-finas. A proposta de título para a matéria era "Comprando com o inimigo".

"O inimigo sou eu, ou são vocês?", perguntei.

Silêncio.

"É você."

Recusei isso também.

Em vez de desempenhar essas minhas diversas versões *Sem logo*, comecei a trabalhar em meu livro seguinte, que levou cinco anos para ser concluído e saiu sete anos depois de *Sem logo* – uma eternidade em termos de mercado. Era sobre um tema totalmente diferente: como a hegemonia econômica neoliberal nasceu da exploração sistemática de choques em grande escala. *A doutrina do choque* não continha uma única palavra sobre marketing. Era um livro de história e economia política que, eu sabia, afugentaria muitas das pessoas que carregavam *Sem logo* a tiracolo como acessório de estilo de vida. Meu livro seguinte, mais uma vez diferente, tratava de mudanças climáticas.

Eu seguia uma linha clara à medida que passava de uma área para outra – cada um de meus livros tratava dos estragos da expansão das lógicas de mercado e do poder corporativo, as zonas de explosão ampliando-se cada vez mais. Do ponto de vista da construção de movimentos, essa trajetória fazia sentido: movimentos que desejam crescer têm de ultrapassar a mentalidade de silos e chegar além dos já convertidos. Todavia, do ponto de vista do branding (ou até mesmo, aliás, do ponto de vista da categorização das livrarias), os meus livros eram onipresentes, ocupando tanto as prateleiras de obras de marketing aqui como de militarismo e ambientalismo acolá. Eu havia alcançado meu objetivo de matar minha própria marca, ou pelo menos foi o que disse a mim mesma.

Olhando para trás, relembrando a encruzilhada em que enfrentei uma clara escolha entre seguir os ditames de ser uma escritora curiosa e ser uma marca bem administrada, constato que em grande medida a escolha foi feita para mim. Se eu tivesse aceitado a oferta da *Vogue* de sair às compras (e aos discursos corporativos e às campanhas publicitárias), o movimento do qual fazia parte teria me despedaçado. E com razão. Estamos falando de uma década antes da normalização do branding pessoal – ainda chamávamos de "carreiristas", "traidores" e "vendidos" as pessoas que tentavam lucrar com os movimentos de massa. O que tornou bem fáceis essas decisões de marketing: eu não queria perder todos os meus amigos.

O que eu não conseguia ver à época era que *Sem logo* veio a lume no limiar de um novo mundo. Escrevi o livro em um computador Macintosh Plus atarracado e retangular, que acessava a internet por meio de um modem de discagem conectado ao meu aparelho de telefone fixo. Quando *Sem logo* foi lançado, em janeiro de 2000, eu tinha uma conexão de alta velocidade e podia acompanhar o aumento das vendas do meu livro ao vivo no site da Amazon, que, todos tínhamos plena certeza, destruiria a indústria editorial, mas que, mesmo assim, eu verificava obsessivamente, uma pequena amostra inicial do viciante poder dos sistemas de crédito de curtidas, número de visualizações e de seguidores das mídias sociais.

Também ficou claro que muitos de nós estávamos completamente errados sobre a impossibilidade de as pessoas comuns serem marcas. Dez anos depois do desacreditado artigo "The Brand Called You" de Peters, o iPhone foi lançado, e não demorou muito para que o Facebook, o Twitter e o YouTube estivessem ao nosso alcance. De repente, todos os usuários dessas plataformas gratuitas tinham à disposição as ferramentas para criar e gerir uma marca pessoal - peculiar, glamorosa, arrojada, nerd, revolucionária – e projetá-la muito além de seus próprios círculos, tudo pelo baixíssimo custo da tecnologia de consumo e de alguns acessórios bem escolhidos. Vinha chegando, cada vez mais iminente, a era dos influenciadores digitais.

Toronto, a cidade onde eu vivia à época, parecia especialmente boa em produzir essa nova linhagem de celebridades da internet. Em nossos vastos subúrbios residenciais, adolescentes talentosos e jovens adultos, muitos deles de famílias de imigrantes, instalaram câmeras em seus quartos e escreveram textos, fizeram gracinhas, cantaram, costuraram, pintaram as unhas e jogaram videogame sem precisar dos detentores da cultura que, alguns anos antes, quase certamente atravancariam seu caminho. Alguns, a exemplo de Lilly Singh, comediante de Toronto, fizeram o percurso do YouTube ao estrelato global. Outros tiveram um brilho efêmero e depois meio que desapareceram, incapazes de lidar com as demandas em constante mudança dos algoritmos sedentos por novos conteúdos, ou com os abusos que vêm a reboque de uma exposição pessoal tão intensa e contínua. Uma coisa, porém, era clara: as não celebridades (ou as ainda não celebridades), sem orçamento publicitário, e muitas vezes sem contatos influentes na família, puderam de fato aplicar os princípios do branding corporativo a seus eus íntimos, e algumas delas ganhariam o prêmio da loteria do branding pessoal.

Duplos digitais

Há vários anos ofereço um curso na universidade chamado "O eu corporativo", no qual meus alunos e eu investigamos a fundo, entre outras coisas, a história e os impactos da construção e gestão de marcas pessoais. Num dos exercícios de aula, peço aos alunos, a maioria dos quais tem vinte e poucos anos, que busquem sua lembrança mais antiga de quando o conceito de ser uma marca lhes foi apresentado. Muitos relatam que tudo começou no ensino médio, quando eram pressionados a realizar certas atividades extracurriculares porque isso "pegaria bem" para algum público amorfo no futuro. Outros se recordam dos severos sermões e advertências dos pais e das mães acerca dos perigos das publicações imprudentes nas mídias sociais: tudo o que você colocar na internet agora será lido lá na frente pelos responsáveis pelas admissões universitárias e por seus futuros empregadores; por isso, tenha cuidado com relação à forma como você cuida de si e se apresenta aos olhos imaginados dessas pessoas. Alice Marwick, em seu livro *Status Update* [Atualização de status], refere-se a isso como "O eu (apropriado para o ambiente de trabalho)"[64] – e alguns estudantes foram treinados para cultivar esse eu muito antes de ter qualquer ideia com relação ao tipo de carreira profissional para a qual desejavam ser "apropriados".

De forma indefectível, os estudantes descrevem a elaboração das redações de candidatura à universidade como o momento decisivo em que seu senso particular de identidade foi absorvido pelo imperativo de criar uma identidade consumível e voltada para o público. Eles foram incitados a escrever a partir de motes como: "Alguns estudantes têm formação, identidade, interesses ou talentos tão significativos que acreditam que, sem eles, sua inscrição no processo de seleção estaria incompleta. Se você também pensa assim, compartilhe sua história" ou "As lições que tiramos dos obstáculos que encontramos podem ser fundamentais para o sucesso futuro. Descreva uma ocasião em que você enfrentou uma dificuldade, um revés ou um fracasso. De que maneira isso o afetou, e o que você aprendeu com a experiência?".

Os motes inspiradores podem parecer benignos, mas muitos estudantes relataram que, por meio desses exercícios de escrita de alto risco, aprenderam a contar histórias sobre sua jovem vida que tinham menos a ver com as verdades tais quais as conheciam do que com atender às necessidades e exigências imaginárias de um público de desconhecidos acerca de certos tipos de identidade. Muita gente assentiu com a cabeça quando um aluno descreveu o processo como um modo de "embalar seu trauma na forma de uma mercadoria consumível". Não é que os traumas sobre os quais escreviam fossem falsos; é que o processo exigia que rotulassem experiências difíceis de formas especificamente comercializáveis e as transformassem em algo fixo, vendável e potencialmente lucrativo (uma vez que se considera que frequentar uma universidade é o primeiro e necessário passo para qualquer carreira lucrativa). Estava ocorrendo uma cisão entre esses jovens e essa coisa que eles deveriam se tornar para alcançar o sucesso.

A "marca pessoal" é mais uma forma de duplicação, uma espécie de processo de criação interna de um *doppelgänger*.

É lógico que, para esses estudantes, a duplicação exigida da construção e gestão da marca pessoal não parou no momento em que ingressaram na universidade. Um deles, exilado de uma escola superior de administração e negócios, contou que uma de suas primeiras tarefas foi elaborar uma apresentação de trinta segundos sobre si mesmo. Enquanto formulava uma descrição sintética até se reduzir a suas qualidades mais comercializáveis, ele declarou aos colegas: "Senti minha alma deixar meu corpo". Todos os demais pareceram saber o que ele sentia – estávamos nos primeiros dias das aulas pandêmicas via Zoom, e os colegas encheram suas caixinhas com emojis de coraçõezinhos.

Evocar a imagem das almas é interessante, um lembrete de que esta não é a primeira geração a se moldar para um olhar onisciente e ubíquo. O que é um Deus que tudo vê, capaz de saber quais são os nossos pensamentos e intenções, senão a ferramenta de vigilância mais eficaz já inventada? A genialidade dessa forma de religião é a maneira como seduz os crédulos a praticar a pureza na vida a fim de colherem recompensas após a morte. E, ao contrário do estado de vigilância dos dias de hoje – que sabe apenas o que digitamos, dizemos e fazemos –, os deuses monoteístas afirmam conhecer também as nossas intenções.

O psicanalista austríaco Otto Rank, discípulo de Freud que colaborou estreitamente com ele e mais tarde rompeu com as teorias freudianas, via a alma – o eu que, acreditava-se, vive além do corpo após a morte – como o *doppelgänger* original, o mais íntimo dos duplos. A escolha de acreditar numa alma, ele escreveu, era "uma defesa do desejo contra uma temida destruição eterna"[65]. Freud concordou, escrevendo que "o duplo foi originalmente uma garantia contra o desaparecimento do Eu, um 'enérgico desmentido ao poder da morte' (Rank), e a alma 'imortal' foi o primeiro duplo do corpo"[66].

Tal como acontece com os duplos que encenamos no éter digital, tudo isso tem um lado ameaçador, porque, como observa Freud, é um lembrete de que nem sempre estaremos vivos. A alma, dessa forma, "passa a inquietante mensageiro da morte"[67]. Dependendo da cosmologia, uma vida mal vivida pode levar nosso espírito duplo ao inferno ardente por toda a eternidade ou pode garantir sua reencarnação na forma de barata. Os riscos dessa forma de duplicação são tão elevados que, amiúde, de acordo com Freud e Rank, ela é acompanhada pela criação de outro tipo de duplo – um gêmeo maligno, ou um eu abjeto – no qual se projetam todos os nossos pecados, transgressões e iniquidades. Esses duplos, que assumem nossos pecados para que possamos permanecer puros, compõem a matéria de que são feitos os monstros nos livros e filmes sobre *doppelgängers*: são as projeções do eu que acabam sendo esfaqueadas pelos protagonistas, que por engano se matam no processo. Esses duplos são os eus indesejados, dos quais nos livramos fazendo algum tipo de pacto com o diabo, e que agora buscam vingança.

É inequívoco que uma marca mal gerida tem consequências menos graves do que uma alma mal gerida – mas, por outro lado, as consequências ocorrem neste domínio, nesta vida, não na seguinte. Nas nossas discussões em sala de aula, tentamos deslindar precisamente a maneira como a lógica da marca pessoal molda a eclosão daquela coisa que chamamos de "eu". O que significa para os jovens crescerem sabendo que cada fotografia, vídeo e observação casual postados na internet podem, quando eles forem alguns ou muitos anos mais velhos, ser o fator que os impedirá de conseguir um emprego, entrar numa faculdade ou obter aprovação para financiar a compra de um apartamento? E, inversamente, o que significa quando essas mesmas postagens - experimentar uma roupa bonitinha, dançar sozinho no quarto - podem ser também a passagem para a fama e a riqueza de um influenciador digital? Com tanta coisa em jogo e levando-se em conta as enormes apostas, o que os jovens fazem e o que não ousam sequer tentar? E o que acontece com o "eu abjeto" deles enquanto estão ocupados desempenhando o papel de seu eu aprimorado? Que gêmeos malignos são criados nesse processo de cisão?

Meus alunos talvez não tenham duplos de carne e osso criando o caos para eles, como parece ser o meu caso com a Outra Naomi. Todavia, ainda assim, cresceram com uma consciência aguda de terem um duplo externalizado - um duplo digital, uma identidade idealizada que está apartada de seu eu "real" e que serve como um papel que eles devem representar em benefício dos outros se quiserem ter sucesso. Ao mesmo tempo, devem projetar nos outros a sua parte indesejada e perigosa (o eu não esclarecido, o eu problemático, o eu deplorável, o "não eu" que aguça as fronteiras do "eu"). Essa tríade - separação, representação e projeção - está rapidamente se tornando uma forma universal de criação de *doppelgängers*, gerando uma figura que não somos bem nós, mas que na percepção dos outros, no entanto, somos nós. Na melhor das hipóteses, um sósia digital pode proporcionar tudo o que a nossa cultura nos ensina a desejar: fama, adulação, riqueza. Mas é um tipo precário de realização de desejo, e para destruí-lo basta uma única opinião equivocada ou uma postagem ruim.

Tudo isso se soma à possibilidade onipresente e muito real de ter seu endereço de e-mail ou contas de mídias sociais hackeados e descobrir, para seu horror, que alguém que, para todos os efeitos, parece ser você está inundando seus amigos e colegas com conteúdo nefasto. É por essa razão que parte de mim não consegue deixar de se compadecer por minha *doppelgänger* quando ela se queixa, entre todas as coisas possíveis, de que "No Telegram há uma conta fake, 'Naomirwolf', e essa entidade falsa tem 38 mil seguidores, todos os quais provavelmente acreditam que estão me seguindo"![68] Essa conta fraudulenta não apenas tem, segundo Wolf, um "estilo de prosa inominável", mas também espalha todos os tipos de teorias da conspiração malucas, entre elas a favorita do *QAnon*, a qual afirma que John F. Kennedy Jr., morto em um acidente de avião em 1999, na verdade ainda está vivo. Wolf tem uma teoria conspiratória sobre essa teoria conspiratória, alegando que a conta da "eu de mentira" é claramente um "ataque" concebido para jogar no descrédito as destemidas investigações de Wolf e fazer com que ela "pareça uma lunática". De acordo com Wolf, é uma situação insuportável, "como ter um *doppelgänger* cafona, desleixado, que se veste com excesso de pompa e escreve com uma gramática intolerável". Ahã. Sei.

O medo de que nossos duplos digitais tomem conta de nossa vida e enganem as pessoas que nos rodeiam é um tema também encontrado no subestimado filme *Cam*, de 2018, produção da Netflix e Blumhouse dirigida por Daniel Goldhaber com roteiro de Isa Mazzei. Conta a história de uma *webcam girl* ou *cam girl* – jovem que vende entretenimento sexual online por meio de videochamadas – que perde o acesso à sua conta na plataforma em que trabalha e se depara com o maior dos horrores na era do eu monetizado: ver alguém fisicamente idêntico a ela roubar seus fãs, seguidores, renda, vida – e, como em tantas histórias de *doppelgängers*, a réplica é muito melhor do que a própria original no trabalho de ser a original.

Essa fantasia está se tornando realidade muito depressa. No final de 2022, as mídias sociais foram inundadas com versões iridescentes, suavizadas e reduzidas de amigos, familiares e conhecidos que sucumbiram à mania dos "avatares mágicos". Depois de carregarem dez selfies no aplicativo de edição de imagens Lensa, as pessoas, em troca do fornecimento desses preciosos dados pessoais, recebiam versões avatares de si mesmas: mais elegantes e atraentes, ao estilo de figuras hiper-realistas geradas por efeitos de computação gráfica (e, muitas vezes, mais brancas e nitidamente mais sexualizadas do que as fotos em que as simulações foram baseadas). Ao mesmo tempo que sentia pontadas de desejo de construir minha própria versão digital mais falsa e mais bonita de mim mesma, eu também me peguei refletindo sobre as consequências impensadas da utilização dessa ferramenta de inteligência artificial. Para os que se envolveram nesse exercício supostamente divertido de duplicação, olhar para um espelho normal ou para uma fotografia não alterada pareceria agora uma espécie de traição? Será que o eu artificial personalizado destruiria a autoestima do seu eu real? Muitos apontaram também que isso poderia dar errado de maneiras mais nefastas: alguém que não é você pode fingir ser você, fazer o upload de fotos suas, incluindo aquelas que você nunca escolheria compartilhar, e criar o próprio *doppelgänger* pessoal para dele tirar proveito sexual ou de outro tipo.

As histórias de *doppelgänger* muitas vezes apresentam reflexos ou projeções que se separam de seus originais e assumem uma perigosa vida própria. Num conto de fadas de Hans Christian Andersen, "A sombra", publicado em 1847, a sombra de um homem ganha vida, se afasta dele e tempos depois volta para tirá-lo de casa e por fim tomar seu lugar – aí o mestre passa a servir de sombra da sombra. Em *O estudante de Praga*, filme mudo de terror de 1913, um estudante pobre vende seu próprio reflexo para ascender de classe social, e no fim vê esse reflexo destruí-lo. É um alerta que se repete com frequência em livros e filmes de *doppelgänger*: tome cuidado ao se apaixonar por sua projeção; ela pode muito bem acabar sobrepujando você.

É interessante notar que uma pessoa bastante arrogante acerca da possibilidade de os nossos duplos digitais nos usurparem é Stephen K. Bannon, antigo gestor de campanha e estrategista-chefe de Trump, agora propagandista em tempo integral de movimentos autoritários e neofascistas da Itália ao Brasil. Nos anos 2000, muito antes de seus dias como assessor de Trump, Bannon trabalhou em uma empresa chamada Affinity Media (antes Internet Gaming Entertainment) em Hong Kong e fez um curso intensivo em jogos online multiplayer. Ele disse ao documentarista Errol Morris que ficou impressionado ao perceber que, para os jogadores, os jogos pareciam mais reais do que a vida real. E os duplos digitais que eles criavam online – os seus avatares – pareciam mais reais do que o seu eu real e corporificado. A título de exemplo, Bannon falou sobre um notório "Dave da contabilidade" que leva uma vida enfadonha e irrelevante, mas, quando está em casa com seu console de jogos, transforma-se no hostil guerreiro "Ájax", armado até os dentes, um assassino de criaturas malévolas. "Ora, quem é mais real?", perguntou Bannon – Dave ou Ájax?[69] Pode ser que você responda que é Dave, mas Bannon via as coisas de forma diferente.

"As pessoas assumem esses eus digitais, que são uma versão mais aperfeiçoada de si mesmas, num ambiente em que podem controlar de maneira digital as mesmas coisas que não são capazes de controlar no mundo analógico", disse Bannon a respeito dos gamers.[70] Assim, Dave deveria sair de cena e deixar Ájax assumir o controle. "Eu quero que o Dave da contabilidade seja o Ájax *na vida dele*", declarou Bannon a Jennifer Senior, da revista *The Atlantic*.[71] Ela observou, com razão: "Foi exatamente isso que aconteceu em 6 de janeiro. As hordas enfurecidas e uivantes chegaram como avatares da vida real, fazendo cosplay do papel dos rebeldes, adornadas de peles e com o rosto pintado. Invadiram o Capitólio, enquanto um exército inimigo tentava expulsar os revoltosos [...]. Eles faltaram a um dia de trabalho. E depois expressaram indignação – e total incredulidade – quando foram levados embora. Fantasia e realidade tornaram-se uma coisa só".

Vale notar que Bannon parece não ter nenhum desejo de melhorar a vida de Dave, de ajudá-lo a levar uma vida da qual não precisaria escapar. Em vez disso, seu objetivo parece ser transformar a realidade em um jogo que se joga com munição real.

Se os planos de Mark Zuckerberg para a construção do "Metaverso" – um universo digital no qual todos nós seremos representados por avatares animados personalizados para nossos bancos e nossos amigos – prosseguirem como ele espera, esse estado de coisas ficará ainda mais confuso. Já é. Em março de 2022, a Coreia do Sul elegeu Yoon Suk-yeol como seu novo presidente. Em parte, o político conservador fez campanha espalhando na internet uma versão *deepfake* de si mesmo, apelidada de AI Yoon [Yoon da inteligência artificial]. Essa versão, criada por sua jovem equipe de campanha, era mais engraçada e charmosa que o verdadeiro Yoon. De acordo com uma matéria publicada no *The Wall Street Journal*, para alguns eleitores o político de mentira – cuja qualidade falsa jamais esteve oculta – parecia mais autêntico e cativante do que o candidato verdadeiro: "Lee Seong-yoon, um estudante universitário de 23 anos, a princípio achou que AI Yoon era real, depois de ter visto um vídeo na internet. Assistir à participação de Yoon em debates ou durante a campanha era um tanto enfadonho, disse ele. Mas agora o estudante consome vídeos de AI Yoon em seu tempo livre, por achar que a versão digital do candidato é mais agradável e compreensível, em parte porque ele fala como alguém de sua idade. Ele declarou seu voto no sr. Yoon"[72]. O *doppelgänger* digital de Yoon foi criado por uma empresa coreana chamada DeepBrain AI Inc.; John Son, um dos executivos da empresa, observou que o trabalho deles é "um pouco assustador, mas a melhor maneira de explicar o que fazemos é dizer que clonamos a pessoa"[73].

Depois que os já idosos integrantes do grupo pop ABBA se permitiram ser clonados de forma semelhante, e seus hologramas feitos por computação gráfica começaram a realizar shows "ao vivo" numa turnê com ingressos esgotados em 2022, é difícil imaginar um futuro em que esse tipo de falsificação de pessoas reais não se torne um pilar da cultura de massa. "De todos os ângulos, esses *doppelgänger*s digitais parecem quase indistinguíveis de pessoas de carne e osso", observou um crítico sobre o show do ABBA nas páginas da revista *Variety*, "incluindo cada tufo de cabelo e traje extravagante e grotesco dos anos 1970 renderizados com detalhes vez por outra aterrorizantes. Os avatares digitais podem dançar, bater papo e até fazer piadas de mau gosto sobre as pausas para troca de figurino – e a multidão está se divertindo muito, o tempo todo à beira do delírio"[74].

E há o ramo cada vez mais pujante da "tecnologia do luto", que visa "amenizar o peso da morte", como afirmou recentemente uma manchete do jornal *Financial Times*. A matéria explicava: "Empresas como a HereAfter AI estão construindo 'avatares de legado': após a morte de um ente querido, sua versão digital pode ser invocada para consolar os enlutados"[75]. Há algo que você sempre quis dizer a seu pai ou mãe, mas nunca teve oportunidade ou coragem? Conte ao avatar póstumo.

Os alunos para os quais leciono estão preocupados com os rumos de toda essa duplicação. No entanto, quase todos (como eu) se sentem obrigados a participar na criação dos seus próprios duplos digitais nas mídias sociais. Uma de minhas alunas me contou que saiu do Instagram porque as pressões para apresentar uma versão idealizada de si mesma e a enxurrada de imagens de outras pessoas fazendo a mesma coisa estavam devastando sua saúde mental. Mas então vieram os protestos do movimento Black Lives Matter [Vidas negras importam] de 2020. "Todos os meus amigos me disseram que eu tinha que voltar ao Instagram e postar coisas pró-BLM", disse ela, "caso contrário todos pensariam que eu sou racista" – a despeito do fato de ela ter participado de todas as manifestações em sua região, embora de uma forma discreta e nos bastidores. Ela se conectou novamente e fez postagens, mas com relutância; sabia que havia algo errado com uma cultura que valorizava as performances públicas de um eu virtuoso em detrimento de uma postura de solidariedade e da construção de relacionamentos mais tangíveis.

Essas noções nascem das próprias experiências dos meus alunos e são aprimoradas por nossas leituras, sobretudo a fundamental obra de Simone Browne, *Dark Matters: On the Surveillance of Blackness* [Questões negras: Acerca da vigilância da negritude], publicada em 2015[76]. Professora de Estudos Africanos e da Diáspora Africana na Universidade do Texas em Austin, Browne localiza as origens da construção de marcas dos tempos modernos na marcação literal dos corpos dos africanos escravizados no comércio negreiro transatlântico. "Trata-se de um arquivo histórico sobre o qual é difícil escrever", observa Browne, "em que instrumentos de ferro amoldados em formatos de tipos e símbolos de escrita bastante simples tornaram-se ferramentas de tortura. É também uma história dolorosa de imaginar, anúncios de escravizados fugidos que falam de corpos com cicatrizes causadas pela escravidão e dos que conseguiram escapar"[77].

De maneira provocativa, Browne chama de "uma tecnologia biométrica" essa prática brutal de marcar pessoas escravizadas com ferro quente.[78] Hoje, a tecnologia de identificação biométrica – o recrutamento de uma parte permanente do corpo para medição e rastreamento – evoca máquinas sofisticadas com luz azul ou verde que escaneiam rostos, íris ou digitais. Browne argumenta que a marcação física desempenhava a mesma função para os escravocratas, permitindo-lhes rastrear e vigiar corpos racializados por meio de um marcador permanente e imutável: "A marcação dos corpos no comércio transatlântico de escravizados [...] era uma medida da fabricação, identificação e comercialização do sujeito negro como mercadoria"[79]. O poder da marca era seu caráter permanente - o "carimbo" era pensado como o estigma que acompanharia o escravizado pelo resto da vida, um seguro contra a irreprimível vontade de ser livre. Esse processo sangrento e bárbaro, alega Browne, foi um ato definidor pelo qual os traficantes de negros escravizados tentaram transformar o povo africano naquilo que o grande teórico anticolonial Frantz Fanon chamou de um "objeto em meio a outros objetos"[80].

Levando-se em conta essas raízes, a atitude despreocupada com que a nossa cultura passou a discutir a ideia de que os humanos devem se empenhar para serem marcas é em si uma espécie de apagamento violento. Hoje em dia, muitos acreditam que a construção e gestão de uma marca pessoal é um ato de empoderamento, em que o indivíduo agora é totalmente responsável pela sua própria comoditização e colhe uma fatia significativa dos lucros. Para Browne, no entanto, a comoditização do eu, sobretudo dos eus negros, não pode e não deve ser separada da brutalidade do seu passado, malgrado as enormes mudanças no contexto, no senso de controle sobre a própria vida e nos fluxos de lucro.

A construção e gestão de uma marca pessoal é um processo que requer o que a autora e psicoterapeuta Nancy Colier descreve como um imperativo para "nos relacionarmos com nós mesmos na terceira pessoa"[81]. Um eu convertido em produto pode ser rico, mas ainda assim a comoditização requer uma divisão, uma duplicação interna que é intrinsecamente alienante. Existe você, e existe a Marca Você. Por mais que gostemos de acreditar que esses eus podem ser mantidos separados, marcas são coisas sedentas e exigentes, e um eu necessariamente impacta o outro. Se um incontável número de nós for duplicado, todos os eus se dividindo e representando nosso papel, qualquer um terá mais dificuldade para saber o que é real e o que e quem pode ser digno de confiança. Quais de nossas opiniões são genuínas e quais são puro fingimento e exibicionismo? Quais amizades estão enraizadas no amor, e quais são colaborações estratégicas e parcerias de marketing forjadas para promover ambas as marcas simultaneamente? Que colaborações de branding deixam de acontecer porque as marcas dos indivíduos são colocadas umas contra as outras? O que é que nunca se diz nem se compartilha por ser uma marca genérica?

Muitos dos meus alunos pretendem trabalhar com mídia, área em que os modelos de negócios de mais rápido crescimento – e os aparentemente mais seguros e confiáveis – envolvem produtores de mídia que cultivam relacionamentos de vendas diretas com seus leitores, ouvintes e espectadores, via YouTube, Patreon, Substack ou alguma outra plataforma. Eles não têm escolha a não ser entrar nessa luta árdua e competitiva – mas também têm preocupações: em um relacionamento de vendas, o cliente tem sempre razão, e o cliente costuma querer mais do que aquilo que acabou de receber. Você pode fazer ajustes numa marca, desmembrá-la e atualizá-la – mas, se mudar os fundamentos da marca, terá uma crise de diluição e muitos clientes indignados. Na ausência de um salário estável (porque em grande medida esses salários evaporaram), o descontentamento pode se traduzir em uma queda direta da renda pessoal.

Em seu ensaio "A confiança em si próprio", Ralph Waldo Emerson escreveu a famosa frase "Uma estúpida coerência é a obsessão das mentes mesquinhas"; no mesmo texto, ele explicita sua preocupação com o fato de que os indivíduos estavam ficando presos no "respeito pelos nossos atos e palavras pregressos, já que os demais não sabem de outros dados senão desses para determinar a nossa órbita, e nos repugna desapontá-los"[82]. Dados. Isso foi escrito em 1841, mas se assemelha muito ao *cri de cœur* de muitos youtubers modernos ou streamers da Twitch, que produzem a toque de caixa montes de vídeos quase idênticos praticamente todos os dias, tentando evitar que os volúveis inscritos em seus canais os abandonem e os troquem por algum outro influenciador em meio às multidões de novos imitadores que o algoritmo recomenda na coluna ao lado da tela ou abaixo de seus próprios vídeos.

Quando Lilly Singh anunciou em 2018 que se afastaria do YouTube, ela explicou que a plataforma "é uma máquina, que faz os criadores acreditarem que precisamos distribuir conteúdo de forma constante e ininterrupta, mesmo que ao custo de nossa vida"[83]. Em outras palavras, uma máquina que transforma pessoas em máquinas. E Singh está longe de ser a única pessoa a compartilhar publicamente sua angústia privada: existe um subgênero apinhado de vídeos de influenciadores famosos revelando esse tipo de colapso.

Meus alunos de graduação dão gargalhadas quando assistimos a esses vídeos confessionais. Por mais empáticos que sejam uns com os outros, eles têm pouco a oferecer além de cinismo quando se trata da professada dor de influenciadores ricos, até mesmo (especialmente?) quando os influenciadores têm mais ou menos a mesma idade que eles. Meus alunos colocam vídeos com títulos do tipo "Esgotado aos 19 anos" na mesma categoria dos vídeos de desculpas, em que uma estrela do YouTube ou Instagram encena contrição depois de ser flagrada fazendo algo inapropriado – por exemplo, um influenciador fotografado comendo peixe depois de ter construído sua marca compartilhando receitas veganas.

Com toda a delicadeza, eu me oponho a essa postura: por que ultrapassar certo número de seguidores excluiria a possibilidade de sentir dor genuína? Por que tratar cada emoção expressa na internet como uma performance vazia? Infelizmente, meus alunos quase sempre se unem contra mim, explicando com paciência que, no atual jogo de autopromoção de marcas pessoais, os influenciadores disputam uma corrida armamentista por autenticidade, competindo com unhas e dentes para ver quem consegue ser mais brutalmente franco e mais revelador. Meus alunos apontam também que os vídeos de colapso emocional e choradeira, que eu considero tão comoventes, raras vezes preveem uma decisão do influenciador de abandonar o frenesi do branding pessoal. Em vez disso, de forma geral sinalizam um breve hiato das mídias sociais, após o qual sempre vem algum tipo de relançamento espetacular – um novo empreendimento numa plataforma de mídia mais tradicional ou uma nova linha de produtos.

Entendo o cinismo de meus alunos, mas sou velha e mole demais para comungar dele. A mim me parece que ambas as coisas podem ser verdadeiras: é possível que esses jovens influenciadores estejam sentindo genuíno sofrimento emocional devido à pressão para produzir *widgets* e à crueldade que enfrentam continuamente por parte dos seguidores que eles mesmos convidaram para dentro de sua vida pessoal; *e* ao mesmo tempo podem estar descobrindo de que maneira monetizar essa dor. Porque é isso o que lhes disseram que devem fazer de modo a não serem atropelados e mortos na estrada da economia da atenção. E, como tantas outras coisas, é um círculo vicioso. Se você for bom em se coisificar, as outras pessoas começarão a acreditar que você é uma coisa e arremessarão contra você toda sorte de objetos duros, convictos de que não sangrará. E aí terá de fazer aparecer como por encanto formas ainda mais reveladoras de autoexposição – incluindo ter um colapso nervoso total em seu quarto com a webcam ligada. *Não peguem no meu pé*, esses influenciadores parecem estar implorando a seus fãs convertidos em inimigos, *estou machucado, vocês não veem que estou sangrando?* Eles se esquecem de que a matilha adora sangue e de que não existe nada mais sangrento que a performance do trauma.

Não ficção sensacionalista reduzida a pó

Se a construção e a gestão de uma marca pessoal se tornaram um imperativo cultural, o que acontece quando nossas marcas fraquejam, fracassam ou se ferram irremediavelmente? O que acontece com a pessoa sob a marca? Que tipo de loucura se desencadeia? ("Venha pelo néctar da aprovação", escreve Richard Seymour em *The Twittering Machine*, "fique para o frisson da morte virtual".[84]) Isso traz à baila um ponto importante da trama na vida de minha *doppelgänger*, que, eu desconfio, talvez tenha muito a ver com as escolhas que Wolf fez na era da covid e além. Pois, sabe aquela morte virtual sobre a qual Seymour escreve? Aconteceu com ela. E como aconteceu com ela.

Em maio de 2019, menos de um ano antes do início dos confinamentos e quarentenas pandêmicos, Wolf foi à Rádio 3 da BBC para divulgar *Outrages: Sex, Censorship, and the Criminalization of Love* [Atrocidades: Sexo, censura e a criminalização do amor], livro sobre a perseguição ao amor gay na Grã-Bretanha vitoriana baseado em pesquisas históricas que ela empreendeu na Universidade de Oxford durante seu doutorado tardio e que era, em muitos aspectos, um retorno a seu trabalho anterior sobre questões de sexualidade e gênero. O que se seguiu foi um acontecimento no qual eu mal consigo pensar sem sentir palpitações de vergonha alheia.

A ideia da entrevista era Wolf falar sobre o que ela aparentemente considerou ser a descoberta mais explosiva da sua investigação: o fato de que já em meados do século XIX ocorreram "várias dezenas de execuções" de homens condenados à morte por sodomia[85]. Ela fundamentou essa hipótese depois de ter encontrado em documentos judiciais ingleses o termo "*death recorded*" (morte registrada). O historiador e entrevistador da BBC Matthew Sweet informou Wolf, no ar e ao vivo, que ela havia entendido errado o significado do termo, jargão jurídico da época que na verdade queria dizer exatamente o oposto do que ela havia afirmado: o fato é que os tais homens acusados haviam sido depois perdoados e inocentados. No fim constatou-se também que várias das acusações a que ela se referia não diziam respeito a sexo homossexual consensual, mas sim a abuso sexual de menores, e que, ao confundir as duas coisas, ela perpetuou uma perigosa falácia que associava os homens gays à pedofilia. Uma vez desmascarados e demolidos esses erros básicos no cerne de sua tese central, Wolf foi dispensada por sua editora nos Estados Unidos e o livro foi escanteado e reduzido a papel reciclado. É muito raro uma reputação implodir de maneira tão pública ou aparentemente de forma tão decisiva como aconteceu com a dela naquele momento doloroso. Quando o áudio da entrevista começou a circular no Twitter, foi como se a plataforma inteira pensasse em uníssono na mesma piada cruel: Naomi Wolf acabara de ter sua própria "morte registrada".

Procurando incutir nos estudantes um medo saudável de fazer pesquisas desleixadas, cursos universitários começaram a usar trechos de *Outrages* como alerta.[86] Publicações com as quais Wolf colaborava com regularidade, caso do jornal britânico *The Guardian*, pararam de publicar seus textos, aparentemente para sempre. De forma previsível, Wolf viu aí um complô. Em janeiro de 2020, ela disse a um entrevistador que o "ataque viral" que enfrentou depois da revelação de erros fundamentais em *Outrages* era parte de um esforço obscuro para destruir a sua reputação e tirá-la "do tabuleiro de xadrez"[87]. Tudo isso aconteceu em um momento certamente difícil para Wolf – poucos meses antes da entrevista à BBC ela havia perdido o pai, o homem a quem tratava com tanta reverência em *O que meu pai me ensinou*. Essa confluência de acontecimentos significa que ela entrou no desestabilizador período da pandemia num estado já extremamente desestabilizado, com pouco a perder – e, como logo depois eu viria a saber, com muita coisa a ganhar.

Transtorno de personalidade singular

A certa altura da aula, um aluno expressou a convicção de que, se a expectativa é que todo ser humano se defina e se defenda como uma marca fixa e rígida, então a própria humanidade estava "se tornando menos humana" – menos capaz de mudar e evoluir, mesmo em face a prementes crises ecológicas e políticas. A meu juízo, isso ia direto ao xis da questão, identificando um problema que eu ainda não havia conseguido articular quando, anos antes, escrevi pela primeira vez sobre branding. Em *Origens do totalitarismo*, Hannah Arendt descreveu o processo de pensar como uma forma de duplicação, porque todo ato de pensar constitui um "diálogo entre eu e eu mesmo"[88]. Quando pensamos e refletimos, cada um de nós está em diálogo com os "dois em um" que são o nosso eu, um eu que, ao contrário de uma marca, não é uma identidade fixa e singular – se assim não fosse, sobre qual assunto pensaríamos, ou com quem pensaríamos? O dr. Richard Schwartz, que desenvolveu a terapia dos Sistemas Familiares Internos, sugere que na verdade existem em nosso eu mais de duas partes: cada eu é composto de uma multiplicidade, ou mosaico, de vozes, esperanças e ânsias muitas vezes contraditórias. Em casos extremos, quando essas partes se dissociam umas das outras, isso se torna uma patologia – o que costumava ser chamado de transtorno de personalidade múltipla, agora transtorno dissociativo de personalidade. Na maioria das vezes, porém, a capacidade de ter um diálogo interno (ou um debate estilo mesa-redonda) com as várias partes de nós mesmos é saudável e humana. Ademais, para Arendt, o grande mal ocorre quando as pessoas comuns *perdem* a capacidade de diálogo interno e de reflexão e se veem capazes apenas de regurgitar slogans, banalidades e chavões contraditórios. O mesmo acontece quando as pessoas perdem a capacidade de imaginar as perspectivas dos outros, ou como ela escreveu em seu ensaio "Verdade e política", "fazendo presentes em minha mente as posições dos que estão ausentes"[89]. Nesse estado de literal irreflexão (isto é, ausência de pensamentos próprios), o totalitarismo toma conta. Em outras palavras, não devemos temer as vozes na nossa cabeça – o que devemos temer é a ausência delas.

Isso aponta para o que ao fim e ao cabo pode muito bem dar provas de ser o mais profundo dos perigos da nossa era de humanos marcados. As marcas não são construídas para conter as nossas multidões; elas exigem fixidez, estase, um eu singular por pessoa. Estátuas humanas. A forma de duplicação que a criação e gestão de uma marca exige de nós é a antítese da forma saudável de duplicação (ou triplicação, ou quadruplicação), que é pensar e adaptar-se às novas circunstâncias. Isso seria um problema em qualquer período da história, mas, num momento como o nosso, com tantas crises coletivas a exigir a nossa reflexão, debate e elasticidade, a sensação é que os riscos são civilizacionais.

Ao contemplar a minha própria crise de marca pessoal num momento em que julguei que deveria estar mais focada na crise climática, muitas vezes me ocorreu que estou longe de ser a única que deu as costas aos grandes medos em favor de obsessões mais gerenciáveis. Verdade seja dita, faz certo sentido doentio que a nossa era de pico do branding pessoal coincida, com tamanha precisão, com um ponto de crise sem precedentes para o planeta, a casa que todos nós compartilhamos. A vasta e complexa crise planetária exige um esforço coordenado e coletivo em escala internacional. Isso pode até ser possível em teoria, mas sem dúvida é assustador. É muito mais fácil dominar o nosso próprio eu, a Marca Chamada Você – apurá-la, refiná-la, obter o ângulo e o efeito corretos, travar uma guerra contra todos os concorrentes e intrusos, projetar sobre eles o pior de tudo. Porque, ao contrário de todas as outras coisas sobre as quais gostaríamos de exercer algum tipo de impacto, a imagem do eu é tão compacta e próxima que nos dá a sensação de que realmente somos capazes de ter algum grau de controle. Ainda assim, conforme eu descobri, isso também é uma grande ilusão.

E então perdura a pergunta: o que estamos *deixando de construir* quando estamos construindo nossa marca?

4
Encontrando a mim mesma na floresta

Uma das mais célebres representações de *doppelgängers* na arte ocidental é uma exuberante pintura pré-rafaelita de Dante Gabriel Rossetti. Retrata um casal em trajes medievais numa floresta escura deparando-se com outro casal que é sua imagem espelhada.[90] Não é um encontro feliz. Ao dar de cara com seu duplo, o homem desembainha a espada, enraivecido, ao passo que sua companheira desmaia, arrebatada pela visão inquietante. A tela é intitulada *Como eles se conheceram*.

Ao deparar pela primeira vez com a pintura, percebi que ela traduz à perfeição o significado de se aventurar numa jornada *doppelgänger* – quando iniciei minha jornada, eu também estava com minha espada figurativa desembainhada, pronta para travar a batalha e ser a última Naomi sobrevivente. Agora, nesta floresta coberta de sombras, eu me vejo confrontando não a ela, mas a mim mesma, e a incômoda verdade de que ainda me importo, até demais, com a imagem que estou projetando no mundo; e de que, se eu realmente quiser rejeitar o branding pessoal, ainda tenho um bocado de trabalho pela frente.

pequenos nomes, Grandes Ideias

Uma pessoa que pensou à beça sobre como contornar a tensão entre os descomunais eus individuais e as demandas do trabalho coletivo foi a já falecida escritora e teórica bell hooks. "Pessoas com autoestima saudável não precisam criar identidades falsas", ela escreveu.[91] No meu curso "O eu corporativo", examinamos as várias maneiras pelas quais hooks se empenhou para subverter e minar a construção e gestão da marca pessoal e o ativismo das celebridades, muito antes de esses conceitos se tornarem populares. Seu nome de batismo era Gloria Jean Watkins, e ela adotou o pseudônimo bell hooks em parte para homenagear a bisavó e em parte para colocar alguma distância entre sua identidade cotidiana e sua identidade de escritora. "No dia a dia eu faço as coisas e simplesmente vivo a minha vida como a Gloria Jean comum", disse ela em entrevista ao *New York Times* em 2015.[92] Também é notório que ela sempre grafava seu pseudônimo em letras minúsculas - não para se apequenar, explicou ela, mas como um lembrete para manter o foco na "substância dos livros, não em quem eu sou"[93].

Isso pode parecer surpreendente num momento em que o maior dos elogios é ser declarado um "ícone". Mas ela não queria que o nome bell hooks - a persona ou a ideia na cabeça das pessoas - eclipsasse as ideias de bell hooks, e entendeu que existe uma tensão inevitável entre a bagagem que um nome pode carregar - sua relativa grandeza no mundo - e a capacidade de as palavras de alguém chegarem às pessoas e serem adotadas como se fossem delas. Pode-se abrir um abismo entre autor e leitor, e hooks estava tentando fechá-lo. É claro que, inevitavelmente, o nome hooks tornou-se o seu próprio tipo de sinal de mercado, como acontece com tudo na nossa cultura capitalista. Mas essa não parecia ser a intenção dela: pelo contrário, hooks preocupava-se o suficiente com seu trabalho e suas ideias para não querer que se vergassem sob o peso de um nome.

De forma semelhante, ela escreveu sobre os rótulos de identidade que tantos de nós amontoamos em cima de nós mesmos. Como teórica política, hooks acreditava ferozmente no poder dos sistemas de nomenclatura - a sua expressão recorrente, ao definir aquilo que enfrentamos, era "patriarcado capitalista e supremacista branco"[94]. Mas ela era muito mais ambivalente quanto ao impulso de atribuir significados de identidade ao nosso ser, de nos rotularmos como *isto* ou *aquilo*. Em seu livro essencial de 1984, *Teoria feminista: Da margem ao centro*, hooks alertou os leitores para "evitar[em] usar a frase 'sou feminista'" e optarem por "defendo o feminismo", explicando que, diferentemente do rótulo "Eu sou", que desencadeia as crenças preconcebidas do interlocutor sobre o que e quem é feminista, é muito mais provável que esta última inicie uma conversa sobre quais mudanças concretas o feminismo está tentando alcançar e "não nos engaja naquela mentalidade dualista que constitui um componente ideológico central de todos os sistemas de dominação da sociedade ocidental"[95].

Revisitar o texto de hooks no contexto do meu próprio duelo dualístico foi esclarecedor e um tanto ou quanto vergonhoso. Boa parte da vida intelectual e ativista de hoje gira em torno da reivindicação de crédito e mérito. Eu faço isso; fiz isso repetidamente nas páginas deste livro. *Eu escrevi isto. Eu disse isto. Esta frase de efeito é minha. Este bordão é meu. Esta hashtag é minha.* Fiquei horrorizada na primeira vez que notei um colega se autocitando, incorporando a um texto trechos de seu trabalho anterior – "conforme escrevi aqui [link] e aqui [link]". Por que o sujeito estava citando a si mesmo? Citar é o que fazemos para trazer as vozes dos outros, para expandir o escopo, não para restringi-lo ainda mais. Hoje a autocitação é prática corriqueira: "De acordo com o que escrevi aqui"... "Vejam meu tuíte anterior"... "Apenas repostando aqui de novo". Precisamos fazer isso, pelo menos é a convicção que muitos de nós temos: estamos presos em um estrondoso rio de vozes que parece levar de roldão tudo o que veio antes. Se não nos dedicarmos a esse trabalho constante de lembrar as pessoas das coisas que já dissemos e fizemos, certamente em breve seremos arrastados pelas correntezas rio abaixo até o mar em meio a todos os outros detritos culturais.

Em 2014, bem familiarizada com nossos hábitos amnésicos, hooks inaugurou o Instituto bell hooks em Berea, Kentucky, um espaço dedicado ao seu trabalho, artefatos e ideias. Ela explicou que a irmã havia morrido recentemente e isso a fez pensar sobre seu próprio legado e sobre "o que acontece se não cuidarmos de nós mesmas, se não nos valorizarmos da forma correta"[96]. hooks temia sofrer o destino de tantos escritores negros cujas contribuições se perderam na história. Em uma palestra em 2015, ela brincou que talvez pudesse haver "alguém por aí que se importe o suficiente com bell hooks para trabalhar na preservação de seus artefatos, mas ninguém apareceu". Então ela fez por conta própria o trabalho de construir o instituto, não para servir de santuário ao seu ego, mas para manter vivas as suas ideias. Porque as ideias de hooks - sobre o amor como força motriz da política, sobre a destruição dos sistemas interligados de dominação - importam.

E bell hooks importa - não a marca, mas o ser humano que fez todo esse trabalho, escrevendo mais de trinta livros em seus 69 anos de vida, mudando para melhor a vida de um sem-número de pessoas. Valia a pena preservá-lo e defendê-lo contra o rio do esquecimento.

As marcas podem ser inúteis e prejudiciais, mas as ideias não são. As ideias são ferramentas de transformação, pessoal e coletiva. Portanto, fico preocupada quando os exageros, especulações e afirmações infundadas de Wolf são confundidos com a doutrina do choque - não porque seja uma marca que precisa de proteção, mas porque é uma estrutura que deu às pessoas alguma linguagem para se protegerem contra os lucros imorais e antiéticos e os ataques à democracia durante períodos de emergência confusos. Quando esse conceito é mutilado pela associação com teorias conspiratórias tresloucadas sobre cabalas globais, fica mais difícil que sirva a seu propósito. Tudo se embaralha, se torna absurdo ("É ridículo demais pra levar a sério e sério demais pra ser ridículo"[97]).

De maneira similar, Wolf distorceu também o princípio central do movimento feminista de que todas as pessoas têm o direito de escolher com quem fazer sexo e se querem ou não engravidar e ter filhos. Agora ela estava deturpando esse princípio ao considerar os testes de covid e as vacinas obrigatórias como violações da "integridade corporal" semelhantes às sofridas por mulheres submetidas a exames vaginais forçados, alegando que todos são exemplos de "o Estado penetrando nos corpos das pessoas contra a vontade delas"[98]. Está claro que esse tipo de linguagem preenche uma necessidade cultural, atrelada à moeda social da vitimização, tema ao qual voltarei mais tarde. Mas a questão aqui é que fazer mau uso desses termos é perigoso: retira seu significado originalmente pretendido, sua legibilidade e sua força.

O mais grave é que Wolf e seus simpatizantes passaram anos adulterando o significado da luta contra o autoritarismo, o fascismo e o genocídio - nada menos que os piores crimes da humanidade.

E fizeram isso num momento da história em que necessitamos urgentemente de uma robusta aliança antifascista, em grande medida como resultado do clima de inflamação dos ânimos, da implacável disseminação de desinformação e dos ressentimentos que essas pessoas semearam. A diluição da marca e os danos à marca são questões triviais – mas esses crimes e a capacidade de nomeá-los são muito relevantes.

O que fazemos quando importantes ideias e conceitos são deformados e distorcidos dessa maneira, quando o absurdo parece assumir as rédeas, impossibilitando um debate sério? O que fazemos quando a impressão é que estamos rodeados por duplos pervertidos e impostores? Certa feita, já tarde da noite, eu estava à procura de respostas para essa pergunta quando, percorrendo o cânone cinematográfico do *doppelgänger*, cheguei à ousada sátira de Charlie Chaplin sobre a ascensão de Hitler, *O grande ditador*[99]. No final do filme, o barbeiro judeu perseguido (interpretado por Chaplin) se disfarça de ditador hitleriano (também interpretado por Chaplin), foge furtivamente para trás das linhas inimigas e, diante das massas fascistas, faz um dos mais formidáveis discursos antifascistas de todos os tempos.

Embora originalmente lançada em 1940, a mensagem de Chaplin me pareceu mais relevante do que nunca: quando a pessoa confronta um duplo (ou um exército deles) que ameaça engolir a ela e ao seu mundo, o distanciamento não oferece proteção. É muito melhor virar radicalmente a mesa e tornar-se, em certo sentido, o imitador do duplo, a sombra dele.

Pelo menos foi essa a minha justificativa para passar tanto tempo ouvindo Steve Bannon.

Parte II
Mundo-Espelho
(Projeção)

"Mas e daí? Você acha que não podemos produzir um sistema astronômico dual? [...] Já se esqueceu do duplipensamento?"
– O'Brien, em *1984*, de George Orwell

5
Eles sabem sobre os telefones celulares

Num esforço para impor algum tipo de ordem ao comportamento da minha *doppelgänger* durante os primeiros dois anos da pandemia da covid-19, achei que era útil dividir o período em duas fases: Antes de Bannon e Depois de Bannon.

Antes de Bannon foi uma época conturbada e caótica para a Outra Naomi. Ela estava tuitando e fazendo lives com um furor tão implacável que chegava a ser preocupante, mas suas queixas eram aleatórias e difusas. Ela compartilhou com o mundo a sua convicção de que as crianças tinham perdido o reflexo de sorrir devido ao uso forçado de máscaras[100], sem base em nenhuma evidência, exceto nas suas próprias observações a esmo de crianças que talvez estivessem em dias difíceis. Ela alegou ter entreouvido dois funcionários da Apple em um restaurante de Manhattan discutindo "vacinas com nanopartículas que permitem viajar de volta no tempo"[101] (aparentemente confundindo uma conversa sobre o recurso "viagem no tempo" dos relógios Apple Watch com uma reunião secreta sobre alguma máquina do tempo de verdade). E não nos esqueçamos de suas extraordinárias tuitadas sobre a necessidade de separar as fezes das pessoas vacinadas[102]. Ou de sua lenga-lenga sobre a "disseminação viral de substâncias patogênicas da vacina" e a relação entre as vacinas contra a covid e infertilidade.

Deve ter sido uma época terrível. Wolf foi repetidas vezes suspensa e bloqueada de suas contas de mídias sociais por violar regras contra desinformação médica. Ela estava sendo bombardeada com enxurradas de insultos e zombarias online (como eu sabia melhor do que ninguém, a não ser ela). A própria Wolf contou no Twitter que amigos lhe enviavam mensagens de texto com uma única palavra, pedindo simplesmente: "Pare". Enquanto isso, publicações que antes a levavam a sério começaram a veicular uma série de artigos do tipo "O que aconteceu com Naomi Wolf?", muitas vezes lançando um novo olhar crítico sobre sua obra anterior: "A loucura de Naomi Wolf", revista *The New Republic*; "A derrocada de Naomi Wolf de feminista e ícone do Partido Democrata a 'agitadora conspiracionista'", site de notícias *Business Insider*; "Um clássico do feminismo moderno mudou minha vida. Era na verdade um lixo?", [revista online de atualidades, política e cultura] *Slate*.[103] Mesmo assim, Wolf continuou disparando na internet rajadas constantes de suas teorias bizarras.

Um momento especialmente lastimável ocorreu quando ela caiu em uma pegadinha online e compartilhou a foto de um "médico" que parecia estar questionando a campanha de vacinação. Acontece que a autoridade médica por ela citada não era um médico de verdade, mas um conhecido ator pornô, vestido com uniforme e um estetoscópio no pescoço. O tuíte revelando a pegadinha (levada a cabo por Ken Klippenstein, repórter do site jornalístico *The Intercept*) foi "curtido" 71 mil vezes.

A sorte de Wolf mudou efetivamente em março de 2021, um ano após a primeira declaração da pandemia global. Essa data marca o início da era Depois de Bannon. Nesse período, Wolf modificou e aperfeiçoou a sua mensagem sobre a covid, concentrando-se num conjunto de temores relacionados com a perspectiva dos passaportes digitais de imunização, os chamados "passaportes da vacina". A ideia de utilizar comprovantes de verificação de vacinação para viagens internacionais tinha sido lançada meses antes em um engenhoso vídeo produzido pelo Fórum Econômico Mundial como parte da sua campanha do "Grande Reinício" [plano de recuperação global pós-covid][104]. Israel já vinha utilizando aplicativos digitais de vacinas para controlar o acesso a locais fechados, e o governo britânico também começou a aventar a ideia. Wolf previu que a América do Norte seria a próxima (uma aposta segura) e afirmou que o mundo estava, portanto, aproximando-se de um "despenhadeiro" para a liberdade humana, do qual não haveria retorno[105], uma mensagem que ela compartilhou em vários veículos de comunicação de direita, incluindo o programa de notícias na TV a cabo de maior audiência nos Estados Unidos, *Tucker Carlson Tonight*, da Fox News (hoje cancelado), com sua média diária de 3 milhões de telespectadores. O apresentador Tucker Carlson – conhecido por bajular figuras autoritárias como o primeiro-ministro húngaro Viktor Orbán e por atiçar as chamas da violência anti-imigrante repetindo feito um papagaio a chamada teoria da "Grande Substituição"[106] – ficou apaixonado por Wolf e por sua mensagem, que era um chamariz de atenção. A melhor síntese dessa mensagem está no título que Wolf selecionou para um de seus vídeos (produzidos por ela mesma) de maior sucesso, visto mais de 180 mil vezes somente no YouTube: "Assista à dra. Naomi Wolf discutir 'Por que os passaportes da vacina equivalem à escravidão para todo o sempre'".

A minha *doppelgänger* raras vezes se esquivava da retórica extremista – ela previu golpes de Estado internos e acusou os Estados Unidos de descambar continuamente para o "fascismo" desde 2007 e disse com todas as letras que "Obama fez coisas idênticas às que Hitler fez"[107]. Notei que esse tipo de intemperança apresenta uma tremenda dificuldade quando Wolf tenta soar um novo alarme: como encontrar palavras poderosas o suficiente para convencer as pessoas de que, desta vez, se trata da Grande Desgraça? Veja bem, disso eu entendo: publiquei muito mais de 2 mil páginas sobre a crise climática e vivo tentando encontrar novas maneiras de expressar o fato de que estamos desmantelando o tecido que sustenta a vida humana e a vida não humana – a diferença é que isso é verdade.

Na questão dos passaportes da vacina, Wolf encontrou novas armas para intensificar seu discurso. Os passaportes são "uma plataforma totalitária tirânica" e "a ferramenta mais perigosa que a humanidade já enfrentou em sua história", afirmou ela, e "as pessoas que se apoderarem desses dados mandarão no mundo"[108].

No vídeo da "escravidão para todo o sempre", bem como no programa de Carlson e no apresentado por Steve Hilton no canal Fox News (*The Next Revolution*) – todos gravados com poucos dias de diferença –, Wolf expôs seus argumentos. Ela declarou que os aplicativos de verificação de vacina, que alguns governos imprudentemente chamam de "passaportes", não eram o que pareciam. No que ela descreveu como seu "alerta mais sério" até então, Wolf asseverou que os aplicativos eram na verdade uma tentativa secreta de inaugurar um "sistema de pontuação de crédito social ao estilo do Partido Comunista Chinês"[109] - referência à onipresente infraestrutura de vigilância da China que permite a Pequim classificar os cidadãos por meio de critérios como suas demonstrações de virtude e histórico de obediência ao Estado, uma hierarquia assustadora que pode determinar todos os aspectos da vida, desde o acesso às escolas até a elegibilidade para a obtenção de empréstimos, e é parte de uma rede de vigilância mais ampla que identifica a localização dos dissidentes para sua detenção e impõe censura impiedosa a qualquer discurso que lance alguma luz crítica sobre decisões do Partido. O aplicativo da vacina era exatamente assim, decretou Wolf, um sistema que "escraviza 1 bilhão de pessoas"[110].

Wolf explicou que os QR Codes informando o status de vacinação que seriam digitalizados para a obtenção de acesso a restaurantes, teatros e similares não serviriam apenas para fornecer às autoridades de saúde dados sobre a presença de uma pessoa nesses locais fechados. Permitiriam que um Estado "tirânico" soubesse com quem você se reuniu e sobre o que falou[111] - não apenas nos restaurantes onde o código foi escaneado, mas também, afirmou ela, sem explicar como, na sala de estar de sua própria casa: "Se você conversar com alguém sobre organizar um protesto ou escrever um artigo de opinião ou mobilizar apoio para que um representante aprove um projeto de lei para reverter esse sistema, a plataforma saberá"[112]. Em Israel, afirmou Wolf, os passaportes já tinham produzido uma "sociedade de dois níveis", com "cidadãos de segunda categoria"[113]. Vale notar que não era uma referência aos palestinos, que durante muito tempo viviam de fato como cidadãos de segunda classe, mas aos judeus israelenses que decidiram não ser vacinados. Assim que aplicativos semelhantes chegarem aos Estados Unidos, alertou Wolf, quem não for vacinado, ou quem for "um dissidente", será ranqueado como "um cidadão de segunda classe pelo resto da vida. E sua família também"[114].

Não era a primeira vez que Wolf definia as vacinas como graves ameaças à saúde, e ela faria isso de novo, sugerindo, sem provas, que os imunizantes eram uma "arma biológica" chinesa utilizada de caso pensado contra o Ocidente.[115] Nessas suas participações na Fox News, no entanto, Wolf parecia estar declarando que a vacina contra a covid em si não era o xis da questão. Ela disse a Hilton:

> Não se trata da vacina, não se trata do vírus, trata-se dos seus dados [...]. O que as pessoas têm de entender é que qualquer outra funcionalidade pode ser carregada nessa plataforma, sem nenhum problema. E isso significa que qualquer coisa pode ser fundida com sua conta PayPal, com sua moeda digital; a Microsoft já está falando em incorporar tudo a planos de pagamento; suas redes podem ser sugadas, essa coisa encontra sua localização geográfica aonde quer que você vá. Pode-se incluir seu histórico de crédito, todo o seu histórico médico pode ser incluído.[116]

No vídeo da "escravidão para todo o sempre", Wolf afirma que "máquinas de leitura automática avaliam o que você diz nas mídias sociais. Então, se você for conservador demais ou progressista demais [...] a leitura automática informará ao PayPal, o PayPal cancelará ou aumentará seus juros em um cartão de crédito"[117]. O aplicativo, continuou ela, rastreará até mesmo seus históricos de pesquisa na internet.[118] E, se você fizer algo errado, ele "tem o poder de desligar sua vida"[119].

Caso os espectadores ainda não estivessem assustados o suficiente, Wolf se agarrou a um detalhe sobre a IBM fornecer suporte de dados desde sua sede no estado de Nova York para forçar a barra num paralelo histórico. "A IBM tem uma história horrível de colaboração com a Alemanha nazista", disse Wolf a Hilton.[120] "Sua subsidiária criou uma espécie de precursor dessa tecnologia de processamento de dados com cartões perfurados que permitiram aos nazistas organizar informações e tabular listas de – novamente uma sociedade de dois níveis – arianos e judeus, de tal forma que pudessem prender judeus, prender dissidentes, prender líderes da oposição, muito, muito depressa. É catastrófico, não podemos permitir que continue." Mas como, o leitor poderia perguntar, essa horripilante distopia será introduzida por meio de um aplicativo de verificação de vacina? Fácil, explicou Wolf. Basta "um ajuste técnico na estrutura do *back end* do servidor"[121].

Para deixar bem claro, mais uma vez: isso não é verdade. A leitura de um QR Code para entrar em um restaurante ou estádio não permite ao governo ouvir as conversas que você tem nesses lugares, como afirmou Wolf. Quando não está sendo escaneado (ou seja, na maior parte do tempo), um QR Code não tem a capacidade de "determinar sua geolocalização"[122]; tampouco consegue rastrear você em sua própria casa. Um QR Code não sabe seu histórico de pesquisas na internet, não está vinculado à PayPal e não é capaz de ligar e desligar sua vida. Não é um sistema de pontuação de crédito social e nada tem a ver com o que a IBM fez na Alemanha nazista. É apenas um sim/não sobre o status da vacina, e nenhum "ajuste técnico na estrutura do *back end* do servidor" altera esses fatos. Cautelosa para não ser excessivamente confiante, tive a precaução de confirmar isso com a Electronic Frontier Foundation, a principal organização na defesa da privacidade digital e das liberdades civis online. Alexis Hancock, diretora de engenharia e especialista em passaportes vacinais da EFF, me explicou por e-mail que "a tecnologia em si não envia ao governo nenhum sinal da localidade das pessoas" e que a alegação de que o aplicativo está ouvindo "é francamente bizarra"[123].

Houve alguns casos na Austrália Ocidental em que a polícia acessou dados de varreduras de aplicativos de verificação de vacina como parte de investigações de crimes violentos.[124] O governo rapidamente introduziu uma legislação para proibir esse tipo de uso, deixando claro que o aplicativo não era uma ferramenta para solucionar crimes. Mas aqui está o aspecto que chamou minha atenção no abrupto declive de montanha-russa que foi a trajetória de Wolf na covid: o que ela estava descrevendo na Fox não era nem de longe um passaporte da vacina. Em vez disso, ela descreveu a sensação de estarmos cada vez mais à mercê de tecnologias onipresentes, regidas de acordo com algoritmos opacos e cujas decisões amiúde arbitrárias e com enormes consequências estão fora do alcance das leis existentes. Nesse contexto, não deveria ser surpresa que o alarmismo de Wolf tenha tido tamanha repercussão entre as pessoas que viram os vídeos dela. Os fatos apresentados por Wolf eram em larga medida fantasiosos; no entanto, ela estava fornecendo às pessoas algo que elas evidentemente queriam e do qual precisavam: um foco para o seu medo e indignação com relação à vigilância digital.

Os caminhos não percorridos

Podemos ter debates legítimos acerca das decisões dos governos de delegar a vacinas e aplicativos de smartphone grande parte do fardo de controlar o surto de um vírus – em vez de, por exemplo, manter protocolos do uso de máscaras em ambientes fechados e fazer maiores investimentos em sistemas de saúde públicos, incluindo contratar um número muito maior de enfermeiros e dar a esses profissionais aumentos salariais, a fim de evitar que os hospitais fiquem sobrecarregados. Sem falar no fornecimento constante de testes rápidos gratuitos a serem feitos em casa, equipamentos de proteção adequados nos locais de trabalho e, sobretudo, licenças médicas adequadas para todos os trabalhadores, de modo que o indivíduo adoentado possa se ausentar e não se sinta obrigado a comparecer ao trabalho em estado infeccioso. Na fase inicial da pandemia, também poderia ter havido polpudos investimentos no rastreamento de contatos em nível comunitário, o que ensejaria o benefício adicional de criar empregos em áreas negligenciadas. E poderia ter havido esforços muito mais robustos para instalar filtros de ar de alta qualidade em espaços públicos, incluindo as escolas, e ao mesmo tempo a contratação de mais professores e auxiliares pedagógicos para que o tamanho das turmas de alunos pudesse ser menor – medidas comprovadamente eficazes na redução da propagação do vírus, com muitos benefícios para estudantes e educadores. Essas são apenas algumas das maneiras pelas quais os desgastados serviços sociais e redes de segurança poderiam ter sido ampliados e reforçados, a fim de permitir que todos nós, com o vírus circulando em nosso meio, levássemos vidas menos estressadas, mais felizes e mais plenas.

Em abril de 2022, Beatrice Adler-Bolton, escritora e defensora dos direitos das pessoas com deficiência, delineou como poderia ter sido esse enfoque alternativo nos Estados Unidos:

> Não podemos confiar apenas na tecnologia farmacêutica. Temos de utilizar também todas as tecnologias sociais, econômicas e políticas à nossa disposição – tanto quanto ferramentas como as vacinas e os antivirais –, por exemplo o distanciamento social, o uso de máscaras, licenças médicas remuneradas, impedimento de despejos, redução

de danos comunitários, melhorias nos sistemas de ventilação, investimentos em infraestrutura, planos de saúde para todos, cancelamento de dívidas, políticas de desencarceramento e muito mais. Essa lista abarca apenas algumas das potenciais ferramentas sociais e fiscais que poderíamos utilizar para ajudar as pessoas não apenas a sobreviver à pandemia, mas a prosperar *apesar dela*.[125]

É lamentável que nunca tenha havido uma estratégia de organização verdadeiramente em massa para impulsionar esse tipo de ambiciosa pauta de prioridades, por isso raras vezes os governos se sentiram obrigados a encará-la com seriedade, optando pelo caminho mais fácil (e favorável aos grandes doadores) de recorrer a vacinas e aplicativos de verificação de vacina para arcar com quase todo o fardo do controle do vírus na América do Norte e na Europa. Como tantas outras coisas na nossa cultura, desde práticas trabalhistas abusivas até o colapso climático, o ônus da resposta à pandemia foi transferido do coletivo para o individual, tudo em nome do regresso à normalidade: "Você tomou a sua dose da vacina?", "Mostre-nos a prova". Com frequência muito menor perguntamos aos empregadores se proporcionaram locais de trabalho seguros ou se os governos asseguraram ambientes de aprendizagem ou sistemas de transporte salubres.

De longe, a mais significativa medida que os governos das nações ricas poderiam ter implementado a fim de impedir a propagação de novas variantes do vírus seria tornar as vacinas gratuitas e disponíveis para toda a população mundial, ao mesmo tempo que campanhas de vacinação eram realizadas em âmbito nacional; a suspensão das patentes das empresas farmacêuticas teria sido mais do que justificada, uma vez que o dinheiro público subsidiou pesadamente o desenvolvimento e a distribuição das vacinas. E o custo teria sido relativamente baixo: o economista-chefe da Organização para a Cooperação e Desenvolvimento Econômico (OCDE) estimou que o mundo inteiro poderia ter sido vacinado ao custo de 50 bilhões de dólares[126], montante apenas um pouco maior do que o pago por Elon Musk para transformar o Twitter em seu brinquedinho pessoal. Mas fazer isso exigiria uma renúncia às proteções de propriedade intelectual na Organização Mundial do Comércio, o que teria facilitado a suspensão das patentes que permitiram a um punhado de empresas farmacêuticas tratar as vacinas como autorização para imprimir dinheiro. E, assim, apenas a Pfizer lucrou 37 bilhões de dólares com a vacina contra a covid em 2021.[127] No final desse mesmo ano, enquanto países como o meu já estavam aplicando terceiras doses, apenas 7,5% dos africanos tinham recebido a primeira dose.[128]

Patrick Wilcken, diretor de negócios e direitos humanos da Anistia Internacional, descreveu a acumulação e o lucro oportunista e imoral como "um fracasso de proporções catastróficas", acrescentando: "A aparentemente insaciável sede de lucros das grandes corporações farmacêuticas, a exemplo da Pfizer, está alimentando uma crise de direitos humanos sem precedentes. Se agirem sem controle, os direitos à vida e à saúde de bilhões de pessoas em todo o mundo continuarão em perigo"[129].

E, uma vez que os vírus sofrem mutações e não respeitam fronteiras, isso foi também extraordinariamente imprudente. A diretora de vacinas da Organização Mundial da Saúde, Kate O'Brien, estava correta na previsão que fez sobre o nacionalismo das vacinas: "Não vai funcionar. Não vai funcionar do ponto de vista epidemiológico e não vai funcionar do ponto de vista da transmissão, a menos que realmente façamos a vacina chegar a todos os países"[130]. (Como os *doppelgängers* nos ensinam, isolar aquilo que está inerentemente conectado quase nunca termina bem.)

Dentro dos países abastados também houve custos sociais acarretados pela decisão de apostar tantas das fichas nas vacinas e nos aplicativos de verificação de vacina como estratégia para controlar o vírus. Sempre que o acesso a espaços e serviços requer um smartphone e o uso de QR Codes, isso marginaliza ainda mais as pessoas desabrigadas, que vivem em situação de vulnerabilidade social e têm menos possibilidade de recorrer a essas ferramentas – "a subclasse viral", na descrição cunhada pelo jornalista e escritor Steven W. Thrasher dos grupos já marginalizados que são tratados como descartáveis em tempos de pandemia.[131]

São debates difíceis, importantes e que são imprescindíveis, ao lado de um ajuste de contas honesto com as histórias brutais subjacentes à desconfiança com relação às medidas sanitárias impostas pelos governos entre muitas populações negras, indígenas, porto-riquenhas e com deficiência – apenas algumas das comunidades que ao longo do século passado foram alvo de programas de esterilização forçada e de experimentos médicos clandestinos. Uma das mais notórias foi o experimento de Tuskegee, na década de 1930, na qual centenas de homens negros dessa cidade no Alabama infectados com sífilis receberam placebos em vez dos melhores tratamentos disponíveis da doença, o que resultou na morte de muitos. Tal como outras conspirações reais, o experimento cruel e antiético permaneceu encoberto durante décadas, e as vozes que tentaram soar o alarme foram ignoradas.

Há muito já passou da hora de acertar as contas com essas histórias; na ausência desse ajuste, as burocracias da saúde pública descobriram que seus esforços para combater a covid em comunidades marginalizadas eram volta e meia recebidos com ceticismo. Essa dinâmica também converteu algumas dessas comunidades em presas fáceis para criadores de boatos e fomentadores de desinformação, caso da minha *doppelgänger*, que na Fox fez inflamadas afirmações de que os aplicativos de verificação de vacina eram equivalentes à colaboração da IBM com a mortífera máquina nazista.[132]

Tirando proveito de nossos medos tecnológicos

Nesse período, veio à tona mais um novo aspecto na minha *doppelgänger*. À medida que Wolf se concentrava nos aplicativos de verificação de vacina como cerne de seus calamitosos avisos, ela adotou também uma nova forma de se referir a si própria e à sua área de competência, com o intuito evidente de conferir a si mesma uma aura de autoridade nesse debate específico. Durante três décadas, Naomi Wolf identificou-se como escritora e ex-consultora política. Ela ainda faz isso. Porém, quando começou a participar do programa de Carlson e de outros do gênero, passou a prefaciar seus comentários sobre os aplicativos de verificação de vacina com algo que eu nunca tinha ouvido antes: "Falando da perspectiva de uma CEO de tecnologia" e "Sou CEO de uma empresa de tecnologia"[133].

Eu sou? Quero dizer: ela é?

No fim ficou claro que essa afirmação surpreendente era uma referência ao DailyClout, até então um site obscuro e de pouco tráfego que alojava os blogs e vídeos de Wolf e também alardeava, de forma espantosa, ser uma inovação tecnológica por permitir fácil acesso a minutas legislativas e administrativas ao disponibilizá-las online (sem levar em conta o fato de que os projetos de lei dos Estados Unidos já são públicos e divulgados em outros lugares internet afora, por meio de sites gratuitos como GovTrack.us). Antes de Wolf começar a saracotear pelos programas da Fox, dizia-se que o DailyClout – que afirmava transformar pessoas comuns em lobistas – tinha em média apenas uns milhares de visitas por mês; segundo consta, em certo mês recebeu apenas treze visitantes.[134]

Comecei a notar outras mudanças nessa nova encarnação da minha *doppelgänger* – CEO de tecnologia, sempre de prontidão para a Fox. Desde a publicação de *O fim da América: Cartas a um jovem patriota norte-americano*, Wolf apoiou-se fortemente no patriotismo estadunidense como uma razão para resistir às restrições às liberdades civis. ("Os fundadores do país não criaram a liberdade para os EUA, mas os EUA para a liberdade"[135] era uma frase típica.) Os comentários de Wolf sobre os passaportes da vacina, no entanto, assumiram um tom muito mais nacionalista e pró-capitalista do que qualquer outra coisa dela que eu já tivesse visto. Ela pintava um mundo em que as medidas sanitárias contra a covid eram a linha de frente numa guerra civilizacional entre o Oriente e o Ocidente. Wolf insistia em invocar o Partido Comunista Chinês – em seu vídeo de quinze minutos sobre a "escravidão para todo o sempre", ela se referiu ao "PCC" cinco vezes, o mesmo número de vezes que disse "o Ocidente"[136].

"Se este plano se desenrolar conforme o planejado, será literalmente o fim da liberdade humana no Ocidente", sentenciou ela a Steve Hilton em março de 2021.[137] Se os passaportes se tornarem realidade, vaticinou ela em seu próprio vídeo, "não haverá capitalismo"[138]. Wolf disse que as empresas de tecnologia (com sua política de desplataformização* da desinformação) e o governo (impondo várias medidas obrigatórias de combate à covid) já estavam empenhados num "condicionamento do tipo PCC [...] condicionando-nos a não sermos membros do Ocidente"[139]. No fundo, todas as respostas da covid giravam em torno de "enfraquecer o Ocidente,

* Do anglicismo *deplatforming*, impedir o acesso de uma pessoa ou grupo a uma plataforma digital, ou removê-los das mídias sociais. [N. T.]

enfraquecer a nossa sociedade, enfraquecer os nossos filhos"[140]. Isso era, declarou Wolf, "antiamericano"[141].

Por sorte, Wolf tinha um plano para revidar. Ela explicou que seu site estava sendo transformado numa central de processamento de uma "legislação-modelo" que os ativistas poderiam usar em nível estatal para bloquear futuras medidas de saúde pública e defender o que ela chamou de "Cinco Liberdades", definindo-as como os direitos de estar livre de: obrigatoriedade do uso de máscara, passaportes da vacina, fechamento de escolas, declarações de emergência e restrições ao funcionamento do comércio e a reuniões religiosas.[142] Em suma, "liberdade" significava negar aos governos todas as ferramentas mais robustas que utilizavam para controlar o vírus, sem exigir nada que as substituísse. Porém, uma vez que Wolf minimizava havia meses a gravidade da pandemia, por que é que os governos precisariam dessas ferramentas?

Admito que, quando Wolf começou a falar sobre passaportes da vacina como redes de vigilância em massa, eu realmente não entendi o efeito que isso estava tendo. Meu foco eram os muitos fatos equivocados que ela vinha disseminando, bem como o fato muito real e concreto de que sua recém-adquirida celebridade na Fox estava fazendo explodir minhas próprias mídias sociais.

O que muitos de nós que na época seguíamos Wolf com certa dose de constrangimento e vergonha alheia não percebemos foi até que ponto sua nova mensagem atingiu o alvo – tocando o coração não apenas do público da Fox, mas comovendo também um considerável número de pessoas que se identificavam como esquerdistas ou progressistas e se aterrorizavam diante do mundo de vigilância do tipo *Black Mirror* que ela estava descrevendo. Seu vídeo da "escravidão para todo o sempre" me foi encaminhado pessoalmente por diversas fontes. Uma delas, um conhecido teórico da conspiração, me incentivou a "estudar o vídeo" e disse que era nossa obrigação combater a nova ameaça "com todas as nossas forças"[143]. Outra pessoa me perguntou se eu tinha algum conselho para "desprogramar" um ente querido, um profissional de saúde alternativa e apoiador do movimento Black Lives Matter que, interpretando as palavras de Wolf como verdade sagrada, entrou numa espiral *à la QAnon* sobre estarmos na última fronteira na luta pela "liberdade versus escravidão".

Voltei e vi que havia quase mil comentários na postagem da "escravidão para todo o sempre" de Wolf no YouTube, preparando-me para a habitual bile misógina pela qual a plataforma é famosa. Foi chocante ver que os comentários eram quase universalmente entusiásticos, expressando adoração por essa "guerreira" e sua "coragem" de falar a verdade.[144] Muitos citavam as Escrituras e declaravam que as vacinas, bem como os passaportes, eram "a marca da besta"[145].

Meu estado de ânimo melhorou brevemente quando um executivo de tecnologia interrompeu a rasgação de seda para explicar que "o passaporte da vacina NÃO é 'a mesma plataforma' que o 'sistema de pontuação de crédito social' chinês", tampouco é "emitido por um supergoverno autoritário centralizado"[146]. Minha animação imediatamente desabou quando ele acrescentou: "Para mim está óbvio que Klein – que até agora eu respeitava – está se sujeitando a algum tipo de diretriz do ocidental-centrismo aqui"[147]. (Os novos fãs de Wolf cuidaram dele: "Vá pra China e fique lá. Não queremos comunistas como você aqui. Qualquer dia a coisa pode ficar bem feia e perigosa pro seu lado. Não é por nada"[148].)

Wolf não apenas participou de programas da Fox sete vezes em menos de dois meses, mas também fez uma turnê na qual discursou no FreedomFest [Festival da Liberdade] no Monte Rushmore e, a convite de vários legisladores republicanos, deu seu testemunho em diversos parlamentos estaduais contra a obrigatoriedade das máscaras e vacinas. Na Câmara dos Deputados do Maine, os líderes legislativos instauraram medidas disciplinares contra o anfitrião de Wolf por permitir que ela entrasse na assembleia estadual e proibiram o parlamentar de trazer futuros convidados.[149] Oito dias depois, Wolf viajou ao Michigan, que na ocasião era um dos estados com o maior número de novos casos de coronavírus, para declarar perante a Comissão de Supervisão da Assembleia que os passaportes de vacina eram semelhantes às primeiras formas de maus-tratos infligidas pelos nazistas aos judeus.[150]

Uma das pessoas que imediatamente perceberam a ressonância da nova mensagem de Wolf foi Steve Bannon. Não demorou uma semana para ele começar a receber "a dra. Wolf" como convidada regular em seu podcast popularíssimo e muito influente, *War Room*, que ele vinha mantendo em atividade em várias versões desde que, em 2017, perdeu seu posto como estrategista-chefe de Donald Trump – ao mesmo tempo que, conforme Bannon se vangloriou ao jornal *The New York Times*, construía "a infraestrutura, em âmbito mundial, para o movimento populista global"[151]. Bannon não se cansava de Wolf: houve ocasiões em que ele a recebeu várias vezes numa mesma semana, e sempre fazia questão de divulgar generosamente o site dela – e sua faina legislativa das "Cinco Liberdades" –, que de repente se tornou tudo menos obscuro. Verifiquei o tráfego: em abril de 2021, mês em que Wolf começou a aparecer com frequência no podcast de Bannon, o DailyClout atingiu a marca de 100 mil visitas – em contraste com as meras 851 de um ano antes. "Queremos que todos do nosso pelotão apoiem a dra. Wolf", dizia Bannon, em um endosso tipicamente efusivo. Acusado pela revista *The Atlantic* de enganar seus ouvintes e telespectadores ao referir-se repetidas vezes a Wolf como "doutora" ao discutir questões de investigação médica, Bannon respondeu que o doutoramento de Naomi em filosofia era "bom o suficiente" para ele.[152]

Em retrospecto, não deveria ser tão surpreendente que a mensagem de Wolf sobre o passaporte vacinal tenha suscitado tamanha reação. Quando se concentrou na tecnologia e na vigilância, ela começou a tirar proveito de medos culturais profundos e latentes acerca das muitas formas como partes outrora privadas da nossa vida se tornaram centros de lucro para os gigantes onividentes do Vale do Silício. Era como se Wolf tivesse coletado os terrores tecnológicos cumulativos de todo mundo – sobre sermos rastreados por nossos celulares, monitorados por nossos mecanismos de busca, bisbilhotados por nossos alto-falantes inteligentes, espionados por nossas campainhas –, reunido todas essas inquietações coletivas e as projetado nos relativamente anódinos aplicativos de verificação de vacina, que, segundo Wolf, enfeixaram todos os abusos de vigilância assustadores cometidos pelo Grande Governo e pelas Big Techs [as gigantescas corporações do setor de tecnologia] e os programaram em um QR Code, no "*back end* do servidor".

As palavras que Wolf dizia eram, em essência, fantasia. Porém, em termos emocionais, para muitas pessoas que agora a ouviam *pareciam ser* a mais pura verdade. E a razão pela qual davam a impressão de ser verdadeiras é que estamos de fato vivendo em meio a uma revolução na tecnologia de vigilância, e não há dúvida de que atores estatais e corporativos, muitas vezes atuando em colaboração e ação coordenada entre si, adquiriram poderes abomináveis de tão abusivos para nos monitorar. Ademais, enquanto cultura, mal começamos a enfrentar a natureza transformacional dessa mudança.

"Espere só até eles ficarem sabendo sobre os telefones celulares." Esse é o recorrente escárnio que os progressistas dirigem contra pessoas como Wolf, que produzem, disseminam e amplificam teorias sobre vacinas e passaportes vacinais capazes de rastrear secretamente cada movimento nosso. Nas primeiras vezes que me deparei com a piada, eu morri de rir, sentindo-me muito superior, exatamente como era de esperar. Mas agora, depois de meses acompanhando o surgimento de uma nova e poderosa constelação política na qual a estrela de Wolf cintila com intensidade, parei de rir. É um grave erro subestimar Wolf, ou os movimentos que ela agora ajuda a encabeçar. Porque estamos diante de uma versão não sarcástica do gracejo "Espere só até eles ficarem sabendo sobre os telefones celulares": eles já sabem tudo sobre telefones celulares. Só não sabem *o que fazer* com relação aos telefones celulares (ou alto-falantes inteligentes, ou históricos de pesquisa, ou bloqueios de conteúdo tipo *shadow banning** ou metadados de e-mail e mídias sociais...). E, ao que parece, ninguém mais sabe, incluindo os que estão no poder, evidentemente relutantes em tomar as rédeas do que a professora de Harvard Shoshana Zuboff chamou de "capitalismo de vigilância"[153]. E Wolf, com a sua campanha das "Cinco Liberdades" e os seus apelos à desobediência civil antivacina, dá a seus seguidores algo para fazer. Ela está dizendo a eles que não é tarde demais para recuperar sua privacidade e sua liberdade.

Claro que se trata de uma mensagem atraente. As duas últimas décadas foram um ininterrupto gotejar de revelações chocantes

* Espécie de punição em que plataformas como Instagram, Twitter e Reddit dificultam a visualização de postagens – por causa de comentários inadequados ou outras violações de regras de uso –, ocultando publicações do feed e de ferramentas de pesquisa. [N. T.]

sobre as inúmeras maneiras pelas quais o registro da nossa vida diária e íntima se tornou, de alguma forma, propriedade alheia. Primeiro vieram o Ato Patriota* e o surgimento de uma indústria de vigilância global após o 11 de Setembro. Em seguida o denunciante da empresa de telecomunicações AT&T deu com a língua nos dentes e nos contou sobre salas secretas onde dados sobre o tráfego global da internet estavam sendo encaminhados para a Agência Nacional de Segurança (NSA). Depois vieram os angustiantes vazamentos de Edward Snowden e a confirmação da existência da espionagem dessa colossal rede de dados, seguidos pelo escândalo da empresa de análise de dados Cambridge Analytica e a revelação de que o Facebook vendia dados dos usuários a terceiros para fins de manipulação política. Depois veio o Pegasus, o sofisticado software de espionagem *spyware* projetado por Israel e utilizado por governos de todo o mundo para, sem deixar vestígios de suas ações de ataque, obter acesso total aos telefones dos seus oponentes e críticos.[154]

E assim por diante. Uma gota após a outra. Ping. Ping. Ping. "Alexa esteve espionando você o tempo todo", estampou uma manchete de 2019 no jornal *The Washington Post*. "Seus aplicativos sabem onde você estava na noite passada e não guardam segredo", declarou uma matéria no *New York Times* em 2018. "Você não é paranoico: seu celular realmente está ouvindo", noticiou o jornal *USA Today*. Ping. Ping. Ping. Ouvimos falar das "câmeras babás-eletrônicas" invadidas por hackers e transformadas em dispositivos de vigilância; as filmagens da campainha com vídeo Ring entregues à polícia; o software "God View" da Uber, supostamente utilizado por funcionários para espionar passageiros e ex-namoradas; os bilhões de fotos pessoais coletadas por empresas de reconhecimento facial para treinar seus softwares; os aplicativos de monitoramento dos ciclos menstruais que poderiam ser usados para processar judicialmente pessoas que optam por interromper a gravidez em qualquer um dos estados dos EUA em que o aborto foi criminalizado.[155]

* Lei de 2001 que deu ao governo o poder para conduzir buscas secretas, efetuar grampos telefônicos e vigilância à internet com muito menos controle jurídico do que antes. [N. T.]

Todo mundo que hoje em dia tem alguma presença na internet sabe pelo menos um pouco a respeito dessas coisas. Sabe que os lugares para onde vamos, as pessoas a quem amamos, os fatos e valores em que acreditamos e a maneira como nosso corpo se comporta estão por aí em algum lugar, no éter, além do nosso controle. E, no entanto, até agora a resposta a essa extraordinária realidade tem sido estranhamente silenciada, em grande medida sublimada em humor irônico, em piadinhas do tipo "Espere só até eles ficarem sabendo sobre os telefones celulares".

Golens digitais

No meu curso "O eu corporativo", examinamos a fundo essa arquitetura de vigilância como o obscuro *back end* do servidor do branding pessoal e da cultura de performance da identidade. Quanto mais aceitamos a premissa de que devemos estar online para tudo – gostar, odiar, compartilhar –, e quanto mais aceitamos o contrato tácito de negociar privacidade em troca da conveniência habilitada por aplicativos, mais pontos de dados sobre nós as empresas de tecnologia serão capazes de capturar e assimilar vorazmente. E, munidas desses dados, elas criam nossos verdadeiros *doppelgänger*s digitais – não os audaciosos avatares que muitos de nós criamos de forma deliberada, com fotos selecionadas e filtradas e postagens com apuro e num tom perfeitamente calibrado, mas os duplos que inúmeras máquinas geram com os rastros de dados que deixamos para trás toda vez que clicamos ou visualizamos algo ou deixamos de desativar o rastreamento de localização ou solicitamos qualquer coisa a um dispositivo "inteligente". Cada ponto de dados extraído da nossa vida online torna o nosso duplo mais realista e cheio de vida, mais complexo, mais capacitado a alterar o nosso comportamento no mundo real.

Esse *doppelgänger* criado por máquina – ou talvez devêssemos chamá-lo de golem digital, já que é fabricado a partir de pedaços e retalhos de dados inanimados – não é feito por nós. É constituído pela junção de percepções exteriores, interpretações e previsões a nosso respeito. Dessa forma, tem muita coisa em comum com um *doppelgänger* humano: uma pessoa que o mundo confunde com você, mas que na verdade não é você e ainda assim pode impactar de maneira profunda a sua vida.

E agora que as máquinas devoraram uma porção tão grande de nós, empanturraram-se de tantos dos nossos hábitos e das nossas peculiaridades, são capazes de engendrar quase instantaneamente réplicas bastante críveis de nós. Meus amigos que são artistas visuais e compositores ficam aterrorizados com o que seu futuro lhes reserva, uma vez que os programas de inteligência artificial podem ser instruídos a fazer arte "no estilo" deles – e em seguida produzir réplicas aceitáveis num piscar de olhos. O cantor e compositor australiano Nick Cave, quando tomou conhecimento de uma letra gerada pelo sistema de inteligência artificial ChatGPT emulando o estilo das canções que ele próprio escrevia, descreveu o fenômeno como "a replicação como uma imitação distorcida e caricata [...] uma grotesca zombaria do que é ser humano"[156].

Há algo de singularmente humilhante em confrontar uma réplica ruim de si mesmo – e algo de absolutamente angustiante em confrontar uma réplica boa. Ambas carregam o inconfundível arrepio do *doppelgänger*. Um arrepio que se transforma em estremecimento quando percebemos que não são apenas os indivíduos que estão sendo copiados de forma artificial, por mais precária que seja, mas toda a existência humana. Afinal, a inteligência artificial é uma máquina de espelhamento e mimetismo: alimentamos as palavras, ideias e imagens cumulativas que a nossa espécie conseguiu amealhar (e digitalizar) ao longo da sua história, e por sua vez esses programas espelham de volta para nós algo que parece inquietantemente real. Um mundo golem.

"Prefiro ver um anúncio publicitário de sapatos bonitos dos quais vou gostar a ver anúncios de um monte de coisas feias que eu não quero", disse um aluno em uma das primeiras aulas do meu curso. Nas nossas discussões, chamamos isso de "o problema dos sapatos bonitos", porque sintetiza uma das principais razões pelas quais o capitalismo de vigilância e a revolução da IA conseguiram, sorrateiramente, chegar tão perto de nós com tão pouco debate. Muitos de nós apreciamos certo nível de personalização automatizada, sobretudo algoritmos que sugerem músicas, livros e pessoas que possam nos interessar. E, a princípio, o que estava em jogo parecia ser irrisório: é realmente um grande problema vermos sugestões e anúncios publicitários baseados em nossos interesses e gostos? Ou que os *chatbots* ajudem a limpar nossa fila de e-mails a responder?

No entanto, agora nos vemos atolados até o pescoço num sistema em que, tal como acontece com a minha *doppelgänger* da vida real, os riscos são nitidamente maiores. Os dados pessoais, extraídos sem nosso total conhecimento ou compreensão, são vendidos a terceiros e podem influenciar tudo, desde os empréstimos financeiros aos quais somos elegíveis até as ofertas de emprego que recebemos - até se nossos empregos serão substituídos por *bots* de aprendizagem profunda que se tornaram espantosamente bons em nos imitar. E essas recomendações úteis e imitações sinistras provêm dos mesmos algoritmos que levaram inúmeras pessoas a adentrar arriscados túneis de informação que terminam na comparação de um aplicativo de verificação de vacina ao Holocausto e podem acabar em algum lugar muito mais perigoso. No fim fica claro que nada disso foi benigno - nem mesmo os sapatos bonitos.

Ouvir os relatos das agruras de estudantes universitários às voltas com as implicações de seus inapagáveis rastros de dados sempre me faz sentir uma intensa nostalgia dos meus anos pré-telefone celular, quando eu era adolescente e jovem adulta. Olhando para trás, concluo que meus amigos e eu andamos pelo mundo como fantasmas - nossos dramas, vidas sexuais, protestos, gostos musicais, aventuras e escolhas de moda praticamente não deixaram rastros. Não treinaram nenhum algoritmo, não foram armazenados na nuvem e não deixaram histórico em nenhum arquivo de cache - exceto por ocasionais bancos de dados de fotografias tortas, diários e cartas manchados de água ou rabiscos desbotados na parede de algum banheiro. Era impensável que alguém além de nós (e talvez nossos pais e mães intrometidos) tivesse o menor interesse nas trivialidades de nossa jovem vida. O mundo era indiferente a nós, e não fazíamos ideia da sorte que tínhamos.

A barganha faustiana da era digital - conveniências digitais gratuitas ou baratas em troca de nossos dados - só nos foi explicada depois de já estar consumada. E representa uma enorme e drástica mudança não apenas na maneira como vivemos, mas também, e muito mais importante, *na finalidade de nossa vida*. Agora todos nós somos minas, jazidas de mineração de dados, e, apesar da intimidade e da importância do que está sendo extraído, o processo de extração permanece totalmente obscuro e os operadores das minas, totalmente irresponsáveis.

Ter isso em mente me ajuda a entender a Outra Naomi e o repentino poder que ela encontrou em aterrorizar grandes contingentes de pessoas com alegações sobre passaportes da vacina "tirânicos" baseados em um "sistema de pontuação de crédito social ao estilo do Partido Comunista Chinês"[157]. Ela está tirando proveito desses temores mal ocultos, que não estão enraizados na fantasia, mas na realidade. Os passaportes vacinais não são um sistema de pontuação de crédito social, mas as próprias mídias sociais de certo modo são. Esses QR Codes embutidos em nossos telefones celulares não estão colocando nossa vida sob vigilância constante; porém, como sugerem todas aquelas piadas inteligentes, nossos próprios celulares e muitos outros dispositivos inteligentes estão, ou pelo menos poderiam estar.

Além disso, é extremamente perigoso e preocupante que as plataformas corporativas possam, de forma arbitrária, eliminar usuários e desligá-los da rede de conexões que eles construíram com as suas próprias palavras, imagens e trabalho ao longo de anos. Quando Wolf afirma que "eles começam expurgando os seus inimigos, e depois expurgam você"[158], ela não está errada. Antes de Elon Musk comprar o Twitter, os progressistas na América do Norte mostravam-se bastante complacentes com essa ameaça, porque eram sobretudo seus adversários políticos que acabavam sendo expulsos das plataformas digitais. Porém, muito antes de Musk começar a suspender do Twitter as contas dos usuários que lhe desagradavam, os mesmos tipos de abusos de poder já haviam desplataformizado ativistas dos direitos humanos palestinos a mando do governo israelense, e defensores dos direitos de agricultores e minorias religiosas por ordem do governo de supremacia hindu da Índia. No entanto, na América do Norte, soar o alarme sobre o fato de que terceirizamos a gestão dos nossos imprescindíveis caminhos informativos para algoritmos controlados por empresas sedentas por lucros trabalhando em conluio com os governos tornou-se de alguma forma o terreno da direita bannonista, o que aponta para uma perigosa cessão de território ideológico.

O estabelecimento de meios de comunicação democráticos e não corporativos – por meio da radiodifusão pública e do acesso comunitário às ondas radiofônicas – já foi outrora uma das principais demandas dos progressistas. Embora existam grupos de defesa dos direitos civis que ainda se insurgem contra a censura corporativa, bem como grupos de direitos civis que brigam pela neutralidade da rede, em sua maior parte os progressistas de hoje não transformaram a luta por uma esfera de informação democrática e responsável numa pedra angular da sua agenda política. Pelo contrário, muitos aplaudiram alegremente a prática de desplataformizar corporações – até que a mesma dinâmica de banimento foi aplicada contra eles.

A propagação de mentiras e teorias da conspiração na internet é agora tão desenfreada que ameaça a saúde pública e, muito possivelmente, a sobrevivência da democracia representativa. No entanto, a solução para essa crise informacional não é recorrer aos oligarcas tecnológicos para que façam desaparecer pessoas de quem não gostamos; é levar a sério a exigência de bens comuns de informação que possam ser considerados um direito cívico básico. Em seu livro *Internet for the People*, o escritor e teórico de tecnologia Ben Tarnoff argumenta que esse é um objetivo alcançável, mas que deve começar com um processo de "desprivatização"[159] – colocar nas mãos das pessoas as ferramentas que se tornaram a nossa praça pública, sob controle democrático. "Para construir uma internet melhor, precisamos mudar a forma como se definem seus proprietários e sua organização", Tarnoff escreve, acrescentando: "O que está em jogo é nada menos do que a possibilidade de democracia – possibilidade que uma internet organizada pela motivação do lucro exclui"[160].

É um lembrete de que só porque algo está atualmente encerrado em certo tipo de acordo financeiro não significa que deva permanecer fechado para sempre. A história está repleta de lutas bem-sucedidas contra formas anteriores de cercamento e cerceamento – potências coloniais foram expulsas de suas antigas colônias; minas e campos petrolíferos de propriedade estrangeira foram nacionalizados e colocados sob controle público; populações nativas obtiveram vitórias legais ao reivindicar o controle soberano sobre os seus territórios ancestrais. Estruturas de propriedade injustas já foram alteradas antes e podem ser alteradas novamente.

Vale a pena lembrar que muitas das tecnologias que constituem os componentes básicos dos gigantes tecnológicos modernos foram desenvolvidas pela primeira vez no setor público, com dinheiro público, seja por agências governamentais ou pesquisas realizadas em universidades públicas. Entre essas tecnologias incluem-se a própria internet até o GPS e o rastreamento de localização. Em essência, as Big Techs se apropriaram de ferramentas de propriedade comum para auferir ganhos privados, ao mesmo tempo que adotaram o discurso dos bens comuns para descrever as suas plataformas fechadas. Por exemplo, quando Elon Musk comprou o Twitter, ele descreveu a rede como "a praça digital onde são debatidas questões vitais para o futuro da humanidade"[161].

Ele estava certo com relação a isso – então por que a plataforma deveria ser mantida refém dos caprichos e vontades de um único homem? Tal como os movimentos decoloniais do século passado até os dias de hoje, podemos lutar para reivindicar de volta os bens comuns vitais que perdemos. As recomendações de Tarnoff são menos uma lista de verificação prescritiva de coisas a fazer do que um apelo urgente à experimentação. Não existe solução milagrosa para a desprivatização da esfera da informação, mas, ele argumenta, a internet pode ser recuperada pedaço por pedaço, inclusive mediante provedores de serviços de internet cujos donos sejam comunidades, e não conglomerados. Tarnoff adverte, no entanto, que isso não é algo que a classe política, enredada e entrelaçada em todos os níveis com o Vale do Silício, vá fazer sozinha: "Das bordas ao núcleo, dos bairros às áreas centrais mais importantes, construir uma internet democrática deve ser obra de um movimento"[162].

O problema, mais uma vez, é que o tipo de movimento de massas que Tarnoff descreve ainda não existe. E é dentro desse vácuo que a minha *doppelgänger* está causando estragos. Porque Wolf, com suas histórias inspiradas em *Black Mirror* sobre aplicativos de verificação de vacinação capazes de "desligar sua vida", não apenas valida esses medos tecnológicos latentes, mas também, ao lado de seu novo parceiro, Steve Bannon, tem algo que falta aos progressistas: um plano sobre o que fazer com relação a isso, ou pelo menos um fac-símile de plano. O plano é, seja qual for o lugar onde você vive, fazer pressão pela aprovação de leis em prol das "Cinco Liberdades" e do "não uso de máscaras". O plano é invadir com truculência a reunião do conselho escolar local, acusar seus membros de serem nazistas e então se candidatar e ser eleito para ocupar o lugar deles. O plano é afrontar as Big Techs inscrevendo-se em novas plataformas de direita e "ficar à frente dos censores", como declara o lema de Bannon[163]. O plano é fazer com que você lhes envie dinheiro e se junte às fileiras nas guerras que eles travam.

O resultado é uma dinâmica preocupante - que está no cerne da nossa cultura do *doppelgänger*. Em vez de sermos definidos por princípios aplicados de forma consistente - sobre o direito a uma praça pública democraticamente controlada, por exemplo, e à informação e à privacidade confiáveis -, temos dois campos políticos em conflito, cada qual se definindo por oposição a tudo o que o outro diz e faz a qualquer momento. Não, esses campos não são equivalentes do ponto de vista moral; porém, quanto mais pessoas como Wolf e Bannon se concentram nos medos muito reais das Big Techs - o poder das corporações de remover unilateralmente a liberdade de expressão, de surrupiar nossos dados, de nos transformar em duplicatas digitais -, mais os progressistas parecem dar de ombros, zombar e tratar todo o pacote de preocupações como coisas de gente maluca. Tão logo uma questão é mencionada por "eles", parece tornar-se estranhamente intocável por quase todos os outros. E aquilo que os principais progressistas ignoram e negligenciam, essa aliança emergente cobre de atenções.

Tudo isso me ajuda a entender minha *doppelgänger* - mas não de uma forma que eu considere minimamente tranquilizadora. Porque significa que ela representa uma forma maior e mais perigosa de espelhamento - uma imitação de convicções e preocupações que se alimenta dos fracassos e silêncios dos progressistas. E, observando a alegria de Bannon em absorver as fantasias do passaporte vacinal de Wolf na história aterrorizante e eletrizante que ele conta diariamente a seus ouvintes, comecei a me perguntar com meus botões acerca de quais outros medos e abominações ainda por resolver eles estariam tirando proveito na nova casa de Wolf - o lugar que passei a chamar de Mundo-Espelho.

6
Linhas diagonais

"Sério?", Avi pergunta.

São onze horas de uma noite quente do início de junho, e ele me encontrou fazendo ioga antes de dormir, prática noturna para ajudar com minhas dores nas costas. Quando ele chega, estou na postura do pombo, respirando profundamente e desafiando a minha capacidade de abertura do quadril. E, sim, tudo bem, também estou ouvindo o podcast de Steve Bannon, *War Room*. Nos últimos tempos a vida tem sido agitada, com o fim do ano letivo e a campanha de Avi na disputa por um cargo federal esquentando, então que outro momento do dia eu tenho para me atualizar quanto à enxurrada de aparições da Outra Naomi?

Minha obsessão tornou-se um abismo crescente entre mim e Avi. E não apenas entre nós – está intensificando meu já profundo isolamento, apartando-me ainda mais de outros amigos e familiares. Ninguém que eu conheço ouve *War Room*, e cada vez mais sinto que é impossível compreender a nova configuração da política sem ouvir o podcast. Ainda assim, a coisa foi longe demais: durante dias a fio não consegui tirar da cabeça a canção-tema raivosamente anticomunista do programa ("Espalhem a palavra por toda a Hong Kong/ Vamos lutar até que todos eles desapareçam/ Nossa alegria será quando não existirem mais/ Vamos derrubar o PCC").

Vez por outra eu me comprometo a dar um tempo, a deixar de lado esse que é o menos encantador dos passatempos pandêmicos.

De qualquer forma, parece o momento certo para eu fazer uma reavaliação. O Twitter acaba de suspender a conta de Wolf, pelo visto de forma permanente. Não me sinto confortável com essa duríssima censura corporativa, mas digo a mim mesma que Wolf perder sua principal ferramenta de comunicação pública sem dúvida significa que ela não será capaz de colocar a si mesma (e a mim) em tantas encrencas.

"Vou bloquear o Twitter", digo a Avi. Prometo passar o verão não apenas ajudando mais na campanha, mas também dando total atenção ao nosso filho (ainda na sua fase de tubarão) e ao restante da nossa família lamentavelmente negligenciada.

Algumas semanas mais tarde, depois de um ano inteiro vivendo no penhasco e viajando exatamente para lugar nenhum, rumamos para o leste. Meu sogro, Stephen, teve uma recidiva do câncer, e dessa vez era inoperável. Ele pediu um mês de convívio com seus três filhos e quatro netos e, apesar do desconforto, quer ir para seu lugar favorito: a Ilha do Príncipe Eduardo, uma idílica porção de praias de areia vermelha atapetada por fazendas de batata e pontilhada de faróis na extremidade da costa leste do Canadá.

Isso vai ser bom, digo a mim mesma, enquanto desfaço as malas e guardo shorts e camisetas nas gavetas da cômoda de uma casa alugada recém-construída. Resolvo gastar meu tempo voltando ao meu eu perdido. Vou preparar refeições saudáveis e deliciosas. Vou me envolver de forma profunda com todos os membros da minha família, sem dar bola para dispositivos eletrônicos. Acima de tudo: não desperdiçarei mais meu limitado tempo no planeta Terra com a Outra Naomi. Chega de livros ou filmes sobre duplos, nada de podcasts relacionados às conspirações da covid, nada de Bannon e, definitivamente, sem Twitter. Decido fixar em meu perfil uma mensagem declarando que voltarei em setembro. Um seguro contra eventuais recaídas.

Assim que chega ao fim a quarentena obrigatória na ilha e estamos livres para sair e nos reunir, toda a família estendida é arrebatada por uma onda de reconexão feliz e logística de grupo. Meus sobrinhos se tornaram pessoas novas e fascinantes, e meus ouvidos perderam por completo a habilidade de filtrar as conversas atravessadas de onze pessoas teimosas e cheias de opiniões fortes compartilhando uma refeição. É uma experiência deliciosamente exaustiva, e de repente me dou conta de que não penso nela há mais de duas semanas. Progresso!

Bem, quase não pensei nela. Numa manhã ensolarada, tomando café, entabulei uma conversa tangencialmente relacionada a ela com Michele, minha sogra maravilhosa, sobre o Livro de Rute. Michele fez uma pesquisa histórica sobre as figuras femininas negligenciadas do judaísmo, e eu esperava me aprofundar um pouco mais na história da origem do meu/nosso nome. "O cerne da questão é a lealdade", diz Michele sobre a história bíblica. A lealdade de Rute a Noemi após a morte de seus maridos faz ela valer, nas palavras das mulheres da aldeia de Belém, "mais [...] do que sete filhos"[164].

É uma bela mensagem, concordamos, até mesmo uma mensagem protofeminista, sobre os laços das mulheres que transcendem a linhagem sanguínea. Mais ou menos como o vínculo entre nós duas, que antecede meu relacionamento com Avi. À luz da caricatural figura da sogra tirânica existente na cultura popular, a bíblica Noemi é uma figura bastante progressista, uma boa pessoa com quem compartilhar o nome.

No entanto, tenho algumas perguntinhas adicionais. Uma vez em Belém, Noemi, agora pobre e desesperada, instrui a nora a se lavar e se perfumar e esgueirar-se até a eira onde joeiram a cevada, pois é lá que dorme um parente velho e abastado, Boaz; Noemi deve chegar de mansinho no lugar onde ele está deitado: "descobre seus pés dele e deita-te"[165]. O objetivo é que isso resulte em uma ligação amorosa que deixará Rute e Noemi numa boa situação para o resto da vida. Depois de algumas negociações, tudo termina em casamento, que por fim levará, três gerações depois, ao nascimento do rei Davi.

"Noemi atua como uma espécie de cafetina de Rute para Boaz", aponto com delicadeza. "Será mesmo legal receber o nome dessa pessoa?" Michele fica em silêncio. Ela tem 82 anos e é muito perspicaz. Concordamos que provavelmente é melhor não impor nossos valores às histórias bíblicas e voltar a bebericar nossos cafés na ensolarada cozinha da casa de outrem. (Se eu quisesse impor os meus valores, poderia dizer que a Noemi do Antigo Testamento era um tanto oportunista, que fazia o que era necessário para sobreviver num sistema falido, protegendo a todo custo o futuro do seu povo.)

E esse foi basicamente todo o conteúdo adjacente a Wolf, e na verdade nem sequer dizia respeito a Wolf. Preferi pensar na história como um estudo bíblico feminista improvisado. Michele perguntou o que havia despertado a minha curiosidade e, nesse ponto, teria sido rude não contar a ela um pouco da minha pesquisa sobre Wolf. Além disso, achei que ela poderia ter alguma informação privilegiada: durante décadas Michele assinou uma coluna em um jornal popular, e eu tinha uma vaga lembrança de que ela conheceu Wolf na década de 1990.

"Como ela era antigamente?", perguntei, tentando parecer indiferente.

"Bem, eu não gostei muito daquele livro *O mito da beleza*; não havia muita novidade lá. Mas todas ficamos contentes por aquela bela jovem ter escolhido identificar-se como feminista."

Isso fazia muito sentido. A década de 1980 foi dura para as feministas da segunda onda. Deve ter sido um bálsamo ver Wolf aparecer na aurora de uma nova década e ostentar o distintivo como se fosse uma jaqueta bolero chiquérrima, de acordo com o estilo da época.

E foi isso, ponto-final. Sério. A conversa inteira. Fugaz, e sem dúvida não foi uma recaída total no mundo da minha *doppelgänger*. Isso só ocorreria mais ou menos uma semana depois.

Aconteceu assim, e não vou dourar a pílula: comecei a sentir fortes dores nas costas e, como estávamos em uma ilhota com algumas das mais baixas taxas de covid à exceção da Nova Zelândia, decidi arriscar e procurar ajuda profissional.

O consultório ficava a 45 minutos de carro, e parti no meio da manhã, sob o céu limpo, em uma estrada de duas pistas praticamente vazia, ladeada por dunas de areia, penhascos vermelhos e ondas de arrebentação do Atlântico. Enquanto dirigia, me dei conta de uma situação que havia quase dezesseis meses não acontecia: eu estava sozinha. Sozinha e circundada de belezas naturais. A euforia inundou meu corpo até a ponta dos meus dedos que seguravam o volante.

Eu poderia ter aproveitado aquele momento perfeito para escutar qualquer coisa. Poderia ter abaixado os vidros das janelas e enchido os ouvidos com o estrépito das ondas e o som das gaivotas. Poderia ter tocado no volume máximo a canção "Blue", de Joni

Mitchell, que eu redescobrira recentemente graças à versão de Brandi Carlile. Só que eu não fiz nada disso. Preferi tocar no aplicativo roxo de podcast, abri *War Room* de Steve Bannon e li o resumo do episódio mais recente. Era um discurso de Donald Trump, gravado ao vivo, no qual ele anunciou que estava processando as Big Techs por ter sido banido das plataformas digitais, seguido da reação de...

O quê? Por que *ela*?

Rolei para baixo a tela e constatei que, nos dias em que segui à risca a minha rigorosa dieta sem consumir Naomi Wolf, havia perdido várias outras participações recentes da minha *doppelgänger*. Engoli de uma vez todos esses episódios com a presença dela, um após o outro. E foi assim que acabei no acostamento da estrada, com meu pisca-alerta ligado, atrasada para um tratamento muito necessário, nas minhas primeiras férias em dois anos, rabiscando em um caderninho vermelho enquanto tentava transcrever as palavras que saíam do alto-falante do meu celular: "camisas-pretas e camisas-pardas", "Fauci demoníaco", "petrificante", "seu corpo pertence ao Estado", "tal qual as políticas de filho único e de esterilização forçada da China", "rastreamento de localização", "mal em dobro".

Essa foi uma recaída total.

Em minha escassa defesa, o status elevado de Wolf no podcast de Bannon marcou uma grande novidade na vida da minha *doppelgänger*. Uma coisa é ser convidada para um programa emblemático da direita trumpista para falar de improviso sobre passaportes da vacina ou detonar Joe Biden – qualquer figura que se diga democrata e tenha alguma relevância seria bem-vinda para realizar essa façanha. Outra bem diferente é ser a pessoa a quem Steve Bannon recorre para obter uma reação exclusiva a um dos primeiros discursos pós-Casa Branca de Donald Trump – homem que, a grande maioria dos ouvintes de Bannon está mais do que convencida, é o legítimo presidente dos Estados Unidos (e a quem Wolf se referiu, em sua vida anterior, como "um ser humano horrível, uma pessoa abominável"[166]). Não se tratava apenas de vender livros e inscrições para o site dela. A participação assídua de Wolf sinalizava poder verdadeiro – a capacidade de alcançar e, potencialmente, influenciar o comportamento de milhões de pessoas.

Algumas semanas antes, quando Wolf foi banida do Twitter, muitos usuários da plataforma se alegraram, como se ela tivesse acabado de ser excluída do planeta Terra. As pessoas desenterraram capturas de tela de suas postagens mais absurdas e fizeram pequenos vídeos delas, com músicas de Celine Dion ao fundo, agradecendo-lhe pelas boas lembranças. Alguém tuitou "Blein, blein, a bruxa está morta"[167] – e era bem esse o clima, pelo menos no campo progressista. Admito que senti uma combinação de alívio e vazio com o banimento de Wolf. Ela me causara tanto sofrimento – será que sua jornada de desvario realmente havia chegado ao fim? Poderia assim ser tão simples?

O que percebi no acostamento daquela estrada foi que, com absoluta certeza, não é assim tão simples. Bannon costumava manter no topo da página de seu site um reloginho que informava quantas vezes seu programa havia sido baixado. Naquela época, o número de downloads beirava os 100 milhões – isso além dos milhões de pessoas que, ele alardeava, acompanhavam suas transmissões ao vivo em várias plataformas de vídeo e televisão. Esses números não devem ser tomados ao pé da letra, já que são fornecidos pelo arquiteto da reluzente torre de "fatos alternativos" de Trump. Não obstante, não resta dúvida de que o *War Room* de Bannon é apenas isto: um centro nevrálgico para a presidência de extrema direita de prontidão e em modo de espera, seja ela encabeçada por Trump ou por alguém ainda mais perigoso.

"Ação! Ação! Ação!"

Esse é o mantra do programa *War Room*. São palavras de ordem que Bannon repete com frequência. Elas são visíveis numa placa atrás de sua cabeça enquanto ele apresenta o podcast. Ele a envia com os conteúdos que publica na mídia social Gettr ("o assassino do Twitter") e em seu boletim informativo (*Daily Command Brief*).

Bannon está falando sério. Ao contrário da Fox News, que apesar de seu óbvio viés ainda tem os pomposos adornos de um canal de notícias a cabo, o podcast *War Room* construiu uma plataforma midiática explicitamente ativista – ou, em termos mais precisos, militarista. Em vez dos âncoras e convidados de rosto retocado da televisão, Bannon cultiva a sensação de que seu público faz parte de uma contínua reunião entre um comandante e seus atarefados generais de campo, cada um apresentando o relatório de suas várias frentes de batalha: a estratégia do "Grande Roubo" (questionar os resultados das eleições de 2020); a estratégia distrital (mobilizar soldados de infantaria ideológicos em nível local para evitar que as próximas eleições sejam "roubadas"); a estratégia dos conselhos escolares (refutar currículos "*woke*"*, bem como as políticas de obrigatoriedade de uso de máscaras e vacinação); a estratégia do "comando pela negação" (pressionar os representantes republicanos a negar a Biden todas as vitórias legislativas possíveis).

Pode ser que em momentos específicos do programa os anfitriões e convidados conversem entre si, mas conversar não é o objetivo do podcast – o objetivo é *fazer*. "Fiquem mais um pouco por aqui depois, quero falar mais com vocês a respeito disso fora do ar", Bannon costuma dizer no final de um segmento, e o público se empolga e se emociona ao sentir que está espreitando a história ser feita. A chave para o fascínio do programa é a falta de sofisticação e sutileza, sublinhada pelo desmazelo pessoal de Bannon, sua marca registrada: camisas sociais de botões duplos escuras e amarrotadas; ondas de cabelos grisalhos caóticas que rivalizam em volume com as madeixas de Wolf; e o rosto manchado, o que evidentemente evita a falsidade da maquiagem televisiva. É um espetáculo sem espectadores, apenas membros orgulhosos do "pelotão do *War Room*" ou, quando Bannon está especialmente tenso, os soldados da sua "cavalaria"[168].

Se Naomi Wolf era a convidada preferida de Bannon não apenas para protestar e dizer cobras e lagartos contra a obrigatoriedade das vacinas, mas agora para comentar ao vivo os discursos de Trump, isso significava que ela tinha ultrapassado um limiar inteiramente novo, tornando-se uma figura de importância descomunal nesse mundo. Pouco depois, Wolf chegou ao ponto de se juntar como coautora à ação coletiva de Trump contra o Twitter, questionando sua própria expulsão da plataforma (embora ela ainda alegasse discordar "profundamente" de Trump "em termos ideológicos"[169]). Foi lá, sentada no meu carro à margem daquela estrada, que eu me convenci de que, fosse o que fosse, o que estava acontecendo com Wolf não era relevante para mim apenas por causa do meu problema de *doppelgänger* reconhecidamente de nicho – era algo muito mais sério do que isso. Se alguém como Wolf podia mudar de alianças de forma tão drástica,

* Na gíria norte-americana, ser ou estar *woke* indica estar "desperto" política e socialmente, ou seja, ter maior consciência social e indignar-se com as injustiças raciais e de gênero. [N. T.]

parecia valer a pena tentar descobrir o que impulsionava essa transformação – sobretudo porque, a essa altura, também estava claro que alguns progressistas e esquerdistas renomados estavam dando uma semelhante guinada "pós-esquerda" à extrema direita.

Mesmo depois de ter acompanhado as travessuras de Wolf durante anos a fio, ou melhor, depois de elas terem me acompanhado, fiquei embasbacada com a firme determinação de cruzar esses limites. Como é que ela – uma feminista judia que escreveu um livro alertando sobre a facilidade com que o fascismo é capaz de sufocar sociedades abertas – justificava com motivos racionais sua aliança com Trump e Bannon? Aliás, como é que Bannon – um orgulhoso católico antiaborto que já foi acusado de violência doméstica e cuja ex-esposa declarou em um tribunal que ele não queria que suas filhas "frequentassem a mesma escola que judeus"[170] – justificava com argumentos lógicos a parceria com Wolf? (Bannon se declarou inocente das acusações de violência doméstica, arquivadas depois que sua esposa deixou de comparecer ao tribunal, e ele nega ter feito o comentário sobre os judeus.)

A despeito dessas contradições, Wolf não era apenas uma convidada habitual do podcast de Bannon; ela estava rapidamente se tornando uma de suas personagens mais reconhecidas. No auge dessa colaboração, durante duas semanas Wolf compareceu ao programa quase todos os dias. Bannon e Wolf chegaram a somar forças para uma série de "Investigações *DailyClout/War Room* sobre a Pfizer", escarafunchando várias intrincadas tocas de coelho das vacinas, e no fim empacotaram tudo no formato de um e-book. Claramente, nenhum dos dois permitiu que os princípios do passado impedissem essa união.

O que eu estava tentando entender era o seguinte: o que essa parceria das mais improváveis diz sobre a maneira como a covid redesenhou mapas políticos em um país depois do outro, embaralhando as linhas esquerda-direita e instigando grupos até então apolíticos a tomar as ruas? O que isso tinha a ver com o fato de "combatentes pela liberdade" impedirem ambulâncias de sair de hospitais que exigiam que seus funcionários fossem vacinados? Ou se recusarem a acreditar nos resultados de quaisquer eleições que não corressem como era seu desejo? Ou negarem as provas de crimes de guerra russos? Ou, ou, ou...

Um meridiano diagonal global

A remodelação da paisagem política, que é um dos principais legados da covid, é muito maior do que Wolf e Bannon, é claro. O período alucinatório em que a pandemia se fundiu com convulsões econômicas e desastres climáticos acelerou toda sorte de coalizões bizarras de aliados improváveis, cooperações que se manifestaram na forma de protestos de grandes proporções, primeiro contra os confinamentos e depois contra qualquer medida de saúde sensata que teria ajudado a tornar desnecessários os confinamentos. Essas novas alianças acabaram por dar início ao autoproclamado “Comboio da Liberdade”, que durante três semanas paralisou Ottawa, a capital do meu próprio país, e depois se alastrou pelos Estados Unidos e pela Europa, ramificando-se a partir das queixas relacionadas à covid para ganhar os contornos de um grito mais geral e amorfo clamando por “liberdade”.

Essas formações reúnem muitas correntes políticas e culturais díspares: a direita tradicional; a extrema direita conspiratória do *QAnon*; subculturas alternativas de saúde geralmente associadas à esquerda verde; um punhado de neonazistas; pais e mães (sobretudo mães brancas) irritados com uma série de coisas que acontecem e não acontecem nas escolas (máscaras, vacinas, banheiros multigênero, livros antirracistas); proprietários de pequenas empresas enfurecidos com os impactos muitas vezes devastadores das medidas de controle da covid em seus lucros, frustração que deu lugar à raiva com relação a tudo, desde a inflação até fogões de indução. São significativas as divergências dentro dessas novas convergências – Wolf, por exemplo, não faz parte da seita do *QAnon*, tampouco é uma neonazista. No entanto, mobilizados por agentes desinformadores de grandes plataformas como ela e Bannon, a maioria dos descontentes parece concordar que a pandemia é um complô das elites de Davos com o intuito de impor à força uma sociedade reconstruída sob a bandeira do “Grande Reinício”.

Se as alegações vierem da extrema direita, o plano secreto é a instalação de uma ditadura verde/socialista/venezuelana/Soros/de vacinação forçada, ao passo que os adeptos da espiritualidade New Age [Nova Era] alertam para uma ditadura orquestrada por Grande Indústria Farmacêutica/organismos geneticamente modificados (OGM)/implantes biométricos/5G/cães-robôs/vacinação forçada. Com exceção da atualização relacionada à covid, as conspirações que fazem parte dessa convergência política não são novas – a maioria já existe há décadas, e algumas são antigos libelos de sangue. A novidade é a força da atração magnética com que se encontram, reunindo-se de moto-próprio no que a repórter da revista *Vice* Anna Merlan chamou de "singularidade conspiratória"[171].

Na Alemanha, o movimento volta e meia descreve a sua política como *Querdenken* (que significa pensamento lateral, diagonal ou criativo e inovador) e forjou alianças preocupantes entre os New Age obcecados pela saúde, que se opõem a colocar qualquer coisa impura em seus corpos, dos quais cuidam com rigoroso zelo, e vários partidos neofascistas, que encamparam o grito de guerra antivacinação como parte de uma resistência da era da covid à "ditadura da higiene". (O objetivo era despertar memórias da "higiene racial" da era nazista, como se de alguma maneira a atrocidade nazista de tratar os seres humanos como germes e o discernimento de tratar os germes como germes fossem a mesma coisa.) Inspirado no termo *Querdenken*, mas levando-o além das fronteiras da Alemanha, William Callison e Quinn Slobodian, ambos estudiosos da política europeia, descrevem essas alianças políticas emergentes como "diagonalismo". Eles explicam: "Nascidos em parte das transformações na tecnologia e na comunicação, os diagonalistas tendem a contestar os rótulos convencionais de esquerda e direita (geralmente se inclinam para crenças de extrema direita), a expressar ambivalência, se não cinismo, com relação à política parlamentar, e a misturar convicções sobre holismo e até mesmo espiritualidade com um discurso obstinado em prol de liberdades individuais. Na ponta extrema, os movimentos diagonais partilham a convicção de que todo poder é conspiração"[172].

Apesar das alegações de pós-partidarismo, foram os partidos políticos de direita – muitas vezes de extrema direita – em todo o mundo que conseguiram absorver as paixões indisciplinadas e a energia indômita do diagonalismo, incorporando suas queixas da era da covid a projetos preexistentes que se opõem à "consciência *woke*" e suscitam temores acerca de "invasões" de imigrantes. Ainda assim, é importante que esses movimentos se apresentem como (e acreditem ser) rupturas com a política de sempre e pretendam ser algo novo, indo além dos tradicionais polos esquerda-direita.

Por essa razão é tão decisivo contar com o envolvimento de algumas pessoas de destaque autoidentificadas como progressistas e/ou esquerdizantes. É importante ressaltar que o papel desses progressistas não é renunciar aos objetivos da justiça social e adotar uma visão de mundo de extrema direita (a jornada feita por conhecidos ex-trotskistas como Irving Kristol em meados do século XX). Pelo contrário, eles devem continuar a se identificar como orgulhosos membros da esquerda, ou progressistas devotos, ao mesmo tempo que afirmam que foram os movimentos e tendências dos quais outrora faziam parte que traíram seus próprios ideais, deixando esses indivíduos de excepcional coragem sem guarida em termos políticos e em busca de novas alianças. Os exilados do progressismo apresentam-se não como desertores, mas como legalistas – são os seus antigos camaradas e colegas, afirmam eles, os impostores, os falsos.

Entre várias figuras desse naipe, minha *doppelgänger* tornou-se particularmente versada nessa manobra. Por exemplo, quando Wolf começou a aparecer nos meios de comunicação de direita em 2021, a sua postura era reticente, e passava longe de ser questionadora. Ela dizia ter votado em Biden, ressaltava que costumava escrever para o *New York Times* e o *Guardian* e participar de programas no canal de notícias MSNBC, descreveu a si mesma como uma "queridinha da mídia progressista"[173]. Mas agora, dizia ela, programas de direita como os de Carlson e Bannon eram os únicos suficientemente corajosos para lhe proporcionar uma plataforma.

Por sua vez, os inflamados anfitriões de direita que recebiam Wolf como convidada se compraziam com um interminável e ornamentado discurso de abertura, enumerando todas as suas credenciais progressistas e expressando espanto pela possibilidade de se encontrarem no mesmo lado. "Nunca pensei que falaria com você, exceto em formato de debate", disse-lhe Tucker Carlson na primeira vez que contou com a participação de Wolf[174]. Em seguida, referindo-se a um tuíte no qual Wolf declarou que se arrependia de ter votado em Joe Biden, Carlson acrescentou: "Fiquei impressionado com a coragem que deve ter sido necessária para você escrever isso – tenho certeza de que você perdeu amigos por causa disso e por vir aqui [neste programa]". Wolf esboçou um sorriso melancólico e fez que sim com a cabeça, aceitando as boas-vindas do herói.

Quando ela apareceu no podcast apresentado por James Delingpole, um dos mais veementes negacionistas das alterações climáticas[175] e provocadores de extrema direita da Grã-Bretanha, ele começou dizendo: "Isto é tão improvável [...] cinco anos atrás, a ideia de que você e eu estaríamos juntos. [...] Eu meio que coloquei você na mesma categoria da outra Naomi – você sabe, Naomi Klein, Naomi Wolf, qual é a diferença?"[176]. (Insira aqui um grito silencioso meu.) Ele continuou: "E, agora, aqui estamos. Quer dizer, acho que somos aliados numa guerra muito, muito maior. E você tem se saído muito bem travando o bom combate, então, meus parabéns". Mais uma vez, Wolf absorveu tudo, curtindo um pouco e desempenhando seu papel recatado nesses estranhos primeiros encontros de cunho político.

À medida que o tempo passava e Wolf se tornava uma presença cada vez mais marcante, a impressão era que estava adorando seu novo papel; ela desempenhava com entusiasmo a personagem da elite progressista costeira que os populistas de direita adoram odiar, e em suas participações no podcast de Bannon chegava a soltar umas palavras em francês. Num debate sobre as regras de confinamento na França durante a covid, Wolf perguntou: "O que aconteceu com '*Liberté, égalité, fraternité*'?" – como se a maioria dos seus ouvintes não fossem as mesmas pessoas que mudaram o nome das batatas fritas [em inglês, *french fries*, literalmente "batatas francesas"] para "batatas da liberdade" depois de a França ter se recusado a aderir à invasão do Iraque encabeçada por George W. Bush em 2003. E, na primeira vez que foi ao programa de Bannon, Wolf declarou: "Com todo o respeito, passei anos pensando que você era o diabo. Agora estou muito feliz por ter você nas trincheiras junto com outras pessoas de todo o espectro político que lutam pela liberdade. [...] Temos de abandonar imediatamente esses rótulos a fim de nos unirmos e lutarmos por nossa Constituição e nossas liberdades"[177].

Esta é a principal mensagem que devemos tirar da política diagonalista: o próprio fato de essas improváveis alianças ocorrerem, de as pessoas envolvidas estarem dispostas a se unir em nome de um objetivo comum, a despeito de suas diferenças passadas, pretende servir como prova cabal de que sua causa é a um só tempo urgente e necessária. De que outra forma Wolf seria capaz de justificar de maneira racional a parceria com Bannon, que, ao lado de Trump, normalizou um discurso político que desumanizava os imigrantes como "os outros monstruosos" – estupradores, membros de gangues e transmissores de doenças? É também por isso que Wolf se apoia de maneira tão ferrenha e contínua em analogias históricas extremas – comparando as medidas sanitárias contra a covid ao regime nazista, ao apartheid, à escravatura.[178] Esse tipo de escalada retórica se mostra necessário para explicar de maneira racional as novas alianças que ela firmou. Para quem está lutando contra a "escravidão para todo o sempre" ou contra um Hitler moderno, tudo – incluindo a pessoa com quem agora você anda – não passa de um detalhe. Isso é semelhante, em muitos aspectos, à forma como os cristãos evangélicos foram persuadidos por seus líderes a deixar de lado o fato de que o comportamento de Trump – os adultérios, a postura de mulherengo, as supostas agressões sexuais, as mentiras, as crueldades – violava os valores que eles professam. A fim de passarem por cima de tudo isso, os cristãos evangélicos tiveram de alçá-lo, com toda a seriedade, ao papel de conturbado mensageiro do Senhor, enviado à terra para lutar contra o *doppelgänger* do próprio Deus: o diabo. Com tanta coisa grave em jogo – nada menos que a salvação eterna –, o que importa se um político diz que "agarra as mulheres pela boceta"?

Todavia, na aliança Bannon-Wolf, qual é exatamente essa causa maior? O que um tem a ganhar com o outro?

Covid *Klondike*

As pessoas costumam me fazer variações da seguinte pergunta: o que fez Wolf perder o juízo? O que a fez pirar de vez? Querem um diagnóstico, mas eu, ao contrário dela, não me sinto confortável em brincar de médico. À guisa de resposta, eu poderia oferecer uma espécie de equação para definir esquerdistas e progressistas que viram a casaca e cruzam a fronteira em direção à direita autoritária que seria algo como: narcisismo (grandiosidade) + vício em mídias sociais + crise de meia-idade ÷ humilhação pública = colapso à direita. E essa matemática conteria alguma verdade.

Quanto mais descubro sobre as atividades recentes de Wolf, porém, menos sou capaz de aceitar a premissa dessas perguntas, que sugerem que, quando a Outra Naomi ultrapassou o limite do razoável, ela bateu com tudo no chão. Uma descrição mais precisa é que Wolf ultrapassou o limite do razoável e foi prontamente acolhida por milhões de pessoas que aceitam sem questionamento cada uma das suas teorias estrambóticas e que parecem adorá-la. Então, embora claramente tenha perdido o que posso definir como "juízo", Wolf encontrou muito mais – ela encontrou um mundo totalmente novo.

As feministas da geração da minha mãe acham desconcertante, de tão enigmática, a disposição de Wolf de se alinhar com as pessoas que travam uma guerra contra a liberdade das mulheres. E, em certo nível, é. Ainda em 2019, Wolf descreveu seu malfadado livro *Outrages* como "uma história de advertência sobre o que acontece quando o Estado secular obtém o poder de entrar no seu quarto"[179]. Agora ela é uma aliada das pessoas que encheram a Suprema Corte dos EUA de aspirantes a teocratas cujas ações estão obrigando pré-adolescentes a ter filhos contra a própria vontade. No entanto, em outro nível, as ações de Wolf são uma perfeita destilação dos valores da economia da atenção, que treinou tantos de nós a medir nosso valor utilizando matrizes rudimentares, baseadas em volume. Quantos seguidores? Quantas curtidas? Retuítes? Compartilhamentos? Visualizações? Entrou nos *trending topics*, a lista dos assuntos mais comentados pelos usuários do Twitter? Esses critérios não avaliam se algo é certo ou errado, bom ou ruim, mas simplesmente medem o volume, a quantidade de tráfego que gera no éter. E, se volume é o nome do jogo, essas estrelas que fazem a travessia para o outro lado e encontram novos níveis de celebridade na direita não estão perdidas – elas se encontraram.

"Alguns escritores são dados à bebida; outros, ao público", disse Gore Vidal em 1981.[180] Wolf adora o público, de uma forma que teria sido inimaginável para Vidal, cujo apogeu antecedeu as mídias sociais. Wolf compreendeu, antes da maioria dos autores de sua geração, a magnitude da mudança para a economia da atenção. Ela ingressou no Facebook em 2008 e abraçou com vontade o potencial de autopublicação dessa plataforma, disparando mundo afora teorias longas, sem edição e invariavelmente isentas de fatos; depois, quando a tecnologia se tornou disponível, vídeos ao vivo.

Wolf pode ser uma pesquisadora ruim, mas é boa de internet. Ela embala suas ideias em artigos no formato de listas sob medida para a era do caça-cliques: "Estados Unidos fascistas, em 10 passos fáceis" (Cuidado com o passo #10.), "Liberte nossas Cinco Liberdades". O seu site, *DailyClout*, demonstra o sucesso de Wolf em dominar a arte da monetização na internet: não apenas chamando atenção, mas transformando essa atenção em dinheiro. Ela aceita anúncios publicitários; aproveitando o trocadilho com seu sobrenome Wolf [lobo], vende produtos enfeitados com um logotipo estilizado de lobo ("O poder está na matilha"); cobra 3,99 dólares por mês por uma assinatura de membro "premium" e 9,99 dólares mensais por uma assinatura "profissional"[181]. Apesar de ser um negócio, não uma instituição de caridade, Wolf também arrecada doações, e pouco importa que um dos pontos originais do site – oferecer acesso a projetos de lei e resoluções legislativas – seja vender algo que já é gratuito e está prontamente disponível. É mais ou menos como montar um guichê privado para cobrar ingressos na porta de uma biblioteca pública, uma maracutaia ousada.

Neste contexto, o nome que Wolf escolheu para seu site, *DailyClout* [poder de influência diário], é revelador. Porque aquilo em que Wolf se transformou na última década é algo muito específico do nosso tempo: uma caçadora de poder de influência. Poder de influência é a moeda objetiva e livre de critérios impostos por valores ou padrões subjetivos da era perenemente online – tanto um substituto para o dinheiro vivo quanto um canal para ele. Poder de influência não é um cálculo daquilo que você faz, mas de qual é o volume bruto de você que existe no mundo. Adquire poder de influência quem banca a vítima. Adquire poder de influência quem vitimiza outras pessoas. Isso é algo que tanto a esquerda como a direita compreendem. Se o prestígio vai e vem, o poder de influência se escarrancha, ocupando espaço para si mesmo.

Portanto, se existe um padrão para as muitas, muitas conspirações que Wolf espalhou nos últimos anos, é simplesmente o seguinte: todas diziam respeito a assuntos que dominavam o noticiário e, na ocasião, geraram burburinho e debates acalorados. É claro que nenhum de nós que oferecemos análises sobre acontecimentos da atualidade como parte de nossa profissão está imune ao alvoroço causado por opiniões controversas. Mas, de Assange ao ebola, passando pelo Estado Islâmico, o que Wolf fez foi muito além disso: ao alegar deter algum conhecimento secreto que somente ela havia descoberto, e ao alegar que estava sofrendo terríveis perseguições por ousar compartilhar esse conhecimento, Wolf foi capaz de inserir a si mesma no meio de inúmeras conversas culturais em voga. Onde havia frenesi e frisson, lá estava ela.

E, nem de longe, nada jamais tinha sido tão repleto de alvoroço e potencialmente rico em poder de influência como a covid-19. Todos sabemos por quê. Foi mundial. Foi simultâneo. Estávamos conectados digitalmente, conversando em sincronia sobre a mesma coisa durante semanas, meses, anos e nas mesmas plataformas globais. Na definição de Steven W. Thrasher, em seu livro *The Viral Underclass* [A classe baixa viral], a covid-19 marcou "a primeira pandemia viral a ser vivenciada também por meio de histórias virais nas mídias sociais", criando "uma espécie de viralidade ao quadrado"[182].

Essa viralidade ao quadrado significava que, se alguém publicasse o tipo certo de conteúdo com tema pandêmico – sinalizado com a combinação certa de palavras-chave ("Grande Reinício", "Fórum Econômico Mundial (FEM)", "Bill Gates", "fascismo", "Fauci", "Pfizer") e com título ao estilo de manchetes curtas e provocativas de tabloide ("Os líderes conspirando para nos tornar impotentes", "O que eles não querem que você saiba", "Bill Gates disse O QUÊ?!?") –, poderia pegar uma carona num tapete mágico digital que, em comparação, faria todas as experiências anteriores de viralidade parecerem carregadas de chumbo. Os jogadores conhecem o jogo: por exemplo, o vídeo viral *Plandemic** deu o pontapé inicial da conspiração em torno da covid logo nos primeiros dias do confinamento, alcançando 8 milhões de visualizações na primeira semana. Seu diretor, Mikki Willis, disse ao jornal *Los Angeles Times*: "Sabíamos que a estratégia de marca era conspiratória e chocante.

* O neologismo combina as palavras "*plan*" e "*pandemic*", ou seja, "plano" e "pandemia", "pandemia planejada". [N. T.]

Infelizmente, em nosso tempo, você tem que ser assim para chamar atenção das pessoas"[183].

Doppelgängers do desastre

Isto é uma reviravolta no capitalismo de desastre que acompanhei de perto em meio a choques anteriores. No passado, fiz reportagens sobre as empresas privadas que desceram ao baixo nível de lucrar tirando proveito de necessidades e medos desesperadores na esteira de furacões e guerras, vendendo a peso de ouro homens armados e serviços de reconstrução. Isso é o capitalismo de desastre da velha guarda batendo nossa carteira e nos passando a perna; isso é o capitalismo de desastre que explora a nossa atenção, numa época em que a atenção é indiscutivelmente o bem mais valioso da nossa cultura. Em tempos de crise, conspirações sempre vieram à tona - mas nunca antes foram uma indústria em expansão por si só. A covid foi uma "conspiração capitalizável", no dizer de William Callison e Quinn Slobodian.[184]

Assim, além das habituais tentativas de introduzir por debaixo dos panos medidas políticas para beneficiar as elites corporativas à custa da população mais ampla, e além de lucrar diretamente com a necessidade de equipamentos e tratamentos médicos (ambos fenômenos aos quais sem dúvida assistimos durante a pandemia), também nos vimos diante de um pequeno exército de diagonalistas responsáveis por disseminar absurdas teorias conspiratórias sobre como toda a catástrofe foi fabricada por uma cabala obscura de modo a criar condições para implementar sua pauta eugenista/ Nova Ordem Mundial. Passei a pensar nesse exército - que tanto se fia em conjecturas e exageros caça-cliques - como *doppelgängers* do desastre, uma vez que sua atuação extremamente lucrativa serve para desviar a atenção dos escândalos muito reais que estão bem diante dos nossos olhos e exigem urgentemente a nossa atenção.

Os incentivos econômicos a esse tipo de conteúdo online são de grande ajuda para explicar a espécie de figura pública que durante aquele primeiro ano da covid parece ter se transformado em um tipo diferente de pessoa - mais maníaca; mais raivosa; mais disposta a queimar seus navios, a fazer afirmações bizarras e a disseminar informações pouco confiáveis e de fontes precárias, contanto que apresentassem a possibilidade de se alastrar pelas fortes correntezas no oceano digital. Eu poderia fazer uma lista, mas tenho certeza de que neste momento você já está fazendo mentalmente a sua: "Eu costumava confiar muito em [X]. O que aconteceu com ele/ela? É como se ele/ela tivesse um alter ego ao qual sucumbiu completamente".

O vício talvez seja a lente mais relevante para a compreensão dessas exasperantes transformações de personalidade. No clássico da literatura de *doppelgänger* de Robert Louis Stevenson, *O médico e o monstro*, o dr. Henry Jekyll, ao ingerir um soro misterioso, se transforma no assassino Edward Hyde; porém, com o tempo a poção para de funcionar e o dr. Jekyll original se perde completamente. Quando, nos últimos anos, examino o comportamento de várias pessoas que eu conhecia e de cuja companhia e trabalho eu gostava, fica óbvio que elas andaram bebendo algum soro liberador de dopamina que as transformou, talvez de maneira permanente, em versões de um sr. Hyde da era digital. Estou certa de que minha *doppelgänger* está familiarizada com essa história específica de advertência por conta de outro inquietante detalhe que descobri em minha jornada: em 1995, o pai dela, Leonard Wolf, publicou *The Essential Dr. Jekyll & Mr. Hyde: The Definitive Annotated Edition of Robert Louis Stevenson's Classic Novel* [O médico e o monstro essencial: A edição anotada definitiva do clássico romance de Robert Louis Stevenson], que se autoproclamava "a mais abrangente edição" do "clássico conto de dualidade de Robert Louis Stevenson", contendo "tudo o que você sempre quis saber sobre a mais famosa personalidade cindida da literatura"[185].

No entanto, mesmo que Wolf tivesse motivos para ser cautelosa acerca dos perigos de se viciar na dopamina digital, poucas pessoas tinham mais a ganhar do que ela com a euforia proporcionada por essa dopamina no período pandêmico – porque poucos sentiram na pele uma queda tão abrupta de poder de influência como a que Wolf teve depois daquela insustentável entrevista na BBC em 2019. Se você quer uma história de origem, um evento no qual se definiu a futura guinada de Wolf à direita pseudopopulista, provavelmente foi aquele momento, ao vivo na BBC, sendo pega em flagrante – e depois humilhada, ridicularizada e esmagada. Rosie Boycott, feminista britânica que conhecia Wolf desde a época de *O mito da beleza*, observou que após o desastre de *Outrages* não haveria possibilidade de retorno à *intelligentsia* progressista, portanto "ela teve de encontrar um novo mundo para se encaixar, um mundo onde os fatos não têm importância, e esse é o mundo para o qual ela foi. É lógico que ela se tornaria uma *superstar* dentro desse mundo"[186].

O contrário de cancelada

Essa é a ironia de o Twitter progressista celebrar o aparente desaparecimento de Wolf (pelo menos até Musk recebê-la de volta de braços abertos). Como a maioria dos progressistas e esquerdistas não veem nem ouvem Bannon ou outros programas onde ela se tornou presença regular, acharam que tivesse evaporado e, portanto, deixado de ser motivo de preocupação.

"Descanse em paz."

"Morte registrada."

É um pouco como as crianças que pensam que o mundo desaparece quando elas fecham os olhos. Porque Wolf está muito longe de ser banida da esfera pública: graças a Bannon e Carlson, agora ela dispõe de um holofote de brilho mais intenso e uma plataforma maior do que em qualquer outro momento desde os seus dias de glória na década de 1990.

No entanto, a convicção generalizada acerca da irrelevância de Wolf me fez especular se essa coisa a que muitos invariavelmente se referem como "cultura do cancelamento" não é em parte resultado da maneira como as plataformas nos programaram com as suas ferramentas. Já se passaram anos desde a última vez que bloqueei alguém no Twitter, mas silencio um bocado de gente a meu bel-prazer – assim que vejo um ataque de má-fé ou percebo alguém cujas postagens estão me deixando de mau humor, clico em "silenciar". É algo que causa grande satisfação, e se parece um pouco com autodeterminação, em plataformas onde todo o resto é determinado por outros. Mas também me preocupa a facilidade com que podemos "desligar" outros humanos. Meu receio é que haja algo de viciante em fazer outras pessoas desaparecerem com um mero toque numa tecla. (Assim como certamente há algo de viciante no prazer sádico que advém de fazer parte de uma matilha que remove alguém de uma plataforma para sempre.)

Depois que nós mesmos fazemos as pessoas desaparecerem num passe de mágica – *puf!* problema resolvido! –, talvez seja mais fácil aceitar que as empresas de tecnologia possam fazer o mesmo e expulsar as pessoas com uma mensagem automática. Pode até ser mais fácil fazer o mesmo em nossos relacionamentos no mundo real, o que claramente aconteceu com a Outra Naomi. Wolf publicou milhares de palavras detalhando os familiares, vizinhos e amigos que efetivamente a excluíram por causa de suas travessuras relacionadas à covid, incluindo uma melhor amiga que "foi embora do país sem se despedir" e "a amiga cuja filha teve um filho, e que nem sequer me deixou entrar na casa para ver o bebê" e "o amigo que disse que não ficava entre quatro paredes com pessoas não vacinadas"[187].

Quando pessoas são expulsas dessa forma das nossas redes sociais – seja na internet ou na nossa vida cotidiana –, pode realmente dar a impressão de que desapareceram, de que foram de fato silenciadas. Mas isso está muito distante da verdade. Quando alguém é expulso de conversas ou de comunidades progressistas porque disse ou fez algo ofensivo ou ignorante, ou por questionar uma ortodoxia de identidade, ou porque alcançou sucesso meteórico rápido demais e foi considerado merecedor de um belo tombo, sua ausência é muitas vezes recebida com celebração, como foi no caso do exílio que o Twitter impôs a Wolf. Mas só porque deixamos de ver essas pessoas não significa que elas tenham desaparecido para valer. Elas vão para outro lugar. E muitas vão para o Mundo-Espelho: um mundo estranhamente parecido com o nosso, mas obviamente distorcido.

Você levou um pé na bunda do Twitter? Inscreva-se no Gettr, imitação e rival de direita do Twitter iniciada por Jason Miller, ex-assessor de Trump: "Ao contrário dos oligarcas do Vale do Silício, o Gettr NUNCA venderá seus dados"[188]. (Wolf tem quase 200 mil seguidores lá, mais do que tinha no Twitter antes de ser expulsa.)

Você foi censurado pelo YouTube? Crie uma conta na plataforma de vídeos Rumble.

Foi banido do Instagram? Experimente o Parler. "Fale livremente", insiste a empresa, no "principal aplicativo de mídia social norteado pela Primeira Emenda"[189].

O site de arrecadação de fundos GoFundMe se recusou a distribuir o dinheiro que você amealhou para apoiar seu Comboio da Liberdade favorito, alegando que o montante seria utilizado para apoiar violência e assédio? Não se preocupe: o GiveSendGo, "o site cristão gratuito de arrecadação de fundos nº 1 do país", distribuirá o dinheiro, juntamente com uma oração, sem fazer perguntas.

Bannon está inclusive vendendo sua própria moeda corrente, começando pela "FJB"; as iniciais significam, é claro, "Foda-se Joe Biden". Porque, diz ele, já não se pode confiar na moeda oficial dos Estados Unidos, os democratas desvalorizaram o dólar e isso está "esmagando você todos os dias – por isso, é necessário ter alternativas"[190].

Quase todo mundo com quem eu converso hoje em dia parece estar perdendo pessoas para o Mundo-Espelho. Pessoas que eram conhecidas, mas que de alguma forma se tornaram estrangeiras, deixando-nos com aquela sensação inquietante e esquisita.

"Não consigo mais falar com a minha irmã." "Minha mãe caiu na toca do coelho." "Estou tentando descobrir como tirar minha avó do Facebook." "Ele era meu herói. Agora todas as nossas conversas terminam em uma briga aos gritos."

O que aconteceu com essas pessoas?

Ao olhar para o Mundo-Espelho, pode parecer óbvio que milhões de pessoas se entregaram à fantasia, ao faz de conta, à encenação de papéis. O mais complicado, o mais inquietante, na verdade, é o que elas veem quando olham para nós. Elas dizem que nós vivemos num "mundo de palhaços", que estamos presos na "matrix" do "pensamento de grupo", que sofremos de uma forma de histeria coletiva chamada "psicose de formação em massa"[191] (termo que é uma invencionice). A questão é que, em ambos os lados do vidro espelhado, não temos divergências sobre diferentes interpretações da realidade – temos divergências sobre quem está na realidade e quem está numa simulação. Curtis Yarvin, intelectual da direita bannonista, afirma: "Meu trabalho [...] é acordar as pessoas do *Show de Truman*"[192]. Naomi Wolf diz que as crianças que usam máscara na escola se transformam em criaturas assustadoras e fantasmagóricas "com a calma entorpecida [...] das crianças de Stepford"[193].

Wolf retorna com frequência a esse tema de Stepford*. Em julho de 2022, ela participou de um podcast de direita transmitido por algo chamado *Today's News Talk* e compartilhou com os ouvintes o que descreveu como seu "pensamento mais recente"[194]. Ela teve a sensação de que quando foi para a cidade de Nova York, onde a grande maioria da população havia sido vacinada, as pessoas pareciam... diferentes. Na verdade, era como se nem sequer fossem pessoas.

"Você não consegue captar a energia humana da mesma forma, é como se o campo de energia quase não existisse lá, é como se as pessoas fossem hologramas [...]. É tipo uma cidade de fantasmas agora, você está lá, você vê as pessoas, mas não consegue *senti-las*."[195] E Wolf percebeu algo ainda mais bizarro: "As pessoas [que foram vacinadas] não têm mais cheiro. Você não consegue sentir o cheiro delas. Não estou dizendo que, tipo, elas não cheiram mal ou não são fedidas – tipo, eu não estou falando de desodorante. Estou dizendo que não exalam cheiro como se houvesse um ser humano na sala, e elas *não dão a sensação* de que há um ser humano na sala".

Isso, Wolf explicou à apresentadora do podcast, se devia às "nanopartículas lipídicas" presentes nas vacinas de RNA mensageiro, uma vez que elas "vão para o cérebro, vão para o coração e meio que emperram tudo". Talvez até mesmo o "comprimento de onda que é o amor" estivesse passando por essa "obstrução, [...] diminuindo sua capacidade de transmissão"[196].

Ela concluiu: "É assim que funcionam essas nanopartículas lipídicas"[197].

Não é assim que funcionam as nanopartículas lipídicas. Não é assim que as vacinas funcionam. Nada funciona assim. Além do mais, e não consigo acreditar que estou digitando estas palavras, *as pessoas vacinadas ainda têm cheiro de humanos*. Talvez a própria Wolf tivesse covid e seu olfato estivesse comprometido, como tem ocorrido com muitos pacientes que sofrem dos efeitos da covid longa. No entanto, a apresentadora confessou que também notou

* Referência ao filme de ficção científica, terror e suspense *The Stepford Wives*, de 1975 (no Brasil, *Esposas em conflito* ou *Mulheres perfeitas*, na refilmagem de 2004), baseado no romance homônimo (*As possuídas* ou *Mulheres perfeitas*, nas edições brasileiras), de Ira Levin. [N. T.]

que as pessoas vacinadas pareciam fantasmas. E ficou feliz da vida por Wolf ter a coragem de pôr isso em palavras!

Isso, obviamente, é maluquice, o tipo de coisa que me faz sentir presunçosa e superior, como aquelas piadas sobre os telefones celulares. Porém, aqui está, mais uma vez, o problema: muitas das palavras de Wolf, por mais desvinculadas da realidade, tiram proveito de algo verdadeiro. Porque nas cidades modernas há de fato inércia, apatia e anomia, e isso se aprofundou durante a pandemia – de certa maneira muitos de nós sentimos que realmente estamos nos tornando menos vivos, menos presentes, mais solitários. Não foi a vacina que fez isso; a culpa é do estresse e da velocidade e das telas e das ansiedades, todos subprodutos do capitalismo em sua fase necro-tecno. Mas se um lado acha que isso é uma coisa boa e normal e o outro considera que é "desumano", não deveria surpreender que este último exerça algum fascínio potente.

Em meus estudos sobre os *doppelgängers*, aprendi que existe um distúrbio psiquiátrico chamado síndrome de Capgras (ou delírio de Capgras). Os que sofrem desse transtorno se convencem de que as pessoas próximas em sua vida – cônjuges, filhos, amigos íntimos – foram substituídas por réplicas ou *doppelgängers* impostores. De acordo com o historiador de cinema Paul Meehan, a descoberta da síndrome provavelmente inspirou clássicos da ficção científica como *Vampiros de almas* [depois refilmado mais duas vezes como *Invasores de corpos* e *Invasores*] e *Esposas em conflito* [mais tarde refilmado como *Mulheres perfeitas*][198]. Mas que nome se dá quando uma sociedade se divide em duas facções conflitantes, ambas convencidas de que a outra foi substituída por *doppelgängers*? Existe uma síndrome para isso? Há uma solução?

*

Voltando à questão original: o que Wolf está ganhando com sua aliança com Bannon e com sua nova vida no Mundo-Espelho? Tudo. Ela está recebendo tudo o que um dia já teve e perdeu – atenção, respeito, dinheiro, poder. Só que através de um espelho distorcido. No *Paraíso perdido* de Milton, Lúcifer, um anjo caído, julgou que era "melhor reinar no Inferno que no Céu/ servir"[199].

Pode ser que minha *doppelgänger* ainda considere que Bannon é o diabo, mas talvez ache que é melhor servir ao lado dele do que continuar sendo ridicularizada em um lugar que se vende como paradisíaco, mas que, todos sabemos, é bastante infernal por mérito próprio.

E quanto a Bannon? O que ele tem a ganhar ao firmar alianças diagonais com pessoas como Wolf? O que ela tem de que ele precisa? Ademais, o que ele tirou da covid e de todas as teorias da conspiração que fervilhavam em torno da epidemia, histórias sinistras que agora moldam todo o seu programa (que antes se chamava *War Room*, mas a partir de 2020 passou a se chamar *War Room: Pandemic*)? Bannon não está nessa em busca de poder de influência, o que ele tem de sobra, pelo menos não por si só. Ele tem uma estratégia de xeque-mate, e o que estava ficando claro para mim era que, dentro dela, minha *doppelgänger* tinha um papel absolutamente decisivo a desempenhar.

7
MAGA Plus

Quando eu era criança, aprendi mais do que provavelmente deveria sobre os pormenores de um parto. Meu pai, Michael Klein, era médico de família e pediatra e, além de ter ajudado a trazer centenas de bebês ao mundo, trabalhava como cientista pesquisador na Universidade McGill, realizando ensaios clínicos controlados e randomizados em hospitais de Montreal. Esses estudos mediam o impacto de vários tipos de intervenções - induções, anestesias epidurais, fórceps, episiotomias, cesarianas - na saúde das mães e dos recém-nascidos. Quando chegavam a suas mãos dados especialmente impressionantes, ele não conseguia guardar para si os resultados, o que significava que eu, antes mesmo de atingir a puberdade, já sabia de coisas como incontinência urinária e laceração vaginal pós-parto - e desejava muito não ter sabido.

Havia outros detalhes angustiantes. Meu pai e seus colegas treinavam médicos residentes e, certa noite, no final da década de 1970, quando eu tinha cerca de 8 anos, ele voltou para casa entusiasmadíssimo com uma inovação que haviam instalado em algumas salas de exame: espelhos unidirecionais, do tipo que permite a alguém observar sem ser visto. Antes, explicou meu pai, ele e os outros médicos mais experientes precisavam pairar por cima dos ombros dos residentes para se certificarem de que estavam proporcionando às pacientes os cuidados corretos, o que tendia a deixar todos constrangidos, tanto os residentes como as pacientes.

Agora as pacientes, inclusive as gestantes, podiam ter consultas individuais com o residente. Mas na sala de exames havia algo parecido com um espelho, além de um microfone. Meu pai ou um dos outros médicos da equipe ficava sentado em uma pequena sala ao lado, observando tudo através de um vidro unidirecional, e pronto para intervir se necessário.

"Mas e as pacientes? Elas sabem que você está lá?"

Meu pai me garantiu que sim. Bem, mais ou menos.

"Explicamos a todas as nossas pacientes que elas estão internadas em um hospital universitário que funciona como hospital-escola, e por isso talvez seu atendimento seja observado por estudantes. E, se quiserem mais privacidade, podem solicitá-la."

Não fiquei nem um pouco tranquila. A única coisa em que eu conseguia pensar era naquelas pobres mulheres com barriga protuberante e roupas finas, vigiadas como ratos numa gaiola. Até hoje não consigo ir a um consultório médico sem procurar espelhos falsos e me perguntar quem estará escondido do outro lado.

Ultimamente, também penso nesse vidro unidirecional quando estou ouvindo Steve Bannon ou quando assisto ao programa dele.

"Ouvindo Steve Bannon? Por que você faria isso?!?"

Essa é a reação mais frequente quando menciono algo que ouvi ou vi no programa de Bannon. "Como você aguenta ouvir a voz dele? Olhar para a cara dele?"

Porque, assim como os médicos observando as pacientes naquelas salas de exames, ele pode nos ver.

Vidro unidirecional

Bannon está longe de ser ignorado nos meios de comunicação progressistas. Ele recebe um bocado de atenção, mas as notícias a seu respeito se concentram sobretudo nas várias maneiras pelas quais vem utilizando sua enorme plataforma de mídia para intervir no processo eleitoral dos Estados Unidos. Como Bannon é um dos principais defensores da "Grande Mentira" de que Trump venceu as eleições de 2020 e foi traído por congressistas e agentes republicanos que se recusaram a anular a vitória de Biden, muitos dos seus ouvintes estão se organizando para garantir que, da próxima vez, milhares de soldados de infantaria, mobilizados e trabalhando em âmbito distrital, se recusem a endossar outra vitória eleitoral dos democratas. E, claro, ouvimos muita coisa sobre a decisão de Bannon de desobedecer a uma intimação da comissão da Câmara que investiga a invasão do Capitólio dos Estados Unidos ocorrida em 6 de janeiro de 2021, afronta pela qual ele poderá muito bem ir para a cadeia.*

Tudo isso é importante. Mas interferir nas eleições é apenas uma fração das pretensões de Bannon. Relevantes em igual medida são as formas como ele tenta realmente vencer as eleições. A estratégia distrital é o plano de segurança para o caso de o estratagema vencedor falhar. Mas o estratagema vencedor foi concebido para obter sucesso, pelo menos o suficiente para colocar uma eleição dentro de uma margem que a estratégia eleitoral seja capaz de, com algum tipo de plausibilidade, roubar.

Quando comecei a acompanhar o podcast de Bannon, eu ouvia apenas as entrevistas de Wolf e pulava tudo o que vinha antes e depois. Mas aí passei a prestar atenção aos anúncios de Bannon alardeando com estardalhaço os segmentos e episódios seguintes e comecei a ouvi-los também, movida pela curiosidade. Quando dei por mim, eu me tornara uma assídua ouvinte dos programas inteiros, com ou sem a participação de Wolf, curiosa para saber como seria a cobertura dada aos grandes eventos.

Quanto mais eu dava ouvidos a Bannon, mais comecei a considerar que sua habilidade mais profunda está na construção e expansão das várias superfícies reflexivas no Mundo-Espelho. E não apenas os embustes deslavados, mas, de forma muito mais perigosa, os argumentos espelhados e as pautas de prioridades espelhadas cuidadosamente concebidos para rechaçar os argumentos utilizados por seus adversários. Parte disso é padrão na pauta política: os democratas falam sobre a Grande Mentira (a ideia de que Trump ganhou as eleições); Bannon fala sobre o Grande Roubo (a ideia de que Biden roubou). Os democratas falam sobre como Trump fomentou a insurreição de 6 de janeiro; Bannon alega que

* Steve Bannon foi preso em 1º de julho de 2024, depois de ser condenado a quatro meses de reclusão pelas ações mencionadas por Naomi Klein. [N. E.]

os democratas permitiram que os manifestantes incendiassem cidades durante os levantes por justiça racial de 2020.[200] Os democratas estão escandalizados com o fato de Trump não reconhecer os resultados eleitorais legítimos; Bannon está escandalizado com o fato de os democratas jamais terem reconhecido Trump como um presidente legítimo. No Mundo-Espelho há uma história imitada e um arremedo de resposta para tudo, muitas vezes com palavras-chave muito semelhantes.

Isso tem por base o característico movimento de contra-ataque de Trump, aperfeiçoado durante a campanha eleitoral. Independentemente da acusação que era feita contra si, Trump respondia afirmando que o seu oponente era culpado da mesma coisa – corrupção, mentira, conluio estrangeiro – só que em um grau pior. As impressões digitais de Bannon estavam de uma ponta à outra dessa estratégia, de forma mais infame depois de Trump ter sido gravado gabando-se de agressão sexual. Horas antes de um debate com Hillary Clinton, Trump deu uma coletiva de imprensa acompanhado de uma fileira de mulheres que acusaram Bill Clinton de uma série de crimes sexuais. Bannon, então gestor de campanha de Trump, foi visto com um sorriso largo nos bastidores, como se estivesse adorando o espetáculo. Espelhamento, deflexão e projeção funcionam bem, especialmente quando a pessoa tem razão.

Vladimir Putin também é um mestre em espelhamento, e tem sido assim desde os primeiros dias de sua carreira na política. Ao longo da invasão e ocupação ilegais da Ucrânia pela Rússia, Putin acusou o governo ucraniano exatamente dos mesmos crimes que ele próprio estava cometendo com afinco ou cogitando cometer. Quando, em outubro de 2022, a Rússia acusou a Ucrânia de estar prestes a detonar uma bomba atômica no seu próprio território e depois atribuir a culpa à Rússia, Ned Price, porta-voz do Departamento de Estado dos Estados Unidos, disse que isso fazia parte de um padrão de "imagem espelhada"[201], acrescentando: "Os russos acusaram os ucranianos, os russos acusaram outros países daquilo que eles próprios estavam planejando". E, no entanto, se Putin conseguiu persuadir muita gente a acreditar nessas afirmações invertidas, é em parte porque o próprio governo dos Estados Unidos faz continuamente o mesmo tipo de imagem espelhada, fingindo indignação pela interferência russa nas suas eleições sem se preocupar com a ironia de que seus agentes de inteligência interferiram a torto e a direito em eleições e ajudaram a derrubar governos democraticamente eleitos em todo o mundo desde a década de 1950, do Irã ao Chile e a Honduras – e não nos esqueçamos da interferência escancarada dos Estados Unidos na Rússia pós-soviética para apoiar Boris Iéltsin, que passou o bastão a ninguém menos que Putin.[202]

Bannon tem outros truques de espelho, mais perturbadores, relacionados à forma como ele se agarrou aos receios legítimos acerca da vigilância e das Big Techs, e à forma como esses receios de vigilância estavam passando despercebidos nos círculos progressistas. Nem de longe essa é a única falha progressista que ele atacou.

Marionetes invertidas

Como a maioria de nós, não sei onde o vírus da covid-19 se originou – se surgiu em um mercado em Wuhan, ou no laboratório de nível 4 de biossegurança do Instituto de Virologia de Wuhan, ou em algum outro lugar completamente diferente. Mas, em retrospecto, constato que fui rápida demais em aceitar – sem analisar muito – a história oficial de que o vírus teve origem em um "mercado úmido", termo utilizado em partes da Ásia para descrever locais onde se vendem carnes, peixes e produtos perecíveis e animais vivos. Para ser sincera, acreditei na versão porque servia ao meu próprio raciocínio motivado e reforçava a minha visão de mundo: para mim a pandemia seria um pouco menos assustadora se fosse mais um exemplo de seres humanos sobrecarregando a natureza e pagando o pato por isso. Depois, com o passar do tempo, e à medida que a "teoria do vazamento de laboratório" se tornou um dos principais temas nas discussões de pessoas como Wolf e Bannon no Mundo-Espelho[203], onde se mesclou a afirmações infundadas sobre armas biológicas, juntamente com um bocado de racismo antiasiático, a meu juízo parecia haver ainda mais razões para não analisar novamente a questão. Embora se acumulassem cada vez mais fatos e documentos que corroboravam uma reflexão séria acerca da hipótese do vazamento de laboratório, durante meses a maioria dos progressistas e esquerdistas não se deu ao trabalho de procurar, porque não queríamos ser como *eles*, da mesma forma que eu não queria ser como *ela*. De uma maneira bizarra, as exageradas teorias dos conspiracionistas alimentaram o nosso excesso de credulidade; o "questione tudo" deles fez com que muitos de nós não questionássemos o suficiente.

Da mesma forma, dúvidas sobre a segurança de novas vacinas para pessoas que estão grávidas ou que pensam em engravidar poderiam ter sido tratadas com muito mais respeito do que foram. Em vez de os comentaristas considerarem sumariamente as questões como frívolas ou malucas, deveria ter havido amplo espaço nos debates públicos e nos meios de comunicação confiáveis acerca das preocupações com o impacto que as vacinas poderiam ter na saúde reprodutiva. Esse debate deveria ter convocado médicos especialistas em fertilidade e gravidez para explicarem os métodos de investigação das vacinas, juntamente com as vulnerabilidades especiais à covid durante a gravidez, quando o sistema imunológico fica especialmente fraco. Porque é mais do que razoável uma pessoa grávida ou pensando em engravidar preocupar-se com uma vacina nova contra um vírus novo - durante a minha gravidez, minha preocupação estava relacionada a comer queijo não pasteurizado. Além disso, muitas pessoas, grávidas ou não, têm boas razões para não confiar tanto nem na Grande Indústria Farmacêutica nem no Grande Governo, e muito menos em ambos agindo em coordenação. Numa época em que cidades inteiras como Flint, Michigan, tiveram a sua água envenenada; quando as empresas de exploração de gás natural afirmam que o fraturamento hidráulico é seguro, a despeito dos terremotos e da água inflamável que sai na torneira; quando a Monsanto faz lobby incessante contra as tentativas de proibir seu herbicida Roundup, apesar de ter sido associado ao câncer[204]; e quando a Grande Indústria Farmacêutica vende os medicamentos que desencadearam a crise dos opioides, é inteiramente racional demonstrar ceticismo quanto ao poder monopolista. A Johnson & Johnson, um dos principais fabricantes de vacinas, não somente está envolvida nos processos judiciais sobre opioides, mas nos últimos anos também foi condenada a pagar bilhões de dólares em acordos legais por supostos danos causados por vários dos seus medicamentos prescritos e até pelo seu onipresente talco em pó (que continha amianto)[205]. Nesse cenário, e diante da inexistência de debate e da possibilidade de questionamento das vacinas em muitos espaços progressistas, não é surpresa que tantas pessoas tenham decidido "fazer a sua própria investigação" - e nessa empreitada encontraram a minha *doppelgänger*, e muitos outros como ela, à espera com um arsenal de desvairadas alegações sobre transmissão de doenças via vacinas infectadas e infertilidade em massa.

As preocupações acerca da infertilidade não foram os únicos aspectos menosprezados. Na maioria dos meios de comunicação sérios viu-se uma persistente reticência em fornecer algo além de uma cobertura esporádica de reações adversas às vacinas contra a covid, fossem raros casos de miocardite (inflamação do tecido muscular do coração) entre adolescentes do sexo masculino e homens jovens após terem recebido as injeções originais de RNA mensageiro, fenômeno que está sendo monitorado pelos Centros de Controle e Prevenção de Doenças dos Estados Unidos (os CDCs)[206], ou uma possível pequena elevação no número de acidentes vasculares cerebrais entre idosos que receberam a vacina bivalente contra a covid-19 fabricada pela Pfizer e BioNTech, problema apontado pelos CDCs no início de 2023[207]. Todas as vacinas envolvem riscos (verdade seja dita, qualquer medicamento ou procedimento médico apresenta algum grau de risco), e os relatos de reações adversas, mesmo que confirmados, não negam de forma alguma o valor ou a importância de se vacinar: a covid em si ainda representava um risco de saúde muito mais significativo para a população em geral.

Esses fatos poderiam ter sido facilmente explicados por médicos especialistas qualificados para ajudar a população a avaliar os prós e os contras das decisões de saúde. No entanto, muitos meios de comunicação pareciam dominados pelo receio de que qualquer coisa além de uma menção fugaz sobre possíveis riscos pudesse prejudicar a aceitação da vacina e fornecer combustível para a turba conspiratória. Acontece que no fim das contas se deu o contrário: sem acesso fácil a informações confiáveis e aprofundadas sobre os riscos das vacinas, rumores sobre amigos de amigos que adoeceram ou morreram depois de ter recebido "a espetada no braço" correram à boca pequena através do mundo digital. Deixou-se aberta uma porta para que a minha *doppelgänger* e outros pilantras da economia da atenção se posicionassem como destemidos investigadores médicos, vasculhando dados brutos de ensaios de vacinas e relatórios supostamente abafados pelos CDCs que pessoas sem formação médica geralmente não têm conhecimento técnico ou competência para interpretar. É claro que isso não os impediu de escolher a dedo cada relato pessoal ou autodeclarada reação negativa comprovada para corroborarem seus incessantes gritos de que estava em curso um "genocídio" da vacina, encoberto por lacaios financiados pela Grande Indústria Farmacêutica na podre e fraudulenta mídia tradicional.[208]

Mais uma vez, trata-se de uma projeção transparente: em abril de 2022, os pesquisadores estimaram que 25% do total de 1 milhão de mortes de estadunidenses por covid-19 "poderia ter sido evitado com a vacinação em série primária"[209]. São 250 mil pessoas mortas que poderiam ter sido salvas se tivessem tomado as vacinas. A responsabilidade por essa perda catastrófica recai, em parte significativa, sobre as pessoas que espalharam perigosas mentiras sobre vacinas, as quais, embora não sejam isentas de riscos, são extraordinariamente seguras e eficazes na redução da gravidade da covid. Ainda assim, talvez devêssemos reconhecer que a decisão de muitos meios de comunicação de minimizar ou ignorar por completo as raras reações adversas às vacinas talvez tenha ajudado a empurrar as pessoas na direção de fontes de informação de péssima qualidade. Quando editores e jornalistas evitam temas importantes por medo de que seu público não consiga lidar com verdades complexas, isso não restringe as conspirações – pelo contrário, serve para alimentá-las.

Os debates sobre os conflitos de escolha acerca dos prós e contras do fechamento das escolas e a suspensão do ensino presencial sofreram sob lógicas polarizadas semelhantes. Não há dúvida de que houve momentos em que as escolas e as empresas precisavam ser fechadas – mas onde estavam os debates sobre a razão pela qual os shopping centers e os cassinos tiveram autorização para permanecer abertos em muitos desses mesmos períodos? Após a inevitavelmente caótica fase inicial de confinamento na primavera de 2020, deveríamos ter prestado mais atenção ao custo da aprendizagem online: os terríveis impactos de equidade nas famílias de baixa renda que não dispunham dos recursos tecnológicos; a forma como o ensino remoto excluiu muitos alunos com deficiências de desenvolvimento que necessitavam de apoio presencial; a maneira como impossibilitou a pais e mães solo trabalhar fora de casa – e muitas vezes dentro dela –, com efeitos devastadores sobretudo para as mães; os impactos na saúde mental que o isolamento social estava impingindo a inúmeros jovens.

A solução não era escancarar as portas das escolas onde o vírus ainda grassava e antes de haver vacinas disponíveis. Mas onde estavam as discussões mais amplas sobre como reimaginar as escolas públicas de modo que pudessem ser mais seguras apesar do vírus – com salas de aula menos numerosas, mais professores e professores auxiliares, melhor ventilação e mais aprendizagem ao ar livre? Logo no início sabíamos que adolescentes e jovens adultos estavam enfrentando uma crise de saúde mental em meio às quarentenas – então por que não investimos em programas de conservação e recreação ao ar livre que poderiam tê-los afastado de suas telas, colocando-os em comunidades com outros jovens, gerando um trabalho significativo para nosso planeta em dificuldades e levantando o astral deles, tudo ao mesmo tempo?

Empacados no conflito binário confinamento versus abertura, deixamos de levar em consideração diversas opções durante os primeiros anos de convivência com o vírus, e foram inúmeros os debates que não tivemos. Diante da torrente de mentiras provenientes da direita conspiratória, muitos progressistas e esquerdistas optaram simplesmente por defender as medidas do status quo, a despeito do fato de que poderíamos, e deveríamos, ter exigido muito mais.

É como se, quando algo se torna um problema no Mundo-Espelho, automaticamente deixa de ter importância em todos os outros lugares. Isso tem acontecido com tantas questões que às vezes tenho a sensação de que estamos amarrados uns aos outros feito marionetes invertidas: o braço de alguém sobe, o nosso desce. Nós damos um chute, eles abraçam.

Também começamos a nos imitar uns aos outros de maneiras constrangedoras. Nós, os que cumprimos as medidas de saúde pública, julgamos as pessoas que não fizeram isso por sua recusa em colocar o bem-estar dos imunocomprometidos à frente da sua própria conveniência e por sua indiferença aos enormes sacrifícios feitos pelos profissionais de saúde à medida que os não vacinados abarrotavam as enfermarias de vítimas da covid. Como essas pessoas podiam ser tão insensíveis? Tão dispostas a classificar vidas humanas como mais ou menos dignas de proteção e cuidados? E, no entanto, quando não vacinados adoeciam de covid, muitas das mesmas pessoas que alegavam ter ficado chocadas com a insensibilidade dos que optaram por não tomar a vacina falavam agora sobre como eles não mereciam receber tratamento, ou faziam piadas de mau gosto (que nem sempre eram piadas) sobre como talvez a covid livrasse o mundo de gente burra, ou até passavam de todos os limites, a exemplo do presidente francês Emmanuel Macron, que declarou que as pessoas não vacinadas não eram cidadãos plenos[210]. Nós nos definimos em contraposição uns aos outros e ainda assim estávamos nos tornando cada vez mais parecidos, dispostos a nos declarar uns aos outros não pessoas.

Como foi possível cedermos tanto território? Como foi que nos tornamos tão reativos?

Depois de meses ouvindo Bannon, posso afirmar com a mais absoluta certeza: embora quase todos nós que nos opomos ao projeto político dele optemos por nem sequer vê-lo, ele nos observa de perto. As questões que abandonamos, os debates que não travamos, as pessoas que insultamos e descartamos. Ele está de olho em tudo isso, e a partir disso costurando um programa de ação política, uma estratégia espelhada e distorcida que, Bannon está convencido, será a chave para a próxima onda de vitórias eleitorais – é uma pauta que poucos do nosso lado do espelho tentamos compreender. Bannon chama isso de "MAGA Plus" – uma considerável ampliação, a seu ver, do slogan da coalizão original de Trump, o MAGA ("Make America Great Again", Torne os Estados Unidos grandiosos novamente), e está sendo rapidamente encampada e adotada também fora dos Estados Unidos.

Independentemente de qualquer outra coisa que ele seja, Steve Bannon é antes de tudo um estrategista. E tem um talento especial para identificar questões que são o território natural dos seus oponentes, mas que eles negligenciaram ou abandonaram, deixando-os vulneráveis a ver partes de sua base seduzidas e desencaminhadas para outras bandas. Foi isso que ele ajudou Trump a fazer em 2016. Bannon sabia que um amplo setor de operários sindicalizados se sentia traído pelas corporações democratas que tinham assinado acordos comerciais responsáveis pela aceleração do fechamento de fábricas na década de 1990, e que a raiva desses homens e mulheres se intensificou quando, após a crise de 2008, o partido prestou socorro financeiro aos bancos em vez de amparar trabalhadores e pessoas com casa própria. Bannon acompanhou com muita atenção as maneiras como o movimento Occupy Wall Street foi rejeitado e depois esmagado, e como Bernie Sanders, cuja campanha presidencial populista de esquerda de 2016 cresceu a partir desse movimento, enfrentou toda sorte de truque sujo do establishment do Partido Democrata, que cerrou fileiras em torno de Hillary Clinton. Bannon viu uma oportunidade de arregimentar uma parte da mão de obra sindicalizada masculina – a maior parte branca, mas não toda –, que sempre votou nos democratas. Bannon elaborou uma mensagem de campanha a partir das traições de seus rivais: Trump seria uma nova espécie de republicano, alguém que enfrentaria Wall Street, rasgaria acordos comerciais corporativos, fecharia a fronteira para os imigrantes que supostamente roubavam os empregos dos estadunidenses e acabaria com as guerras estrangeiras – além disso, ao contrário dos republicanos anteriores, Trump prometeu proteger programas sociais como o Medicare e a Seguridade Social. Essa foi a promessa original do MAGA.

É claro que foi tudo um engodo – Trump povoou seu governo com antigos executivos de Wall Street, fez sobretudo pequenas alterações na política comercial, exacerbou as tensões no exterior e presenteou os ricos com generosos cortes de impostos. Da sua retórica de campanha populista, tudo o que realmente sobreviveu foi a isca racial – contra imigrantes, muçulmanos, manifestantes do Black Lives Matter e qualquer coisa que tivesse a ver com a China. Foi o suficiente para manter a sua base de apoio, mas não o suficiente para ganhar a reeleição, certamente não depois da sua péssima e assassina gestão da covid-19.

Na época em que minha *doppelgänger* começou a participar assiduamente do podcast *War Room*, menos de três meses depois de Biden ter assumido a presidência, Bannon estava levando a sério a tarefa de esculpir sua nova coalizão "MAGA Plus". Foi nesse contexto que ele reconheceu a mensagem de "escravidão para todo o sempre" de Wolf sobre os passaportes vacinais como uma questão potencialmente robusta no sentido de persuadir as pessoas a fazer a travessia para o outro lado. Outros alertas de vigilância de Naomi, por mais apartados que estivessem da realidade dos aplicativos de verificação de vacina, vinham gerando acentuado furor entre um número considerável de pessoas preocupadas com a privacidade, mas que eram rejeitadas pelos progressistas do establishment na política e nos meios de comunicação. Esse é o tipo de questão bem ao gosto de Bannon: no ponto ideal para ser aproveitada.

Bannon não demorou a incluir os aplicativos de verificação de vacina em um balaio de questões que ele chama de "Guerra das Big Techs", categoria que inclui não apenas velhas e conhecidas reclamações sobre o fato de empresas de mídias sociais suspenderem contas de conservadores famosos, mas também preocupações mais obscuras e até esotéricas. Por exemplo, Bannon tem um correspondente dedicado ao "transumanismo"[211] cujo único papel parece ser assustar os ouvintes com relatos das muitas formas com que as empresas tecnológicas sonham com uma humanidade "aprimorada" por meio do auxílio de implantes, robótica e processamento de genes. Mais uma vez, Bannon identificou aí uma questão negligenciada com apelo interpartidário: há muitos esquerdistas preocupados com os impactos desumanizantes da tecnologia sobre os trabalhadores tratados como extensões de máquinas (eu sei que estou), sem mencionar as possibilidades distópicas de um futuro em que os ricos poderão comprar atualizações genéticas para si e para seus filhos. Entretanto, por diferentes razões, muitos conservadores se opõem a esse tipo de tecnofetichismo, que veem como uma afronta ao plano de Deus.

Bannon reconheceu negligência semelhante com relação às gigantes farmacêuticas. A manipulação de preços, a especulação e os lucros imorais de tão exorbitantes dessas empresas têm sido tradicionalmente o campo de ação da esquerda; é o tipo de coisa que Bernie Sanders condena. Contudo, exceto por algumas queixas, entre os progressistas viu-se uma resistência fraca à forma como os fabricantes de vacinas estavam lucrando com a pandemia; assim, Bannon tornou-se aquele que enfrentava a ganância da Grande Indústria Farmacêutica – porém, mais uma vez por meio de teorias da conspiração infundadas, e não de escândalos reais.

Vez por outra, Bannon reproduz montagens de áudio de programas da MSNBC e da CNN "num oferecimento da Pfizer" – a clara implicação é que não são confiáveis porque são pagos por essas empresas. É um governo "dos ricos, para os ricos – contra você", diz ele. "Até você acordar." Quando Bannon faz isso, me parece que ele soa como Noam Chomsky. Ou como Chris Smalls, o líder do Sindicato dos Trabalhadores da Amazon conhecido por sua jaqueta com a frase estampada DEVORE OS RICOS. Ou, aliás, como eu mesma. Mas, como sempre no Mundo-Espelho, nada é o que parece.

Há na direita muitas estrelas em ascensão que seguem um manual semelhante. Entupidos de dólares doados por oligarcas da tecnologia como Peter Thiel e endossados por Trump, o discurso deles é uma mixórdia de promessas: trazer de volta empregos fabris que paguem salários capazes de sustentar as famílias; construir o muro na fronteira; combater o fornecimento de drogas; livrar a liberdade de expressão das garras da opressão das Big Techs; proibir currículos escolares "*woke*". Entre os que estão construindo carreiras em torno de versões dessa plataforma nos Estados Unidos estão os senadores republicanos J.D. Vance, em Ohio, e Josh Hawley, no Missouri, e Kari Lake, candidata republicana trumpista que perdeu por pouco na acirrada disputa para se tornar governadora do Arizona (e alegou, é claro, que a eleição foi roubada). Versões muito semelhantes de diagonalismo eleitoral criaram raízes em países de todo o mundo, da Suécia ao Brasil.

Não me surpreende que essas mensagens estejam reverberando. Durante anos fiz parte de movimentos internacionalistas de esquerda que se reuniam para protestar nos portões dos locais de reunião dos membros da Organização Mundial do Comércio, do Fórum Econômico Mundial em Davos, das cúpulas do G8 e do Fundo Monetário Internacional, demonstrando repulsa contra o papel dessas entidades em solapar as democracias e fomentar os interesses do capital transnacional; nos Estados Unidos, repreendemos os dois principais partidos políticos por estarem em dívida com os doadores empresariais e por servirem aos ricos, e não às pessoas que os elegeram. Essa foi a energia por trás do Occupy Wall Street, e depois por trás de Bernie, e que impulsionou várias batalhas contra novos projetos de exploração de petróleo e gás. Mas o nosso movimento nunca conquistou o poder.

E, agora, as nossas críticas ao jugo oligárquico estão sendo totalmente absorvidas pela extrema direita e transformadas em obscuros *doppelgängers* de si mesmas. As críticas estruturais ao capitalismo desapareceram, e seu lugar foi ocupado por confusas teorias da conspiração que de alguma forma definem o capitalismo desregulamentado como comunismo disfarçado. Essa tendência é sintetizada à perfeição por Giorgia Meloni, que em outubro de 2022 se tornou a primeira mulher a ocupar o cargo de primeira-ministra da Itália e é líder dos Fratelli d'Italia (Irmãos da Itália), partido de extrema direita com profundas raízes fascistas no país. Parceira de longa data do projeto populista internacional de Steve Bannon, Meloni articula seus discursos com referências à cultura pop e vitupera contra um sistema que reduz todo mundo a consumidores. Ela declarou também, numa suposta repreensão à ideologia "*woke*", que "sou mulher, sou mãe, sou italiana, sou cristã"[212].

Ao observar a meteórica ascensão de Meloni, ocorreu-me o quanto a Itália era diferente no verão de 2001, quando o movimento alterglobalização atingiu seu ponto mais alto, atraindo 1 milhão de pessoas que saíram às ruas de Gênova durante uma reunião de cúpula do G8 para protestar contra os ataques corporativos à democracia e à cultura e contra os efeitos do consumismo desenfreado. Esse movimento veio da esquerda – os jovens italianos, ao lado de agricultores e sindicalistas, defenderam os direitos trabalhistas, bem como os direitos dos imigrantes, ao mesmo tempo que se orgulhavam da cultura singular do seu país. Todavia, num padrão que se repetiu em muitos países, os partidos de esquerda perderam a confiança após os ataques de 11 de Setembro e as consequentes repressões de segurança, e o legado dessa rendição é óbvio: hoje é Meloni quem condena um sistema no qual todos estão reduzidos a ser "perfeitos escravos consumidores"[213] – no entanto, em vez de oferecer uma análise do capital, sistema que tem de encerrar todos os aspectos da vida dentro dos limites do mercado a fim de explorá-los como novos centros de lucro, Meloni imputa às pessoas trans, aos imigrantes, aos secularistas, ao internacionalismo e à esquerda a culpa por um vazio no centro da modernidade. E, embora proteste contra os "grandes especuladores financeiros"[214], ela não tem diretrizes políticas para controlá-los, simplesmente ataca os escassos programas de proteção contra o desemprego existentes na Itália.

Bannon tampouco oferece a seus ouvintes alguma alternativa concreta à predação corporativa que critica – ele apenas se dedica a depená-los de maneiras mais insignificantes, dizendo-lhes para comprar metais preciosos e moedas FJB e "kits de refeições prontas de emergência para desastres", bem como toalhas de seu principal patrocinador, a fábrica de travesseiros MyPillow. ("*War Room* é uma máquina de imprimir dinheiro, porque não custa nada para produzir", declarou ele à revista *The Atlantic*.[215]) Bannon adota muitos dos argumentos do que outrora já foi uma robusta esquerda antiguerra para se opor ao aumento dos gastos militares dos Estados Unidos na Ucrânia, acusando o "cartel" que governa Washington de estar no bolso do "complexo militar-industrial" –, e depois faz tudo o que pode para que esse mesmo vasto complexo bélico aponte as armas diretamente para a China, o que é uma receita infalível para a Terceira Guerra Mundial. Ainda assim, não se pode culpar um estrategista por ser estratégico. E é uma ação extremamente estratégica captar as questões ressonantes às quais seus descuidados oponentes não deram a devida atenção.

Voltando a um tema anterior, o branding corporativo oferece algumas ferramentas úteis para compreender a dinâmica. De acordo com a lei de marcas registradas, uma marca que não está sendo utilizada ativamente pode ser considerada inativa e, portanto, é um legítimo alvo para o ataque de outras partes interessadas em usurpá-la. Comecei a ter a sensação de que o que estava acontecendo comigo, com a Outra Naomi, aconteceu com a esquerda de forma muito mais ampla – com Bannon, Vance, Meloni e outros. Questões que outrora defendíamos ficaram adormecidas em muitos espaços. E agora estavam sendo usurpadas, dominadas por seus duplos distorcidos no Mundo-Espelho. Se a chegada de um *doppelgänger* é uma mensagem de que alguma coisa precisa receber atenção, parece que essa mensagem intermitente é algo a que muitos de nós precisamos dar atenção.

Um teatro de inclusão

À medida que olha fixamente através do vidro unidirecional, Bannon não está apenas aprendendo quais são as questões que seus oponentes negligenciam e ignoram, ou encontrando novos territórios férteis para reivindicar como seus – ou pelo menos fingir que os reivindica. Ele observa também com atenção as falhas mais sutis – a forma como as questões são discutidas, a forma como se negociam as divergências, a forma como as pessoas são tratadas por amigos e camaradas. Através do vidro unidirecional, Bannon estuda todas as nossas hipocrisias e incoerências para poder fingir que faz exatamente o oposto.

Falando dos movimentos acerca dos quais sei uma ou outra coisa, posso dizer o seguinte: na esquerda socialista democrática privilegiamos políticas sociais que sejam inclusivas e solidárias – tratamento de saúde público universal, financiamento de escolas públicas, políticas de desencarceramento e direitos para os imigrantes. Mas amiúde os movimentos de esquerda *comportam-se* de maneiras que não são nem inclusivas nem solidárias. E, em contraste com os galanteios de Bannon para seduzir democratas insatisfeitos, tampouco refletimos o suficiente sobre como construir alianças com pessoas que ainda não fazem parte dos nossos movimentos. Claro, falamos da boca para fora em estender a mão, mas na prática a maioria de nós (mesmo muitos daqueles que afirmam ser ferrenhamente avessos ao policiamento) gasta um bocado de tempo policiando as fronteiras dos nossos movimentos, atacando pessoas que se consideram do nosso lado, o que torna nossas fileiras mais magras em vez de mais numerosas.

E há outra coisa que notei enquanto ouvia Bannon: ele se aferra, de forma bastante criteriosa, às questões nas quais há mais denominadores comuns: odiar Biden, rejeitar vacinas, atacar as Big Techs, fomentar o medo com relação aos imigrantes, lançar dúvidas sobre os resultados das eleições. Ele passa de leve pelos temas mais tradicionalmente conservadores, incluindo o aborto e o direito à posse de armas, com os quais pode até se importar, mas que provavelmente afugentam alguns de seus novos amigos. Ele não ignora esses assuntos, no entanto eles não ocupam nem metade do tempo de debate nos programas quanto se poderia esperar.

Isso, mais uma vez, é o contrário do que acontece em grande parte da esquerda. Quando temos diferenças, tendemos a nos concentrar nelas de forma obsessiva, encontrando o maior número possível de oportunidades para fomentar a cisão. Divergências de grande monta precisam ser resolvidas, e muitos conflitos que surgem em espaços progressistas giram em torno de comportamentos que, quando não são contestados, tornam esses espaços hostis ou perigosos para as pessoas que são seus alvos. Mas não é um segredo indevassável que várias pessoas rotineiramente vão longe demais, transformando pequenas infrações linguísticas em crimes graves, ao mesmo tempo que adotam um discurso que é tão complexo e carregado de jargões que as pessoas fora dos ambientes universitários muitas vezes o consideram frustrante, desconcertante e desanimador – ou completamente absurdo. ("Falem em vernáculo", implorou certa vez o historiador radical Mike Davis aos jovens organizadores do movimento Occupy. "A urgência moral da mudança adquire a sua maior grandeza quando expressa em linguagem comum."[216])

Além disso, quando categorias inteiras de pessoas são reduzidas à sua raça e gênero e rotuladas como "privilegiadas", sobra pouco espaço para confrontar as inúmeras formas como homens e mulheres brancos da classe trabalhadora são maltratados sob o jugo da nossa ordem capitalista predatória, e os movimentos de esquerda perdem muitas oportunidades de firmar alianças que nos tornariam mais fortes e poderosos. Tudo isso é extremamente antiestratégico, porque, sejam quais forem os grupos e indivíduos que enxotamos e jogamos para escanteio, o Mundo-Espelho está lá, à espera para apanhá-los, enaltecer sua coragem e lhes oferecer um ouvido solidário.

O movimento característico de Bannon, sua marca registrada, é se aproximar de qualquer pessoa que tenha sido recentemente exilada pela esquerda ou exposta ao sarcasmo público pelo *New York Times* e lhe oferecer uma plataforma. Por exemplo, após uma dessas humilhações, ele entregou um episódio inteiro de seu podcast a Robert F. Kennedy Jr. para espalhar seu evangelho antivacina. De tão solícito, Bannon chegou a ponto de ser piegas, elogiando o longo histórico da família Kennedy de serviço público e devoção aos pobres. Isso, é claro, foi uma prévia da tentativa de R. F. K. de concorrer nas eleições primárias como candidato democrata à presidência dos EUA. Ao mesmo tempo, Bannon estava demonstrando também um argumento bem pouco sutil: estava afirmando que, ao contrário dos progressistas, que julgam as pessoas que ouvem *War Room* como seres "deploráveis" e subumanos[217], ele é capaz de ter conversas educadas – até mesmo generosas – apesar das divisões partidárias, e seu pelotão jamais o cancelará por fazer isso.

Bannon, que fez tanto quanto qualquer outra pessoa na contemporaneidade para abrir as comportas do ódio xenófobo nos Estados Unidos, começou até mesmo a adotar a linguagem da "outrização" para descrever o modo como os progressistas tratam os ouvintes de seu podcast. Isso é fundamental, afirma Bannon, para explicar por que ele foi forçado a construir o Mundo-Espelho, com as suas mídias sociais espelhadas, a sua moeda espelhada e a publicação de livros espelhados. Porque seu povo estava sendo "outrizado". Só que agora não mais. "Nunca mais eles poderão outrizar vocês, fazer vocês desaparecerem. [...] Foi isso que o Partido Comunista Chinês fez, foi isso que os bolcheviques fizeram, foi isso que os nazistas fizeram", disse Bannon a seus ouvintes pouco antes do Natal de 2021 (ele estava tentando vender moedas FJB a seus seguidores). E, Bannon acrescentou: "Ninguém na nossa audiência jamais fará isso com ninguém. Vocês nem pensariam nisso. Vocês diriam 'isso não é justo'"[218].

Este é o tom de Bannon na maior parte do tempo: caloroso, acolhedor, protetor da sua "comunidade"[219], constantemente elogiando a bondade, inteligência e coragem dos ouvintes. Tudo isso foi concebido de caso pensado como uma refutação à dureza, ao esnobismo, ao sectarismo e ao absolutismo identitário de partes da esquerda de elevado nível de instrução formal. Claro, Bannon tem outro modo – aquele em que ele rosna, arreganha os dentes e ameaça "cravar cabeças em estacas"[220]. Mas esse modo está reservado exclusivamente para seus inimigos.

Como parte da construção do "MAGA Plus", Bannon fez claros esforços para atenuar o racismo evidente de seu programa. A oposição ao que define como "guerra de fronteiras" ainda é um dos pilares do projeto, mas paralelamente se fala muito sobre o que ele agora chama de "nacionalismo inclusivo"[221]. Bannon afirma (e as pesquisas de opinião dão respaldo a essa afirmação)[222] que contingentes cada vez maiores de pessoas negras e latinas, especialmente homens, estão abertos ao voto republicano, em parte devido às frustrações acerca da forma como as medidas contra a covid afetaram seus empregos e pequenos negócios, e também devido ao desconforto com o fato de seus filhos voltarem para casa com ideias estranhas e desconhecidas sobre a mutabilidade do gênero.

Tentativas semelhantes de diversificar a base da extrema direita podem ser vistas na Austrália e na França. Esses movimentos ainda são construídos em torno do ódio e da divisão: transformar imigrantes em bodes expiatórios; patologizar a juventude trans; criticar os professores que tentam apoiar esses alunos ou contar uma história mais verdadeira sobre o passado de suas nações; espalhar alarmismo acerca de comunistas e islâmicos. "Nacionalismo inclusivo" significa apenas que eles encontraram alguns blocos novos de eleitores que também procuram grupos aos quais imputar frustrações e desgraças, e nem todos são brancos ou homens.

A estratégia de xeque-mate não está oculta. Bannon diz a seu pelotão que eles vão "governar este país durante cem anos, [para] todas as etnias, todas as cores, todas as raças, todas as religiões – isso é um nacionalismo inclusivo"[223]. Embora não tenha dado certo nas eleições de meio de mandato de 2022, é possível que esse enfoque seja suficiente para obter outra vitória presidencial – porém, se não for, existem planos alternativos em andamento. De acordo com os resultados de um levantamento do Instituto de Pesquisa de Religião Pública divulgado em novembro de 2021, entre os republicanos que dizem acreditar que as eleições de 2020 foram roubadas de Trump, quase quatro em cada dez dizem que "os verdadeiros patriotas estadunidenses talvez tenham de recorrer à violência para salvar nosso país"[224].

Ensanduichado entre segmentos que alegam que a eleição de 2020 foi roubada, Bannon apregoa pessoalmente um sistema caseiro de tiro ao alvo, que emprega lasers em vez de munição de verdade nos rifles automáticos e ajuda as pessoas a construir "memória muscular" para a coisa real[225].

> Passo 3. Desenvolva uma casta de capangas
> Quando os líderes que procuram o que chamo de "guinada fascista" querem fechar uma sociedade aberta, despacham grupos paramilitares de rapazes assustadores para aterrorizar os cidadãos. Os camisas-negras percorreram o interior da Itália espancando comunistas; os camisas-pardas organizaram manifestações violentas em todo o território alemão. Essa força paramilitar é importante sobretudo numa democracia: é necessário que os cidadãos temam a violência dos capangas, e, por isso, precisamos de capangas amedrontadores

> que estejam livres de processos judiciais. [...] Digamos que haja protestos, ou uma ameaça, no dia de uma eleição; a história não descarta a presença de uma empresa de segurança privada numa seção eleitoral "para restaurar a ordem pública".[226]

A pessoa que escreveu isso (em 2007) é Naomi Wolf, agora presença habitual do podcast *War Room*, recebida de braços abertos por um homem que tenta fazer de tudo para que, nas próximas eleições, capangas estejam em todos os locais de votação.

Reposicionamento da marca concluído

Nos primeiros meses, quando eu ouvia as participações de Wolf em *War Room: Pandemic* descrevendo algum plano para estimular campanhas de vacinação como inequívoca porta de entrada de campos de concentração, às vezes julguei ter detectado na voz de Bannon uma risadinha sufocada, como se ele estivesse pensando: *Não posso acreditar que essa gata feminista realmente foi mais longe do que eu jamais iria. Por favor, vá em frente...* No entanto, ele mantém a compostura. Assim como em 2016 Bannon sabia que Trump não seria capaz de vencer sem o apoio dos indignados trabalhadores sindicalizados, em sua maioria brancos, agora ele tem certeza de que mães suburbanas enfurecidas, em sua maioria brancas – nervos à flor da pele por causa daqueles anos de vaivém do ensino remoto e academias de musculação fechadas; ainda irritadas com a obrigatoriedade das vacinas e com o banimento no Instagram; genuinamente preocupadas com o bem-estar dos seus filhos e dos seus pequenos negócios; cansadas de serem rejeitadas e ridicularizadas por progressistas maldosos como "Karens"* histéricas –, são o caminho para o próximo ressurgimento da direita. Da última vez, Bannon criticou Wall Street e os globalistas que roubaram o "homem comum"; agora ele protesta contra isso e contra a Grande

* Novo personagem no debate racial dos Estados Unidos, nos últimos anos "Karen" faz referência a um tipo específico de mulher branca de classe média com comportamentos de quem está acostumado a privilégios e se sente superior a outras pessoas. [N. T.]

Indústria Farmacêutica, as Big Techs e o "capitalismo *woke*", que estão atormentando a "*mamãe* comum" ao envenenar as mentes e os corpos de seus filhos.

Esta é a essência do "MAGA Plus": é a velha brigada dos bonés vermelhos, *mais* a minha *doppelgänger* e tudo o que ela passou a representar. Não é exagero dizer que Bannon escolheu Wolf como uma espécie de mamãe-chefe do bloco eleitoral que ele espera assegurar: uma ex-democrata de destaque, uma feminista outrora famosa que agora quer "falar com o gerente" em nome de todos.

"Todas essas mães que estão ouvindo Naomi Wolf", diz Bannon em seu programa, dando a ela o crédito como uma importante líder das pessoas que ele agora chama de "Mamães Guerreiras" ou "Exército de Mamães"[227], e Wolf aceita de bom grado a coroa. Ao longo dos meses, a relação de Wolf e Bannon foi ficando progressivamente mais calorosa à medida que os seus projetos políticos convergiram, e que se danem as implicâncias e ironias constantes. Em tom sombrio, Wolf alerta Bannon sobre a ameaça fictícia de que em breve o Estado poderá arrancar as crianças de seus pais não vacinados, aparentemente sem se incomodar nem um pouco com o fato de Bannon ter servido fielmente a um presidente que separou à força mais de 5 mil crianças e bebês de suas famílias enquanto tentavam entrar nos Estados Unidos[228]. Bannon, por sua vez, cobre Wolf de elogios, declarando que cada um dos fragmentos de informação – dos quais apenas frações mínimas são compreensíveis – que ela traz para seu programa é "uma história formidável" e instigando-a a registrar por escrito essas pérolas, "à sua brilhante maneira". Em maio de 2021, Bannon afirmou que ela estava em sua "lista de mulheres do ano"[229].

Antes de Bannon, Wolf estava sozinha. Agora ela tem sua própria "matilha". Bannon, comandante em chefe do *War Room*, compreende em um nível celular essa necessidade primal de pertencimento, propósito e conexão. Ele entende isso em seus ouvintes – o "pelotão do *War Room*", que ele constantemente enaltece e mobiliza –, e entende isso em Wolf. A certa altura, os dois chegaram até a mandar confeccionar camisetas para vender aos milhares de voluntários que eles alegavam ter recrutado a fim de ajudá-los a esmiuçar os dados dos testes de vacinas, mais ou menos como um time de beisebol de dementes. Na parte de cima da camiseta lia-se EQUIPE DE INVESTIGAÇÃO

DE VACINAS; na parte de baixo, MEMBRO DO PELOTÃO DO *WAR ROOM*. No meio, a imagem de uma seringa de vacina quebrada com partículas voando para todo lado. Pode ser sua por apenas 29,99 dólares.

À medida que encontra sua tribo, Wolf muda, tornando-se cada vez mais o que seu grupo parece querer que ela seja. Ela postou um vídeo de si mesma praticando com armas de fogo numa estradinha rural, instruída por seu novo marido, um ex-soldado chamado Brian O'Shea, que se tornou investigador particular/guarda-costas, fundou uma empresa de segurança privada e aparentemente não gosta de ser chamado de "mercenário"[230].

Wolf é rápida no gatilho e aprendeu logo as regras de sua nova cultura. Se no passado ela publicava vídeos queixosos sobre a injustiça de ter as suas contas suspensas, agora ela usa o banimento das plataformas digitais como uma medalha de honra, tirando proveito dele como um argumento de angariação de fundos. "Nós realmente precisamos de vocês", diz ela a Bannon, "porque desde que começamos a investigar isso, fomos desplataformizados de novo!... Fomos expulsos do YouTube, então venham para DailyClout.io". Quando sua conta no Twitter foi reativada pelo regime de Musk, favorável à conspiração, a primeira mensagem de Wolf foi: "Saudações. De volta, desplataformizada sete vezes e ainda certa"[231]. Ela sabe que no Mundo-Espelho apenas "pessoas-ovelhas" podem falar sem impedimentos, ao passo que os profetas devem pelejar para serem ouvidos.

Wolf ainda afirma ser uma feminista pró-escolha (partidária do direito ao aborto legal). Mas, quando a Suprema Corte reverteu a decisão *Roe v. Wade*, ela ignorou, declarando que a decisão "faz algo que é necessário, eu acho, ou seja, devolve a decisão aos estados"[232]. Hoje em dia, Wolf reserva a sua indignação feminista aos teóricos da conspiração do sexo masculino, que, ela está convencida, não lhe dão o devido crédito por ter sido a primeira a inventar as conspirações. Como na vez que ela foi para cima do site *Infowars* [Guerras de informação], o programa produzido pelo mentiroso em escala industrial Alex Jones: "Caramba, meu Deus do céu, estou CANSADA de divulgar notícias em primeira mão por meio de muito trabalho duro e encontrar as conexões, e depois ver OUTROS comentaristas (geralmente do sexo masculino) reivindicando o crédito pela informação. [...] Por favor, PARE, @infowars"[233].

A profundidade do realinhamento de Wolf tornou-se clara para mim depois que o republicano Glenn Youngkin, apoiado por Trump, venceu as eleições para governador da Virgínia, em grande parte porque surfou numa onda de raiva e frustração dos pais e das mães. Bannon viu isso como um fator indicador do poder do "MAGA Plus". Uma questão decisiva foi a oposição de Youngkin à adoção de currículos antirracistas nas escolas, mas a sua postura contrária à obrigatoriedade de máscaras e vacinas também o ajudou, bem como a sua politização de novas políticas inclusivas para transgêneros nas instituições de ensino. Em suma, as "Mamães Guerreiras" venceram, e Bannon ficou exultante com essa vitória supostamente populista, pouco importando que Youngkin tivesse acabado de deixar o cargo depois de 25 anos à frente do Carlyle Group, gestor multinacional de investimentos notoriamente dado a segredos e ligações com diversos ex-presidentes, primeiros-ministros e famílias dinásticas - uma empresa "globalista", se é que isso alguma vez existiu. No dia seguinte à eleição, Bannon passou o programa inteiro conversando com seu "Exército de Mamães", incluindo minha *doppelgänger*.

Até então, Wolf afirmava ainda ser democrata, ou pelo menos independente, por isso eu não esperava que ela comemorasse abertamente a vitória de Youngkin. Gente, como eu estava enganada! Ela declarou que era "um dia histórico para as questões que me interessam, [...] sobretudo os direitos das mulheres e as vozes das mulheres"[234]. Ainda em 2020, Wolf rejeitou com veemência os ataques aos direitos trans por algumas feministas da sua geração, insinuando que se tinham tornado ferramentas da direita.[235] Agora ela estava agindo em uníssono com as mesmas mulheres que associavam banheiros multigênero à agressão sexual. Os resultados dessa "vitória enorme" mostravam, disse Wolf, a "gigantesca bomba de plutônio" representada por "mulheres suburbanas capazes de fazer qualquer coisa por seus filhos" - mães que se tornaram conscientes de que "há forças obscuras mobilizadas contra os seus filhos, [...] todos os tipos de abusos bizarros de crianças acontecendo"[236].

Nesse dia, no *War Room*, Wolf disse que as mulheres mereciam o crédito - mas Bannon também deveria fazer uma reverência em agradecimento. "Você fez muito", disse Wolf, "mais do que a maioria dos homens que venho defendendo há 25 anos, para mostrar as vozes das mães como líderes [...] ninguém entendeu o suficiente até agora"[237].

A bem da verdade, os movimentos fascistas e neofascistas, de Mussolini a Pinochet, reconheceram o poderoso papel das mulheres, sobretudo desempenhando sua função "natural" de mães e protetoras de tradições nacionalistas e de linhagens sanguíneas saudáveis (por exemplo, Giorgia Meloni). Hitler recompensou as mulheres consideradas de boa linhagem ariana que concordaram em deixar o mercado de trabalho para se tornarem máquinas de fazer bebês. Wolf, com os "10 passos fáceis" que ela alega que todos os líderes autocráticos cumprem, aparentemente deixou passar em branco esse detalhe histórico.

Nas eleições de meio de mandato de 2022, Wolf se juntaria a Bannon num negacionismo eleitoral total, recusando-se a aceitar a legitimidade dos resultados no estado de Nova York. Poucos meses depois, ela divulgou "um veemente pedido de desculpas" aos "conservadores, aos republicanos, ao MAGA" por ter acreditado nos relatos da mídia sobre o violento ataque de 6 de janeiro ao Capitólio.[238] Depois de ter assistido a Tucker Carlson transmitir uma versão risivelmente dissimulada do episódio, na qual ele tentou colocar panos quentes e retratou os manifestantes como meros curiosos, Wolf concluiu que "foi enganada" pela "propaganda de amplo espectro". Ela decidiu inclusive reavaliar sua opinião negativa sobre Donald Trump, escrevendo: "Já mentiram tanto sobre ele e por tanto tempo que eu não sei dizer".

Qualquer que seja o critério de medição, essa é uma transformação política vertiginosa. Mas testemunhar essa reviravolta em alguém cujo rosto é perenemente confundido com o meu provoca um tipo específico de arrepio; mais uma vez a descrição de Freud do inquietante vem à mente: "aquela espécie de coisa assustadora que remonta ao que é há muito conhecido, ao bastante familiar"[239].

O horror da sociedade que se torna fascista a partir de dentro – sem a ajuda de uma invasão estrangeira – reside precisamente nesse sentimento de familiaridade perturbador. Quando essa força feroz é invocada e surge como que por encanto para travar uma guerra contra uma parte da população nacional, não há forasteiros a quem culpar. São as pessoas legais e normais da rua que no fim se mostram capazes de monstruosidades – o monstruoso se revela o gêmeo malvado do legal, o *doppelgänger* do normal.

Ao tentarem compreender essa dualidade aterrorizante, com frequência os artistas recorrem à figura do *doppelgänger* para dar peso material a seu pavor. Com efeito, muitos livros e filmes sobre *doppelgängers* tratam do potencial latente do fascismo nas nossas sociedades, até dentro de nós mesmos. Em filmes como *O homem duplicado*, de Denis Villeneuve, sobre um professor universitário que ensina seus estudantes sobre os perigos do fascismo e se vê enredado numa teia de dissimulação e dubiedade com o seu duplo amoral (ou será o seu gêmeo? ou seu alter ego?), as alegorias são muitas vezes sutis e veladas. O tempo parece curto demais para eu me preocupar em camuflar a minha.

Homens-máquina e corações de máquina

O mais célebre filme do gênero *doppelgänger*/fascismo é aquele que já mencionei: *O grande ditador*. Parte da genialidade de Charlie Chaplin como diretor foi escalar a si mesmo para os dois papéis principais. Ele interpretou o barbeiro judeu bondoso e perseguido e também o ditador vaidoso, ridículo e assassino – e então fez o primeiro personificar o segundo. Ao se duplicar e turvar os limites entre os dois personagens, vítima e algoz, ele implicitamente fez a pergunta: "O que é necessário para nos transformarmos em nossos gêmeos malignos?". Essa talvez tenha sido uma questão especialmente espinhosa para Chaplin devido a algumas semelhanças inquietantes entre o cineasta e Hitler – não apenas os idênticos bigodinhos em miniatura, ou mesmo o fato de terem nascido com quatro dias de diferença um do outro em 1889, mas também o fato de ambos estarem preocupados, embora de maneiras muito diferentes, com a situação do homem comum e esquecido. Um editorial de 1939 da revista *The Spectator* comentou acerca de Chaplin e Hitler: "Cada um dos dois é um espelho distorcido, um para o bem, o outro para um mal inominável"[240].

Então, o que é que determina qual das duas versões levará a melhor? Chaplin parecia acreditar que os indivíduos se deparam com uma escolha entre tais forças, escolha que devem fazer em momentos cruciais da história. Foi esta a mensagem do famoso discurso final do filme, que Chaplin, no papel do barbeiro judeu disfarçado de ditador malvado, paramentado com toda a indumentária fascista, profere diante das tropas reunidas:

> Soldados! Não se entreguem a esses homens cruéis - homens que desprezam e escravizam vocês - os quais querem reger a vida de vocês e lhes dizer o que pensar, o que falar e o que sentir. [...] Não se entreguem a esses homens artificiais. Homens-máquina, com mente e coração de máquina! Vocês não são máquinas! Vocês não são gado! Vocês são homens! [...] Soldados, não lutem pela escravidão! Lutem pela liberdade![241]

O grande ditador foi lançado antes que a humanidade tivesse pleno conhecimento de todos os horrores do Holocausto. Esse discurso final dirigia-se ao público doméstico de Chaplin, nos Estados Unidos, onde o fascismo interno vinha se alastrando e muitos ainda estavam relutantes em entrar na guerra contra Hitler. Assim, o aspecto que mais me perturba é o seguinte: hoje, a pessoa com a maior das plataformas, falando em nome do "homem comum" e da "mamãe comum" esquecidos, ao mesmo tempo que esbraveja sobre "homens-máquina com mente e coração de máquina", é Stephen K. Bannon, com Giorgia Meloni e minha *doppelgänger* a seu lado, todos incitando seus diversos públicos a resistir à "escravidão" de serem meros consumidores das Big Techs.[242]

No filme de Chaplin, ao ouvirem o discurso vigoroso do barbeiro judeu, os soldados do ditador se libertam na mesma hora do feitiço fascista e aplaudem a "razão" e a "democracia".[243] No Mundo-Espelho, algo completamente diferente está em andamento.

8
Ridiculamente sério, seriamente sem palavras

Antes de prosseguirmos, sinto a necessidade de confessar que a Outra Naomi não é a primeira Naomi a causar alguma confusão na minha vida. Já aconteceu antes, muitas vezes, com outra Naomi totalmente diferente. Antes de tudo isso tomar um rumo político, minha teoria provisória era que, por se tratar de um nome muito incomum, a primeira Naomi de que a pessoa tomava conhecimento tendia a se imprimir em sua mente como uma espécie de Naomi universal. Qualquer outra Naomi que a pessoa encontrasse depois inevitavelmente se confundiria com a Naomi original. Tenho consciência de que isso parece absurdo, mas não sei como explicar de outra forma o fato de que, durante a primeira década da minha vida pública como escritora, os apresentadores de televisão diziam: "A seguir, uma conversa com Naomi Campbell".

Isso não acontecia sempre. Mas acontecia com tanta frequência que parecia necessário desenvolver um discurso autodepreciativo, que consistia em eu pedir desculpas por decepcionar os espectadores que esperavam ver uma resplandecente supermodelo entrar a passadas largas no estúdio e em vez disso acabavam com uma escritora anticapitalista de 1,68 metro de altura. Houve pelo menos uma vez que essa confusão improvável funcionou a meu favor de maneira tangível. Em 2004, enquanto eu fazia uma reportagem sobre a invasão do Iraque pelos Estados Unidos, recebi um conjunto de documentos vazados do Carlyle Group que pareciam mostrar que o ex-secretário de Estado James Baker III estava tentando usar sua posição como enviado especial do presidente George W. Bush para tratar da dívida do Iraque a fim de pressionar o governo do Kuwait a fazer acordos com o Carlyle Group[244], corporação de serviços financeiros da qual ele era conselheiro sênior e sócio de capital com uma participação estimada em 180 milhões de dólares. Antes de publicar o artigo, eu precisava verificar se os documentos em meu poder eram legítimos – que não vinham do Carlyle Group, portanto só podiam vir do primeiro-ministro do Kuwait. Não tendo contatos no Kuwait, liguei sem mais nem menos para o gabinete do primeiro-ministro, deixei uma mensagem com uma recepcionista e não esperava obter resposta alguma. Para minha surpresa, recebi um telefonema – a uma hora inoportuna – de Ahmed al-Fahad, subsecretário do primeiro-ministro. Peguei um bloco de notas e rapidamente consegui a verificação de que eu precisava para publicar meu artigo.

Antes de encerrar, al-Fahad fez uma confissão. "Sabia que a única razão pela qual retornei sua ligação foi porque pensei que você fosse a Naomi Campbell?"

Durante um bom tempo contei essa história para arrancar risadas, principalmente dos colegas jornalistas. Alguns ficavam perplexos com o fato de uma autoridade de alto escalão de um emirado petrolífero corrupto ter esperado um telefonema de Campbell, para começo de conversa. Eu não tinha acesso a informações privilegiadas, mas é um pouco menos estranho quando você leva em consideração que Campbell prestou depoimento como testemunha no julgamento internacional de crimes de guerra do ex-presidente da Libéria, Charles Taylor, devido a alegações de que o notório carniceiro havia presenteado a supermodelo com uma bolsinha contendo "diamantes de sangue" depois que se conheceram em um jantar oferecido por Nelson Mandela. Daí só podemos concluir que, uma vez que atingem certo nível de fama, riqueza e/ou poder, todos atendem aos telefonemas uns dos outros. (Essa consciência intuitiva de que as elites ocupam um mundo próprio interligado, em que as leis que governam o resto de nós são ignoradas, é a fonte da singularidade das teorias da conspiração de hoje em dia.)

A qualidade esquiva do meu nome raras vezes foi tão útil como na história de Baker – mas costuma ser divertida. Nos confins da internet, por exemplo, há um vídeo de um painel de discussão na Croácia, num momento especialmente tumultuado da crise financeira da Europa pós-2008. O debate contou com a participação de Alexis Tsipras, então prestes a ser eleito primeiro-ministro da Grécia, e com o filósofo e provocador esloveno Slavoj Žižek. Enfurecido contra a austeridade brutal que os gregos enfrentavam àquela altura, Tsipras declarou: "Eles tentaram implementar esta doutrina do choque, para usar a expressão de Naomi Campbell"[245]. Žižek, sentado em um ângulo próximo a ele no palco, assentiu com um solene meneio de cabeça. Uma leve expressão de pânico passou pelo rosto do moderador.

Um fantasma rabugento entra em cena

Quando comecei este projeto, pretendia salpicar minha prosa com uma porção de referências literárias sérias e ponderosas para adicionar profundidade a historietas malucas como essas. Meu plano era recorrer mais pesadamente à teoria do inquietante de Freud, no que se refere aos duplos e ao id reprimido. Eu contrastaria isso com as teorias de sincronicidade e do arquétipo da sombra de Carl Jung. Aplicaria essas noções de inconsciente reprimido a obras sobre duplos de autoria de Poe, Saramago e Dostoiévski, e a *Um conto de duas cidades*[246], de Charles Dickens. Eu me aprofundaria em exemplos do mundo real de escritores atormentados por seus duplos. Caso de Graham Greene, que, na sua coletânea de ensaios de 1980, *Pontos de fuga*[247], descreveu como o seu *doppelgänger* se fez passar por ele durante décadas, usando sua imagem para assegurar sua entrada em festivais glamorosos, seduzir mulheres bonitas e enganar todo tipo de pessoa.

Mas eis o problema: embora essas leituras tenham fornecido vislumbres de ideias aqui e ali, o fato é que, em todo esse capítulo de cabeça para baixo da minha vida, apenas um autor parecia compreender genuinamente a textura específica da minha dor, com sua peculiar combinação de absurdo e gravidade. Consegui encontrar um único escritor que havia refletido a sério sobre a sensação de estar preso a um palhaço, subjugado por uma piada, que, no entanto, muito possivelmente está contribuindo para uma desnecessária onda de sofrimento e morte de seres humanos – e alguém que também, muito de vez em quando, talvez tenha razão. Apenas um escritor pensou em qual seria o efeito em um escritor que se visse competindo por sua própria identidade com alguém que se tornou não só um escritor, mas um fazedor bastante ativo e perigoso.

Esse escritor é Philip Roth.

Tal como aconteceu com o meu dilema anterior quanto à defesa da marca, isso foi embaraçoso para mim por motivos bastante pessoais. O principal deles é que meu último encontro com Roth na página impressa foi quando eu, aos 20 anos, arremessei meu exemplar de *O avesso da vida*[248] do outro lado do meu dormitório na Universidade de Toronto, jurando que nunca mais na vida leria outro livro de Philip Roth. Eu fiquei farta de ler, em intrincados detalhes, sobre a complexa vida de seus personagens masculinos, às voltas com dramas psicológicos íntimos e grandes ideias globais, mas ver as personagens femininas saltitando de um lado para outro nas páginas como se fossem enfermeiras seminuas em um esquete cômico de Benny Hill.

Na pré-adolescência eu tinha lido às escondidas *O complexo de Portnoy*, *O professor do desejo* e *Adeus, Columbus*[249], livros que pareciam menos ficção do que visitas conturbadas à ala de New Jersey da minha própria família. O que estava bem perto de ser verdade: meu pai foi criado no mesmo bairro operário de Newark e estudou na mesma escola de ensino médio que Roth, Weequahic High, com apenas alguns anos de diferença. Assim que meu livro voou pelo ar e bateu na parede, eu me lembro de pensar que estava de saco cheio daquilo. De que a experiência humana é vasta e rica, e já sabia mais ou menos tudo que precisava saber sobre os problemas emocionais e psicológicos que homens judeus de meia-idade da área dos três estados [Nova York, New Jersey e Connecticut] tinham com a mãe. Era hora de abrir espaço mental para alguns novos arquétipos étnicos com algumas neuroses menos familiares.

Mantive essa promessa por trinta anos. Por isso, fiquei aborrecida quando a minha investigação sobre *doppelgängers* literários me levou, feito um cão persistente arranhando a minha porta, a *Operação Shylock*, romance de *doppelgänger* que muitos consideravam a obra-prima de Roth. Meu aborrecimento foi agravado pelo fato de que, tão logo encomendei – a contragosto – o romance e esperava que o livro chegasse ao nosso endereço no penhasco, Roth, que morreu em 2018, de repente apareceu em todos os noticiários como um fantasma rabugento.

Sua biografia autorizada – todas as novecentas páginas dela – foi publicada, o que gerou uma enxurrada de relatos sobre os extraordinários e muitas vezes cruéis extremos a que o falecido autor havia chegado para proteger seu legado literário e interpessoal. Ele rescindiu o contrato com pelo menos um biógrafo, supostamente impôs controles draconianos sobre seu arquivo e, por fim, confiou a história de sua vida ao escritor Blake Bailey, talvez porque Bailey parecesse o tipo de homem que não julgaria Roth pelo tratamento menos do que ideal que dava às mulheres, dentro e fora dos textos. Roth parecia ter feito um julgamento correto. A maioria das críticas foi entusiástica, repleta de elogios à grandiosidade de ambos os homens. Laura Marsh, escrevendo na *New Republic*, observou em tom malicioso: "Em Bailey, Roth encontrou um biógrafo excepcionalmente sintonizado com as suas queixas e que raras vezes questiona a sua responsabilidade moral"[250].

Então, poucas semanas após a espalhafatosa recepção crítica, tudo desabou. Vieram à tona acusações de assédio e crimes sexuais contra Bailey, e a editora estadunidense de *Philip Roth: The Biography* fez o chocante anúncio de que decidiu interromper as vendas do livro e tirá-lo de circulação. Surgiram novos artigos destruindo ferozmente tanto Bailey quanto Roth, os suspeitos de sempre relincharam que se tratava de mais um caso de "cultura do cancelamento", e eu assisti a toda essa treta em um estado de ansiedade crescente. A mim me parecia que Roth havia feito praticamente tudo o que um escritor é capaz de fazer para controlar e proteger o significado do seu nome no mundo – passou a vida inteira contando e recontando versões da sua própria vida, romance após romance, entrou em guerra com sua ex-esposa Claire Bloom pela ousadia dela em contar sua versão da história (no livro *Leaving a Doll's House* [Deixando uma casa de bonecas]), depois usou o que restava de sua força vital para assegurar que sua biografia oficial mantivesse seu legado no lugar a que ele julgava que pertencia. E então, de repente, tudo desapareceu em uma nuvem de escândalo e pesada contenção de danos corporativa. Se Roth, um titã das letras dos Estados Unidos, fracassou de maneira tão espetacular em proteger seu nome, apesar desses hercúleos esforços, que esperança tinha eu de manter sob controle a minha situação com a Outra Naomi?

Então o livro chegou. Não a biografia (que, depois de ter sido cancelada, já havia encontrado uma nova editora), mas *Operação Shylock: Uma confissão*, publicado originalmente em 1993. Os críticos estavam certos: é de longe o trabalho mais sofisticado de Roth, para não dizer que é o livro sobre *doppelgängers* mais emocionante que encontrei em meu aprofundado estudo sobre o gênero. E acontece que a minha eu de 20 anos também tinha razão: a única personagem feminina constante é Jinx, enfermeira loira e exuberante em conluio com o *doppelgänger* de Roth. No entanto, eu, aos 50 anos, achei isso muito mais triste para Roth do que ofensivo para mim, e consegui concentrar minha atenção no restante do livro.

Roth sempre privilegiou protagonistas que eram maldisfarçadas cópias de si mesmo: o masturbador Alexander Portnoy, o mulherengo Nathan Zuckerman, um torturado escritor chamado Philip em seu romance *Mentiras*[251], de 1990. Mas aqui a coisa foi mais longe. *Operação Shylock* é escrito na voz de um escritor chamado Philip Roth, que escreveu exatamente os mesmos livros e levou a mesma vida que o verdadeiro Philip Roth. Vamos chamá-lo de "Verdadeiro Roth". Ele começa o romance já desestabilizado, recém-saído de um colapso mental desencadeado pelo uso do sonífero Halcion. A situação foi tão grave que, num estado psicótico, ele perguntou à esposa: "Onde está Philip?"[252] – um lembrete precoce e angustiante de que o eu de uma pessoa pode escapar dela sem a ajuda de mais ninguém. Enquanto se recupera desse trauma, o Verdadeiro Roth descobre que existe um homem que se autodenomina Philip Roth, se veste como Philip Roth, é muito parecido fisicamente com Philip Roth e está se metendo em todos os tipos de problemas num lugar distante: Jerusalém. Chamaremos esse personagem de "Falso Roth".

O Falso Roth faz palestras públicas e dá entrevistas à imprensa sobre sua opinião de que criar o Estado de Israel foi um erro grave. Israel está tão rodeado de inimigos, acredita o Falso Roth, que certamente terminará na catástrofe de outro Holocausto judaico. Assim, o Falso Roth iniciou um movimento chamado "Diasporismo", para estimular os judeus israelenses a fazer um êxodo inverso de

Israel para as mesmas terras do Leste Europeu de onde tinham partido décadas antes, fugindo de sangrentos pogroms e campos de concentração. Para esse fim, o Falso Roth até se reuniu com chefes de Estado europeus, passando-se sempre pelo verdadeiro Roth. O pequeno problema do persistente antissemitismo nesses países do Leste Europeu poderia ser resolvido, insiste o Falso Roth, com o lançamento agressivo do "Antissemitas Anônimos", programa de desintoxicação do ódio que ele originalmente concebeu para a sua própria namorada, a sensual e antissemita Jinx.

O Verdadeiro Roth está convencido de que tudo isso é extremamente perigoso, o que o deixa sem escolha a não ser dar uma de Charlie Chaplin e, ao viajar para Jerusalém, imitar seu imitador. Seguem-se travessuras, bem como relações sexuais com Jinx.

A razão pela qual comecei a desfigurar o livro - sublinhando trechos, desenhando asteriscos e pontos de exclamação - desde o momento em que me caiu nas mãos é que *Operação Shylock* esquadrinha, com uma precisão francamente inquietante, muitas das bizarras armadilhas mentais e políticas que eu vinha sentindo na pele desde que meus próprios problemas com uma *doppelgänger* se agravaram. O sobressalto de confrontar uma versão de si digna de paródia. A enrascada de defender a marca pessoal. As sombras fascistas que os duplos são capazes de revelar dentro de nós. A forma como sociedades inteiras podem ter *doppelgängers* sinistros. O romance continha tudo isso e muito mais.

Em *Operação Shylock*, Roth explora a tensão entre o profundo desejo humano de singularidade e o igualmente poderoso anseio de ver a si mesmo refletido no ser de outra pessoa. O último desses impulsos é um aspecto do mistério do *doppelgänger* que até agora negligenciei. Portanto, sem dúvida vale a pena lembrar que milhões de pessoas carregam voluntariamente suas fotografias em serviços de localização de sósias, a exemplo do Twin Strangers [gêmeos desconhecidos], na esperança de que o software de reconhecimento facial desses sites localize seu análogo em algum lugar do mundo. Inúmeros "melhores amigos" passam horas "brincando de gêmeos" uns com os outros: sincronizam meticulosamente suas roupas e estilos para que pareçam duplicatas. É lógico que muitos de nós não queremos nada mais do que encontrar outra pessoa que saiba qual é a exata sensação de viver dentro do nosso corpo e nossa mente – e esse desejo coexiste com o impulso de ser inconfundivelmente singular e diferente. Em 2023, o filme *Dead Ringers* [exibido no Brasil como *Gêmeos: Mórbida semelhança*], ganhou uma nova versão, agora em formato de minissérie e protagonizada por Rachel Weisz no papel das irmãs gêmeas obstetras; nas palavras de um crítico, a obra esmiúça "os impulsos contraditórios de individuação e a necessidade dos outros, repulsa e amor". É essa ambivalência que dá aos *doppelgängers* sua carga emocional.

Em *Operação Shylock*, Roth atribui esses sentimentos contraditórios aos dois Roths diferentes. Horrorizado com seu *doppelgänger* ingovernável, o Verdadeiro Roth se enfurece e decide confrontá-lo por causa de suas trapaças e roubo de identidade. Sua expectativa é que seu duplo entre em pânico ou se acovarde quando for pego em flagrante pelo homem que ele está personificando. Em vez disso, quando os dois homens ficam cara a cara no saguão de um hotel em Jerusalém, o Falso Roth lança os braços em torno do Verdadeiro Roth e o envolve num abraço firme e fraternal, vertendo lágrimas confusas de familiaridade íntima. "'Estou vendo a mim mesmo', ele disse, extático, 'só que é *você*'."[253]

Mais uma vez, o Verdadeiro Roth fica desestabilizado. Ele havia planejado um enfrentamento sobre quem era o legítimo dono de seu rosto e seu nome e, em vez disso, acabou sendo adorado. Ele não é capaz de conjurar a raiva que havia programado de antemão, mas tampouco consegue compartilhar o deleite familiar do Falso Roth ao olhar para um espelho vivo. Afinal, ele tem um nome a proteger. "Seu nome! Seu nome! Algum dia, algum dia você pensa em qualquer coisa *que não* na porra do seu nome?!", rosna Jinx.[254] E eu consegui apenas chorar e rir ao mesmo tempo numa cena em que o Falso Roth admite que o escritor Roth, caso decidisse levar a coisa adiante, poderia muito bem ter em mãos um caso de violação de marca registrada contra ele. Ciente de que estava violando a lei, ele chega até a apontar um precedente útil: um processo judicial bem-sucedido (e real) movido pelo apresentador de talk show Johnny Carson contra a empresa de privadas portáteis Here's Johnny Portable Toilets – por estampar indevidamente em anúncios seu bordão "*Here's Johnny!*".

Aí está exatamente o paradoxo da proteção da marca literária. Não faça nada e você perderá todo o controle. Tente ter o controle e você admitirá ser um trapaceiro mequetrefe: fraude na autoria de alguns livros, algumas privadas portáteis roubadas, é tudo a mesma patifaria. O Verdadeiro Roth não aciona o Falso Roth na Justiça, optando, em vez disso, por uma desvairada viagem fazendo-se passar por seu imitador através da Cisjordânia e além.

Doppelbabacas

Tudo isso parecia extremamente familiar. Mas não tão familiar quanto a sensação de Roth de que seu impostor se apropriou de sua vida inteira de palavras e ideias e as transformou numa paródia de si mesmas.

"Philip, sinto que estou lendo para você uma história que você mesmo escreveu."[255] É o que diz o romancista ficcional Aharon Appelfeld ao Philip Roth ficcional sobre um artigo que descreve de que maneira o Falso Roth foi à Polônia para se encontrar com o presidente do país, Lech Wałęsa, e convencê-lo a acolher os judeus israelenses de volta em suas pátrias europeias originais e admitir que a experiência sionista fracassou. Esta é a chave para a vertigem do romance: a oposição do Falso Roth a Israel como um Estado judaico – as preocupações dele acerca dos efeitos disso nos princípios morais e na segurança dos judeus, bem como a sua convicção de que a diáspora era o melhor lugar para a cultura e as ideias judaicas vicejarem – não veio do nada. Veio de Philip Roth – não do personagem, mas do homem.

Desde os vinte e poucos anos de idade Roth era atacado como um "judeu que odeia a si mesmo". Seus personagens de New Jersey eram muito grosseiros, muito falhos, e Roth foi acusado por ninguém menos que o Conselho Rabínico dos Estados Unidos de colocar seu povo em risco por retratar os judeus com uma imagem negativa. Roth redobrou a sua aposta, ampliando seu olhar crítico de Newark para Israel e, a exemplo de *O avesso da vida*, para a violenta radicalização que alimentava a expansão dos postos avançados judaicos nos Territórios Ocupados, com emigrados de Nova York e New Jersey entre os mais diligentes colonos de Israel. Era outro tipo de investigação de *doppelgängers*: Roth apresentou o "Novo Judeu" israelense, musculoso e armado até os dentes, como uma espécie de duplicação coletiva do "Velho Judeu", dos artistas e intelectuais, caso do próprio Roth, a quem muitos israelenses, no âmbito de seu duro projeto nacionalista, rotulavam como molengas e inúteis. Ou talvez o Novo Judeu fosse um espelho macabeu dos nacionalistas chauvinistas na Polônia, Ucrânia e Alemanha que durante tanto tempo usaram os judeus como bodes expiatórios. Esse ceticismo quanto ao sionismo, ao lado de sua defesa da diáspora como um lugar empolgante e absolutamente legítimo para ser judeu, é uma grande parte do que sempre apreciei em Roth, apesar do longo desfile de mulheres idênticas a Jinx.

Em *Operação Shylock*, o Falso Roth se apropria de todas as críticas sociais e políticas reais de Roth e as leva a extremos fanáticos e caricaturais, ao mesmo tempo que realiza um exagerado amálgama das neuroses psicossexuais que Roth implantou em tantos de seus *doppelgängers* protagonistas/literários anteriores, de Portnoy a Zuckerman. "[S]ão todos eles num só, liberados da letra impressa e gozadoramente reconstituídos como um único fac-símile satírico de mim mesmo", lamuria Roth acerca de seu impostor.[256]

Era um pouco assim que eu me sentia ao ser confundida com Wolf quando ela declarava que todo grande choque e toda crise de menor proporção – seja a covid-19 ou a escassez de fórmula para lactentes – são um complô contra a América, para usar outro rothismo. Estou presa no movimento de vaivém *zozobra* que Roth resume à perfeição: "É ridículo demais pra levar a sério e sério demais pra ser ridículo"[257].

Sei que a aliança diagonalista que Wolf construiu com Bannon, à medida que se traduz em poder político no nível estatal e além, continuará afetando inúmeras vidas, e drasticamente para pior. No entanto, apesar dessa óbvia gravidade, a qualidade ridícula das palhaçadas de Wolf – os tuítes sobre viagens no tempo, as camisetas da EQUIPE DE INVESTIGAÇÃO DE VACINAS, as analogias promíscuas e contínuas com o Holocausto – torna quase impossível levá-la totalmente a sério. Ou, em outras palavras, Wolf pode até ser uma piada, mas não é engraçada. E, no entanto, para ser sincera, quase o tempo todo a minha *doppelgänger* me deixa entre o riso e as lágrimas!

Em *Operação Shylock*, o Verdadeiro Roth tenta exercer algum tipo de controle sobre seu "absurdo substituto"[258], recusando-se a chamá-lo pelo nome comum e, em vez disso, renomeando-o como Moishe Pipik – "*pipik*" é o diminutivo genérico, depreciativo e gozador dado a crianças travessas e personagens *schlemiels** na casa de sua infância; o nome significa literalmente "Moisés Umbigo" (bastante adequado para toda essa autoadmiração e narcisismo). A mudança de nome proporciona um alívio a curto prazo, mas, em última análise, o tiro sai pela culatra: o Falso Roth ainda está enredado na armadilha do que Roth chama de "pipikismo", ou umbiguismo, "a força antitrágica que inconsequencializa tudo – farsaliza tudo, trivializa tudo, superficializa tudo"[259].

É possível escapar de um feixe de tração como o pipikismo? Depois que uma ideia baseada nisso é lançada, ela poderá voltar a ser séria? Esse é, em certo sentido, o problema de todos os palhaços monstruosos que redesenham a política moderna nos últimos anos: Trump nos Estados Unidos, Boris Johnson no Reino Unido, Rodrigo Duterte nas Filipinas. E não se pode esquecer Putin, que se apresenta como um "divulgador da verdade" global sobre os crimes do colonialismo ocidental e um defensor das tradições anti-imperialistas e antifascistas – Putin como Pipik. Essas figuras espalham o pipikismo por onde passam. E isso não apenas torna ridículo e farsesco o que elas dizem; torna ridículo e farsesco o que muitos de nós estamos dispostos a dizer e somos capazes de dizer depois.

Por exemplo, quando afirma que o seu pelotão armado e autoritário está sendo "outrizado" por esquerdistas e progressistas, Bannon está se apropriando de um termo importante que os analistas do autoritarismo usam para descrever a maneira como os fascistas consideram seus alvos menos que humanos, o que os torna mais fáceis de descartar e até de exterminar. Porém, ao mesmo tempo Bannon está fazendo mais do que isso. Ele também está zombando de todo o conceito de alteridade, o que por sua vez torna mais difícil empregar o termo para nomear o que Bannon faz com a maior naturalidade – com os imigrantes, os eleitores negros, a juventude trans e não binária. Da mesma forma, quando Trump, após as eleições de 2016, acusou metade da imprensa de

* Do iídiche *shlemiel*, um coitado, uma pessoa azarada, desajeitada, para quem tudo dá errado; pé-frio, infeliz, desventurado, desastrado, desgraçado ou, num sentido mais filosófico, um bode expiatório, uma vítima. [N. T.]

divulgar "fake news", deu início a um processo que levaria os seus apoiadores a duvidar de tudo o que liam e viam nos grandes veículos da mídia tradicional. Mas ele estava também fazendo outra coisa: apropriou-se de um termo que tinha sido usado por estudiosos da comunicação para descrever um fenômeno muito real: propaganda fabricada que é concebida de caso pensado para parecer notícia real, mas é uma completa invenção. Conteúdos mentirosos como esse foram uma bênção para Trump, incluindo um especialmente viral que informava, de forma enganosa, que o papa havia anunciado apoio à candidatura trumpista. Mas agora, graças à apropriação que ele fez do termo "fake news", fomos privados de uma expressão útil para descrever o fenômeno.

Ou pensemos em Tucker Carlson fazendo uma pausa em sua instigação cotidiana do nacionalismo branco para alegar que seus concorrentes na MSNBC, ao pronunciarem as palavras "pessoas brancas", estavam praticando "ódio racial escancarado" e se tornaram o equivalente às emissoras de rádio hutu em Ruanda que, antes do genocídio de 1994, alimentaram as labaredas de ódio contra os tútsis. "Isso é igualzinho a uma rádio hutu", sublinhou ele, ao mesmo tempo que afirmava que um debate sobre racismo no futebol americano profissional era "conversa genocida", acrescentando: "Não é exagero. É exatamente disso que se trata"[260].

Quando a figura do bufão se torna central na vida pública, o problema não é apenas que os palhaços dizem tolices, mas também que tudo aquilo que eles tocam se torna uma tolice, incluindo – sobretudo – a poderosa linguagem da qual necessitamos para falar sobre eles e o que estão fazendo. Penso nessas figuras como "doppelbabacas", e eles pipikam tantos termos e conceitos que corremos o risco de ficar sem palavras.

Em 2014, a revista britânica *The New Statesman* publicou um dos primeiros artigos na linha "o que aconteceu com Naomi Wolf?", oferecendo uma explicação bem-humorada e sarcástica, inspirada nas muitas teorias da conspiração pífias e sensacionalistas de Wolf: "Em algum momento nos últimos cinco anos, a verdadeira Wolf foi discretamente 'neutralizada' e substituída por uma atriz, que desde então tem trabalhado incansavelmente para fazer a política de esquerda em geral e o feminismo em particular parecerem uma chuva de sapatos de palhaço que acreditará em quase qualquer coisa, contanto que comece com a premissa de que 'os Estados Unidos são malvados'"[261].

Seria por demais reconfortante se Wolf fosse uma farsa que pudéssemos desmascarar - e não o sintoma de um desvendamento em massa de significado que assola, bem, todas as coisas. No entanto, ao ler a encarniçada luta de Roth contra as forças da banalização em *Operação Shylock*, comecei a pensar sobre as maneiras como tenho permitido que as forças do pipikismo me modifiquem. Desde que comecei a notar os refazimentos - desprovidos de fatos, sedentos por poder de influência - de *A doutrina do choque* em circulação no Mundo-Espelho, não sei ao certo como responder. Será que eu causei isso a mim mesma? Nos meus escritos sobre a exploração de má-fé do choque, eu julgava ter tido o cuidado de salientar que as crises catalisadoras não estavam sendo fabricadas como parte de uma trama grande e escusa para delas tirar proveito. Pelo contrário, essas crises foram (e ainda são) exploradas de forma oportunista, como meio estratégico de contornar a oposição política a políticas públicas impopulares. Mas porventura eu deveria ter feito mais? Será que as formas como pedi às pessoas que desconfiassem do poder durante momentos de choque alimentaram essa proliferação de conspirações? Todo o meu problema com a minha *doppelgänger* estava tentando me dizer isso? Ou - e esta possibilidade era a que mais me preocupava - o problema estava no fato de que eu, e muitas outras pessoas na esquerda, tínhamos sido tímidos e obedientes em demasia durante a era da covid? Será que aderimos muito prontamente às medidas pandêmicas que colocaram um fardo tão pesado sobre os ombros dos indivíduos? E será que fracassamos no que diz respeito a enfrentar à força a ganância corporativa que se alastrou de forma desenfreada nesse período?

O New Deal das Telas

Durante os anos da covid, repetidas vezes os políticos e líderes empresariais lançaram mão de estratégias de doutrina de choque. A "via de alta prioridade" que o governo britânico estabeleceu como saída para a produção de máscaras e outros equipamentos de proteção contra a pandemia era muito parecida com uma oportunidade de encher os bolsos de amigos e doadores (o que resultou, em alguns casos, na aquisição de equipamentos inutilizáveis). Quando o Serviço Nacional de Saúde (NHS), que padecia de uma falta de recursos crônica, foi sobrecarregado pela covid e outras crises de saúde no final de 2022, o governo tóri aprovou em surdina várias modalidades de serviços médicos privados como supostas soluções – e pairou o receio sobre a possibilidade de uma iminente venda em leilão do NHS, muito estimado pelos britânicos. Tentativas semelhantes de privatização clandestina dos serviços de saúde ocorreram também em várias províncias canadenses, mais uma vez usando-se como justificativa a sobrecarga pandêmica. E, em nome da prevenção contra outras "perdas de aprendizagem", o governo de direita de Ontário tentou privar os trabalhadores do setor da educação pública de seu direito legal à greve – um dos inúmeros ataques às escolas públicas que ocorreram sob o pretexto da crise. Enquanto isso, na Índia, durante a pandemia o governo desferiu uma série de ataques históricos às proteções econômicas dos agricultores do país, medidas que por fim teve de revogar, após ondas de protestos. Diversos governos, incluindo os da Sérvia e da Grécia, utilizaram a crise para reforçar os poderes de segurança e reprimir os opositores. As políticas extremas de "covid zero" da China representaram um grave ataque aos direitos trabalhistas – durante semanas a fio, muitos trabalhadores não puderam deixar suas fábricas.

Mantive um arquivo abundante e, nos primeiros meses de pandemia, escrevi e falei com frequência sobre essas formas de oportunismo, exploração e lucros imorais. Em maio de 2020, publiquei um longo artigo no site *The Intercept* e no jornal *The Guardian* sobre como grandes empresas de tecnologia, por exemplo Google e Amazon, estavam tirando proveito dos confinamentos para promover uma lista de desejos de tecnologias "sem toque", rapidamente reposicionando suas marcas como "seguras contra a covid". Como exemplo especialmente flagrante, citei Anuja Sonalker, CEO da Steer Tech, empresa sediada em Maryland que vende tecnologia de sistemas de estacionamento automático para veículos: "Houve um notável aquecimento do interesse por tecnologia que não envolva humanos ou contato", disse ela, acrescentando, de forma bastante assustadora: "Os humanos são riscos biológicos, as máquinas não"[262].

Isso foi durante aquela primeira onda devastadora – antes de termos acesso a boas máscaras, e muito menos vacinas, numa altura em que ficarmos longe uns dos outros era praticamente a única ferramenta de que dispúnhamos para impedir a propagação de um vírus que mal entendíamos. Mas o ex-CEO da Google Eric Schmidt e outros bilionários da tecnologia aproveitaram essas medidas de emergência provisórias para fazer pressão por mudanças mais permanentes que representariam enormes oportunidades de lucro para seu setor – uma ampla gama, que ia desde medidas como deslocar grandes blocos da educação para o ensino perpetuamente online até a criação de supostas "cidades inteligentes", o que aumentaria de forma drástica a vigilância da vida cotidiana. No futuro que eles anteviram durante a crise, não somente as nossas casas nunca mais voltariam a ser espaços exclusivamente pessoais, mas também, por meio da conectividade digital de alta velocidade, as nossas escolas, os nossos consultórios médicos, as nossas academias de musculação e, se assim o Estado determinasse, nossos presídios. Era uma visão sombria, possibilitada pela inteligência artificial, de uma sociedade "sem toque" que empregaria muito menos professores, médicos e motoristas. Não aceitaria dinheiro em espécie, teria o mínimo de transporte público, e muito menos arte ao vivo.

Todas essas tendências existiam antes da pandemia. Porém, durante aqueles primeiros meses de confinamento, passaram por uma aceleração vertiginosa. Nada do que escrevi nas minhas reportagens foi especulativo – meus textos basearam-se em declarações públicas de empresas de tecnologia, bem como em documentos divulgados sob a Lei de Liberdade de Informação dos Estados Unidos. Começava a surgir algo semelhante a uma doutrina coerente de choque pandêmico, a que chamei jocosamente de "New Deal das Telas".

Alguns meses depois da publicação do artigo, comecei a ver exemplos dessas mesmas tendências sendo apresentados de formas muito mais conspiratórias: talvez as empresas de tecnologia tivessem planejado tudo. Talvez fosse obra do Fórum Econômico Mundial e o seu plano para o Grande Reinício; talvez toda a pandemia não fosse real, e o número de mortos não passasse de uma farsa muitíssimo bem elaborada. Talvez, como minha *doppelgänger* parecia sugerir, fosse tudo uma manobra para nos fazer aceitar um Estado policial de pontuação de crédito social ao estilo do Partido Comunista Chinês.

Comecei a duvidar de mim mesma. Eu não deveria ter denunciado as maneiras como as empresas de tecnologia estavam tirando proveito da crise? Eu poderia ter feito mais, em todos os meus textos relacionados ao choque, para enfatizar que emergências reais existem de fato e exigem medidas de emergência? A verdade é que recuei – não por completo, mas em demasia. Quando Wolf começou a saracotear pela Fox em seu novo papel de "CEO de uma empresa de tecnologia"[263], soando, ainda que involuntariamente, como minha "absurda substituta", eu apenas não dei conta de encontrar uma forma de continuar falando sobre como as grandes corporações de tecnologia estavam tirando proveito da crise sem ser sugada para dentro do estridente moinho da conspiração. Eu não conseguia ver como seria possível evitar que uma discussão séria sobre o verdadeiro capitalismo de desastre se misturasse com fantasias antivacinação perigosas de verdade e com a negação total do coronavírus. Eu fui tolhida pelo pipikismo.

O novo reinício verde?

Fato ainda mais perturbador é que as forças do Mundo-Espelho, capazes de transformar tudo em farsa, pareciam também estar minando as incipientes e frágeis tentativas de realmente resolver muitas das crises reais que enfrentamos, desde o colapso climático e o encarceramento em massa até as devastadoras condições de superexploração de trabalho que a pandemia desmascarou. Agora parece algo muito distante, mas durante alguns meses de 2020 – por cerca de meio ano – prevaleceu uma crença generalizada de que a pandemia poderia ser um catalisador para várias das mudanças estruturais que as nossas sociedades vinham coletivamente procrastinando e evitando. Muitos de nós inclusive nos permitimos sonhar que o vazio das nossas estradas, o descanso dos céus sem aviões e toda a conversa sobre as pessoas sentirem a falta umas das outras levariam na verdade a uma significativa mudança na forma como decidimos viver quando a pandemia enfim amainasse. Foram as semanas em que muitos de nós compartilhamos, citamos e postamos o ensaio de Arundhati Roy "The Pandemic Is a Portal" [A pandemia é um portal], imaginando que uma calamidade global poderia nos conduzir a algum lugar não apenas diferente, mas melhor.[264]

Essas esperanças indômitas se acentuaram ainda mais quando, naquela primeira primavera e verão, as ruas sem carros se encheram de manifestantes exigindo o fim dos assassinatos de pessoas negras pela polícia, juntamente com uma radical reimaginação das prioridades e dos gastos públicos. Foi o período em que grupos ativistas e organizações políticas progressistas colaboraram em plataformas que clamavam por uma "recuperação do povo" com relação à covid – planos que combinavam o sonho de um mundo verde com o ideal de um país justo e igualitário em termos raciais.

E, no entanto, apenas alguns meses depois, grande parte do senso de possibilidade que caracterizou aqueles primeiros meses de protesto contra a pandemia já tinha evaporado. Passamos pelo portal para um mundo que havia de fato mudado, mas não da forma que muitos de nós esperávamos. As razões foram muitas: as eleições presidenciais dos Estados Unidos sugaram um bocado de energia política; a pressão cada vez mais intensa para voltarmos à normalidade; a dificuldade de manter o foco enquanto ainda estávamos fisicamente isolados; o fato de muitos movimentos terem sido divididos por conflitos internos, muitos dos quais relacionados a tensões e rachas sobre se estavam construindo marcas em torno de figuras-chave ou construindo bases de participantes e membros.

No entanto, havia mais alguma coisa atravancando o caminho: a própria ideia de tratar a pandemia como um portal para algo novo – algo melhor, mais verdejante e mais belo – estava sendo sistematicamente pipikada no Mundo-Espelho por pessoas como a minha *doppelgänger*. Tudo se embaralhava e se amalgamava com o blá-blá-blá conspiratório sobre como as "elites globalistas" mancomunadas no Fórum Econômico Mundial estavam tentando tirar proveito da recuperação para instalar seu Grande Reinício. No começo de 2021, qualquer discussão sobre como as nossas sociedades poderiam e deveriam mudar em resposta à realidade de crises sobrepostas e entrecruzadas era imediatamente sufocada pelos diagonalistas sob a alegação de que se tratava de parte integrante de uma conspiração engendrada por Bill Gates no topo de uma montanha suíça. De repente os "confinamentos climáticos" começaram a virar tendência – uma ameaça totalmente inventada, com fortes ligações com o Instituto Heartland, o principal laboratório de ideias que nega as mudanças climáticas, e que fez a absurda afirmação de que, assim que parassem de trancar as pessoas em casa para lutar contra a covid, os globalistas passariam a trancá-las em casa a fim de reduzir as emissões de gases de efeito estufa. E alguns, a exemplo de Lara Logan, outrora a respeitada jornalista do programa *60 Minutes* e agora fomentadora de teorias da conspiração em tempo integral, alegaram que "aquelas pessoas querem que nós comamos insetos, baratas, enquanto se banqueteiam com sangue de crianças"[265] – ponto de vista que fez com que fosse banida do canal de notícias de direita Newsmax, mas ainda assim é compartilhado por inúmeros crentes do *QAnon* em todo o mundo.

O efeito dessa esfera de pipikismo em constante expansão é que não é apenas mais difícil falar sobre exemplos reais de alarmistas e boateiros lucrando com desastres ou sobre a necessidade de um New Deal Verde. Gradualmente passou a vigorar a sensação de que cada ideia com alguma importância e cada palavra capaz de expressar a magnitude do nosso momento tivessem sido armadilhas preparadas para explodir antes mesmo de serem pronunciadas.

Eu me lembro do momento em que percebi o tamanho do perigo desse pipikamento. Eu estava escrevendo um artigo sobre o fato de que políticos locais de extrema direita no norte da Califórnia ordenaram que a polícia expulsasse os sobreviventes do incêndio florestal mais mortífero do estado das barracas montadas em parques públicos nas quais alguns estavam vivendo. Digitei uma frase sobre como essa decisão simbolizava um sinistro presságio de um "futuro ecofascista", em que as autoridades tiram proveito dos medos ecológicos como pretextos para justificar violentas medidas repressivas de segurança contra as pessoas consideradas seres inferiores, muitas vezes os imigrantes e os pobres. O ecofascismo é uma ameaça concreta, que vem se tornando mais explícita em setores da direita. Mas apaguei a palavra e troquei por "ecoautoritarismo" – um pouco mais fraca. Porém, brincar de forma inconsequente com o termo "fascismo" é o que a Outra Naomi faz, e porventura ela não ajudou a tornar absurda a própria palavra? Então percebi o que eu tinha feito: "ecofascismo" é o termo *exato* para descrever a ameaça. E é bastante conveniente para a coalizão de forças fascistas que o termo tenha sido usado de forma tão inadequada, tão ridicularizado e pipikado a ponto de os antifascistas relutarem em empregá-lo para descrever com precisão eventos no mundo real.

Mais ou menos nessa época, minha amiga Alex ligou da Austrália e conversamos por videochamada. "É verdade que os bloqueios da covid estão transformando a Austrália em um país fascista?", perguntei. "Porque foi isso que a Naomi Wolf acabou de dizer a Steve Bannon. Eu não consigo encontrar relatos confiáveis."

Alex, uma das minhas poucas amigas que não se incomodam com o tipo de programa que eu costumo escutar, encolheu os ombros e respondeu: "A polícia é ruim. Mas é estranho: antes eu sabia quem eram os fascistas e quem eram os antifascistas. Havia brigas de rua. Estava claro qual lado era qual. Mas agora os fascistas encamparam totalmente a nossa linguagem. Eu me sinto sem palavras".

Ouvi-la usar a expressão "sem palavras" fez com que eu me sentisse estranhamente melhor. Eu estava pensando que minha incapacidade de encontrar palavras era resultado do meu problema específico de Naomi-Naomi. Mas ficou claro que, naquele momento de grande solidão, muitos de nós assistíamos, boquiabertos, ao mundo passar.

O problema da falta de palavras é mais profundo do que os contínuos maus-tratos que palavras importantes vêm sofrendo no Mundo-Espelho. Creio que isso talvez tenha a ver também com uma crescente incerteza sobre o papel que as palavras desempenham, a sua utilidade básica. As palavras ainda são úteis para fins práticos, como organizar o horário de buscar as crianças na escola, elaborar listas de compras e escrever canções que grudam no ouvido feito chiclete – mas e para mudar o mundo? Meu amigo Bill McKibben fala sempre sobre por que tomou a decisão de dar uma guinada na vida e deixou de escrever artigos e livros para fundar a organização de mudança climática 350.org (de cujo conselho diretivo ambos fomos membros durante uma década). Bill diz que quando era jovem e ingênuo e escreveu *O fim da natureza*[266], o primeiro livro sobre as alterações climáticas para o público em geral, "pensava que os livros mudavam o mundo". Então, depois de algumas décadas observando os legisladores e formuladores de políticas públicas ignorarem os livros dele e de outros, sem mencionar o meticuloso trabalho de milhares e milhares de cientistas climáticos cada vez mais em pânico, ele chegou à conclusão de que, embora as palavras ajudem, são "os movimentos das pessoas que mudam o mundo". Mas aqui está a questão que me tem corroído: e se os nossos livros e os nossos movimentos, tais como são construídos hoje (muitas vezes de formas que se assemelham às marcas corporativas), estiverem apenas mudando palavras? E se as palavras – escritas na página ou gritadas em protestos – mudarem apenas o que as pessoas e instituições dizem, e não o que fazem?

"SOU O VOCÊ QUE NÃO É FEITO DE PALAVRAS", anuncia o Falso Roth ao Verdadeiro Roth[267], fazendo alusão à questão central de muitas histórias de *doppelgänger*: quem é real e o que é real? O verdadeiro é quem reivindicou primeiro a identidade? Ou o verdadeiro é quem aproveita ao máximo a identidade e mais coisas faz com ela? Em *O duplo*, de Dostoiévski, o Falso Golyádkin é tão ativo e gregário que facilmente ofusca a atuação do original e o substitui. Em *Operação Shylock*, o Verdadeiro Roth é um enganador em tempo integral, um escritor de histórias, e não um fazedor de ações. O Falso Roth é um ativista e um aspirante a criador de histórias. Ele dá uma dura no Verdadeiro Roth por desperdiçar o poder cultural que acumulou via fama literária, apenas escrevendo mais romances neuróticos, derramando mais palavras – em vez de agir de forma concreta para ajudar o povo judeu, que é o tema dos seus romances.

Para o Falso Roth, é óbvia a resposta sobre o que torna uma pessoa real: o mais falso é aquele que se esconde atrás da representação, o real age "além das palavras". Isso trata da areia movediça que alicerça a nossa época: a confusão entre dizer/clicar/postar e fazer. A tensão entre a natureza virtual das vidas conduzidas no brilho azul das telas e a realidade do trabalho corporificado (escavar, colher, soldar, costurar, esfregar, encaixotar, transportar, entregar) e dos insumos materiais (petróleo, gás, carvão, cobre, lítio, cobalto, areia, árvores) que torna tudo isso possível.

Esta é a verdadeira fonte da minha escassez de palavras neste período irreal: um sentimento de ruptura quase violenta entre o mundo das palavras e o mundo além delas. Nos últimos anos, os movimentos sociais de esquerda obtiveram enormes vitórias na transformação da forma como falamos sobre todos os tipos de questões – bilionários e governos oligárquicos, colapso climático, supremacia branca, abolição das prisões, identidade de gênero, direitos dos palestinos, violência sexual –, e tenho de acreditar que essas mudanças representam vitórias reais, que elas são importantes. E, no entanto, em quase todas as frentes, perde-se terreno tangível. A mudança de discurso não impediu que nos primeiros dois anos da pandemia os dez homens mais ricos do mundo duplicassem as suas fortunas coletivas de 700 bilhões de dólares para 1,5 trilhão de dólares[268]; não impediu as forças policiais de aumentar seus orçamentos, enquanto os professores se veem obrigados a pagar do próprio bolso os materiais básicos para exercer seu ofício; não impediu que as empresas de combustíveis fósseis arrecadassem mais bilhões de dólares em subsídios e novas licenças; não impediu que forças policiais israelenses atacassem o funeral da venerada jornalista palestino-estadunidense Shireen Abu Akleh, que perdeu a vida ao ser atingida por um tiro na cabeça quase certamente disparado por um soldado israelense durante uma operação militar na Cisjordânia.[269]

"Mudamos de fato o discurso...", comentou um amigo outro dia, e então o pensamento desapareceu. Sim, mudamos. Mas ao que parece fizemos isso no exato momento em que as palavras e as ideias sofreram uma drástica desvalorização cambial, um colapso vinculado, de uma forma que mal começamos a compreender, ao conjunto de palavras em meio às quais nadamos nessas telas. Uma torrente que persistentemente amplifica as formas mais operísticas de performance virtuosa e as formas mais cínicas de pipikamento. Angela Davis, na primavera de 2022, definiu assim a tensão dos históricos protestos pós-George Floyd: "Em muitos aspectos, nada mudou de verdade, mas, ao mesmo tempo, tudo mudou"[270].

Além do blá-blá-blá

São temas difíceis sobre os quais escrever e falar, porque tudo de que dispomos são essas mesmas palavras depreciadas. É por isso que gostei muito das várias intervenções de Greta Thunberg durante a Cúpula do Clima de 2021, em Glasgow, que essencialmente consistiram em zombar das pessoas que diziam coisas sobre as alterações climáticas e muito pouco faziam a respeito das alterações climáticas. Sem medir palavras e lamentando a contínua inação, Greta sintetizou suas críticas repetindo, várias vezes: “Blá-blá-blá”.

Vale a pena relembrar que o primeiro protesto de Thunberg foi a sua recusa, quando ainda menina, em falar. Ela aprendeu sobre a crise ecológica, viu que pouquíssima coisa estava sendo feita a respeito disso e parou de falar com qualquer pessoa além de seus familiares. Ela começou a falar quando as coisas começaram a mudar – de início, ações pequenas, por exemplo seus parentes comprometendo-se a se tornarem vegetarianos, e depois iniciativas de maior monta, como milhões de pessoas aderindo a manifestações e protestos em todo o mundo por ações contra as mudanças climáticas.

Depois disso Thunberg não parou mais de falar, para todos os tipos de público; a julgar pelo cuidado que dedicava a esses discursos, dava para perceber que uma parte dela acreditava que suas palavras poderiam gerar ações. O aspecto interessante na versão de Greta que deu as caras em Glasgow é que ela evidentemente havia perdido a fé anterior – perdeu a fé no espetáculo de si mesma a fazer discursos para arrasar os líderes por não fazerem nada. Então começou a fazer discursos menos sobre mudanças climáticas e mais sobre o absurdo de toda aquela palhaçada. “Reconstruir melhor. Blá, blá, blá. Economia verde. Blá, blá, blá. Zero emissões até 2050. Blá, blá, blá”, disse ela num evento que antecedeu a conferência de cúpula. “São as únicas coisas que ouvimos sair da boca dos nossos pretensos líderes. Palavras, palavras que soam bem e parecem ótimas, mas até agora não levaram a nenhuma ação. Nossas esperanças e sonhos se afogam nessas palavras e promessas vazias.”[271] Dois dias depois, ao ser indagada pela BBC acerca do que pensava sobre o acordo final firmado em Glasgow, Greta respondeu: “Eles até conseguiram atenuar o blá-blá-blá, o que é uma grande conquista”[272].

Isso é muito mais contundente do que aquilo que Greta estava habituada a fazer nessas reuniões de cúpula tão conceituadas. Ela costumava distribuir broncas e impropérios. Ela costumava implorar. Ela costumava chorar. E, embora tenha sido dura com os líderes que a ouviam, suas palavras ainda implicavam uma espécie de fé neles. Mas parece que Greta já não acredita nessa teoria da mudança. Ela chegou ao ponto a que tantos de nós chegamos: a constatação de que ninguém além de nós mesmos virá para nos salvar, e de que contamos apenas com qualquer ação que sejamos capazes de alavancar por meio da nossa cooperação, organização e solidariedade.

Há algo de poderoso em dar nome a isso, em vez de apenas encher linguiça e ocupar espaço em programas de rádio, TV ou internet. Porque se você se pegar dizendo, como fizeram alguns ativistas mais diplomáticos do que Greta, que uma cúpula sobre o clima é um "bom começo" e que a cúpula é oficialmente chamada de 26ª Conferência das Partes da Convenção-Quadro das Nações Unidas sobre Mudança do Clima (ou COP-26) – porque literalmente àquela altura o evento vinha acontecendo todos os anos desde 1995 (exceto no 2020 devastado pela covid) –, então talvez seja a hora de admitir que as palavras não estão mais fazendo o que esperamos que façam.

Há tempos escrevo sobre como Bannon e Wolf estão pipikando as palavras, zombando de conceitos importantes, e isso é profundamente desnorteador. Mas é também o que líderes mais centristas têm feito há muito mais tempo: usar as palavras de maneira intencional, mas sem intenção de agir de acordo com elas. E uma forma de negacionismo alimenta a outra: é a guerra básica contra as palavras e o significado travada em partes mais progressistas da nossa cultura que torna concebível o negacionismo sem reservas do Mundo-Espelho.

"Em algum momento você teria de viver como se a verdade fosse verdade", canta Tamara Lindeman, da banda The Weather Station, em sua balada climática *Loss* [Perda].[273] Em algum momento – mas aparentemente ainda não.

Durante toda a minha vida adulta venho escrevendo sobre a separação entre os signos e os significados. Eu não tinha ideia, porém, de até onde isso iria. Quando preenchi as páginas de *Sem logo* com atentas leituras textuais das primeiras campanhas de marcas de estilo de vida que se apropriaram de iconografia revolucionária para vender tênis, laptops e contas-correntes de banco – os rostos mortos de Martin Luther King Jr. e Gandhi aparecendo nos outdoors da Apple, os hinos do movimento anti-Guerra do Vietnã vendendo tênis Nike –, julguei ter entendido por que razão isso era perigoso. Por um lado, os movimentos e ideias transformacionais estavam sendo arrancados de seus contextos, tornando-se, no processo, menos potentes, menos reais. Por outro lado, uma robusta iconografia revolucionária estava sendo utilizada para, de forma ativa, ocultar e desviar a atenção dos mundos de sombras por demais reais que criaram os produtos anunciados – as adolescentes saudosas de casa e vítimas de assédio crônico que, trabalhando na Indonésia e na China, fabricavam os tênis e os produtos eletrônicos; os poluentes e as toxinas que escapam em todas as fases da cadeia de abastecimento global; os empregos que se transformavam em contratos esquivos enquanto éramos instruídos: "Coragem! Animem-se! Sejam sua própria marca!". Era uma cooptação, um disfarce e uma fraude, tudo ao mesmo tempo.

Mas havia um quadro mais amplo que eu não conseguia ver direito: a guerra total e irrestrita pelo significado que essa nova fase do capitalismo camuflado de progressista representava. No fim das contas, o que mais importava nessas campanhas era a ousadia com a qual alardeavam que, daqui por diante, nada mais significa nada: se King, Gandhi e Bob Dylan podem ser todos arrebanhados como chamarizes neoliberais, então absolutamente qualquer coisa e qualquer pessoa podem ser apartadas de seus contextos e transformadas em seu exato oposto. A história por trás da história era a normalização da dissociação entre as palavras e a realidade, o que poderia apenas inaugurar a era da ironia e do total distanciamento, porque essas pareciam ser as únicas posturas de respeito a serem adotadas em um mundo no qual todos mentiam o tempo todo. E a partir daí estávamos todos preparados para mergulhar de cabeça no mar de ilogismo, incongruência e comentários irrelevantes das mídias sociais, no pergaminho que embaralha as estruturas narrativas do argumento e da história em favor de uma interminável chuva de confetes de pensamento de "isto" e "isto" e "isto" e "olhe ali".

Se nada tem significado e nada decorre de qualquer outra coisa, então, como advertiu Hannah Arendt, tudo é possível. A realidade é uma massa a ser moldada, esculpida e configurada ao bel-prazer de quem quer que seja. Esse impulso parece bastante desvairado no Mundo-Espelho, onde influenciadores como a minha *doppelgänger* afirmam diariamente que somente eles são capazes de "ligar os pontos" e juntar as peças do complô de um mundo enlouquecido: Epstein, Gates, Davos, Fauci, o Partido Comunista Chinês. Mas também é desvairado à beça do lado de cá do vidro, onde adolescentes desesperados dizem aos líderes mundiais que o planeta está em chamas, e esses líderes respondem tirando selfies com os destemidos adolescentes, cumprimentando-os com poses de "toca aqui" para postagens no Twitter ou, no caso do primeiro-ministro canadense Justin Trudeau em 2019, juntando-se à imensa mobilização que reivindicava ações de combate às alterações climáticas, organizada sobretudo para protestar contra as políticas do governo encabeçado pelo próprio Trudeau, como se ele tivesse genuinamente se esquecido de que detinha o poder de fazer mais do que marchar pelas ruas.

Admirei os discursos de Greta sobre o "blá-blá-blá" porque captaram com precisão a generalizada sensação da falta de palavras, de uma maneira muito melhor que meus próprios silêncios impotentes e taciturnos nesse período. Greta encontrou uma forma não apenas de criticar a linguagem, mas também de protegê-la: ela estava zombando das palavras dos líderes e do que acontece com as palavras dela nos ouvidos deles, mas ao mesmo tempo estava guardando suas próprias palavras para espaços onde ainda pudessem ter importância, onde ainda pudessem ser importantes, onde ainda pudessem se combinar com princípios e ações, onde as pessoas não estejam apenas atuando para câmeras. Pouco depois ela seria detida pela polícia, com outros manifestantes, ao protestar contra a expansão de uma mina de carvão no oeste da Alemanha.

Embora eu hesite em sugerir isto, estamos em um lugar onde podemos aprender um pouco com Steve Bannon. Aprender com sua estratégia sanguinária e com sua linha de ação calcada na construção de coligações vencedoras a despeito das diferenças. Com a sua transformação de ouvintes e observadores em executores extremamente organizados. Com seu foco no mantra "Ação! Ação! Ação!".

Provavelmente é tarde demais para recuperar tudo o que foi perdido para as forças do pipikismo – mas há uma coisa à qual jamais devemos renunciar: a linguagem do antifascismo. Os verdadeiros significados de "genocídio" e "apartheid" e "Holocausto", e a mentalidade supremacista que torna todos eles possíveis. Precisamos dessas palavras, afiadas e nítidas, para nomear e combater o que está rapidamente tomando forma no Mundo-Espelho – toda uma cosmologia construída em torno de alegações de corpos superiores, sistemas imunológicos superiores e bebês superiores, sob os auspícios do dinheiro das vendas de suplementos, bitcoin e ioga pré-natal.

Tudo seria muito ridículo – se não fosse muito sério.

9
A extrema direita encontra a extrema bizarrice

Quando a data da eleição foi marcada e teve início a guerra dos cartazes, nosso filho, T., aplaudia e vibrava toda vez que passávamos por algum cartaz alaranjado com o nome de seu pai. Comentei com Avi e sua equipe que a pesquisa que eu estava fazendo acerca do Mundo-Espelho poderia ter alguma relevância para a sua campanha eleitoral, mas estávamos no verão de 2021 e eles descartaram a ideia, por considerá-la uma espécie de maluquice estadunidense.

Eu não tinha tanta certeza. Em um dos podcasts sobre conspirações do qual sou ouvinte, recentemente eu descobria que uma mulher chamada Romana Didulo, que aliás vive não muito longe de nós, havia se autoproclamado "Rainha do Canadá, Chefe de Estado e Comandante em Chefe" e estava emitindo decretos ordenando às empresas que parassem de exigir comprovantes de vacinação, sob o risco de enfrentarem pena de morte (que não existe no Canadá). Isso em si já era bastante bizarro. Bizarrice ainda maior era que Didulo parecia ter milhares de súditos leais, alguns dos quais entregavam em mãos as "ordens de cessar e desistir" da monarca, informando empresas, escolas e até a polícia de que eram "cúmplices de crimes contra a humanidade e serão processados por Nós, o Povo" via tribunais militares. Comecei a notar também um pequeno grupo de manifestantes que se reunia periodicamente no cruzamento mais movimentado da cidadezinha, na mesma rua. Eles seguravam cartazes que, depois de eu ter acompanhado as aventuras da Outra

Naomi, me pareciam familiares: NÃO CONSINTO, PLANDEMIA e O MEDO É O VÍRUS. Ainda assim, naquela época, só um ano depois do início da pandemia, eu conhecia apenas uma única pessoa que concordava comigo quanto à constatação de que o Canadá caminhava a passos largos para o caos do Mundo-Espelho que assolava o sul da fronteira: minha instrutora de ginástica; desde que começou a exigir comprovação de vacina para as pessoas entrarem em seu estúdio, ela vinha sendo bombardeada por ameaças.

Entendi por que o estafe da campanha de Avi era tão cético: a presunção canadense é uma droga poderosa. Aqui na Colúmbia Britânica, a província mais ocidental do Canadá, o governo delegou quase todas as suas comunicações cruciais sobre a covid à dra. Bonnie Henry, uma autoridade de saúde pública de semblante extremamente sensato que era uma espécie de anti-Trump. Com uma voz reconfortante de tão suave, quase um sussurro, diariamente ela nos punha a par dos dados mais recentes e nos suplicava: "Sejam gentis, tenham calma, fiquem em segurança". Os níveis de infecção permaneceram baixos durante o primeiro ano e, por algum tempo, a febre da "dra. Bonnie" se exacerbou tanto que artistas pintaram murais de seu rosto de cabelo loiro estilo Chanel, e o designer de calçados John Fluevog criou um par de sapatos estilo Mary Jane de couro envernizado em homenagem a ela.

O negacionismo da covid e a histeria do Grande Reinício circulavam no Canadá, mas ainda pareciam estar isolados na direita da política. Muitos eleitores vinham abandonando o sóbrio Partido Conservador e migrando aos montes para o Partido Popular, marginal e com uma feroz postura anti-imigração, e que retirava suas pautas eleitorais diretamente do Mundo-Espelho. "Diga não aos passaportes vacinais!", declarava um panfleto enfiado na minha caixa de correio. Mantenha-se firme e forte contra "os ditames tirânicos do sistema". Avi achou que isso provavelmente não seria um fator relevante entre os eleitores progressistas que ele esperava alcançar. Ele concorreu pelo NDP, o outrora orgulhosamente socialista Novo Partido Democrático do Canadá, que o seu avô e o seu pai ajudaram a fundar e que, em consonância com as tendências globais, havia muito tempo era mais "à esquerda" do que realmente "de esquerda". Nessa eleição, o partido prometia fortalecer os programas sociais que ajudaram o país a enfrentar comparativamente bem as primeiras ondas da covid. Avi apostava que muitos canadenses estariam dispostos a aceitar uma forma de governo ainda mais ativista para enfrentar as emergências climáticas e habitacionais. E assim, tirando proveito das grandes esperanças que muitos de nós ainda tínhamos àquela altura, o slogan que ele utilizou foi "A recuperação da pandemia deve ser um New Deal Verde para todos!".

Tentei alertá-lo, juro que tentei. Eu lhe disse que o negacionismo estava rasgando uma linha diagonal através das fronteiras, de formas que eram difíceis de prever por meio do antigo eixo esquerda-direita. Eu o avisei de que na comunidade em que vivemos, onde curandeiro energético e coach de vida são carreiras pelo menos tão populares quanto as de enfermeira e professor, e onde "partos livres" [em que a mulher opta por não ter nenhuma forma de assistência médica] e raves na floresta na lua cheia são eventos muito em voga, haveria eleitores – os eleitores dele em potencial – que seguiriam pessoas como a minha *doppelgänger* Mundo-Espelho adentro. Eu o incentivei a ler sobre passaportes vacinais, a familiarizar-se com o Grande Reinício e a desenvolver posições cuidadosas e ponderadas acerca de tudo isso.

Ele não tinha tempo. Estava ocupado demais elaborando pronunciamentos com posições e diretrizes práticas sobre crises reais: escassez de água devido a secas crônicas, aumento vertiginoso do preço dos aluguéis e elevados custos de habitação, transportes públicos inadequados, o abate das nossas últimas florestas virgens. Doce homem: ele ainda achava que a realidade estava nas urnas.

Então começamos a bater às portas.

A tarefa de angariar votos de porta em porta nunca é exatamente confortável, mas realizar uma campanha de mobilização eleitoral desse tipo dezessete meses depois de um surreal evento global que semeou o medo das exalações alheias era apavorante de um jeito ímpar. Para algumas das pessoas que ousavam atender à porta ou espiavam através das cortinas, deparar-se com gente desconhecida nos degraus da frente de casa era lidar com uma aparição perturbadora.

Depois de cerca de uma hora tocando uma série de campainhas, eu e meu parceiro de campanha Tak registramos em nossa prancheta apenas uma única interação positiva na nossa área de cobertura. Na maioria das vezes as pessoas nem sequer atendiam à porta, mesmo quando dava para ouvi-las gritando umas com as outras dentro de casa. Até que chegamos a uma casa com painel solar no telhado e um carro elétrico carregando na garagem.

"Nossa gente", declarou Tak, confiante.

Eram cerca de três da tarde, e a mulher de quarenta e poucos anos que abriu a porta branca da frente estava um pouco desarrumada.

"Desculpem, eu ainda não me troquei", justificou-se ela, claramente envergonhada e apontando para a calça de pijama com estampa de ursinhos.

"Ai, meu Deus, imagina, eu sou a última a julgar", respondi, na esperança de que o enorme sorriso encoberto por minha máscara aparecesse na forma de simpáticas rugas nos olhos. "Não acredito que *eu* não esteja de pijama a esta hora! Meu filho não usa roupas de verdade há mais de um ano!"

Nós rimos. O cachorro dela, um labradoodle preto, saiu correndo da casa, latindo e rodopiando.

"Não liguem pra ele. Ele não está mais acostumado com as pessoas. Que nem eu."

Rimos mais um pouco. Contei a ela sobre minha cockapoo meio devagar das ideias e desadaptada à vida social, a mesma que estava em guerra com seu *doppelcãozinho*; brinquei com o labradoodle e elogiei a dona da casa por seus painéis solares. Começamos bem.

"Estamos aqui pra saber quais são as questões que você tem em mente antes das eleições federais", expliquei. "Estamos em campanha pelo NDP e..."

O clima mudou drasticamente. Ela deu um passo para trás casa adentro e me encarou com o que passei a chamar de "olhos da internet".

"Eu votei no NDP a minha vida inteira. Meus pais votavam em vocês. Meus avós votavam em vocês. Mas devo dizer que estou muito decepcionada com o seu líder e com a forma como ele se vendeu aos globalistas."

Os globalistas? Meus folículos capilares formigaram, sentindo a palavra-código para "judeus". Mesmo assim, eu estava lá para obter votos, não para fazer amigos. Tentei fazer o que, nos treinamentos de campanhas de mobilização porta a porta, é chamado de "construir uma ponte".

"Eu sou escritora. Na verdade, anos atrás escrevi um livro sobre a globalização corporativa. E o NDP sempre enfrentou as grandes corporações e os acordos comerciais nocivos. O partido quer implementar um imposto sobre fortunas e..."

"Não. Já chega", disse ela, chamando seu cachorro de volta e recuando mais. "Desta vez eu vou votar no Partido Popular."

E, com isso, ela e o labradoodle preto desapareceram atrás de uma porta branca firmemente cerrada.

Tak e eu saímos de lá atordoados.

"Já trabalhei em algumas campanhas", disse ele devagar. "Mas essa é a primeira eleitora que eu encontro que trocou o NDP pelo Partido Popular."

Sem dúvida essa mulher havia embarcado num trem expresso: no Canadá há dois partidos do establishment – os liberais e os conservadores –, que abraçam o centro político e tradicionalmente se revezam no poder. A eleitora migrou do NDP, na esquerda do espectro, para o Partido Popular, na extrema direita, sem sequer fazer uma parada em qualquer um dos partidos de centro. Eu compreendia a frustração com o NDP; eu também estava frustrada. Desde a ação climática até o aumento da desigualdade, nos últimos anos o Novo Partido Democrático não conseguira oferecer uma verdadeira alternativa de esquerda. Esta era justamente a razão pela qual Avi estava concorrendo: incentivar os colegas a viver de acordo com seus ideais originais. Mas usar a frustração diante do esquerdismo em má fase para justificar o salto direto nos braços da extrema direita? Que merda estava acontecendo?

Eu e Tak batemos em mais algumas portas, a recepção mais calorosa de todas foi a dos canadenses de origem punjabi, gratos pelo apoio do NDP aos agricultores na Índia que estavam no meio de uma revolta em massa, e essa acolhida ajudou a amenizar a nossa sensação de que tínhamos caído numa toca de coelho no Reddit.

Com a nossa prancheta agora repleta de dados dos eleitores e os nomes de alguns possíveis "supervoluntários", rumamos para a reunião agendada na casa de um leal partidário. Avi, que estava batendo às portas alguns quarteirões adiante, apareceu momentos depois. Ele parecia abalado e balbuciou algo sobre como podia "sentir o cheiro do sândalo". Depois de ter tirado a máscara e beber um pouco de água, ele nos contou toda a história. Em certo momento ele chegou a uma casa cuja porta da frente estava entreaberta, e por ela saía uma lufada com odor de incenso que flutuava até o meio-fio. Os peitoris das janelas eram apinhados de estátuas de bronze, entre as quais ele reconheceu Buda e Ganesha. Tal como nós na casa com os painéis solares, ele imaginou que não seria muito difícil vender o New Deal Verde numa casa como aquela. Assim como nós, ele estava redondamente enganado.

Uma mulher branca com músculos rijos saiu à varanda vestida com roupa de ioga e pronta para a briga. Colocando a mão sobre a boca em vez de uma máscara, ela tinha exatamente uma única pergunta a fazer a ele: "Qual a sua posição com relação aos passaportes da vacina?".

Avi respondeu que o partido era a favor da verificação da vacina para atividades em ambientes fechados, o que fazia todo sentido epidemiológico naquela fase da pandemia, e em seguida perguntou qual era a posição da mulher acerca da questão.

Foi então que ela começou a desfiar um rosário sobre a sua "autonomia corporal", "cidadania soberana", bem como sobre o fato de ser dotada de "um sistema imunológico forte".

"Isso é ótimo", disse Avi, estendendo sua versão da ponte. "É excelente que você seja saudável. A preocupação, creio eu, é que nem todo mundo tem um sistema imunológico forte. Algumas pessoas têm o organismo debilitado e problemas de saúde que aumentam a probabilidade de o vírus deixá-las gravemente doentes ou até mesmo morrer."

A resposta dela, naquela comunidade riponga da costa oeste, foi: "Eu acho que essas pessoas *têm mesmo de morrer*".

E depois disso ela desapareceu em meio a uma nuvem de sândalo.

Após essas interações angustiantes, nós dois começamos a ver evidências da propagação do diagonalismo ao nosso redor. Nos quadros de avisos da comunidade. Nas reuniões da câmara municipal. E sabe aquela pequena aglomeração de manifestantes? Estava crescendo rapidamente. Algumas semanas após o início da campanha, passei de carro em frente ao sonolento hospital em que T. nasceu e vi uma multidão de trezentas pessoas do lado de fora – até onde a minha memória alcança, o maior protesto de todos os tempos naquela comunidade rural. Sem sombra de dúvida, mais gente do que saiu às ruas para demonstrar discordância sobre a invasão do Iraque, e provavelmente mais do que na greve mundial pelo clima em 2019.

Os manifestantes atrapalharam a rotina dos pacientes que precisavam de cuidados urgentes e lançaram ofensas contra os enfermeiros – ataques que faziam parte de uma coordenada "Passeata Mundial" contra as determinações de vacinas que a minha *doppelgänger* vinha divulgando com furor em sua nova conta no Gettr.[274] A certa altura, a multidão cantou uma versão murmurada da "Canção das mulheres guerreiras", hino sagrado para muitas comunidades nativas da região, incluindo a nação shíshálh, cujo conselho se reunia num escritório do outro lado da rua. O conselho emitiu uma declaração imediata condenando a apropriação como um insulto à sua cultura. Nesse ínterim, do outro lado do país, Trudeau cancelou um comício programado porque manifestantes antivacina [*antivaxxers*, em inglês] estavam ameaçando fazer uso de violência, disparando palavrões e exigindo novos Julgamentos de Nuremberg.

"Então, o que você diria sobre passaportes da vacina?", perguntou-me Avi naquela noite, tentando demonstrar tranquilidade.

"Primeiro eu validaria os medos dessas pessoas com relação aos dados. Diga a elas que sua principal prioridade é proteger a privacidade delas e manter as informações pessoais fora do alcance de empresas privadas de tecnologia. Direcione a conversa para a necessidade de regulamentar essas empresas, desmembrá-las, tratá-las como serviços públicos, garantir o direito de todos de fazer parte de uma praça digital. Mostre às pessoas que existe uma maneira de aderir às Big Techs sem colocar em perigo a vida delas e a vida de outras pessoas."

Ele me ouviu com atenção.

"O mesmo vale para a Grande Indústria Farmacêutica. Lembre-se de que as pessoas têm bons motivos para detestar essas empresas. Direcione o debate para o interesse comum: para começo de conversa, os tratamentos e medicamentos capazes de salvar vidas não devem visar ao lucro. Mude para a necessidade de expandir os cuidados de saúde pública de modo a incluir medicamentos vendidos sob prescrição médica. Fale sobre como podemos criar bons empregos na saúde pública e na medicina preventiva."

Ele conhecia todos esses argumentos de cor e salteado e de trás para a frente, já os vinha apresentando havia anos. Era apenas uma reformulação, uma forma de retomar algum território do Mundo-Espelho. Achei que essa estratégia tinha boas hipóteses de funcionar junto a alguns eleitores, aqueles que olharam apenas de relance para o espelho aqui e ali. Porém, com relação às pessoas que haviam feito a travessia completa para o outro lado, eu não tinha muita esperança de que Avi, por mais encantador que fosse, conseguiria trazê-las de volta.

Nas semanas seguintes, alguns aproveitaram a oportunidade para tentar convencer Avi de que ele havia entendido tudo errado, escrevendo-lhe cartas que, de forma bastante inteligente, usavam meu trabalho contra ele:

> Tenho feito muitas pesquisas sobre o que estamos enfrentando, e alimentava a esperança de que Naomi escrevesse uma continuação de *A doutrina do choque* a partir do que está acontecendo em nosso mundo agora, com a perda de nossas liberdades e a discriminação contra quem não aceita se submeter a tomar uma "injeção" experimental. [...] Essa "plandemia" custou caro ao nosso mundo e eu quero ver a justiça ser feita, e que prestem contas e sejam responsabilizados aqueles que tiveram um papel em tudo isso, a saber, Anthony Fauci, Bill Gates, Grande Indústria Farmacêutica, a mídia.

A maioria não desejava nem mesmo esse nível de diálogo.

Mesmo depois de meses atolada no Mundo-Espelho, fiquei perplexa com algumas das coisas que Avi e eu víamos e ouvíamos de nossos vizinhos. No início da pandemia, várias vozes se levantaram para exigir o sacrifício dos doentes e dos idosos em nome da manutenção da economia. No entanto, esses eram os subservientes republicanos; cruéis, mas coerentes com seu comportamento habitual. O que eu não esperava era encontrar eleitores de longa data do NDP – o partido fundamental para garantir o sistema universal de saúde pública do Canadá – indiferentes à morte em massa. Tampouco esperava encontrar alguém que poderia ter sido minha instrutora numa aula de vinyasa ioga defendendo com tanta veemência a extinção das pessoas fisicamente fracas ("Eu acho que essas pessoas *têm mesmo de morrer*"). Ou que um cartaz do Partido Popular aparecesse ao lado de anúncios de Meditação Profunda e Massagem Profunda dos Tecidos. Ou ouvir ambientalistas tarimbados afirmarem, em conversas privadas, que o direito de não ser vacinado era a sua única questão relevante nas eleições vindouras, a seu ver uma posição íntegra e baseada em princípios contra a Grande Indústria Farmacêutica. (Mais tarde descobriríamos que o homem que atacou violentamente o marido de Nancy Pelosi, Paul, de 82 anos, em sua casa em São Francisco, cresceu perto daqui.)

Qualquer que fosse a linha que, outrora eu imaginava, demarcava a separação entre "eles" e "nós", ela não se sustentava mais. Claramente um veneno havia sido liberado na cultura, que não estava circulando apenas entre os direitistas com a ajuda de algumas estrelas progressistas que fizeram a travessia para o outro lado. Era outra coisa: um composto venenoso emaranhado com robustas noções da vida natural, força corporal, preparo físico, pureza e divindade – ao lado de seus opostos, antinaturalidade, fraqueza corporal, preguiça, contaminação e condenação.

As subculturas de fitness e saúde alternativa há muito se misturam com movimentos fascistas e supremacistas. Nos Estados Unidos, os primeiros entusiastas do fitness e do fisiculturismo estavam entusiasmados também com a eugenia e com a perspectiva de criar o que consideravam uma forma humana superior. A propaganda nazista estava repleta de imagens de jovens fazendo caminhadas, e Hitler se convenceu de que a alimentação "natural" era fundamental para o sucesso do Reich (embora o seu vegetarianismo pareça ter sido um tanto exagerado). No Partido Nazista grassavam modismos de saúde e crenças no ocultismo extremo, tudo organizado no âmbito do projeto de construção de uma super-raça ariana de homens semelhantes a deuses. Em outras palavras, toda a missão de construir uma raça supostamente dourada tinha uma qualidade oculta, razão pela qual se fundiu tão facilmente com as modas da saúde New Age e vários fetiches naturalistas.

Após os horrores da Segunda Guerra Mundial, a aliança fascista/fitness/New Age se desintegrou. Quando o movimento New Age voltou a ter uma grande onda de popularidade, na década de 1960, estava firmemente associado aos hippies, ao ambientalismo e aos Beatles, que estudavam meditação transcendental. Agora, porém, parecia que as raízes supremacistas mais antigas do movimento estavam se reafirmando.

As pessoas que Avi e eu estávamos conhecendo no extremo desse espectro não pareciam negar totalmente a covid. Em vez disso, encaravam o vírus como uma espécie de limpeza, ou "abate do rebanho", algumas delas misturando crenças ecofascistas e imaginando a pandemia como um meio pelo qual o mundo natural, uma vez livre das tensões humanas, seria regenerado. Essa linha de pensamento correu solta nos primeiros dias dos confinamentos, quando a internet foi invadida por memes como A TERRA ESTÁ SE CURANDO e NÓS SOMOS O VÍRUS, juntamente com vídeos (muitos deles falsos) de animais selvagens se reapossando das nossas cidades grandes e pequenas, agora vazias e fantasmagóricas. Nesse momento, no entanto, a aceitação de certa quantidade de mortes de seres humanos estava se tornando, de maneira mais evidente e explícita, ligada à oposição às vacinas. Por volta desse período, Rob Schmitt, ex-apresentador da Fox News que se transferiu para o Newsmax, refletiu no ar: "Tenho a sensação de que, de uma forma bizarra, a vacinação é em linhas gerais meio que ir contra a natureza. Tipo, quero dizer, se houver alguma doença por aí – talvez seja apenas um fluxo e refluxo na vida, em que algo deve exterminar certa quantidade de pessoas, e é assim que a evolução acontece. As vacinas atrapalham um pouco isso"[275].

Essas ideias vinculam-se a histórias marcadas por derramamento de sangue nas Américas, remontando aos relatos dos conquistadores e colonos europeus sobre como as doenças infecciosas que devastaram as populações nativas – já enfraquecidas depois que os colonos roubaram suas terras e dizimaram suas fontes de alimento – eram na verdade obra de Deus, um sinal divino de que esses continentes estavam destinados a pertencer aos cristãos brancos. "Uma maravilhosa praga" foi como o rei Jaime I da Inglaterra descreveu as pandemias na *Carta da Nova Inglaterra* de 1620. "Deus Todo-Poderoso, em vossa grande bondade e generosidade para conosco", lançou a doença "entre os selvagens"[276]. Em 1634, John Winthrop, o primeiro governador da Colônia da Baía de Massachusetts, descreveu em termos semelhantes as doenças que assolaram os povos nativos de língua algonquina: "Mas, quanto aos nativos destas partes, Deus os perseguiu de tal maneira, por uma distância de cerca de quinhentos quilômetros, que quase todos foram dizimados pela varíola que ainda se espalha entre eles: pois o

Senhor quis conceder-nos o que de direito nós possuímos"[277]. Em 1707, o ex-governador da Carolina John Archdale também considerou que a morte em massa era algo enviado pelos céus, e acerca dos "índios" escreveu que "agradou a Deus Todo-Poderoso lançar em meio deles doenças incomuns, a exemplo da varíola etc., de modo a diminuir seu número; de modo que nas mãos dos ingleses, em comparação com os espanhóis, há menos sangue indígena"[278]. Isso não era verdade - os ingleses foram responsáveis por um banho de sangue, e as doenças eram apenas uma das muitas assassinas nessas ondas de genocídio. Mas a ideia de que as pandemias realizam o trabalho de um poder maior - seja esse poder imaginado como Deus, a providência divina ou como a natureza - é parte integrante do mito de origem do mundo moderno.

Que o pensamento ecofascista venha à tona com violento ímpeto no nosso momento histórico específico é, infelizmente, previsível. Vivemos numa época em que se revezar entre dois empregos não é garantia de conseguir custear a moradia, e em que muitos dos nossos governos consideram que demolir acampamentos de desabrigados é uma solução de política pública viável. Ao mesmo tempo, a cada dia que passa nos aproximamos de um futuro de colapso climático que, caso não seja refreado e revertido, certamente conduzirá ao abate de imensos contingentes da nossa espécie e de outras, atingindo primeiro e com mais intensidade os mais vulneráveis. O processo já está bem encaminhado. Estar vivo num momento de fio da navalha como este, ser forçado a ser cúmplice dele, enquanto as ações dos nossos pretensos líderes fracassam de maneira acachapante, inevitavelmente gera todos os tipos de sintomas mórbidos. Inevitável em igual medida é que as pessoas recorram a narrativas para dar sentido a essa realidade.

Entre essas narrativas está aquela que o movimento por justiça climática vem contando há anos - a mesma que estava na ponta da língua de Avi: pessoas de boa consciência, passando por cima de todas as linhas destinadas a nos dividir, podem se unir, somar forças e transformar nossas sociedades em algo mais justo e mais verde, no momento certo. Mas a cada dia que passa está ficando mais difícil acreditar nessa história. Portanto, outra narrativa, que se espalha muito mais rapidamente, é mais ou menos assim: eu ficarei bem, estou preparado, com os meus víveres enlatados e painéis solares instalados e o relativo lugar de privilégio neste planeta – são outras pessoas as que irão sofrer. O problema com essa narrativa, todavia, é que ela exige encontrar maneiras de conviver com o sofrimento em massa dos outros e apresentar justificativas racionais para esse sofrimento. E é aí que entram em jogo as histórias e lógicas que consideram a morte de outras pessoas uma inevitável forma de seleção natural, talvez até uma bênção.

Tal qual a aliança fascista/New Age, tudo isso se desenrola numa espécie de ciclo histórico. Todas as vezes que um grupo optou por permitir que uma terrível violência fosse infligida a outro grupo, circularam histórias e lógicas que forneceram aos beneficiários da violência a permissão para participarem ativamente (até mesmo com alegria) ou desviarem o olhar. Histórias que diziam coisas do tipo: as pessoas que estão sendo sacrificadas/escravizadas/aprisionadas/colonizadas/abandonadas à própria sorte para morrer de modo que outros possam viver confortavelmente não pertencem ao mesmo nível dos humanos. Elas são os outros/abaixo do padrão/inferiores/mais escuras/mais animalescas/doentes/criminosas/preguiçosas/incivilizadas. Há anos essas lógicas ressurgem de tempos em tempos na direita, evidentes na presença de líderes protofascistas e autoritários no Brasil, na Índia, na Hungria, nas Filipinas, na Rússia e na Turquia, entre outros lugares. Mas o que vimos durante a campanha eleitoral foi que essas lógicas estavam se espalhando, diagonalmente, desde os conservadores autoritários até partes da esquerda verde e New Age, percorrendo bem desgastados caminhos neurais com histórias longas e sinistras.

O fio que as conecta é simples e rígido. É estar confortável com o abate sacrificial.

O quem é quem dos pirados

Quando ainda morávamos em New Jersey, que na época ficava atrás apenas de Nova York como o estado com o maior número de mortes por covid, a primeira afronta antilockdown veio principalmente de dois grupos. O primeiro eram as pessoas extremamente religiosas: cristãos evangélicos, muitos dos quais lotavam megaigrejas a despeito dos protocolos de confinamento, e os nossos vizinhos judeus ortodoxos, que entraram em conflito com as autoridades locais por continuar a se reunir para grandes funerais e outras cerimônias, apesar das ordens das autoridades de saúde pública. Isso era de esperar: muitas pessoas ultrarreligiosas acreditam que a sua fé funciona como uma espécie de campo de força contra o mal, ou que a doença é um pequeno preço a pagar pelo cumprimento das suas obrigações religiosas. Dentro dessa lógica, não seguir as diretivas de Deus para as orações comunitárias representava um risco maior do que enfrentar as partículas de aerossol dos seus devotos irmãos na igreja ou na sinagoga. Certa noite, durante as primeiras semanas de isolamento social, eu zapeava pelos canais de notícias da TV a cabo quando vi uma reportagem sobre milhares de pessoas que se amontoavam em um culto ilegal, a maioria delas sem máscara, numa megaigreja. Questionada se estava preocupada em pegar covid, uma adoradora sorriu: "De jeito nenhum! Estou banhada no sangue do Senhor!".

O segundo grupo que desacatou insistentemente as ordens sanitárias nessas mesmas semanas era um pouco menos esperado: os ratos de academia, alguns dos quais organizaram manifestações menos de dois meses após o início da pandemia. Faziam abdominais e flexões de braço nas ruas, enquanto exigiam o direito de levantar pesos em ambientes fechados. O proprietário da academia Atilis Gym em Bellmawr, New Jersey, infringiu a lei e abriu seu estabelecimento - ato de insolência que transformou o ex-criminoso tatuado e barbudo em um improvável herói na Fox News. (Ele chegaria a disputar uma chance de concorrer a uma vaga no Congresso como candidato republicano - não teve êxito porque perdeu nas primárias.)

No início, não consegui perceber a ligação entre esses dois grupos e as duas atividades muito diferentes que representavam - qual era o vínculo partilhado entre a fé extrema e a forma física extrema, entre a adoração do Senhor e a adoração do corpo? Ficou mais claro quando comecei a passar um tempo no Mundo-Espelho, especialmente naqueles rincões em que os influenciadores de bem-estar New Age disseminavam as conspirações da covid. Essa foi uma evolução da mentalidade descrita pela primeira vez num artigo acadêmico de 2011 como *conspirituality* (conspiritualidade)[279], termo que desde então se popularizou por meio do livro e podcast de mesmo nome (aquele que eu ouço em excesso). Tal como o subconjunto dos ultrarreligiosos que não se preocupavam em contrair a covid, esse subconjunto dos "ultrafit" também acreditava que tinha proteções especiais contra o vírus: que os seus templos – seus próprios corpos desintoxicados e burilados – os manteriam a salvo. Bem-estar e boa forma física eram seu campo de força, ou assim eles pareciam pensar.

Isso ajuda a compreender o descomunal papel desempenhado pelos diagonalistas de um grupo que descreverei genericamente como "pessoas do corpo". Todos nós somos pessoas do corpo, claro está, pois vivemos dentro do nosso corpo, tentando desfrutar dele e mantê-lo longe de perigo. Mas aqui estou falando de pessoas cujo trabalho é o corpo. Não me refiro a médicos (embora existam alguns deles espalhados por aí) e certamente não aos epidemiologistas, que têm experiência real em doenças infecciosas. Em vez disso, estou falando de pessoas que, a exemplo dos proprietários de academias de musculação e os iogues avançados, podem reivindicar conhecimentos especiais sobre o que é certo para o corpo de outras pessoas: personal trainers, professores de ioga, instrutores de crossfit, massagistas, artistas de artes marciais mistas (MMA), quiropráticos, consultores em lactação, doulas, nutricionistas, fitoterapeutas, coaches de menopausa e terapeutas de sucos credenciados.

Muitas pessoas que atuam nessas áreas são profissionais bem formados e bem treinados, que conhecem a fundo a fisiologia humana e levaram a covid a sério; muitos proprietários de academias de musculação e estúdios de ioga fizeram de tudo (e investiram dinheiro) para assegurar a segurança de seus clientes. Permanece o fato, no entanto, de que algumas das figuras mais destacadas nesse lucrativo setor aderiram totalmente aos delírios conspiratórios sobre a covid proliferados pelo *QAnon*. Quando a ONG Center for Countering Digital Hate [Centro de Combate ao Ódio Digital] divulgou um relatório com a lista do que chamou de "os Doze da Desinformação", grupo com uma dúzia de indivíduos que, de acordo com a pesquisa da entidade, eram coletivamente responsáveis pela origem de cerca de 65% das notícias fraudulentas em circulação sobre a covid e as vacinas, nesse documento não constavam os nomes das conhecidas estrelas da mídia de direita, como seria de esperar.[280]

Em vez disso, figuravam na lista um quiroprático e três diferentes osteopatas, incluindo um na Flórida, dono de um negócio de suplementos em franca expansão; um casal que vendia óleos essenciais para curar o câncer e DVDs sobre como "recuperar" a saúde; a editora do *Health Nut News*, site que publica memes antissemitas sobre como os Rothschild e "a elite global estão comandando o show… #NewWorldOrder [nova ordem mundial] #TruthTeller [arauto da verdade]"; e o guru por trás da newsletter *GreenMedInfo*, boletim que, em meio a conselhos sobre como se curar de doenças consumindo superalimentos, publica memes sobre como Bill Gates está usando a vacina para despovoar o planeta.

Na lista havia também algumas mulheres que, tal qual Wolf – cujos livros exaltam a beleza natural, o parto natural e os orgasmos capazes de mudar a vida –, construíram marcas pessoais em torno da alegação de serem especialistas em corpos femininos. Christiane Northrup, obstetra-ginecologista renegada que escreveu o best-seller *Corpo de mulher, sabedoria de mulher* e é amiga de Oprah, entrou para a lista "os Doze da Desinformação" depois que começou a salpicar seus conselhos sobre produtos de limpeza não tóxicos e "saúde vibrante" com negacionismo da covid matizado de *QAnon*.[281] O mesmo fez Kelly Brogan, "psiquiatra holística" e autora de best-sellers que um dia postava vídeos de si mesma se exercitando no *pole dancing* e no outro publicava frases instigando as pessoas a "agradecer a seu corpo" por lutar contra a covid sem a ajuda de vacinas ou máscaras (que ela estimulou suas seguidoras a jogar fora, num ato de libertação semelhante à queima de sutiãs da segunda onda no feminismo).

Era, em suma, um verdadeiro "quem é quem dos pirados" – saúde alternativa, bem-estar feminino e dieta e preparo físico incutidos de espírito. Todos estavam agora irremediavelmente enredados com a extrema direita emergente e se tornaram cidadãos de carteirinha do Mundo-Espelho.

Muitos afirmaram que estamos simplesmente vendo a teoria da ferradura em ação: a ideia de que a direita e a esquerda nos opostos do espectro político se dobram em seus pontos mais distantes até quase se tocarem. Mas isso é confundir a extrema esquerda – onde residem os socialistas e revolucionários – com a extrema bizarrice, que é onde se encontram os espiritualistas de bem-estar e os New Age. Além disso, todos os integrantes dessas subculturas que fizeram parte da lista "os Doze da Desinformação" descobriram um jeito de monetizar a bizarrice – eles detêm algumas das maiores plataformas online e as marcas pessoais mais fortes, as quais utilizam para vender retiros caríssimos, participação em seminários, afiliação a alguma coisa, boletins informativos e extratos. São influenciadores de saúde alternativa de grande renome, com um sem-número de seguidores de menor importância.

Uma vez compreendido esse aspecto, as novas alianças começam a fazer mais sentido. As pequenas empresas e os autônomos que trabalham com ou nos corpos estavam entre os mais atingidos pelos confinamentos pandêmicos. Algumas das razões para isso faziam sentido epidemiológico: o trabalho terapêutico não permitia o distanciamento social, e as academias e os estúdios de exercícios físicos envolvem necessariamente respiração pesada em espaços fechados. Mas também de outras formas esse setor foi alvo de um tratamento particularmente injusto. Os primeiros programas de ajuda da covid voltaram-se sobretudo para locais de trabalho maiores, com muitos empregados; pequenos estúdios de fitness geridos pelos proprietários, com funcionários em sua maioria sob contrato, muitas vezes foram negligenciados pelo auxílio governamental, mesmo quando ainda estavam esmagados pelos pesados aluguéis urbanos.

Muitos proprietários de academias de musculação contraíram imensas dívidas pessoais para continuar a trabalhar sob novas regras rigorosas, apenas para que as regras mudassem seguidamente, de formas muitas vezes arbitrárias, à medida que a pandemia avançava. No lugar onde moro, no Canadá, por exemplo, as academias foram fechadas em resposta ao alarmante aumento da variante Ômicron em 2022; porém, como muitos entusiastas do fitness apontaram (com certa dose de reprovação), restaurantes fast food e clubes de striptease pareciam estar bem das pernas. Enquanto isso, os pequenos estúdios de fitness pareciam enfrentar muito mais restrições do que os gigantescos estádios esportivos e estações de esqui, que podiam pagar caro a lobistas para proteger seus interesses.

O resultado final foi um massacre econômico. Nos EUA, cerca de 10 mil academias de musculação foram forçadas a fechar definitivamente as portas no início de 2022, de acordo com dados compilados pela International Health, Racquet & Sportsclub Association. Justin Grover, coproprietário de uma academia em Kamloops, Colúmbia Britânica, resumiu o sentimento de indignação que era generalizado no setor: "A pessoa pode se empanturrar de picles fritos e se embebedar em um pub com chope barato, e isso é essencial, mas a pessoa que frequenta o AA há vinte anos e usa uma academia de musculação para manter a cabeça no lugar, o valor disso não está sendo reconhecido"[282].

Essas queixas prepararam o terreno para que muitos profissionais de bem-estar vissem conspirações sinistras da elite em tudo o que tivesse a ver com o vírus. Mas o fato de terem sido duramente atingidas pelos confinamentos é capaz de explicar a virulência das conspirações no mundo do bem-estar? Por que os proprietários de pequenos teatros comunitários não perderam as estribeiras? O que terá ocorrido na busca por um condicionamento físico ideal e uma "saúde vibrante", no dizer de Northrup, para que as coisas se tornassem tão sórdidas?

Dublês de corpo

Em *O mito da beleza*, Wolf argumentou que as altas expectativas de beleza impostas às mulheres na década de 1980 eram o ônus que o patriarcado cobrava sobre os sucessos do feminismo. Agora, além de todas as exigências do trabalho, e de um segundo turno de tarefas domésticas e de cuidados com os filhos, havia também [o acréscimo de] uma "tripla jornada para reduzir seu tempo livre. A Supermulher [...] teve de acrescentar a seus compromissos *profissionais* o trabalho sério no campo da 'beleza'"[283].

Três décadas depois de Wolf ter apresentado esse argumento, outra escritora feminista, mais sintonizada com a economia política, olhou para o mesmo aumento no interesse pelo fitness e pela beleza na década de 1980 e viu algo diferente. Em *Natural Causes: An Epidemic of Wellness, the Certainty of Dying, and Killing Ourselves to Live Longer* [Causas naturais: Uma epidemia de bem-estar, a certeza de morrer e nos matar para viver mais], Barbara Ehrenreich, que morreu em setembro de 2022, seguiu o rastro das maneiras pelas quais a busca pela saúde e pelo bem-estar se tornou uma empreitada obsessiva na era Reagan e Thatcher, e desde então só cresceu em influência. Ela argumentou que essa guinada foi uma reação não aos êxitos do feminismo, mas sim aos fracassos dos movimentos revolucionários, quando as grandes esperanças das décadas de 1960 e 1970 deram com os burros n'água ao se chocarem contra a parede de tijolos do neoliberalismo dos anos 1980.

Uma vez que os sonhos de justiça foram frustrados, juntamente com os ideais coletivos de uma vida boa, era cada um por si – um mundo de indivíduos atomizados que se sobrepunham uns aos outros para obter vantagem em mercados de trabalho precários e recém-desregulamentados. Foi nesse contexto, argumentou Ehrenreich, que muitas pessoas voltaram a atenção para o aperfeiçoamento do corpo, com esteiras substituindo as marchas de protesto e pesos livres substituindo o amor livre. No início as pressões foram muito maiores para as mulheres, mas não demorou muito para que até mesmo os homens cis heterossexuais tivessem de enfrentar seus próprios inatingíveis padrões e mitos de forma física e beleza. Para Ehrenreich, tudo isso era "parte de um maior retraimento no sentido das preocupações individuais, após a breve e empolgante ascensão comunal que alguns vivenciaram na década de 1960 [...]. Se você não pudesse mudar o mundo ou mesmo traçar sua própria carreira, ainda assim seria capaz de controlar seu próprio corpo – o que entra nele e como gastar a energia muscular"[284]. Foi nesse contexto que Jerry Rubin, antigo provocador hippie de ideias políticas radicais e réu no julgamento dos "sete de Chicago", tornou-se, na década de 1980, um orgulhoso yuppie e evangelista do fitness.

Explicando seu relacionamento de longa data, muitas vezes conflitante, com o mundo das academias de musculação, Ehrenreich escreveu: "Posso não ser capaz de fazer muita coisa acerca das deploráveis injustiças no mundo, pelo menos não sozinha ou em muito pouco tempo, mas posso decidir aumentar em 10 quilos o peso na máquina de *leg press* e dar conta disso em questão de algumas semanas"[285]. Nunca fui uma rata de academia, mas posso me identificar. Houve longos períodos em que a ioga parecia ser a única coisa que me trazia alguma sensação de controle. Eu não fui capaz de impedir que tropas dos Estados Unidos invadissem o Iraque – embora milhões de nós tenham se esforçado loucamente para isso –, mas poderia persuadir meu corpo a fazer a postura do corvo e, em um dia muito bom, conseguir fazer uma parada de mão. Anos mais tarde, quando recebi o diagnóstico de câncer, minha prática tornou-se mais obsessiva: empenhar-me para alcançar novos níveis de força e flexibilidade parecia ser a única área em que meu corpo me obedecia. À medida que a crise climática se acelera, a terra em convulsão debaixo de nós e ardendo ao nosso redor, espero que muitos de nós continuemos a encontrar conforto em quaisquer pequenas obediências corporais que sejamos capazes de concretizar. Há consolo aí.

No entanto, sei também, por experiência pessoal como adolescente bulímica e viciada nas fitas VHS das videoaulas de exercícios físicos *Jane Fonda's Workout*, que essa busca, nas suas formas extremas e pouco saudáveis, é em si uma espécie de duplicação. Para a pessoa que se dedica à transformação por meio de dieta e exercícios físicos, existe você como você é agora e – sempre presente – existe você como você imagina que poderia ser, com doses de abnegação e autodisciplina suficientes, fome suficiente e repetições suficientes. Uma versão melhor e diferente de você, sempre inalcançável. Ehrenreich escreveu de forma evocativa sobre o estranho silêncio das academias de musculação, um lugar fechado e apertado onde as pessoas se reúnem, mas mal falam umas com as outras, exceto para negociar o acesso às máquinas e aparelhos. Isso, ela observou, ocorre porque o relacionamento principal em jogo não é entre as diferentes pessoas que se exercitam, mas entre a pessoa que se exercita e ela mesma tal como deseja ser, seu dublê de corpo.

Em *O corpo dela e outras farras*, Carmen Maria Machado explora a relação entre o eu magro e o eu gordo como uma forma de *doppelgänger* interior. No conto "Oito bocados", a narradora de Machado despreza seu corpo como ele é – seu peso, moleza e flacidez: "Cansada das luzes implacáveis dos provadores; cansada de olhar no espelho e agarrar as coisas que eu odiava e erguê-las, cravando os dedos, e depois deixar que despenquem e de tudo doer"[286]. Então ela passa por uma cirurgia bariátrica e diminui para um tamanho mais socialmente aceitável. Porém, a narradora é assombrada por algo que a princípio ela pensa ser um fantasma e depois descobre algo muito mais assustador: a gordura que saiu dela como resultado da cirurgia, 45 quilos dela, assumiu uma forma humana sem rosto e está em sua casa. É um golem de gordura, o eu que ela não conseguia amar e por isso escolheu arrancar de si. "Me ajoelho ao seu lado", diz a narradora. "É um corpo sem nada do que precisa: sem estômago ou ossos ou boca. Apenas leves reentrâncias. Me agacho e esfrego o seu ombro, ou o que acho ser o seu ombro. A coisa se vira e olha para mim. Não possui olhos, mas ainda assim olha pra mim. *Ela* olha pra mim. Ela é horrível, mas honesta. É grotesca, mas é real."[287] Em seguida a narradora desfere pontapés contra seu duplo, com terrível violência.

O ódio e a raiva contra o eu imperfeito e inadequado podem ser o outro lado da busca por um corpo aperfeiçoado e controlado, que se alcança por meio da combinação certa de exercícios, dietas, cirurgias e diversas intervenções de bem-estar. E isso pode tornar-se mais intenso à medida que nos envolvemos em outro tipo de duplicação do corpo: o envelhecimento, esse processo de testemunhar a mudança do nosso rosto e nossa forma por meio da ação de devastações como a gravidez, a privação de sono de quem se torna pai e mãe, o estresse, a poluição, e o mero fato de estar vivo por um número suficiente de translações da Terra ao redor do Sol. "A velhice não é uma batalha; a velhice é um massacre", observou Philip Roth[288], meu problemático rei dos *doppelgängers*.

Quanto mais tempo permanecermos por aqui, mais desconhecidos poderemos nos tornar para nós mesmos – cada versão distorcida de nosso eu mais jovem "no auge" será um pouco menos reconhecível do que a anterior. Agarre-se demais ao seu duplo "na flor da idade" e você corre o risco de se tornar uma paródia que recorre a cirurgias plásticas e tratamentos estéticos injetáveis. Ou coisa pior. Afinal, este é o indefectível alerta de *O retrato de Dorian Gray*: se você buscar a juventude eterna e negar a seu duplo envelhecido sua realidade, ambos acabarão mortos.

Sem dúvida o desejo de um bem-estar perfeito e de uma juventude radiante e perene é o que está levando muitas pessoas a recorrer a influenciadores como Christiane Northrup, a Martha Stewart do mundo conspiritualista, que promete vitalidade sem fim para quem comprar os produtos – livros, suplementos para a menopausa, sérum para os olhos e hidratantes vaginais – que ela vende em seu site. Existem outras forças que impulsionam muita gente para esses círculos, incluindo os limites e deslizes da medicina convencional. Médicos especialistas e empresas farmacêuticas volta e meia fracassam no tratamento de pessoas com doenças e distúrbios complexos. E, como aprendi desde cedo, em conversas inapropriadas à mesa do jantar sobre o trabalho de pesquisa do meu pai, a saúde reprodutiva é lamentavelmente pouco estudada, e as legítimas queixas das mulheres são muitas vezes menosprezadas, rejeitadas ou desacreditadas como hipocondria. O parto pode ser uma experiência terrivelmente enfraquecedora, e todos os fracassos e abandonos da medicina convencional são muito mais graves para as mulheres negras e indígenas, tratadas como narradoras pouco confiáveis dos seus próprios corpos. De acordo com os Centros de Controle e Prevenção de Doenças dos Estados Unidos (CDCs), "as probabilidades de morrer de causas relacionadas à gravidez são três vezes maiores entre as mulheres negras do que entre as mulheres brancas", ao passo que um estudo de 2021 constatou que as taxas de mortalidade infantil eram duas vezes mais altas para bebês nascidos de mães negras do que de mulheres brancas.[289]

Tudo isso e muito mais levou milhões de pessoas a tentar curar-se, purificar-se e controlar-se por meio de um conjunto cada vez maior de instruções de autoajuda e poções de bem-estar, muitas das quais trazem benefícios reais. Este é o problema do Mundo-Espelho: há sempre alguma verdade misturada com as mentiras; há sempre alguma devastadora falha coletiva que o Mundo-Espelho identifica e da qual tira proveito de forma oportunista.

Os partos ruins para o suprimento da conspiração da covid

Examinemos o caso da Glowing Mama, a "Mamãe exuberante", influenciadora baseada em Toronto que estava chateada com a perspectiva de sua filha receber imaginárias partículas de vacina transmitidas por seus amorosos avós. Antes da covid, Glowing Mama se concentrava em treinar mulheres para ficarem em boa forma física antes, durante e depois da gravidez. ("Quero mostrar como pode ser simples otimizar sua saúde e condicionamento físico e se sentir melhor em meio a essa loucura que é a #momlife [vida de mãe]."[290]) Durante a covid, ela deu uma drástica guinada e passou a encabeçar um movimento de mães sem máscara que ocuparam shopping centers para exigir o fim da obrigatoriedade de medidas sanitárias de combate à pandemia.

A jornada, por mais desconcertante que possa parecer, tinha certa lógica. Tentar descobrir como ser saudável ao máximo enquanto carrega no ventre e depois amamenta um recém-nascido pode ser uma experiência profundamente radicalizante. Muitas pessoas que nunca prestaram atenção às toxinas do ambiente recebem um curso intensivo sobre o fato de que muitas coisas que elas colocam dentro, sobre ou perto de seus corpos contêm produtos químicos que, em quantidades suficientes, podem representar riscos à saúde de um feto em desenvolvimento ou de uma criança pequena. Também são consideráveis as chances de que, ao refletirem sobre as opções de tipos de parto disponíveis, esses futuros pais e mães sejam bombardeados com histórias de terror de outras pessoas – sobre médicos impacientes que fizeram pressão a favor do uso de medicamentos para induzir o parto e desencadearam uma cascata de outras intervenções culminando em uma cesariana de emergência, por sua vez responsável por contínuos problemas de saúde. Pode ser até que o futuro papai ou mamãe tenha folheado um exemplar de segunda mão do livro que a minha *doppelgänger* lançou em 2001, *Misconceptions: Truth, Lies, and the Unexpected on the Journey to Motherhood* [Falsos juízos: Verdade, mentiras e o inesperado na jornada para a maternidade], que analisa sua própria experiência como mãe e os sentimentos de raiva e impotência que isso incutiu nela.

Uma vez que a medicina ocidental invariavelmente deixa de lado essas preocupações, muitas grávidas procuram fontes de informação alternativas e apoios alternativos – locais onde lhes dizem que o propósito dos médicos é fazer com que elas se sintam impotentes, dependentes e fracas. Que elas são capazes de encontrar o seu poder intuitivo, a sua força inata e talvez até, de acordo com um documentário de 2008 com a participação de Christiane Northrup, ter um “orgasmo durante o parto”. Em grande medida isso pode ser positivo e saudável: é uma coisa maravilhosa ter opções quanto ao parto. Mas é aqui que a vertente branca, rica e libertária da indústria do bem-estar pode tornar-se letal. Porque, embora seja verdade que muitos médicos desistem cedo demais dos partos vaginais, ou confiam demais em intervenções cirúrgicas, ou expressam alarme com relação aos partos domiciliares de baixo risco, também é verdade que as complicações da gravidez e do parto continuam a ser as principais causas de morte em todo o mundo. Mesmo num país rico como os Estados Unidos, muitas mulheres e pessoas marginalizadas em razão do gênero precisam de mais (e mais sensíveis) cuidados de saúde, e não menos.

A dra. Michelle Cohen, médica de família e professora assistente do Departamento de Medicina de Família da Queen's University, acompanhou de perto o papel muitas vezes pérfido dos influenciadores pseudocientíficos de bem-estar das mulheres na era da covid. Embora reconheça os muitos e inegáveis fracassos da sua profissão, Cohen argumenta que esses influenciadores estão tirando proveito do "sexismo da medicina para criar um mercado de vigarices específico de gênero"[291] - em vez de tentar consertar o sistema, esses embusteiros lucram com os abandonos e negligências sistêmicos. "A indústria do bem-estar não faz pressão em nome de mais e melhor ciência para a saúde das mulheres - pretende, em vez disso, criar uma rota secundária para as questões das mulheres fora da medicina tradicional. O risco mais sutil é que a indústria do bem-estar continue a evoluir ao longo de um caminho marcado por gênero, expondo desproporcionalmente as mulheres aos males e estragos do charlatanismo."

Essa é uma mudança marcante desde os primeiros dias do movimento feminista pela saúde na década de 1970, que era, à sua maneira comedida, anticapitalista, focado em esforços como o boicote à Nestlé porque a empresa comercializava leite de fórmula em pó para mães pobres no Sul Global. Naquela época, a saúde feminista era um movimento que lutava por mudanças no nível coletivo e institucional - por exemplo, maternidades dentro de hospitais, certificação de parteiras e doulas, acesso a abortos seguros e construção de instituições de pesquisa dedicadas a aspectos havia muito ignorados da saúde das mulheres. Estavam em questão também o direito à licença-maternidade remunerada e o direito de amamentar sem sofrer acusação criminal. Tendo crescido no seio desse movimento, graças ao trabalho de pesquisa do meu pai e às campanhas de defesa de direitos das quais minha mãe participava, posso atestar que nada nele era glamoroso. Parteiras e doulas eram pagas (não muito); os médicos de família recebiam salários maiores, mas ainda muito inferiores aos dos obstetras; exemplares do livro *Nossos corpos por nós mesmas*[292] ajudaram a financiar o Coletivo de Livros sobre Saúde Feminina de Boston, mas ninguém ficou rico.

Ademais, ainda se atribui imenso valor ao que é conhecido em termos genéricos como "bem-estar". Muitos de nós levamos uma vida perigosamente sedentária; nosso trabalho exige isso. É provável que movimentar o corpo em qualquer tempo livre de que pudermos dispor nos torne mais saudáveis e nos cause uma sensação boa. Alimentos preparados com ingredientes frescos são mais nutritivos do que fast food feito a toque de caixa e engolido às pressas. Nada disso impedirá a morte ou proporcionará a juventude eterna, mas é bom ser ativo e forte; é bom comer alimentos ricos em nutrientes; é bom expandir os horizontes da saúde além das soluções da Grande Indústria Farmacêutica. Todos deveriam ter acesso a esse tipo de opções onde quer que vivam, juntamente com tempo e recursos para aproveitá-las, o que está longe de ser a situação vigente hoje em dia.

Ao longo da pandemia, alguns médicos e profissionais de saúde alternativos apresentaram esse tipo de argumentos não como uma possibilidade de opção em substituição a vacinas, máscaras e medicamentos vendidos sob prescrição, mas como importantes complementos a eles. Rupa Marya, por exemplo, tem sido uma crítica veemente dos teóricos da conspiração da covid, definindo as atitudes anticientíficas como "uma das principais causas de morte nos EUA"[293]. Mas ela entende também que muita coisa precisa ser corrigida no status quo médico, e é por isso que, em coautoria com Raj Patel, escreveu *Inflamed: Deep Medicine and the Anatomy of Justice* [Inflamado: Medicina profunda e a anatomia da justiça]. Marya e Patel reconhecem que os gurus do bem-estar estão absolutamente certos quando dizem que vivemos numa cultura que deixa as pessoas doentes como algo natural – porém, em vez de apresentarem o pico do bem-estar individual como a solução cara, eles defendem uma "medicina profunda": mudanças estruturais que desintoxicariam o nosso mundo e possibilitariam o acesso de todos a escolhas saudáveis.

A exemplo de Marya e Patel, muitas outras pessoas com conhecimentos sobre saúde alternativa e medicina preventiva poderiam ter utilizado seus conhecimentos para defender respostas coletivas e estruturais às nossas crises de saúde coletiva durante a pandemia. Foi o que aconteceu durante a Grande Depressão nos Estados Unidos, quando os programas do New Deal criaram milhões de empregos na construção de piscinas públicas, bem como centenas de parques estaduais e nacionais. A filosofia que norteava esses ambiciosos projetos de obras públicas girava em torno da noção de que os exercícios físicos e o acesso à natureza eram direitos que não deveriam ser reservados exclusivamente aos ricos. Programas semelhantes poderiam ser lançados hoje, com ênfase nos bairros negros e de pessoas racializadas que nunca receberam sua cota de infraestruturas do New Deal, ou que a perderam posteriormente, quando os brancos se revoltaram contra a integração. Em vez de atacarem enfermeiros e professores, os especialistas em bem-estar poderiam ter se juntado a eles na luta para que as crianças tivessem mais educação ao ar livre e mais acesso à natureza, e para que os pais e as mães delas pudessem ter semanas de trabalho mais curtas, com melhores salários e proteções sindicais – tudo isso tornaria mais fácil levar uma vida ativa e escolher e preparar alimentos mais saudáveis.

Nada disso, entretanto, é o tipo de influência que a maioria dos influenciadores de bem-estar mais badalados escolheram exercer. Em vez disso, são mais promessas sobre a vida perfeita que nos aguarda se alcançarmos nosso dublê de corpo perfeito. *Nossos corpos por nós mesmas*, a bíblia da saúde que minha mãe consultava regularmente, foi suplantado por um *ethos* onipresente de "meu corpo, meu valor" – cujo corolário parece ser "seu corpo, problema seu".

A esta altura, o visual e a fórmula do setor já são conhecidos. Mulheres esmagadoramente brancas e convencionalmente lindas e "hiperfit", fotografadas e filmadas em contraste com cenários estridentes de tão brancos. Rostos lisos como personagens de desenhos animados graças aos filtros fotográficos e preenchimentos injetáveis. Tops justos com slogans de empoderamento, combinando com leggings estampadas. E há também mamães influenciadoras de cabelos ondulados que transformam a criação dos filhos em uma série de afetados quadros vivos de conteúdo orgânico patrocinado. Essas influenciadoras nos olham através das lentes da câmera com tanto amor que é fácil esquecer que o que estão realmente vendo são seus próprios rostos na tela de seus celulares – suas duplicatas digitais – enquanto nos dão instruções sobre como alcançar nossas próprias melhores versões de nós mesmos, nossos dublês de corpo, na interminável casa de espelhos.

Como tantas outras coisas no universo da internet, por algum tempo a cultura dos influenciadores radiantes não parecia tão perigosa. Sim, o Instagram e o TikTok podem ser brutais para a autoestima e, claro, aqui e ali havia alguma dose de charlatanismo, e os mais espertos aproveitavam para vender chás diuréticos enganadores. Mas também havia receitas saudáveis, dicas de exercícios gratuitas e algumas informações genuinamente úteis.

Então veio a covid – e essa indústria em expansão e sem regulamentação de autoproclamados especialistas em saúde colidiu com uma crise de saúde global que apavorou praticamente todo mundo, incluindo os indivíduos cuja profissão é estar bem. Afinal, seus estúdios de ioga, boxes de crossfit, academias de musculação e clínicas de massagem foram, pela primeira vez, trancados, e de súbito a renda e o futuro desses vendedores de saúde e bem-estar se tornaram extremamente incertos. Como Ehrenreich nos ensinou, quando a vida parece fora de controle nós nos voltamos para o corpo. Foi nesse período que muitos influenciadores lindos e sarados deixaram de apenas murmurar palavras reconfortantes e oferecer clichês de incentivo para motivar nossos treinos em casa e o consumo de sucos verdes e começaram a sussurrar em nossos ouvidos, de forma alarmante, histórias sobre forças das trevas que estavam vindo para nos envenenar e, mais cedo ou mais tarde, nos amordaçar, nos espancar e nos dominar. Foi aí que as linhas diagonais começaram a correr uma em direção à outra.

Unidos pela trapaça

Está na cara que Steve Bannon não é um fanático por saúde; Donald Trump é um devoto teimoso do fast food; e um dos passatempos favoritos da Fox News é criticar os progressistas que tentam dizer aos verdadeiros estadunidenses para comerem alimentos vegetais (a horta da Casa Branca de Michelle Obama era um dos alvos prediletos). No entanto, foi possível encontrar pontos em comum – e muitos.

O que une a extrema direita e os adeptos da extrema bizarrice é, por um lado, a trapaça e, por outro, a fé no hiperindividualismo. No mundo da saúde alternativa, todo mundo está vendendo alguma coisa: aulas, retiros, banhos de vibrações sonoras, óleos essenciais, sprays antitoxinas metálicas, luminárias de pedras de sal do Himalaia, enemas de café. Somente as vendas de suplementos renderam cerca de 155 bilhões de dólares em todo o mundo em 2022.[294] É praticamente a mesma coisa no *War Room* de Bannon ou no *Infowars* de Alex Jones, com seus suplementos para aumentar a virilidade, suprimentos de sobrevivência, "Festivais da Liberdade", ofertas de metais preciosos, pastas de dente com prata coloidal e treinamento com armas – e não esqueçamos o documentário de 2022 de Tucker Carlson, no qual ele recomendou que os homens bronzeassem regularmente os testículos com uma luz infravermelha especial, a fim de aumentar os níveis de testosterona em preparação para os "tempos difíceis" que viriam.

As vozes desses dois tipos de discurso são distintas – uma íntima, a outra grosseira e intimidadora. (À medida que seus problemas jurídicos pioravam, Jones recorreu à divulgação ostensiva de produtos de marcas endossadas por ele, berrando para seu público: "Se vocês não nos apoiarem, estarão ajudando o inimigo"[295].) Mas a mensagem subjacente é bastante semelhante: a sociedade está desmoronando, e você, como indivíduo (não como parte integrante de uma sociedade), precisa se preparar e se fortalecer, seja otimizando seu corpo, abastecendo seu bunker a fim de se preparar para desastres, ou ambas as coisas. De muitas maneiras, os influenciadores mais bem-sucedidos no mundo do bem-estar e do fitness – as pessoas que fazem fortunas vendendo versões idealizadas de si mesmas e a ideia de que você também pode alcançar o nirvana por meio de um projeto perpétuo de autoaperfeiçoamento – são uma combinação perfeita com libertários econômicos de extrema direita e anarcocapitalistas, que também fetichizam o indivíduo como o único ator social relevante. Em nenhuma das cosmovisões há qualquer menção a soluções coletivas ou mudanças estruturais que tornariam possível uma vida saudável para todos.

Será que a extrema direita e os adeptos da extrema bizarrice realmente acreditam nas mesmas coisas com relação às vacinas? Carlson afirma com todas as letras não ter sido vacinado contra a covid-19, e Bannon insinua o mesmo, mas não há como ter certeza. O que sabemos é que eles viram uma enorme vantagem política em sabotar o que poderia ter sido um programa governamental extremamente popular e bem-sucedido: a disseminação de vacinas gratuitas capazes de salvar vidas no meio de uma pandemia.

Parte disso claramente teve a ver com o fato de o programa ter sido implementado após a derrota de Trump nas eleições de 2020 e enquanto os democratas ainda controlavam as três esferas do governo. Um processo tranquilo que alcançasse elevados níveis de vacinação teria salvado muitas vidas, mas também teria sido uma vitória significativa para os democratas. Em vez disso, graças à ininterrupta disseminação de desinformação médica, estados como o Wyoming e o Mississippi pelejaram para conseguir concluir a imunização completa de apenas metade da sua população elegível para receber a vacina.[296]

Pode ser que tenha havido também razões ideológicas mais profundas para a oposição às vacinas. Se os esforços dos Estados Unidos para controlar a covid por meio de programas gratuitos de vacinação e de substituição salarial tivessem sido mais bem-sucedidos, seria uma demonstração de que o governo federal, quando decide algo, ainda é capaz de fornecer cuidados oportunos, universais e benévolos a toda a população. Mas isso suscita algumas perguntas: se conseguem fazer isso no caso da covid-19, por que parar por aí? Por que não lançar programas públicos igualmente ambiciosos para enfrentar outras emergências humanas? Poderia o governo combater a fome, o aumento dos custos de habitação e a necessidade de cuidados de saúde universais? O êxito na resposta à covid teria estabelecido um precedente para um governo moderno e ativista – um precedente que muitos na direita consideram perigoso. Portanto, vale a pena levar em consideração a possibilidade de que as medidas de saúde pública da covid possam ter estado na alça de mira de pessoas como Bannon e Carlson por uma razão aparentemente simples: porque eram públicas.

Os gurus do bem-estar e aproveitadores que povoam "os Doze da Desinformação" (e aqueles que aspiram a esse grau de influência) também se consideram em guerra contra as autoridades oficiais de saúde, embora por razões mais mercenárias. "A saúde NÃO É O OBJETIVO do establishment médico. Assine minha newsletter e conheça as Verdadeiras Causas da Saúde!", Christiane Northrup anuncia no topo de seu site, ao lado de muitas fotos de seu rosto estranhamente perene, que nunca envelhece.[297] Ou, para citar um meme muito divulgado: "Eu não tomei a vacina contra a gripe! Porque sou suficientemente inteligente para perceber que a indústria médica prefere uma população com doenças crônicas a uma população saudável". (Há alguma verdade na segunda afirmação, mas não tem nada a ver com tomar ou não uma vacina gratuita contra a gripe.)

Essas declarações resumem uma lógica muito difundida nas partes mais empreendedoras do setor de bem-estar: médicos e empresas farmacêuticas querem que você fique doente para que possam lhe vender band-aids, ao passo que os profissionais de fitness e bem-estar querem que você fique bem – mas primeiro você tem de comprar todos os produtos que eles estão vendendo. Quanto maior e mais lucrativa fica a indústria do bem-estar, mais acirrada se torna essa perspectiva competitiva, a tal ponto que até mesmo ir ao médico ou obter uma receita médica pode parecer um fracasso de bem-estar – a clara evidência de que você não tomou suco ou não treinou com afinco suficiente. Alinhar-se com todas aquelas pessoas normais (ou seja, tóxicas, fora de forma) para receber uma injeção de algo que não requer nenhum conhecimento ou virtude especial para ser acessado e, o mais suspeito de tudo em um sistema de mercado, não custa nenhum dinheiro, pode bastar para causar uma crise de identidade total.

Quando a covid chegou, a competição entre muitas celebridades que se especializaram em bem-estar e as pessoas que elas depreciavam por serem especialistas em doenças (ou seja, médicos e cientistas) atingiu novos níveis, e por uma razão simples. Durante meses, a medicina convencional não teve nada para nos oferecer. Foi o período em que, se a pessoa pensasse que estava com sintomas da covid, o conselho que os médicos lhe davam estava longe de ser tranquilizador: "Procure não transmitir o vírus a mais ninguém"; "Fique em casa, a menos que mal consiga respirar"; "Se você não conseguir respirar, chame uma ambulância e tente a sorte no hospital local, de onde há uma grande chance de você nunca mais sair".

Isso não foi uma conspiração, e em grande medida nem sequer foi de fato um fracasso. Sim, os nossos sistemas de saúde poderiam estar mais bem preparados, com maiores estoques de máscaras, mais ventiladores pulmonares, mais camas e mais enfermeiros. Mas isso não teria mudado o problema subjacente: compreender um novo vírus leva tempo. Os cientistas sérios precisam de tempo para fazer pesquisas antes de dar declarações sobre as melhores estratégias e decisões.

Foi dentro desse vácuo que muitos vigaristas do bem-estar viram uma vantagem de serem os pioneiros. Claro, eles não entendiam o vírus, mas, nesse setor não regulamentado, isso nunca os impediu de fazer afirmações exageradas e extravagantes sobre o que determinada erva ou dieta seria capaz de fazer. E assim, ao contrário dos epidemiologistas que estavam ocupadíssimos tentando entender o SARS-COV-2, muitos gurus do bem-estar não perderam tempo para vender todo tipo de suplementos, extratos e curas milagrosas que afirmavam fazer o que os médicos não conseguiam: nos proteger. Foi uma bonança – até que, é claro, as vacinas apareceram e ameaçaram estragar toda a diversão.

É de admirar que o mundo do bem-estar tenha entrado em guerra?

A Peste Negra

Até agora, apresentei a aliança diagonalista como uma aliança de conveniência. Tanto os propagandistas da extrema direita como os influenciadores da extrema bizarrice tinham as suas próprias boas razões para lançar mão da tática de guerra de envenenar o poço para a chegada da vacina. Os primeiros temiam o precedente de um Estado funcional e protetor da população (e uma vitória política para os seus rivais); os últimos temiam perder o explosivo crescimento de seu setor. Mas passei a acreditar que o vínculo é mais profundo e mais preocupante – que, nesses mundos que se aproximam um do outro a ponto de quase se tocarem, existem também crenças em comum cada vez mais explícitas, convicções sobre a ideia de quais vidas são mais importantes e quais mortes podem ser consideradas como a "natureza" fazendo seu trabalho.

Há prazeres profundos e saudáveis nos exercícios físicos, assim como em outros aspectos do bem-estar. Para muitos dos evangelistas nesses mundos, contudo, tanto a boa forma como a dieta são empreendimentos intensamente carregados de valores. Atingir metas significa estabelecer objetivos rigorosos e demonstrar incansável disciplina para alcançá-los (o que também é conhecido como "suar a camisa"). É assim que você alcança seu dublê de corpo idealizado. E tudo bem, contanto que ele permaneça quietinho no devido lugar. Mas o problema é que muitas vezes isso não acontece. Como Carmen Maria Machado expõe em seu conto de *doppelgänger*, assim que a pessoa adquire o almejado corpo esguio e aperfeiçoado, pode ser que o corpo menos controlado que outrora existiu persista na forma de uma sombra incessante e sempre presente – e esse duplo descartado é profundamente odiado. Em "Oito bocados", a filha da narradora está magoada e irritada com a cirurgia e subsequente transformação da mãe, porque a seu ver trata-se de um ataque. "Você odeia o meu corpo, mãe?", pergunta ela, com voz dolorida. "Você odiava o seu, óbvio, mas o meu se parece com o que o seu costumava ser, então..."[298] Está aí o problema com esse tipo mais privado de *doppelgänger*: quando a obsessão corporal se instala, pode ser que o eu em boa forma não fique satisfeito em esmagar o seu próprio eu inadequado e fora de forma; talvez decida procurar outros alvos, seu ódio por si próprio escorrendo para se projetar dentro dos corpos menos esbeltos e menos convencionalmente capazes de outras pessoas.

Esse tipo de condenação física moralista se intensificou durante a pandemia, sobretudo quando se tornou claro que a obesidade, a diabetes e algumas formas de dependência, associadas a outros fatores, incluindo a idade, aumentavam os riscos representados pela covid-19.[299] Grande parte da pressão para usar máscara e ser vacinado, entretanto, foi enquadrada como um dever de cuidar das pessoas com mais vulnerabilidades. Foi então que começaram a mostrar suas unhas e dentes a cultura do bem-estar e a sua hostilidade mal submersa contra corpos menos convencionalmente perfeitos e estilos de vida menos "limpos".

Há muitos exemplos ruins para citar, mas uma interação resume a questão para mim; a protagonista é nossa velha amiga Glowing Mama, que, em seus muitos vídeos sobre conspirações de covid no Instagram, muitas vezes admite estar com tontura. "Desculpe, pessoal, estou no terceiro dia de jejum", diz ela. Certamente a fome dá um toque especial aos vídeos. A certa altura, no segundo ano da pandemia, ela filmou a si mesma enfurecida pela sugestão de que, por se recusar a usar máscara ou vacinar a filha, ela e a menina poderiam representar uma ameaça à saúde de outras pessoas. A ideia de que seu corpo saudável pudesse ser qualquer coisa menos uma fonte de positividade radiante era claramente inconcebível, e a resposta que ela deu a seus críticos imaginários foi a seguinte: "Porra, vá comer uma cenoura e correr numa esteira"[300]. Essa observação foi aplaudida por outra personal trainer, que comentou: "Estou chegando à conclusão de que pra mim não importa mais se alguém cujo metabolismo está doente se cura ou melhora sua condição. [...] Apenas entendo e reconheço que a saúde da pessoa é responsabilidade dela e a minha saúde é minha responsabilidade... ponto-final!". Depois ela voltou a postar sobre muffins liberados na dieta paleo (#CleanEating) [#comerlimpo].

A partir desses comentários fica evidente que, pelo menos para esses treinadores, se você não estiver no auge da forma física como eles, não tem o direito de emitir opiniões sobre qualquer aspecto de saúde – e definitivamente não tem o direito de perguntar qualquer coisa relacionada à saúde deles. A principal mensagem de saúde pública da era da covid – que todos precisávamos passar por alguns inconvenientes individuais para o bem da nossa saúde coletiva – contou com o apoio da maioria. No entanto, simplesmente não condizia com a abrangente mensagem da indústria do bem-estar: os indivíduos devem assumir o controle de seu próprio corpo como seus principais locais de influência, controle e vantagem competitiva. E que os indivíduos que não exercem esse controle merecem o que recebem. Neoliberalismo do corpo, em forma destilada.

Um mês depois do início da pandemia, ainda sabíamos muito pouco sobre o vírus. Mas de uma coisa sabíamos: era uma ameaça maior para os negros do que para os brancos. Escrevendo na revista *The New Yorker* em abril de 2020, Keeanga-Yamahtta Taylor, historiadora da Universidade Princeton, chamou a covid-19 de "a Peste Negra", observando: "Milhares de norte-americanos brancos também já morreram em decorrência do vírus, mas o ritmo em que os afro-americanos estão morrendo transformou esta crise de saúde pública numa lição prática sobre desigualdade racial e de classe"[301]. No entanto, essa não é a lição que muitos influenciadores conspiracionistas da saúde aprenderam. Pelo contrário, a lição que parecem ter extraído das disparidades raciais e de classe do número de mortes prematuras da covid foi a seguinte: "Este vírus vai matar pessoas que não se parecem comigo". (Embora isso tenha sido verdade no início, mudou à medida que a pandemia avançava, em grande parte graças à desinformação sobre vacinas e uso de máscaras.[302])

Essa disposição nas narrativas supremacistas de descartar enormes setores da humanidade que são considerados inferiores é a cola mais forte que une o mundo narcisista e de tons pastel do bem-estar das mulheres ao mundo de retórica furiosa e violenta da direita de Bannon, afeita a atacar com veemência os imigrantes. Duvido que os personal trainers e profissionais de fitness brancos e magros que dispararam insultos contra as pessoas que lhes pediam que se vacinassem (deveriam "comer uma cenoura e correr numa esteira") tenham parado para pensar no fato de que as pessoas que pagariam o preço mais alto pela circulação desenfreada da covid eram, naquela época, os pobres, negros e pessoas racializadas, numa escala desproporcional. Contudo, continua a ser verdade que essas realidades se alinharam perfeitamente com os objetivos de supremacia branca dos membros da extrema direita da aliança diagonalista. As pessoas sujeitas ao maior risco faziam parte dos mesmos grupos que Bannon, nos segmentos "guerra de fronteiras" de seu podcast, costuma classificar como invasores, e que viviam nos mesmos bairros que Trump descreveu como "zonas de guerra" em seu discurso de posse, o mesmo em que falou de "carnificina americana" (o texto supostamente foi escrito por Bannon, com a ajuda de outros assessores).

Existem também outros pontos de conexão. À medida que a extrema direita transnacional - de Giorgia Meloni a Jair Bolsonaro - recorreu à disseminação de boatos alarmistas antitrans como um poderoso adesivo para aglutinar seu Frankenstein de "nacionalismo inclusivo", muitas das mesmas pessoas no mundo do bem-estar que protestaram contra a artificialidade das vacinas da covid começaram a falar mais abertamente sobre a suposta naturalidade dos gêneros binários e dos papéis familiares tradicionais. Longe dos improváveis aliados que de início pareciam ser, grandes blocos da moderna indústria do bem-estar estão se revelando demasiadamente compatíveis com noções da extrema direita de hierarquias naturais, superioridade genética e pessoas descartáveis.

Estrelas amarelas e projeção selvagem

Wolf foi uma das primeiras figuras da cena antivacina a comparar a determinação da obrigatoriedade do uso de máscaras e vacinas às estrelas amarelas que o povo judeu foi forçado a usar em toda a Europa ocupada pelos nazistas. É uma das muitas analogias diretas com o Holocausto nazista fomentadas pelo movimento: Justin Trudeau e Emmanuel Macro são rotineiramente retratados como Hitler, Anthony Fauci, como Josef Mengele, hotéis de quarentena, como campos de concentração, e a lista continua. Essas comparações ardilosas são tão populares que uma loja de chapéus em Nashville, Tennessee, começou a vender emblemas de tecido no formato de estrelas de davi amarelas com a legenda bordada NÃO VACINADO ("Venderam que foi uma beleza! 5 dólares cada... em breve ofereceremos bonés de caminhoneiro", vangloriou-se o dono da loja no Instagram)[303]. Mas ainda não encontrei ninguém que se debruce sobre as analogias nazistas com tanto entusiasmo como a minha *doppelgänger*.

Além das comparações diretas com os nazistas, Wolf afirmou reiteradas vezes que sofremos um golpe "biofascista". Por quê? Porque a obrigatoriedade da vacinação é supostamente baseada na noção fascista de que certos corpos (os vacinados) são superiores a outros corpos (os não vacinados). Como tantas vezes acontece com Wolf, as camadas de projeção em ação são reveladoras. Em primeiro lugar, os nazistas relaxaram os programas de vacinação na Alemanha e se opuseram com vigor à imunização nas terras por eles anexadas precisamente porque privilegiavam a extinção de populações não arianas. ("Os eslavos vão trabalhar para nós. Quando não precisarmos deles, podem morrer. Portanto, a vacinação obrigatória e os serviços de saúde alemães são supérfluos", foi o que escreveu Martin Bormann, chefe do Estado-Maior de Hitler e chefe do Partido Nazista, em 1942.[304]) Indo mais direto ao ponto: os programas de vacinação que pedem a pessoas fortes e saudáveis que aceitem pequenos inconvenientes para proteger a si mesmas – assim como a pessoas mais doentes, mais velhas e mais vulneráveis do ponto de vista médico – são exatamente o oposto do biofascismo. Pelo contrário, são atos daquilo que poderíamos chamar de biojustiça.

Quando somos vacinados contra doenças que representam uma ameaça maior para outros membros da nossa comunidade do que para nós, estamos declarando que todas as pessoas, sejam quais forem suas deficiências ou dificuldades físicas, têm um valor fundamentalmente igual e têm direito a acesso igualitário à esfera pública e a uma boa vida. Esse é o princípio que está no cerne do movimento pela justiça para as pessoas com deficiência, que, após décadas de luta, felizmente foi codificada em algumas (embora não suficientes) leis na maioria das democracias constitucionais. Essa luta é a razão pela qual os edifícios têm rampas e elevadores, e a razão pela qual as escolas públicas são obrigadas a incluir crianças com cérebro e corpo atípicos. Mas essas vitórias estão sob constante ataque, porque a ideia de que devemos pensar e funcionar como comunidades de corpos emaranhados com diferentes necessidades e vulnerabilidades contraria uma mensagem central do capitalismo neoliberal: a de que cada indivíduo está por conta própria e merece o quinhão que lhe cabe na vida, para melhor ou para pior. E, de forma relacionada, contraria também uma mensagem central da cultura neoliberal do bem-estar: seu corpo é o seu principal local de controle e vantagem neste mundo cruel e poluído. Então, mãos à obra para otimizá-lo!

Beatrice Adler-Bolton, escritora e defensora dos direitos das pessoas com deficiência, refere-se à mentalidade que dá alento a uma boa parte do negacionismo da covid como "mortes arrancadas do futuro" – o que ela define como a postura carregada de juízo de valor que concebe "as mortes por covid-19 como ocorrências de alguma forma predestinadas"[305], porque as pessoas propensas a morrer em consequência da doença provavelmente estavam de qualquer maneira fadadas a morrer de forma prematura. A covid apenas adiantou em alguns anos o cronograma, então qual é o problema? E isso está na porção moderada do espectro – na ponta extrema, com cheiro de sândalo, as mortes arrancadas do futuro são na verdade bem-vindas. Como disse a mulher da ioga: "Eu acho que essas pessoas *têm mesmo de morrer*".

Correndo o risco de causar mais confusão por soar como a minha *doppelgänger*, trata-se de um pensamento fascista. Mais especificamente, é um pensamento genocida. Faz lembrar as formas como os massacres do colonialismo foram justificados com argumentos racionais porque, dentro da classificação da vida humana engendrada por racistas pseudocientíficos, os povos nativos, a exemplo dos residentes originais da Tasmânia, foram considerados "fósseis vivos". Lorde Salisbury, o primeiro-ministro do Reino Unido, explicou num discurso de 1898 que "em linhas gerais, podem-se dividir as nações do mundo entre as vivas e as moribundas"[306]. Os povos aborígines eram, nesse contexto, os pré-mortos, e o extermínio serviu apenas para acelerar o inevitável cronograma.

São essas as histórias atualmente evocadas na cultura do bem-estar dominante, que adotou a noção de auto-otimização do Vale do Silício, ela própria um subproduto da cultura da marca pessoal que hoje em dia atormenta tantos jovens. Cada passo é contado. Cada hora de sono é medida e calculada. Cada refeição tem de ser "limpa". E foi esse contexto que preparou o terreno para uma redistribuição da aliança fascista/New Age dos anos 1930. A própria ideia de que os humanos podem e devem ser "otimizados" presta-se a uma visão de mundo fascista – porque, se a sua comida for extremamente limpa, isso pode muito bem significar que a comida de outras pessoas é extremamente suja. Se você está seguro porque seu sistema imunológico é forte, isso pode significar que outras pessoas estão correndo risco porque são fracas. Se você estiver otimizado, os outros estarão, por definição, abaixo do ideal. Defeituosos. Beirando o descartável. Esse é também o contexto em que alguns notórios indivíduos antivacina passaram a chamar-se a si próprios de "sangues puros", uma vez que o seu sangue é supostamente imaculado, não contaminado pelo imunizante, pouco importando as arrepiantes conotações supremacistas do termo.

O que nos leva à projeção mais pipikada de todas do Mundo-Espelho. Desde as primeiras ondinhas das teorias conspiratórias da covid até os vagalhões de mentiras que viriam a nos inundar, uma afirmação tem reaparecido com mais frequência do que qualquer outra: a de que o plano por detrás de tudo isso era sacrificar grandes porções da humanidade. Primeiro, o vírus era uma arma biológica engendrada pelos chineses para nos exterminar;

depois foi Bill Gates, supostamente um eugenista enrustido, que inventou o vírus para promover a venda de vacinas, este sim o verdadeiro mecanismo para nos matar. Mas quem está de fato empenhado em comportamentos que contribuíram para um massacre, para um desnecessário sacrifício humano em massa? São os próprios diagonalistas – ao se recusarem sistematicamente a acatar as medidas simples e seguras que eram a nossa melhor oportunidade de evitar que uma doença extremamente infecciosa matasse os membros mais vulneráveis das nossas comunidades: os já doentes, as pessoas com deficiência, os imunocomprometidos, os idosos. Abater o rebanho dos mais fracos para fortalecer o estoque genético é o objetivo central da eugenia. E, em grande medida, isso aconteceu. Das primeiras 800 mil pessoas que morreram de covid-19 nos Estados Unidos, três quartos tinham mais de 65 anos. E, de acordo com uma análise realizada pela Poor People's Campaign [Campanha do povo pobre], entre as populações que viviam nos condados pobres do país registraram-se taxas de mortalidade quase duas vezes maiores do que entre populações residentes nos condados ricos[307]; durante o surto da variante Delta, nos condados mais pobres do país morreram *cinco vezes mais* pessoas do que entre as populações das áreas mais ricas. Esses números contam a história da covid como uma guerra de classes.

*

Então é isso, certo? A culpa por esse monstruoso sacrifício humano recai sobre os que se perderam no Mundo-Espelho. O restante de nós pode ficar em paz com o que fizemos quando fomos colocados à prova por esse vírus terrível. Usamos nossas máscaras, oferecemos o braço às agulhadas e nos desdobramos para tentar diminuir o número de novos casos, achatando curva após curva.

A verdade mais difícil, porém, é que esta é uma história de *doppelgänger*, e as histórias de *doppelgänger* nunca são apenas sobre *eles*; são, também, sempre sobre *nós*. A literatura é inequívoca. Jean Paul, o escritor alemão responsável por cunhar o termo *Doppelgänger* em seu romance em três volumes *Siebenkäs*, publicado entre 1796 e 1797, definiu seu significado como "*Leute, die sich selber sehen*" (pessoas que veem a si mesmas)[308].

Eu me vi a mim mesma? Eu me olhei diretamente nos olhos e encarei, com destemor, todas as minhas muitas falhas, defeitos e sapatos de chumbo? Ao observar atentamente a Outra Naomi e seus novos aliados, o que é que ainda me recuso a enxergar a respeito de mim mesma e dos meus? A respeito das pessoas em quem penso quando digo "nós" e "nosso"?

O que *nós veríamos* se, tal qual o casal daquela pintura pré-rafaelita, encontrássemos a nós mesmos na floresta? Meu receio é que muitos de nós também desmaiaríamos de medo. Porque, ao mapear os contornos do Mundo-Espelho, não posso deixar de ver que a mentalidade que é o veneno no cerne desse estranho e trágico capítulo se estende muito além do eixo diagonalista. Deste outro lado do vidro, o quanto fizemos para pressionar nossos governos a manter em vigor a obrigatoriedade do uso de máscaras a fim de proteger os imunocomprometidos? Ou para tornar o ar interior limpo e filtrado um direito em todos os locais de trabalho? Ou para distribuir vacinas além das nossas fronteiras? Na América do Norte e na Europa, nossos governos queriam que tomássemos a segunda e a terceira doses. E se tivéssemos nos recusado até que todos os habitantes do mundo tivessem recebido a primeira dose? Quais foram os corpos que sacrificamos tacitamente por aceitarmos as coisas como elas são e "deixarmos rolar"? E o quanto aqueles de nós que tiveram a sorte de poder trabalhar em casa fizemos para assegurar que os trabalhadores que celebramos como "essenciais" fossem devidamente remunerados e protegidos como se *eles fossem* essenciais? Lutamos pelo direito de organização deles ou continuamos fazendo pedidos na Amazon simplesmente porque era conveniente? A verdade é que a maioria de nós poderia ter feito muito mais.

E isso, penso eu, faz parte do desafio de afastar as pessoas do Mundo-Espelho: qual é a alternativa que está sendo oferecida deste lado do vidro? Temos um plano para um mundo sem o sacrifício de pessoas? E esse plano parece crível, enraizado na ação – ou está mais para blá-blá-blá? Em outras palavras, de que modo convencer as pessoas seduzidas pela fantasia de que ainda é possível exercer o poder para mudar a realidade de formas grandes e importantes? Quando Avi, Tak e eu saímos batendo de porta em porta para interagir com os nossos vizinhos aturdidos pela pandemia, era isto que lhes pedíamos que fizessem conosco: acreditar que podemos fazer da batalha contra a poluição climática e a pobreza sistêmica uma missão social abrangente. Conhecemos algumas pessoas que estavam mais do que dispostas a dar esse salto no escuro conosco – na verdade, famintas por esse ato de fé, como se estivessem apenas esperando por um convite. Mas encontramos também pessoas que talvez outrora tenham estado abertas a esse tipo de missão coletiva, no entanto agora se perderam para frequências narrativas novas e mais sinistras.

E eu não conseguia afugentar a sensação de que, a menos que algo grande mudasse, seria apenas o início de uma migração em massa de mentes.

*

Os resultados das eleições confirmaram o que vimos que estava na iminência de acontecer: Trudeau, que convocou eleições antecipadas porque tinha certeza de que poderia transformar a luta do Canadá contra a covid em uma maioria parlamentar, terminou exatamente onde começou: ainda primeiro-ministro, mas com minoria no Parlamento. Avi conseguiu duplicar o número de votos do NDP no seu distrito, mas ainda assim os liberais de Trudeau mantiveram a cadeira (o que não foi uma surpresa). Entretanto, o Partido Popular, de extrema direita, triplicou a sua votação em nível nacional. Poderia ter sido pior, mas não foi bom.

Um ano depois, as linhas diagonais encontraram-se novamente, dessa vez indo mais longe – e bem mais perto de casa. Em outubro de 2022, Vancouver realizou eleições municipais, e a câmara municipal, havia muito tempo nas mãos de progressistas centristas esverdeados, subitamente guinou à direita, e com uma vantagem indigesta de tão larga. Vancouver é a terceira cidade mais cara da América do Norte, à frente de São Francisco e Los Angeles[309], e também está no epicentro da crise das drogas envenenadas com fentanil. Em vez de propor soluções para as emergências habitacionais e das drogas, a chapa de candidatos vencedores instigou o medo com relação aos desabrigados e doentes mentais da cidade, ao mesmo tempo que prometeu contratar mais cem policiais.

Muitos analistas especularam que o fator decisivo para os resultados da eleição talvez tenha sido um enorme influxo de dinheiro do terceiro homem mais rico da cidade: Chip Wilson, o fundador da Lululemon, gigantesca marca de roupas de ioga.[310] Em 2013, Wilson despertou a ira de muitas de suas clientes quando, ao responder às reclamações sobre a qualidade das leggings fabricadas por sua empresa, disse: "As peças da Lululemon não funcionam no corpo de algumas mulheres. [...] Na verdade, tem a ver com o atrito nas coxas mais grossas"[311]. Ele deixou o comando da empresa logo depois, mas ainda é um acionista majoritário. Por algum tempo, ele se ocupou de compartilhar opiniões bizarras em seu próprio blog, incluindo uma postagem, mais tarde excluída, intitulada "As ereções são importantes?", na qual afirmava que "a continuidade da raça humana" estava ameaçada porque as mulheres deixaram de ser suficientemente "femininas", o que ameaçava a excitação dos homens.[312]

Nos últimos tempos, Wilson tem utilizado sua vasta riqueza para financiar políticos de direita e operações espetaculares nos meios de comunicação, inclusive no período que antecedeu as eleições em Vancouver.[313] Enquanto meus amigos e colegas se recuperavam do baque nas urnas, Garth Mullins, apresentador do podcast *Crackdown*, observou: "A eleição foi decidida pelo medo da criminalidade, turbinado pelo dinheiro perverso da ioga"[314].

Cem novos policiais financiados por um império de calças de ioga fundado por um bilionário gordofóbico preocupado com o futuro da masculinidade? Não havia dúvidas de que o Mundo-Espelho estava se alastrando e só se tornaria mais bizarro. O mês de dezembro de 2022 se iniciou trazendo notícias de um malogrado complô para derrubar o governo da Alemanha e restabelecer a monarquia por meio de um violento golpe de Estado, plano engendrado por uma coalizão diagonalista de radicais de extrema direita e fantasistas conspiratórios fortemente armados que, assim como os seguidores da rainha *QAnon* do Canadá, convenceram-se de que o atual governo alemão era uma fantasia ilegítima. O mês seguinte caracterizou-se por uma fracassada insurreição no Brasil, em que seguidores do ex-presidente de extrema direita derrotado nas urnas, Jair Bolsonaro, reivindicavam um golpe militar enquanto invadiam as sedes dos Três Poderes. Durante semanas, Bannon e seu pelotão do *War Room* amplificaram falsas alegações de que as eleições brasileiras tinham sido fraudadas e de que Lula estava preparando uma tomada marxista do continente a mando do Partido Comunista Chinês.

À medida que os homens fortes e as mulheres saudáveis se tornam cada vez mais envolvidos e cada vez mais ambiciosos em seus objetivos, tenho sentido um mau agouro sobre o que a sua versão estereotipada de perfeição significará para as inúmeras pessoas que não se submeterem a sua mundividência. Fui tomada também por uma sensação mais pessoal de ameaça. Porque, em meio a essa obsessão por crianças puras e corpos perfeitos, ouço um ataque inconfundível, embora implícito, a meu próprio filho.

10
Autismo e o prelúdio antivacina

Uma vez que o tempo continua passando, mesmo quando você cai na toca do coelho, T. completou 10 anos recentemente; quando estas palavras chegarem ao mundo, ele terá 11. Desde o início, tomei uma decisão consciente em meu trabalho de não descrever em detalhes a criação de um menino neurodivergente, nem de discutir os méritos dos rótulos que um médico, que passou duas horas com meu filho, escolheu para ele quando T. tinha 4 anos. Um pouco como uma marca pessoal, definir T. dessa forma o fixaria em um único momento e através dos olhos de outras pessoas. A decisão sobre quando (e se vai) compartilhar seu mundo privado caberá a T. tomar. Assim, incluí algumas histórias alegres sobre seu amor por predadores e uma observação extraordinariamente sábia aqui e ali, mas as selecionei porque podem se aplicar a quase qualquer criança.

O que farei, porque se tornou tristemente relevante, é escrever sobre as minhas próprias experiências numa subcultura muito específica: a comunidade de pais e mães do espectro do autismo.

Houve um tempo em que eu estava desesperada para encontrar esses pais e mães – para conversar com alguém, qualquer pessoa, que pudesse saber o que minha família estava passando. T. nasceu onde moramos agora, na Colúmbia Britânica, mas, quando tinha alguns meses de idade, nos mudamos para Toronto a fim de ficar perto da família de Avi e dos serviços da cidade grande.

Acontece que, para crianças como T., esses serviços eram extremamente escassos. O médico que o diagnosticou nos avisou que a lista de espera para ter acesso à terapia custeada pelo governo poderia durar anos. Ele disse também que a intervenção precoce era "crucial". O jardim de infância da nossa escola pública local quase acabou conosco: uma turma de trinta crianças, cinco delas com dificuldades de desenvolvimento, uma professora e uma professora assistente incrível. A professora entrou em licença médica e nunca mais voltou; a assistente ficou tão estressada com a impossibilidade de realizar seu trabalho que se transferiu para outra diretoria de ensino. "Eu teria sido capaz de mudar a vida daquelas cinco crianças", disse-me ela mais tarde. "Mas não das cinco mais as outras 25." Havia uma "equipe de autismo" que atendia centenas de escolas; eles chegaram à classe de T. dez dias antes do final do ano letivo.

Eu precisava conhecer outros pais e mães que, de alguma forma, tivessem feito esses sistemas falidos funcionarem para seus filhos. Imaginei grupos de apoio, talvez com álcool, ocasiões em que riríamos e sentiríamos pena uns dos outros, enquanto compartilhávamos dicas sobre como arrancar recursos de conselhos escolares desprovidos de verba. Nesse mundo novo e desconhecido, consegui encontrar alguns companheiros de viagem que de fato ajudaram bastante. Contudo, à medida que me aprofundei, descobri também outra coisa: uma indústria de estranhas curas mágicas – injeções de vitaminas para crianças comercializadas por debaixo dos panos; dietas eliminacionistas extremas; terapia imersiva 24 horas por dia; ondas sonoras e mensagens subliminares que prometiam reprogramar cérebros e que me fizeram lembrar a pesquisa que fiz sobre os experimentos de controle mental MK-Ultra da CIA em pacientes psiquiátricos. Na internet encontrei pessoas que se identificaram como "Pais e Mães Guerreiros do Autismo" porque estavam em "guerra" contra o autismo de seus filhos; alguns deles instruíam uns aos outros sobre "tratamentos" horríveis, incluindo fazer os filhos beberem dióxido de cloro[315], alvejante muito utilizado em fábricas de celulose e papel. Várias pessoas me contaram que, ao receberem o diagnóstico, largaram o emprego para se tornarem, em tempo integral, terapeutas de Análise Comportamental Aplicada de seus próprios filhos;

é um sistema de recompensas e punições com um histórico sinistro, que um dia já incluiu eletrochoque; concebido para "extinguir" todos os sinais de diferença autista em crianças pequenas, ainda hoje é empregado, muitas vezes de maneiras cruéis. "A intervenção precoce e agressiva é tudo", disse-me um desses pais. "Se você não perceber cedo, será tarde demais."

Não muito depois do diagnóstico, eu estava na Associação Cristã de Moços (ACM), onde costumava fazer aulas de ioga de noventa minutos de duração, e então me vi parada no canto de um ginásio parecido com uma caverna, observando T. arrastar grandes blocos de espuma. Puxei conversa com um advogado que eu conhecia de uma fase diferente da vida. Ele tinha olheiras e me disse que seu filho pequeno havia sido diagnosticado com autismo. A criança estava bem, disse ele, mas depois de ter sido vacinada, mudou, retraiu-se, regrediu. Com certeza absoluta era a vacina, ele me assegurou. Ele recomendou que eu fizesse minha própria pesquisa e aí poderíamos conversar. Nos anos seguintes, esse mesmo homem tornou-se um dos mais engajados porta-vozes do movimento antivacina (na era da covid, ele continuaria ajudando a encabeçar a campanha contra as – supostamente tirânicas – medidas obrigatórias de saúde).

Nada disso era o que eu queria quando comecei a me aproximar de pais e mães de crianças autistas. Eu não estava à procura de alguém a quem culpar ou contra quem mover uma ação judicial. Eu estava apenas em busca de companhia para transitar em um mundo que não foi construído para crianças como as nossas, ou que pelo menos me desse uma pista sobre algum musicoterapeuta ou dentista que entendesse dificuldades do processamento sensorial. Em 2018 aceitei um cargo de professora na Universidade Rutgers, em parte como uma tentativa derradeira e desesperada. Rutgers é conhecida por suas pesquisas sobre neurodiversidade, e New Jersey é notória por ter escolas públicas com algumas das melhores instalações para crianças como T. Por ser uma canadense acostumada a sentir certo orgulho por nossos sistemas de saúde e educação públicas, foi uma surpresa saber que a Lei dos Estadunidenses com Deficiência e a Lei de Educação de Indivíduos com Deficiência eram ferramentas significativamente mais robustas do que qualquer coisa que tínhamos ao norte da fronteira, e que os pais e mães de New Jersey vinham recorrendo a elas para pressionar as escolas locais a fornecer a seus filhos significativo acesso a todos os serviços de educação especial.

Chegamos no verão anterior ao início do primeiro ano letivo de T. no ensino fundamental, e a diferença foi surpreendente: nossa nova escola pública tinha uma enfermeira, uma psicóloga, uma fonoaudióloga e uma terapeuta ocupacional, compartilhadas com apenas duas outras escolas. Quando essa equipe inteira de profissionais se debruçou sobre T., chorei de alívio. Após dois dias seguidos de testes, eles nos apresentaram um detalhado plano educacional que abarcava colocar T. em uma turma com apenas cinco alunos, todos no espectro do autismo, sob a tutoria de três professores. Fora do horário escolar, experimentamos uma deslumbrante variedade de atividades extracurriculares voltadas para crianças neurodiversas – aulas de música, brincadeiras adaptadas e Buddy Ball, uma maravilhosa competição esportiva semanal que colocava lado a lado adolescentes neurotípicos e crianças no espectro, um contra um. Isso realmente parecia um novo mundo.

Uma coisa em que não havia diferença, porém, era a busca por curas. Cinco minutos depois de chegar ao Buddy Ball, conheci um pai que colocou em minhas mãos um folheto em papel cuchê sobre a suposta ligação entre vacinas e autismo. Ele expôs suas evidências, que equivaliam a um grupo de controle de duas crianças. O seu filho mais velho, explicou ele, nasceu no exterior e não foi vacinado. Essa criança é neurotípica. O caçula nasceu nos Estados Unidos, foi vacinado e é autista. "Então", declarou ele, "é óbvio que são as vacinas!".

Esse é o tamanho do poder daquilo que os médicos chamam o "mito da vacina-autismo" – a narrativa viral que insiste em afirmar que as imunizações infantis contra o sarampo, a caxumba e a rubéola, que as crianças começam a receber após o primeiro ano de vida, são a causa do autismo. É uma narrativa que, de muitas maneiras, lançaria as bases para o que se tornou o movimento antivacina da covid. As primeiras alegações nesse sentido baseiam-se num artigo totalmente desacreditado, publicado na prestigiada revista científica britânica *The Lancet* em 1998, sugerindo que a vacina tríplice viral SCR, que protege contra o sarampo, a caxumba e a rubéola, poderia estar associada ao autismo (e a doenças gastrointestinais). Doze anos mais tarde, o editor da revista se retratou formalmente pelo artigo e descreveu as conclusões como "comprovadamente falsas"[316]. Anos antes, em 2004, dez dos treze coautores originais do artigo emitiram uma nota de retratação, com base no que afirmaram ter sido uma "interpretação" equivocada dos dados do estudo.[317] O autor principal, o gastroenterologista Andrew Wakefield, foi proibido de praticar medicina na Inglaterra devido a conflitos de interesses não revelados e ao que o Conselho Geral de Medicina do Reino Unido descreveu como o seu "insensível desrespeito" pelas crianças em seu estudo.[318]

No entanto, quase um quarto de século após a publicação do artigo de Wakefield, e sem mais provas que corroborem a afirmação, o mito é mais preponderante do que nunca. Continua a ser difundido por uma rede global de grupos do Facebook, canais do YouTube e documentários chamativos produzidos com esperteza, que fazem um trabalho bastante eficaz, para espectadores sem formação na leitura de artigos científicos, no sentido de imitar o jornalismo investigativo. A rede tem seus próprios pseudoespecialistas médicos, celebridades, influenciadores e advogados, o mais célebre deles Robert F. Kennedy Jr., cujas alegações - depois desmentidas - contribuíram para o ressurgimento de doenças - entre elas o sarampo[319], que em 2000 chegou a ser declarado pelo país como oficialmente erradicado, mas que desde então voltou com força total. Em 2019, a Organização Mundial da Saúde relatou um aumento global do sarampo, "atingindo [o] maior número de casos notificados em 23 anos" e ceifando 207.500 vidas - um aumento de 50% nas mortes em um período de apenas três anos.[320]

A culpa pelo súbito aumento da desinformação vinculada à falsa alegação de que vacinas causam autismo está geralmente associada à ascensão das mídias sociais e ao fato de a ciência lixo acerca das vacinas ter circulado sem controle durante anos. Dizer aos pais e às mães que crianças estão ficando permanentemente incapacitadas por receberem vacinação de rotina é sem dúvida uma mensagem impactante, aparentemente feita sob medida para a economia da atenção. Porém, tal como acontece com a desinformação relacionada à covid, as mídias sociais apenas intensificaram tendências que já estavam presentes. Nas minhas conversas com pais e mães de crianças autistas que optaram pelo caminho da culpabilização das vacinas, sempre fico impressionada com a sensação deles de que foram enganados ou injustiçados; esses pais e mães julgam que alguém ou alguma coisa roubou deles o que eles tinham plena certeza de serem seus legítimos filhos neurotípicos e os substituiu por outras crianças, diferentes e defeituosas; a convicção de que suas famílias foram de alguma forma invadidas.

Agora a minha *doppelgänger* está enroscada dos pés à cabeça no movimento de desinformação sobre o autismo: ela "plataformiza" as figuras-chave do movimento, que por sua vez a "plataformizam" com entusiasmo; ela orgulhosamente publica fotos suas ao lado de R.F.K. Jr. e diz a ele, acerca da entidade furiosamente antivacina que ele encabeça, Children's Health Defense (Defesa da Saúde Infantil): "Eu respeito todas as pesquisas que sua organização faz. A mim me parece que as fontes são incrivelmente boas"[321]. Os respectivos editores de Wolf e Kennedy fizeram até uma parceria para vender, juntos numa caixa, os livros mais recentes que ambos escreveram sobre o tema da pandemia. ("Neste Natal, dê o presente da verdade!")[322] Wolf divulgou também calúnias ignorantes descrevendo a cultura sob a covid como "semelhante à Asperger" e afirmou que as escolas, ao tentarem impedir a propagação do vírus, estavam promovendo "uma espécie de forma de Asperger em crianças sob todos os outros aspectos normais"[323].

A criança como duplo

Entretanto, esta parte da nossa história de *doppelgänger* tem pouco a ver com Wolf. Tem a ver com um tipo mais difundido de criação de *doppelgängers* – a duplicação que pode ocorrer entre pais e mães e seus filhos. Há muito tempo a procriação, especialmente daqueles que vêm de famílias abastadas, tem sido vista como uma forma de duplicação temporal, em que a criança vez por outra recebe o mesmo nome do pai ou da mãe, estendendo futuro adiante o legado e a fortuna de seus antepassados (por exemplo, Robert F. Kennedy Jr.). Em nossa época de marca pessoal e identidades otimizadas, ninguém precisa herdar uma fortuna ou um título nobiliárquico para fazer algo semelhante. Você pode simplesmente tratar seu filho como um "derivado" ou uma extensão da marca – você e seu pequeno "minieu" podem vestir roupas combinando para posar no Instagram ou compartilhar no TikTok vídeos de adoráveis dancinhas coreografadas.

Glowing Mama faz isso com sua linda filhinha – postando vídeos fofos de suas festinhas dançantes na sala de estar. E ela publica também vídeos claramente menos agradáveis. “Não venha me dizer que nossos filhos saudáveis estão colocando *você* em risco”, esbraveja ela diante da câmera enquanto a filhinha tira uma soneca no banco de trás do carro. “Vá cuidar do seu estilo de vida, tá bom? Pare de enfiar lixo na boca, ficar sentado em cima da bunda o dia inteiro, consumir a porra da mídia. [...] E aí você vem querer me dizer que minha filha linda e vibrante é uma ameaça pra essa sua carcaça doente, estúpida e desmotivada. Vá se foder. Vá se foder, tá legal?”[324]

Isso, penso eu, é um corolário de toda a vergonha e patologização das crianças que são diferentes na nossa cultura – um descomunal orgulho depositado em crianças que parecem preencher todos os requisitos, cumprir todos os padrões sociais, que são criancinhas perfeitas. Crianças que necessitam de proteção, para que se mantenham puras, longe de todos os transgressores. Muitas das batalhas travadas no Mundo-Espelho – as leis “anti-*woke*”, os projetos de lei “não diga gay”*, as proibições gerais de cuidados médicos de afirmação do gênero, as guerras dos conselhos escolares em torno de vacinas e máscaras – se resumem à mesma pergunta: para que servem as crianças? São indivíduos autônomos, e nosso trabalho, como pais e mães, é apoiá-los e protegê-los enquanto encontram seu caminho? Ou são nossos apêndices, nossas extensões, nossos desdobramentos, nossos duplos, que a nós cabe formar e amoldar e, em última análise, deles nos beneficiarmos? Muitos pais e mães parecem convencidos de que têm o direito de exercer controle absoluto sobre seus filhos, sem nenhuma interferência ou contribuição: controle sobre seu corpo (considerando que máscaras e vacinas são uma espécie de estupro ou envenenamento infantil); controle sobre sua mente (considerando que a

* O Senado da Flórida, controlado pelo Partido Republicano, aprovou em 2022 o projeto de lei Parental Rights in Education (Direitos dos Pais e das Mães na Educação), conhecido popularmente como “Don’t Say Gay” (“Não diga gay”), que proíbe a discussão e o ensino de questões relacionadas à orientação sexual e à identidade de gênero nas escolas. [N. T.]

educação antirracista não passa da inoculação de ideias estrangeiras na mente de seus descendentes); controle sobre o seu gênero e sexualidade (classificando como "manipulação", "corrupção" ou "aliciamento" qualquer tentativa de debater a gama de possíveis expressões de gênero e orientações sexuais).[325]

Essa mesma incapacidade de ver as crianças como seres autônomos é parte da razão pela qual, durante tanto tempo, as crianças com deficiência foram escondidas em instituições cruéis. Se o que muitos pais e mães procuram é um duplo que funcione como um reflexo positivo de si mesmos, então a deficiência surge como uma indesejada interrupção desses planos bem elaborados. Ou, na linguagem de hoje, se o seu filho é a extensão da sua marca, então ter um filho que foge aos padrões sociais de normalidade pode significar que toda a sua marca pessoal está em crise.

Isso não é uma questão partidária. Existem conservadores que defendem as crianças com deficiência com muito mais vigor do que alguns progressistas. E não conheço ninguém que esteja fora do alcance dessas pressões. A nossa cultura é pródiga em conferir aos pais e mães o crédito pelos sucessos dos filhos, e os julga com severidade pelas dificuldades dos filhos; é lógico que eu não estou imune. O que me ajudou, estranhamente, foi a ambivalência que durante grande parte da minha vida eu tive com relação à maternidade. Nunca fui uma daquelas pessoas que têm uma imagem fixa na cabeça de quem eu seria como mãe e de quem meus filhos seriam para mim; esse tipo de coisa simplesmente não figurava com destaque na minha fantasia. Isso provavelmente me tornou uma mãe menos instintiva, mas pode ser que tenha me deixado mais genuinamente curiosa para conhecer a pessoa que no fim das contas aparecesse. Digo isso porque percebi, em minhas conversas com pais e mães de crianças autistas, que muitas vezes eles passam por um período de intenso luto enquanto lamentam a morte das fantasias que fincaram profundas raízes em seu coração. Eles se sentem tão tristes com a criança-duplo que não existe que não conseguem ver de verdade a criança singular que seu filho ou sua filha é. Não é diferente o que enfrentam alguns pais e mães de crianças trans: muitas vezes eles precisam de algum tempo para se angustiar pela filha ou pelo filho que pensavam ter antes de conseguirem aceitar plenamente a identidade de gênero do seu rebento.

Às vezes trata-se apenas de uma fase curta e dolorosa dos pais e mães, quer estejam de luto pela criança em conformidade com o gênero ou pela criança neurotípica (ou, o que não é tão raro, ambas). As crianças, para nossa sorte, tendem a ser bastante compreensivas acerca dessas fases difíceis parentais. O problema é que, conforme aprendi convivendo com os pais e mães do autismo, há muitos deles que aparentemente não conseguem superar a destruição de suas fantasias, e são esses os que ficam presos na busca por curas, conspirações e terapias extremas cuja meta é "extinguir" comportamentos em vez de compreendê-los e apoiá-los.[326]

Em 2018, o jornal *The Washington Post* publicou um artigo adaptado do livro de memórias de Whitney Ellenby, mãe de um filho autista, *Autism Uncensored: Pulling Back the Curtain* [Autismo sem censura: Puxando a cortina]. No trecho, Ellenby descreve, em detalhes dolorosos, a maneira como ela obrigou seu filho autista de 5 anos a assistir ao programa *Vila Sésamo ao Vivo!* em um auditório barulhento e cavernoso, apesar do "intenso medo que ele sentia de espaços fechados"[327]. O menino esperneia e chora, mas ela o contém à força, imobiliza seus braços e pernas e luta com ele no chão, até por fim subjugar esse "puro-sangue de resistência" de 5 anos. Uma vez dentro do auditório a portas fechadas, o menino, cujo nome ela cita, mas eu não citarei, se acomoda em um estado de placidez e assiste ao programa. Triunfante, Ellenby declara que a fobia do filho foi superada, e define suas próprias ações como "amor severo".

Não foi assim que muitas pessoas autistas leram o artigo. Aaden Friday, que é autista e não binárie, escreveu em resposta:

> Muitas, muitas crianças autistas crescem em ambientes repletos de confrontos físicos como o que ocorreu no artigo de Ellenby, ou em lares que rejeitam a ciência médica básica revisada por pares, ou com pais e mães que demonstram um total e absoluto desrespeito pela autonomia de seus filhos autistas – e tudo isso é descrito como amor.
>
> Mas não é amor; é violência. [...] Somos sobreviventes, e não queremos que crianças autistas de qualquer idade sejam maltratadas. Escutem-nos. Acreditem em nós. Seu filho não precisa ser curado, ele precisa ser respeitado, ouvido e, acima de tudo, amado – amado de verdade.[328]

A frase mais reveladora do artigo de Ellenby talvez seja aquela na qual ela descreve seu filho, depois de ser derrotado na batalha campal, sentado calmamente em silêncio no auditório. Nesses "momentos preciosos", ela escreve, ele "é indistinguível dos seus pares"[329]. É um eco direto de uma notória afirmação feita pelo psicólogo responsável pela invenção da Análise Comportamental Aplicada (ABA, na sigla em inglês), Ole Ivar Lovaas: em um artigo de 1987, ele escreveu que quase metade das crianças tratadas com a sua versão do método da ABA tornaram-se, de acordo com seus professores, "indistinguíveis de seus amigos normais"[330].

Trata-se de uma mensagem terrivelmente dolorosa para os jovens cuja mente é diferente: que a própria existência deles é um problema para outros resolverem, uma doença a ser curada, ou pelo menos escondida. Ter um filho que não se enquadra nas definições convencionais de normalidade, que se distingue dos seus pares, pode ser uma dádiva extraordinária. E também é difícil – para os pais e mães, para os professores e, acima de tudo, para as crianças que habitam um mundo de máquinas estridentes e luzes vibrantes com zumbidos e *Vila Sésamo ao Vivo!*, coisas que não foram construídas tendo em mente a mente delas. Para alguns pais e mães, a experiência de ter um filho que não se encaixa, que é extrema e obviamente distinguível – e não de uma forma que confira status –, desencadeia medos profundos de ficar para trás na corrida da perfectibilidade neste mundo de tantos espelhinhos.

E assim tem início outra corrida: pelas curas com balas mágicas, pelas terapias de extinção e, muitas vezes, por alguém a quem culpar.

Apesar dos bilhões gastos em pesquisas sobre o autismo[331], não sabemos por que alguns cérebros têm conexões diferentes. Temos algumas respostas, no entanto, à questão de saber por que nas últimas duas a três décadas tem havido um drástico aumento nos casos diagnosticados de autismo, a ponto de a Rede de Monitoramento de Autismo e Deficiências no Desenvolvimento, programa financiado pelos Centros de Controle e Prevenção de Doenças dos Estados Unidos (CDCs), divulgar que 1 em cada 44 crianças de 8 anos foi diagnosticada com autismo em 2018, em contraste com uma criança a cada 150 em 2000.[332] Uma resposta é que na década de 1990 a definição clínica de autismo se expandiu de maneira significativa[333] e passou a incluir muitas pessoas neuroatípicas que anteriormente teriam sido excluídas. Isso, por sua vez, estimulou um número muito maior de pessoas a decidir fazer o teste[334], o que contribuiu para um pico nos diagnósticos e para uma compreensão maior das diferentes formas de apresentação do autismo. Mais recentemente, os médicos ficaram melhores no que diz respeito a reconhecer o autismo em meninas, que tendem a mascará-lo melhor, e, em menor grau, em meninos negros, indígenas e latinos[335], ainda muito propensos a serem punidos e/ou descartados como "encrenqueiros" em vez de receber apoio, acolhimento e inclusão em sua neurodiversidade. Também pode haver outro fator importante para o aumento dos números: pessoas como eu terão filhos mais tarde. Vários estudos revisados por pares mostram que crianças nascidas de pais e mães mais velhos têm maiores chances de serem diagnosticadas com autismo.[336]

O persistente fascínio exercido pelo mito da vacina-autismo, não importa quantas vezes e de quantas maneiras tenha sido desmascarado, é que ele dá aos pais e mães que veem a diferença como uma tragédia algo externo ao qual atribuir a culpa. *Não é a loteria genética. Não é a idade do pai e da mãe. É a vacina*, dizem a si mesmos, egos protegidos e a salvo. De maneira geral, para os pais e mães de primeira viagem que seguem mamães influenciadoras de corpo esbelto para ajudá-los a descobrir como aperfeiçoar e otimizar um capítulo novo e assustador em sua vida, não vacinar os filhos é uma forma de se sentirem no controle de algo que, verdade seja dita, está bem longe de nosso controle. O que é muito parecido com a própria promessa de bem-estar.

Não é nenhuma surpresa, então, que as pessoas que mais ajudaram a manter vivo o mito da vacina-autismo não sejam médicos proibidos de exercer a profissão, mas mamães influenciadoras e celebridades que fazem as vezes de influenciadores de bem-estar. São pessoas (sobretudo mulheres) que parecem não conseguir acreditar que algo menos do que perfeito segundo as convenções tenha aparecido em sua vida rigorosamente otimizada, e que se apegam à fantasia de que os seus filhos refletirão tudo aquilo que elas mais valorizam em si próprias. Elle Macpherson, modelo que virou influenciadora de bem-estar (linha de produtos: WelleCo), estava supostamente em um relacionamento romântico com Andrew

Wakefield e ajudou a promover o filme de propaganda antivacina que ele produziu. E Byron Bay, luxuosa cidade litorânea New Age conhecida como a "capital influenciadora" da Austrália, também é conhecida, não por coincidência, como a "capital antivacina" do país: em 2021, apenas 66,8% das crianças de 1 ano de idade em Byron foram totalmente imunizadas, em comparação com a média estadual de 94,8%, contribuindo para o retorno de doenças como a difteria.[337]

Mas a pessoa que fez mais do que qualquer outra para popularizar o mito foi a modelo/atriz/apresentadora de TV Jenny McCarthy, que, em suas muitas alardeadas entrevistas sobre o assunto, repetidas vezes caracterizou o autismo de seu filho como um cataclismo que invadiu uma vida que sob todos os outros aspectos era perfeita. Quando um médico lhe deu o diagnóstico, McCarthy relata: "Naquele momento eu morri"[338]. Ela continuou a espalhar desinformação por mais de uma década, e em 2015 declarou ao programa *Frontline*, do canal educativo-cultural PBS: "Se você perguntar a 99,9% dos pais e mães que têm filhos com autismo se preferiríamos que eles tivessem sarampo em vez de autismo, nós escolheríamos sarampo"[339].

Desde a era da covid, o argumento é agora onipresente: prefiro ter um vírus que, apesar de sua potencial letalidade para muitos, eu determinei que para mim e para a minha família saudável nada mais é do que um forte resfriado. Há uma razão pela qual os argumentos do sarampo e da covid parecem tão semelhantes: um foi o protótipo do outro. Muito antes de as "Mamães Guerreiras" irem ao podcast de Bannon para protestar contra as vacinas da covid e a teoria crítica da raça, McCarthy percorria todos os programas de grande visibilidade, vendendo seu livro *Mother Warriors: A Nation of Parents Healing Autism Against All Odds* [Mamães Guerreiras: Uma nação de pais e mães curando o autismo, contrariando todas as expectativas][340].

Eric Garcia, autor de *We're Not Broken: Changing the Autism Conversation* [Não estamos destruídos: Mudando a conversa sobre autismo], reconheceu cedo essas ligações. Ele explica que "o mundo em que vivemos foi moldado por anos de disseminação do medo do autismo", acrescentando que "muitas das pessoas que agora questionam tudo, desde a eficácia da [vacina da] covid-19 até a integridade das eleições nos EUA, começaram fomentando teorias da conspiração e mentiras escancaradas sobre o autismo"[341].

Trata-se de uma característica fundamental da topografia no mapa do aqui e agora. O terror de ter um filho autista, e da deficiência em geral, é parte do que nos trouxe até aqui. Para citar o falecido economista defensor do livre mercado Milton Friedman, um velho inimigo dos meus tempos de *A doutrina do choque*, "as ideias" "existiam no momento", prontas para o choque certo[342] - assim como os caminhos informacionais digitais para espalhar essas ideias por toda parte. Tudo estava a postos: os comunicadores qualificados; os transparentes apelos ao "natural"; as duvidosas e ardilosas técnicas para amplificar alegações - autorrelatadas e carentes de verificação - de doenças e mortes decorrentes de vacinas; as conspirações em torno da Grande Indústria Farmacêutica e o Grande Governo em conluio para travar uma guerra contra corpos saudáveis; as curas charlatanescas envolvendo água sanitária. (Há bastante tempo Donald Trump flerta com o mito da vacina-autismo, desde muito antes de começar a defender o charlatanismo da covid.)

A razão pela qual *Plandemic*, o documentário pseudocientífico que logo de início causou danos incalculáveis, conseguiu ser produzido a toque de caixa é precisamente porque era uma refação, requentando reivindicações preexistentes do movimento antivacina. Ao mesmo tempo, muitos dos integrantes da lista "os Doze da Desinformação" da covid tinham seus argumentos antivacina prontos e à espera, porque havia anos já os vinham apresentando com relação a outras vacinas, e sabiam exatamente como empregá-los, muitas vezes para convencer pais e mães desesperados e assustados de que seria melhor gastar dinheiro para comprar qualquer suplemento/seminário/regime de saúde caro que estivessem vendendo. (A maracutaia remonta ao artigo original de Wakefield[343]: quando o publicou, ele não revelou que a sua pesquisa recebera financiamento parcial de uma subvenção providenciada por Richard Barr, advogado que representava pessoas que alegavam danos causados pela vacina SCR, ou que o próprio Wakefield havia feito um pedido de patente para uma diferente vacina contra o sarampo e, portanto, em tese lucraria com o descrédito da vacina SCR.)

Nessa convergência de mundos, podemos ver mais do que uma infraestrutura compartilhada de desinformação: em jogo está também uma mundividência compartilhada, uma mentalidade compartilhada, uma forma compartilhada de ver as pessoas como normais ou desviantes, puras ou contaminadas, sucessos ou fracassos. E até mesmo, como em todas as histórias de *doppelgänger*, reais ou impostoras.

"Bum! – a alma desapareceu dos olhos dele." Foi assim que Jenny McCarthy descreveu o efeito de uma vacina em seu filho autista. Ela não foi a primeira pessoa a falar dessa maneira sobre uma criança com deficiência.

"Busquem a de vocês e tragam-me de volta a minha!"

A pessoa responsável por ampliar a definição de autismo, levando a um enorme aumento nos diagnósticos, foi a psiquiatra infantil inglesa Lorna Wing. Quando ela iniciou seu trabalho nessa área, no final da década de 1950, o autismo era considerado uma condição tão rara, extrema e debilitante que apenas entre 2 e 4 crianças a cada 10 mil recebiam o diagnóstico.[344] A síndrome foi diagnosticada pela primeira vez em 1943 pelo psiquiatra Leo Kanner, e, segundo a definição que ele deu, as crianças autistas, embora "inquestionavelmente dotadas de boas potencialidades cognitivas", viviam em seu próprio mundo, empenhavam-se em movimentos repetitivos, tornavam-se obcecadas por objetos, muitas vezes apresentavam limitações na fala e tinham muitas dificuldades para realizar os princípios básicos do autocuidado.[345]

Wing sabia que essa definição era tão restrita que excluía muitas crianças neuroatípicas que precisavam de apoio. Então ela desenvolveu a ideia de que o autismo não era um conjunto fixo de sintomas, mas um espectro, que se apresentava de diversas maneiras dependendo do indivíduo e poderia incluir pessoas bastante capazes em termos verbais e físicos. Sua pesquisa acabou levando ao diagnóstico do autismo como um "distúrbio do espectro"[346]. Para reforçar o seu argumento a favor de uma definição mais ampla, ela chamou atenção para os então obscuros escritos de um pediatra austríaco chamado Hans Asperger, que havia realizado pesquisas sobre o autismo ao mesmo tempo que Kanner, mas em Viena, inclusive no período em que a Áustria estava sob o jugo nazista. Na década de 1990, em grande medida graças ao trabalho de Wing, a "síndrome de Asperger" foi incluída no *Manual diagnóstico e estatístico de transtornos mentais* da Associação Americana de Psiquiatria (APA) como uma forma particular de autismo de "alto funcionamento"[347], distinção que seria, mais tarde, questionada.

Além de seu trabalho clínico, Wing, cuja filha era autista, tinha um interesse secundário pela forma como as pessoas autistas eram retratadas nos contos folclóricos, na religião e na literatura, muito antes de existirem termos médicos de qualquer tipo para descrevê-las. Ela atribuiu as primeiras representações de pessoas autistas às lendas irlandesas e celtas e ao "mito das crianças trocadas [*changelings*], deixadas no lugar de bebês humanos reais que foram roubados por fadas"[348].

Curiosamente, as crianças trocadas também são os primeiros retratos de *doppelgängers*. Diz a lenda: as fadas arrancavam bebês humanos e crianças pequenas saudáveis de suas camas e os escondiam no reino das fadas. Em seu lugar ficavam as crianças trocadas mágicas, que eram cópias idênticas das crianças sequestradas, mas com deformidades físicas ou dificuldades comportamentais, como a propensão a "travessuras", comportamento retraído ou temperamento alheado. Para Wing e seu coautor, o defensor dos direitos de pessoas autistas David Potter, estava claro que essas lendas de *doppelgängers* do mundo das fadas eram formas de dar sentido à deficiência. Eles escrevem: "Em algumas versões desses mitos, a descrição da criança trocada, bela, mas estranha e remota, é muito parecida com a descrição de uma criança com autismo"[349]. A mitologia da criança trocada aparece em diferentes versões em muitas culturas: alemã, egípcia, escandinava e inglesa, entre outras.

Em algumas dessas histórias, as famílias criam a criança trocada como se fosse sua, por medo de punição das criaturas do mundo mágico. Em outros, a resposta recomendada é atormentar o *doppelgänger*, às vezes até matá-lo, em um esforço para convencer as fadas a buscar seus rebentos e devolver a criança humana supostamente roubada.[350] Em um artigo de 1968, Carl Haffter, psiquiatra suíço e professor da Universidade de Basileia, detalha os tipos de tormento descritos nas lendas para afugentar o *doppelgänger*:

> [A criança trocada] deve ser espancada nove vezes com varas de bétula até sangrar, enquanto o pai e a mãe gritam: "Busquem a de vocês e tragam-me de volta a minha!". Deve-se segurar a criança trocada

> sobre água fervente e ameaçar mergulhá-la. Aquecido o forno com nove tipos diferentes de lenha, a criança deve ser colocada sobre a pá como se a intenção fosse jogá-la no fogo. [...] A criança trocada deve ser alimentada com couro e ferro em brasa, e veneno para beber.[351]

Se os suplícios fossem infligidos do jeito certo, diziam as histórias, a criança trocada seria expulsa de casa, subiria correndo pela chaminé e desapareceria de volta ao reino das fadas. Em algumas versões da lenda, a criança "real" era devolvida; em outras, a solução definitiva era livrar-se do duplo.

Na época em que foram contadas, essas histórias não eram vistas como ficção; a maioria delas, incluindo as mais horripilantes dos irmãos Grimm, pretendia se passar por verdade. Além disso, alguns pais e mães as entendiam claramente como manuais de instruções sobre como lidar com crianças com deficiência ou divergentes. D.L. Ashliman, importante estudioso de lendas folclóricas que estudou as origens e o legado da mitologia da criança trocada, escreve que muitas vezes elas eram baseadas em eventos reais – formas sádicas como as famílias, sob a orientação de outros membros da comunidade, na verdade tratavam as crianças com deficiência. "Existem amplas evidências", ele observa, "de que esses relatos lendários não deturpam e tampouco exageram os maus-tratos infligidos às crianças que supostamente haviam sido trocadas"[352].

Ashliman continua: "Histórias com esses finais de fantasia proporcionavam esperança, realização de desejos e fuga numa era atormentada por defeitos congênitos e doenças infantis debilitantes"[353]. Ao ler esses relatos, não pude deixar de pensar em minhas interações, no campo de futebol ou na ACM, com pais e mães que atribuíam às vacinas o papel de bodes expiatórios. As histórias que eles me contavam para explicar a súbita estranheza de seus filhos se ajustam quase com exatidão às das lendas das crianças trocadas: meu filho era perfeito, normal, até que ocorreu um evento (a vacina), e esse evento o transformou em outra coisa – uma versão distorcida e *doppelgänger* de si mesmo. Para citar McCarthy novamente: "Bum! – a alma desapareceu dos olhos dele"[354].

Em seu livro *Neurotribes: The Legacy of Autism and the Future of Neurodiversity* [Neurotribos: O legado do autismo e o futuro da neurodiversidade], de 2015, Steve Silberman escreve que, desde que os diagnósticos de autismo começaram a aumentar, "passaram a circular na internet histórias sobre bebês que pareciam estar se desenvolvendo normalmente até receberem uma imunização de rotina. [...] Os pais e as mães diziam que seu filho ou filha havia sido raptado, como se um ladrão – vestido com um jaleco branco de pediatra – tivesse roubado o menino ou menina durante a noite"[355].

Algumas maneiras pelas quais os pais e mães respondem a essas supostas trocas de filhos também apresentam misteriosos ecos das lendas das crianças trocadas. Não, os "Pais e Mães Guerreiros do Autismo" de hoje não escaldam os filhos em água fervente, mas muitos deles continuam submetendo os filhos a várias formas de maus-tratos em nome de uma cura. E esses pais e mães certamente uivam, metaforicamente, se não literalmente, o antigo encantamento do mito da criança trocada: "Busquem a de vocês e tragam-me de volta a minha!".

Essa é a consequência amedrontadora e deprimente de tantos pais e mães, instruídos por vigaristas de vários matizes, terem chegado à conclusão de que a deficiência de seus filhos não é de fato uma parte deles, mas sim alguma malévola força externa que os invadiu. Se a deficiência é um invasor, um estranho, um ladrão de almas, então, tal como acontece com uma criança trocada, praticamente qualquer crueldade pode ser justificada à medida que os pais tentam exorcizar o invasor e trazer de volta a vida normal e perfeita que imaginaram para si próprios. Tal como a raiva mal sufocada em certas partes do mundo do bem-estar contra as pessoas gordas e menos obcecadas por exercícios físicos, essa também é uma mentalidade perigosíssima, que se dá no âmbito da família, infligida aos corpos e às mentes de crianças vulneráveis. E está ligada a outro tipo de guinada *doppelgänger*, que aflige sociedades inteiras, cujo estado de espírito e personalidade podem dar a impressão de mudar sob certas circunstâncias extremas. Lugares como Viena.

Palácios para crianças

Nos primeiros anos do domínio nazista, um grupo de médicos na Áustria se interessou intensamente em estudar crianças que não se amoldavam à versão homogênea e supremacista do coletivo ariano, o *Volk*, povo, que estava no centro do projeto do supremacismo. Esse fato trazia a reboque uma dolorosa ironia, porque, apenas alguns anos antes, alguns dos mesmos médicos participaram ativamente de um progressivo florescimento dos estudos do desenvolvimento infantil na chamada "Viena Vermelha".

No final da Primeira Guerra Mundial, Viena encontrava-se numa situação desesperadora: centenas de milhares de refugiados empobrecidos, muitos deles judeus, amontoados em habitações insalubres onde as doenças infecciosas grassavam, galopantes; crianças, órfãs da guerra, vagavam pelas ruas, enquanto veteranos incapacitados, mutilados no campo de batalha, tinham diante de si um futuro desolador. Foi nesse contexto que, em 1919, o Partido Social-Democrata Operário da Áustria venceu a eleição, assumiu o poder e, até os fascistas tomarem o controle em 1934, transformou a cidade em um laboratório para políticas socialistas e humanistas, um refúgio para secularistas e intelectuais judeus num país dominado por políticos católicos conservadores. A "Viena Vermelha" introduziu formas de vida acentuadamente novas e inclusivas, construindo quarteirões de elegantes habitações públicas repletas de luz natural e pátios arejados. Essa empreitada habitacional proporcionou moradia para cerca de 200 mil pessoas da classe trabalhadora – 11% da população vienense àquela altura[356] –, e ainda hoje é estudada como um farol da política progressista de habitação social.

Tamara Kamatović, acadêmica baseada em Viena e especialista nesse período, escreve: "Os socialistas vienenses estiveram entre os primeiros na Europa a criar programas de bem-estar universal concebidos para mitigar a pobreza infantil e corrigir a desigualdade de uma forma sistemática"[357]. Muitos dos novos edifícios de apartamentos incorporavam serviços básicos, incluindo centros de saúde materna, Kamatović explica, para "possibilitar às mulheres obter informações sobre doenças infantis e nutrição junto a profissionais de saúde perto do lugar onde residiam – [o que] representava um ousado empenho para integrar serviços de saúde pública à vida cotidiana dos trabalhadores".

No cerne dessa experiência socialista democrática estava a ideia drasticamente nova de que as crianças não eram meros apêndices de seus pais e mães, de que seu futuro não era predestinado por sua classe, e de que tampouco o objetivo da educação deveria ser uma doutrinação na obediência ou a preparação de crianças pobres para uma vida de servidão. Com base em avanços na compreensão da complexa vida interior das crianças (estamos falando da cidade natal de Freud), os vienenses responsáveis pela elaboração de políticas públicas adotaram a convicção de que as crianças tinham seus próprios direitos e de que o papel da educação era dar vazão a todo o seu potencial. Para citar o que escreveu o teórico da educação socialista Otto Felix Kanitz em 1925: "Não mais subjugadas, não mais privadas das alegrias da infância, não mais ameaçadas pela mentira de serem objetos de caridade, essas crianças podem se tornar indivíduos criativos, orgulhosos, livres e completos"[358].

Na "Viena Vermelha", isso começava já no nascimento, quando mães pobres recebiam pacotes de fraldas e roupas para que não precisassem embrulhar os recém-nascidos em papel de jornal. "Nenhuma criança vienense há de nascer envolta em jornais", declarava a campanha.[359] Exércitos de "trabalhadores de cuidados" foram contratados para atuar nas áreas de saúde, educação e serviços sociais; construíram-se parques gloriosos, acampamentos de verão para a classe trabalhadora e piscinas públicas, e houve uma onda de criação de jardins de infância e implementação de programas de ensino extracurriculares. As escolas introduziram novas formas experimentais de educação artística e ao ar livre, para grande zombaria dos conservadores, que afirmavam que as crianças jamais aprenderiam a ler e escrever.

Eles estavam errados. As crianças da "Viena Vermelha" vicejaram, e essa sociedade centrada na criança foi, em muitos aspectos, um protótipo europeu do New Deal, embora com um objetivo mais explicitamente igualitário. Muitos dos programas de bem-estar social foram supervisionados por Julius Tandler, médico que se tornou um político socialista e entendeu que esse tipo de investimento na primeira infância era uma forma de evitar uma vida futura na criminalidade. Ele fez uma declaração memorável: "Quem constrói palácios para crianças derruba muros da prisão".

Não era o paraíso. Foram anos em que o pensamento eugenista ganhou intenso ímpeto em ambos os lados do Atlântico, encampado tanto por progressistas como por conservadores. Nos Estados Unidos, programas que esterilizavam à força os chamados "débeis mentais" e outros indivíduos considerados como uma ameaça ao fundo genético já estavam em vigor em vários estados. Alguns dos líderes socialistas da "Viena Vermelha", incluindo o venerado Tandler, viam pouco espaço para pessoas com deficiências graves e distúrbios mentais e se manifestavam a favor dos programas de esterilização dos Estados Unidos, embora nunca tenham implementado a sua própria versão.

Em vez disso, médicos, psiquiatras e assistentes sociais de Viena, ao tentarem colocar em prática a visão da cidade centrada na criança, adotaram um enfoque ativista e intervencionista para tratar crianças com problemas de desenvolvimento. Muitas foram encaminhadas para vários tipos de instituições de reabilitação e lares adotivos, cuja qualidade variava. No livro *Crianças de Asperger: As origens do autismo na Viena nazista*, a historiadora Edith Sheffer escreve que foi uma época de experimentação: "Viena se tornara um caldeirão de ideias, no qual muitos educadores, pediatras, psiquiatras e psicanalistas lançavam diferentes teorias a serem aplicadas em escolas, tribunais, clínicas e um florescente sistema de bem-estar social"[360].

A principal instituição de bem-estar infantil era a clínica de educação terapêutica do Hospital Infantil da Universidade de Viena, chamada Heilpädagogik. Para lá eram enviadas - para avaliação, educação e tratamento - as crianças que antes talvez fossem confinadas em instituições semelhantes a depósitos ou prisões, ou disciplinadas à base de chicote, o método que visava extinguir comportamentos divergentes. Na Heilpädagogik elas encontraram abordagens terapêuticas surpreendentemente progressistas para a época: uma mistura de música, arte, natureza, exercícios físicos, fonoaudiologia e jogos, assim como os currículos escolares tradicionais. Em *Neurotribes*, Silberman documenta que, quando psiquiatras vieram dos Estados Unidos para visitar a clínica, ficaram espantados pela ausência dos testes sistematizados e da rígida disciplina que eram a norma em seu país.[361] Muitos jovens na clínica apresentavam características que os médicos descreviam como "autistas" - do grego *autós*, que significa "eu", no sentido do ensimesmamento ou foco voltado para dentro de si mesmo - e pelejavam para se ajustar às normas sociais. Durante anos, porém, a clínica de Viena rejeitou a ideia de pespegar nessas crianças rótulos de diagnóstico, ou mesmo de classificá-las como "anormais". Os educadores observaram que muitos dos traços de personalidade causadores de dificuldades sociais estiveram presentes ao longo da história, expressando-se por meio de arquétipos como o artista hiperfocado ou o professor distraído e, portanto, não precisavam ser tratados como doenças. Em vez disso, de acordo com o *ethos* da diretriz centrada na criança da "Viena Vermelha", os educadores simplesmente encararam esses comportamentos como diferentes formas de ser humano, e desenvolveram apoios personalizados para as crianças sob os seus cuidados. Mas isso não duraria.

Hans Asperger encontra seu lado sombrio

No início dos anos 1930, o Partido Social-Democrata Operário já se mantinha no poder em Viena havia mais de uma década, enquanto as forças fascistas ganhavam terreno no interior da Áustria. Em 1933, essas forças acabaram por tomar o poder e rapidamente agiram para proibir os partidos políticos rivais, bem como banir os sindicatos. Muitos lutaram para defender as conquistas da "Viena Vermelha", mas, após uma breve guerra civil, os austrofascistas se apossaram da cidade. Em maio de 1934, todo o país estava sob o controle da Frente Patriótica, e, quatro anos depois, a Áustria foi anexada à Alemanha nazista. A era de experimentação progressiva da "Viena Vermelha" terminou em definitivo. Os líderes socialistas, muitos deles judeus, fugiram para o exílio. Alguns dos que ficaram, inclusive Otto Felix Kanitz, o teórico utópico da libertação da infância, acabariam por ser assassinados em campos de extermínio nazistas.

Sob o jugo nazista, mudou-se a forma de ver a criança: não era um indivíduo complexo com direitos, mas a chave para a construção de uma raça superior – projeto que exigia estimular a procriação de bebês arianos desejáveis e evitar o nascimento de bebês e crianças que considerassem uma ameaça à pureza coletiva – ou acabar com a vida deles.

Em Viena, os nazistas não exatamente aboliram todos os programas e políticas socialistas centrados na criança e na família – em vez disso, eles os inverteram, transformando-os em seus sinistros *doppelgängers*. Os programas que davam apoio universal a mães e crianças, incluindo muitas refugiadas judias, foram replanejados para fornecer assistência e cuidados exclusivamente a mães e crianças arianas – parte da missão central nazista de forjar uma raça superior. Kamatović explica que "sob os nazistas o 'bem-estar familiar' foi reformulado em um sistema de bem-estar racializado"[362]. Os programas da "Viena Vermelha" concebidos para melhor compreender e amparar crianças com dificuldades sociais e de desenvolvimento foram, em vez disso, transformados em máquinas de diagnóstico, lugares onde os médicos separavam as crianças que eram consideradas úteis para o projeto nazista das que eram, na linguagem do partido, "indignas de viver"[363].

Muito antes de começarem a matar judeus em escala industrial nos campos de extermínio, os nazistas praticaram e aperfeiçoaram seus métodos em pessoas com deficiência em manicômios. Sob os auspícios de um programa de eutanásia conhecido como *Aktion T4*, que começou oficialmente em 1939, mais de 200 mil pessoas com deficiência foram assassinadas. Algumas morreram nas primeiras câmaras de gás do Reich; muitas mais provavelmente foram mortas em atos de "eutanásia desvairada" levados a cabo por médicos incumbidos de cumprir o princípio nazista de que cuidar de pessoas com deficiência era uma pressão financeira grande em demasia para um país em guerra. Os corpos eram descartados em valas comuns ou incinerados. Na maior parte das vezes, as famílias eram informadas de que seus familiares tinham morrido de doenças infecciosas.

Em Viena, quase oitocentos assassinatos ocorreram na importante clínica infantil Am Spiegelgrund, onde as atrocidades continuaram mesmo após a morte, pois centenas de cérebros de crianças foram preservadas em frascos de formol e utilizadas em experimentos. A investigação, baseada em slides dos restos mortais das vítimas em Am Spiegelgrund, continuou muito depois da guerra e foi concluída apenas na década de 1980.

Uma pessoa que se beneficiou da guinada *doppelgänger* da Áustria foi Hans Asperger, jovem médico nomeado diretor da famosa clínica Heilpädagogik, onde muitos jovens com autismo e outros problemas de desenvolvimento recebiam tratamento. Estudante de medicina no apogeu idealista da "Viena Vermelha", Asperger trabalhou ao lado de psiquiatras judeus como Georg Frankl, que ajudaram a desenvolver teorias progressistas que agora reconhecemos como fundamentais para a compreensão da neurodiversidade – a ideia de que os circuitos cerebrais se configuram numa vasta gama de formas distintas, e que não é necessário equiparar as diferenças à patologia. Até o ano anterior à anexação da Áustria pelos alemães, Asperger ecoou essa análise, escrevendo acerca de seus jovens pacientes que apresentavam traços autistas que não era possível categorizar com exatidão em um diagnóstico único. "Há tantas abordagens [para o desenvolvimento infantil] quanto há diferentes personalidades. É impossível estabelecer um conjunto rígido de critérios para um diagnóstico", ele escreveu em 1937.[364] Em poucos meses a visão de Asperger mudou drasticamente, quando ele começou a reverberar o discurso eugenista dos nazistas, agora escrevendo sobre a necessidade de evitar "a transmissão de doenças hereditárias"[365]. Crianças com traços autistas que, segundo Asperger afirmara anteriormente, não se encaixavam no diagnóstico, foram redefinidas como "esse bem caracterizado grupo de crianças", a quem ele chamou de "psicopatas autistas"[366].

O diagnóstico em si estava impregnado da ideologia nazista, sob a qual o valor de cada indivíduo era medido, de acordo com Sheffer, pelo seu *Gemüt** – conceito complexo e difícil de traduzir que se referia, nessa época, ao sentimento de ligação de grupo de uma pessoa dentro do mais amplo *Volk*, o coletivo ariano que estava sendo engendrado e militarizado pelo Estado nazista. Pessoas com autismo – porque o seu olhar é voltado para dentro, e não para fora, e porque muitas delas têm dificuldades para ler sinais sociais e tendem a se concentrar menos do que outros na aprovação social – tinham, segundo Asperger, "pobreza de *Gemüt*"[367]. Elas não seriam capazes de trabalhar em grupo no *Volk*. A maioria, Asperger escreveu, não tinha nenhum valor social: os autistas "cresceriam para vaguear pelas ruas sendo 'originais', grotescos e dilapidados, falando alto consigo mesmos ou despreocupadamente com os passantes"[368]. Um pequeno subconjunto, no entanto, que ele chamava de "pequenos professores", poderia desempenhar um papel excepcional[369]. Em 1941, quando os nazistas ainda estavam solidamente no

* *Gemüt* pode significar ânimo, temperamento, natureza, gênio, alma, caráter, compleição, índole, coração, mentalidade, faculdades afetivas. [N. T.]

comando, Asperger escreveu: "Sabemos quantas de nossas crianças das quais outrora tratamos, incluindo casos muito difíceis, hoje são indivíduos que cumprem integralmente seus deveres em suas profissões, nas forças armadas e no partido [nazista], não poucas entre elas em cargos de destaque. É assim que sabemos que o sucesso do nosso trabalho vale o esforço"[370].

Enquanto o programa de eutanásia já assassinava em grande escala pessoas com deficiência, Asperger afirmava com todas as letras que a maioria dos autistas merecia morrer – mas os poucos que mostrassem alguma capacidade especial de concentração poderiam ser utilizados pelo Partido Nazista (talvez na função de decifradores de códigos, ou alguma outra parte hiperconcentrada do projeto fascista). Uma investigação recente mostrou que Asperger assinou papéis para que crianças de até 2 anos fossem despachadas à clínica Am Spiegelgrund, onde seriam mortas.[371] Em outras palavras, Asperger era um ponto-chave no sistema de classificação de quem sobreviveria e quem seria assassinado, aparato que logo foi expandido para uma máquina assassina capaz de exterminar milhões de pessoas que não se enquadravam no ideal ariano.

Para Sheffer, isso desvirtua não somente o diagnóstico da síndrome de Asperger, mas também potencialmente avilta o diagnóstico muito mais amplo do espectro do autismo que Asperger tanto fez para moldar. Com base nos escritos de Asperger, vê-se claramente que o diagnóstico tinha muito menos a ver com a ciência médica do que com o pensamento fascista: os nazistas exigiam a submissão a um pensamento de grupo supremacista com o propósito de fabricar a raça ariana. A afirmação de Asperger de que as crianças autistas eram patológicas porque não tinham capacidade de *Gemüt* era menos um diagnóstico médico do que um diagnóstico de natureza extremamente ideológica acerca do que deveria constituir um comportamento normal: ele estava diagnosticando as crianças, literalmente, com déficit de fascismo. "Cabia a psiquiatras infantis como Asperger diagnosticar o caráter da criança em comparação com as normas do regime", Sheffer escreve.[372]

Ao diferenciar os seus "pequenos professores" do restante dos seus pares autistas, e argumentando que eram os únicos que valia a pena salvar, Asperger criou a controversa distinção entre "autismo de alto funcionamento" e "autismo de baixo funcionamento". É este o legado de Asperger: elevar um pequeno grupo de crianças neuroatípicas à condição de supostamente superiores a todas as outras, ao mesmo tempo que fazia parte de um aparato que enviava para a morte as crianças sem essa vantagem competitiva.

A assombrosa trajetória da carreira de Asperger demonstra que, em apenas alguns anos, as mesmas instituições e algumas das mesmas pessoas podem mudar de um *ethos* de cuidados e curiosidade por um grupo vulnerável para um espírito de insensibilidade e limpeza genocida. Como se um interruptor tivesse sido acionado.

Já em pleno segundo ano da covid, enquanto a minha *doppelgänger* e as forças que ela ajudou a incitar espalhavam novas ondas de pânico em torno da noção de como todos nós que fomos vacinados havíamos perdido nossa alma – feito aquelas crianças trocadas das lendas – ou sobre como nosso sangue era impuro, era esta a forma de duplicação e criação de *doppelgängers* que me preocupava com intensidade cada vez maior: de que maneira exatamente uma sociedade se transforma em seu duplo fascista. Wolf havia muito argumentava que são dez os passos que todo tirano precisa cumprir para efetivar essa mudança. Não creio que seja tão simples, tampouco que se trate apenas de um tirano no topo. Tem a ver também com as fomes e apetites das pessoas comuns – por aqueles empolgantes sentimentos de superioridade e pureza. Embora o arquétipo do *doppelgänger* tenha aparecido ao longo dos tempos para esmiuçar questões de vida e morte, o corpo versus a alma, o ego versus o id, a criança real versus a falsa, há outra coisa sobre a qual a figura do duplo – ou o "gêmeo maligno" – vem sendo utilizada para nos alertar: o tirano sombrio que vive em todos nós e está à espreita em todas as nações.

Tanto uma coisa quanto outra

Philip Roth também tem muito a oferecer nesse quesito. *Operação Shylock*, apesar de todo o ridículo em nível superficial, acaba por se preocupar com essas formas mais amplas e muito mais sérias de duplicação. O livro se passa em 1988 e se desenrola tendo como pano de fundo o julgamento no mundo real de John Demjanjuk, um operário ucraniano-estadunidense da indústria automobilística em Cleveland, Ohio, que foi preso, extraditado para Israel e acusado de ser Ivã, o Terrível, o notoriamente sádico operador da câmara de gás do campo de extermínio de Treblinka, que adorava causar o máximo sofrimento ao gasear centenas de prisioneiros judeus de uma só vez. À medida que lia o livro, aos poucos me dei conta de que a aparentemente boba traquinagem de *doppelgänger* de Roth é, na verdade, apenas um dispositivo para nos levar a esse território mais importante.

Assim, enquanto o Verdadeiro Roth e o Falso Roth se engalfinham com suas mesquinhas disputas de ego, o homem acusado de ser Ivã, o Terrível, está num tribunal de Jerusalém enfrentando uma sucessão de sobreviventes traumatizados do Holocausto. O Verdadeiro Roth se senta e ouve os acusadores e a defesa. Agora com quase 60 anos, Demjanjuk insiste que tudo não passa de uma fortuita série de erros que resultou num terrível caso de confusão de identidades, que o seu cartão de identificação do campo de extermínio foi forjado pelos soviéticos. Ele não é um monstro; ele é um devoto homem de família, um pai e avô amoroso, um hortelão prodigioso e um pilar de sua comunidade suburbana. Observando-o no banco dos réus, o Verdadeiro Roth imagina sua defesa: "Dou toda a simpatia pelo que sofreram, mas o Ivã que vocês querem jamais foi uma pessoa simples e inocente como o bom e velho Johnny, hortelão de Cleveland, Ohio. [...] [T]odas essas inocuidades desmentem mil vezes essas acusações disparatadas. Como poderia eu ser uma coisa e outra?"[373].

Para Roth, o escritor, a vida doméstica banal de Demjanjuk não era uma espécie de álibi. O mais assustador é precisamente que uma pessoa pode ser ao mesmo tempo uma coisa e outra – a monstruosa máquina de matar e o homem de família atencioso. Os duplos coexistem; eles não se cancelam. "Os alemães provaram em definitivo para todo mundo que manter duas personalidades radicalmente divergentes, uma muito bacana e outra nem tanto, não é mais prerrogativa apenas dos psicopatas."[374]

Asperger também manteve duas personalidades aparentemente divergentes – o homem que, com toda paciência, observou e traçou perfis sensíveis e humanos de seus fascinantes "pequenos professores", defendendo seu direito de viver, e o homem que, com insensível frieza, assinou ordens de transferência para crianças menos verbais e, segundo a convenção, menos charmosas. Para Sheffer, o "caráter dual de suas ações [de Asperger] destaca o caráter dual do nazismo como um todo"[375] - um sistema que cometeu atrocidades perversas em nome da saúde e do bem-estar coletivos.

A natureza dual do personagem de Asperger agora assombra a literatura sobre autismo: ele era Jekyll ou Hyde, médico ou monstro? Salvador ou nazista? Luz ou sombra? Os estudiosos continuam a debater a questão, mas não há necessidade de escolher: ele pode ser uma coisa e outra; uma e outra não estão em conflito. A pesquisadora autista Anna de Hooge escreve o seguinte sobre as duas faces de Asperger, o homem cujo nome marcou muitas pessoas como ela, até que a nomenclatura "síndrome de Asperger" foi eliminada dos manuais de diagnóstico: "Estou interessada na ideologia subjacente que o fazia decidir quais crianças deveriam ser salvas e quais deveriam ser enviadas para Spiegelgrund. Além disso, estou interessada na forma como essa ideologia sobrevive"[376].

Eu também estou interessada nisso. Toda noite, enquanto eu rolo compulsivamente minha tela e consumo desgraças, eu me deparo com mais e mais pessoas lançando mão de uma linguagem horripilante para alardear aos quatro ventos sobre seus genes bons e seus sistemas imunológicos fortes e seu "sangue puro" e seus filhos perfeitos como argumentos contra a tomada de ações simples, por exemplo colocar uma máscara, que protegeriam as pessoas um pouco menos fortes e perfeitas do que elas imaginam ser. Em grande parte sem saber, elas são os herdeiros das tradições bárbaras que outrora procuraram livrar o mundo de crianças como o meu filho. Quando influenciadores exuberantes vomitam bílis gordofóbica contra pessoas que se atrevem a lhes pedir que reflitam acerca de seus impactos sobre os outros, estão recorrendo a lógicas profundamente supremacistas a determinar quais vidas têm valor e quais vidas são descartáveis. Quando pais e mães se recusam a dar a seus filhos vacinas que há gerações controlam vírus como o do sarampo porque estão dominados pelo terror de ter o tipo de filho que os nazistas declaravam indigno de viver, também estão alimentando essa lógica.

Essa é a linhagem dos antivacina de hoje. No entanto, no seu Mundo-Espelho pipikado, muitos deles parecem totalmente convencidos de que eles é que estão sendo forçados a usar o equivalente moderno da estrela amarela, e de que são eles que rumam para os campos de concentração.

Ele espelha?

Não tenho como saber se minha experiência na comunidade de pais e mães do autismo é representativa – depois de uma série aleatória de interações à beira de campos esportivos e em várias salas de espera de clínicas de terapia, corri na outra direção. Posso atestar, porém, que a indústria da desinformação sobre vacinas se alimenta, com a violência de uma ave de rapina, de sofrimento real. As famílias de crianças com deficiências de desenvolvimento vivem no mesmo mundo em que todos nós vivemos – um mundo que é muito generoso com diagnósticos e terrivelmente mesquinho com ajuda de verdade. O mundo em que falar sobre construir palácios para crianças pobres como forma de derrubar os muros da prisão transforma qualquer um em alvo de chacota e desdém em qualquer sala onde se reúnam pessoas que se autoproclamam sérias. Cuidar de uma criança com deficiências graves pode facilmente levar à falência, mesmo para quem tem um "bom" plano de saúde. E até mesmo em locais onde o movimento pelos direitos das pessoas com deficiência conquistou apoios robustos para crianças em idade escolar, muitos desses programas evaporam tão logo as crianças se tornam jovens adultos.

Mesmo nas escolas que foram forçadas a avançar – e elas se situam esmagadoramente em distritos mais brancos e ricos, onde os pais e mães podem dar-se ao luxo de recorrer aos tribunais – o método de ensino dominante ainda é a Análise Comportamental Aplicada (ABA), muitas vezes colocado em prática à base de um sistema de doces/recompensas e consequências não muito diferente do treinamento de cães. Em New Jersey, depois que superei minha euforia inicial diante da constatação de que não estávamos mais lidando com a genuína e completa negligência no sistema escolar, amiúde tive a nítida sensação de que as crianças atípicas estavam sendo isoladas em classes especiais e bombardeadas com treinamento ABA menos para dar apoio a suas necessidades e muito mais para mostrar resultados impressionantes em uma fieira de testes que nunca paravam de acontecer. Esses testes formavam a base para a elaboração de rankings escolares, que serviam de base para o cálculo do valor da propriedade, o que servia de base para o cálculo dos impostos sobre a propriedade, que financiavam as escolas. E, a partir do momento em que se inicia o processo de diagnóstico, as crianças são colocadas numa matriz de normalidade e desvio.

"Ele brinca com os brinquedos da maneira adequada?", perguntou o primeiro médico.

Da maneira adequada? Bem, quem é capaz de dizer que é mais apropriado organizar uma corrida entre carrinhos de brinquedo do que empilhá-los contra a parede e transformá-los em uma escultura abstrata? Eu não sou.

"Ele espelha?", perguntou um terapeuta que veio à nossa casa.

"O que é espelhar?", perguntei de volta.

"Ele imita o que você faz, tipo 'macaco mandou' ou 'siga o mestre'?"

Opa. Eu nunca pensei em prestar atenção. Mas isso trouxe à baila outra pergunta: eu queria que ele espelhasse? Em caso afirmativo, que espelhasse quem? A mim? Outras crianças? Personagens de desenhos animados? O impulso reflexivo de copiar o que todo mundo está fazendo não é parte do que nos colocou nessa confusão? Claro, isso tornaria a vida mais fácil. Mas é tão ruim assim conviver com algumas crianças que estão sintonizadas com sua própria música interior?

Precisamos realmente de mais espelhos? Que tal alguns portais para algum lugar novo?

Grande parte da experiência da minha família com a deficiência tem sido um conflito com as mentalidades que procuram nomear, curar e controlar. Mas – como sempre – existem outras mentalidades disponíveis, o que descobrimos, para nossa surpresa, quando nos mudamos para o penhasco. Na verdade, é a razão pela qual permanecemos. No início, tive certeza de que mandar T. para uma escola regular de interior, sem os sofisticados recursos de apoio de que dispúnhamos em New Jersey, seria um desastre. Acabou sendo a melhor experiência da jovem vida do meu filho, e por uma razão simples: a pressão é pequena, são poucos os testes e medições.

Não há terapeutas especializados em autismo, mas, quando T. fica estressado, ele caminha pela floresta na companhia de um amoroso assistente educacional, revezando-se na escolha de temas para se acostumar com o toma lá dá cá de viver em um mundo com outras pessoas. De alguma forma, seu professor infinitamente criativo arranja tempo para construir currículos calcados nos mais recentes interesses do menino em predadores. T. me garante que foi abençoado por uma total inexistência de bullying. Isso pode mudar, e provavelmente mudará. Conheci pessoas que não tiveram tanta sorte aqui. Mas, por enquanto, nesta comunidade, com mais do que a sua cota de desistentes e desajustados (e, claro, algumas opiniões políticas estranhas flutuando por aí), meu filho está vivenciando algo próximo do que todas as crianças merecem: aceitação.

A rampa de saída

Não muito depois do verão da campanha eleitoral de Avi, eu estava na fila da farmácia esperando aviarem uma receita quando uma jovem, que aparentava ter cerca de 18 anos, iniciou uma conversa sobre os méritos das máscaras de pano em comparação com as descartáveis.

"Eu odeio as máscaras azuis", disse ela. "Eles produzem muito lixo."

"Deixe a senhora em paz", pediu a mulher (mãe? avó?) que a acompanhava, agarrando o braço da adolescente e a puxando para longe de mim. "Ela" – ou seja, eu – "não quer falar com você".

Não sei qual foi o rótulo que algum médico colocou naquela jovem, mas desconfio que não era muito diferente do que pespegaram no meu filho.

"Não, não, imagine, fico feliz em conversar", eu me apressei em dizer. "Afinal, o que mais estou fazendo? Só esperando."

E então batemos um papo. Sobre os benefícios das máscaras de pano (mais macias, mais bonitas, melhores para o meio ambiente). Sobre quantos irmãos e irmãs eu tenho (um de cada). Sobre minha idade. E, durante todo o tempo, observei sua cuidadora relaxar visivelmente e baixar a guarda.

Já tive várias experiências desse tipo, invariavelmente enquanto esperava em alguma fila, e elas sempre acontecem da mesma maneira:

primeiro vem a simpatia da pessoa neuroatípica, perfurando minha pequena bolha de isolamento público (que quase sempre envolve fones de ouvido), depois a vergonha e o pânico dos pais ou mães ou avós e, por fim, seu alívio por terem permissão para não sentir aquelas emoções dolorosas acerca de alguém que amam, encontrando um pequeno porto seguro em meio a uma tempestade sem fim.

Eu entendo um pouco como essas pessoas se sentem. Quando eu era adolescente, minha mãe sofreu um grave acidente vascular cerebral e perdeu para sempre muitas de suas habilidades físicas e algumas cognitivas. Como sua cuidadora, logo aprendi sobre o nosso mundo de indiferença e passei a reconhecer os olhares de repulsa e impaciência de pessoas que acreditavam claramente que a deficiência era algo a ser escondido. Mesmo assim, carreguei minha própria vergonha e nem sempre fui capaz de ver a beleza nas diferentes maneiras como os cérebros e os corpos humanos se encontram e interagem com o mundo.

Vivi um momento decisivo quando T. estava na pré-escola e eu o observei pelejar em torno de uma simples estrutura lúdica no pátio de nossa escola local. Uma menina da turma dele apareceu e começou a pular e balançar no trepa-trepa feito uma ginasta profissional, seus longos cabelos roçando o chão empoeirado enquanto ela se pendurava de cabeça para baixo. Como seria, eu me perguntei, ter uma filha tão capaz? E ainda por cima um doce de pessoa! Ela fez uma pausa e tentou ajudar T. a descobrir como passar por entre as barras metálicas do brinquedo. Sinto um carinho especial por meninas confiantes com tempo para meu filho.

Pouco depois o pai dela apareceu, e eu o elogiei por ter uma filha tão sensacional e pela gentileza dela para com uma criança que tinha diferentes conexões cerebrais. Isso deflagrou no homem uma explosão de vanglória maníaca, que me levou a ficar sabendo, em pouquíssimo tempo, que, além das óbvias habilidades da menina como ginasta, sua filhinha de 5 anos era capaz de recitar solilóquios inteiros de *Romeu e Julieta*, competia em torneios de xadrez, era aficionada por violino e nunca, jamais, havia ingerido nada que contivesse açúcar refinado.

Eu me senti exausta por ele. As olimpíadas de perfeição nas quais era evidente que essa dupla pai-filha alcançava todas as notas dez de máxima excelência pareciam algo terrivelmente triste de fazer na infância. Aquela pequenina criatura já era luminosa – não precisava ser aperfeiçoada até se transformar em um troféu. Entretanto, verdade seja dita, eu também era capaz de ver como, se eu tivesse um filho que se relacionasse com o mundo com tamanha facilidade, sinceramente seria quase impossível resistir à tentação de fazer as vezes dele e, por meio de uma vida vicária, substitutiva, tentar ganhar todos os prêmios que a nossa brutal ordem econômica oferece aos poucos que são considerados dignos de mérito. Foi nesse momento que percebi o dom especial de ter um filho cujas diferenças inatas significavam que ele jamais seria capaz de competir nessa corrida. A essa altura ele já estava em seu próprio campo, criando suas próprias regras – regras legais, capazes de levar a lugares muito interessantes quando ele for mais velho –, mas regras que somente ele poderá decodificar.

Olhei para T. enquanto ele deslizava alegremente, ainda que meio desajeitado, pelo escorregador de plástico, e o abençoei por dar a mim e a ele essa rampa de saída.

Segredos e sombras

É aflitivo compartilhar até mesmo um fiapo de história sobre T., esse lindo ser que nasceu sem a armadura protetora que tantos de nós consideramos natural. Espero que, quando ele for mais velho, concorde que valeu a pena deixar um pouco de luz entrar nos cantos sombrios do mundo dos pais e mães do autismo. Eu refleti também quanto a compartilhar aqui a história daquele pai muito orgulhoso, que pode ser dolorosamente reconhecível para ele. Ele merece isso, sendo alguém que provavelmente só é um pouco ansioso demais para impressionar uma pessoa que acabou de conhecer? Talvez não. Ainda assim, acho que vale a pena ponderar sobre sua atitude, porque, ao contrário de muitas outras coisas que tenho escrito, não se trata dos acontecimentos ridículos habituais no Mundo-Espelho. Tem a ver com o que ocorre em círculos que se vangloriam de usar a razão e o humanismo, de ouvir a ciência e de cuidar dos menos afortunados – círculos que se definem como não sendo iguais a *eles*.

Foram pais e mães progressistas e de boa situação financeira que transformaram a infância numa corrida armamentista de conquistas, na qual o ingresso em uma universidade de elite é apenas a primeira de muitas linhas de chegada, mas tão importante que os filhos são pressionados a transformar seus traumas mais íntimos em histórias de triunfo-sobrepujando-a-tragédia (enquanto as famílias mais abastadas simplesmente subornam e trapaceiam para obter acesso às melhores universidades, como todos ficamos sabendo pelas recentes notícias de escândalos). Preocupa-me também a possibilidade de que, daqui a alguns anos, os membros dessa mesma classe de pais e mães progressistas se convençam de que fazer pequenas modificações genéticas embrionárias para aprimorar o QI, a capacidade atlética ou a altura de seus futuros filhos não é apenas uma prerrogativa deles, mas seu dever.

O mundo está ficando fora de controle, dirão eles a si mesmos. *É lógico que meus filhos merecem uma vantagem competitiva*. Ou, como Bill McKibben me disse há pouco tempo: "Em vez de descobrirem como ter um mundo onde todos possam prosperar, eles querem que seus filhos prosperem num mundo que está em vias de desmoronar".

É este o aspecto que mais me desassossega na corrida pela perfeição vigente nos mundos interligados do bem-estar e da paternidade/maternidade: a generalizada doença estrutural da qual os "hiperbem" e insistentemente perfeitos estão, a olhos vistos, escapando. A doença que está por toda parte. No fundo, suspeito que grande parte do espelhamento e da duplicação que estamos vendo se resume a quem e o que não podemos suportar ver, encarar de verdade – em nosso meio, em nosso passado e no tumultuoso futuro que corre em nossa direção. Existem muitas maneiras diferentes de tentar fugir de nossas sombras. Sucumbir a mundos conspiratórios é apenas uma delas. E foi em direção a um confronto com essas sombras que meu mapeamento me levou, inexoravelmente, a seguir.

Parte III
Terras das sombras
(Separação)

Hasteamos muitas bandeiras,
eles hastearam muitas bandeiras.
Para pensarmos que eles são felizes.
Para pensarem que nós somos felizes.
– Yehuda Amichai, "Jerusalém" [377]

"Vai doer agora", disse Amy. "Tudo que
está morto dói para viver de novo."
– Toni Morrison, *Amada*[378]

11
Calma, conspiração... capitalismo

Era o ano da graça de 2007, eu estava em uma turnê de palestras para divulgar *A doutrina do choque*, e naquele dia a parada do meu périplo foi em Portland, Oregon. A gentil organizadora, uma senhora de cabelos grisalhos que me pegou no aeroporto, estava tiritando de estresse. Ela explicou que havia na cidade um grupo bastante ativo de "investigadores da verdade"*, e que ficou sabendo de um plano desses teóricos da conspiração para atrapalhar meu evento naquela noite.

Como era de esperar, eles conseguiram. No meio da minha fala sobre o livro em uma igreja local, alguns caras de moletom abriram na varanda uma faixa declarando que "O 11 DE SETEMBRO FOI UMA AÇÃO ORQUESTRADA POR GENTE DE DENTRO DO GOVERNO DOS ESTADOS UNIDOS".

Naquela época a cena conspiratória estava vicejando, e algumas pessoas na esquerda a toleravam ou até mesmo a cultivavam. Impulsionada pelo documentário viral de baixo orçamento *Loose Change* – o *Plandemic* do seu tempo –, a estratégia do movimento envolvia sobretudo tentar fazer com que críticos notórios da administração Bush "admitissem" que todos sabiam secretamente

* No original, "*truthers*", termo que designa alguém que acredita que o governo ou outra entidade poderosa conspira para esconder a verdade sobre o seu papel em determinado evento. [N. T.]

que Dick Cheney e George W. Bush conspiraram para explodir as Torres Gêmeas e fazer com que tudo parecesse um ataque terrorista. Esses paladinos da verdade sequestravam as sessões de perguntas e respostas em muitas das minhas palestras, e fizeram o mesmo com meu amigo Jeremy Scahill quando ele estava em turnê para divulgar seu livro *Blackwater**.

Diversos incidentes como esse ao longo dos anos levaram-me a concluir que a linha entre alegações de conspiração desprovidas de qualquer embasamento e o trabalho de pesquisa investigativa confiável não é tão firme nem tão estável como muitos de nós gostaríamos de acreditar. Está provado por A mais B que algumas pessoas consomem de forma intercambiável jornalismo investigativo, análises baseadas em fatos e teorias da conspiração isentas de fatos, traçando suas próprias conexões e misturando e combinando à vontade os três.

Do ponto de vista do pesquisador, as diferenças entre os gêneros deveriam ser gritantes. Investigadores responsáveis obedecem a um conjunto de padrões compartilhados: consultar fontes duplas e triplas; verificar documentos vazados; citar estudos revisados por pares; esclarecer incertezas; compartilhar trechos de textos com especialistas reconhecidos de modo a garantir que termos técnicos e métodos de pesquisa sejam compreendidos corretamente; contratar verificadores de fatos incumbidos de analisar minuciosamente todo o conteúdo pré-publicação e, em seguida, entregar tudo a um advogado especializado em difamação (ou, no caso dos meus livros, vários advogados em diferentes territórios). É um processo lento, caro e meticuloso, mas que, até onde alcança nosso conhecimento, nos leva o mais perto possível de algo que todos concordávamos ser a prova de que algo era verdade.

Os influenciadores da conspiração encenam o que passei a considerar ser um *doppelgänger* do jornalismo investigativo, imitando muitas de suas convenções estilísticas enquanto saltam por cima de suas barreiras de segurança de precisão. Wolf é uma empreendedora dessa técnica: repetidas vezes ela afirma ter encontrado

* Jeremy Scahill. *Blackwater: A ascensão do exército mercenário mais poderoso do mundo*. Trad. de Claudio Carina e Ivan Weisz Kuck. São Paulo: Companhia das Letras, 2008. [N. T.]

alguma "prova irrefutável" ou ter em mãos um "furo jornalístico arrasa-quarteirões"; ela faz referências a dezenas de milhares de páginas de documentos científicos, bem como a metadados, que ninguém vai se dar ao trabalho de verificar para ver se de fato dizem o que ela alega (geralmente que as vacinas contra a covid ocasionaram um "genocídio" - e não, os documentos citados por ela e que eu examinei certamente não mostram isso).

Tal qual o punhado de negacionistas do clima profissionais que - recorrendo a gráficos de temperatura totalmente descontextualizados, além da utilização de dados desatualizados e um jorro constante de termos científicos complexos - afirmam ser capazes de "desmascarar" a avalanche de provas científicas sobre o aquecimento do planeta, Wolf se envolve também no que podemos pensar como um pipikamento da ciência. Ela salpica seus comentários de termos médicos dos quais usa e abusa sem o menor pudor, tagarelando sobre "nanopartículas lipídicas" e "proteínas spike" e "barreira hematoencefálica", num discurso tão frenético e incompreensível que até mesmo Steve Bannon tem de implorar: "Calma! Devagar com o andor!".

O resultado final de estar cercado por esse tipo de discurso é um estado reflexivo de contínua descrença que o professor de filosofia brasileiro Rodrigo Nunes chama de "negacionismo". Trata-se de um cenário de pernas para o ar que, assim como tudo no Mundo-Espelho, serve com perfeição à direita e enfraquece a esquerda porque, no dizer de Nunes, ele "transforma as ameaças reais que vemos crescer no horizonte em versões distorcidas de si mesmas, como reflexos numa casa de espelhos. Assim, o problema da democracia não é que as elites políticas no mundo todo estejam inteiramente comprometidas com os interesses das corporações e dos mercados financeiros, mas que há uma conspiração secreta de bilionários pedófilos planejando instituir um governo mundial"[379]. Da mesma forma, "o problema do meio ambiente não é a mudança climática, mas a instrumentalização da ciência por uma agenda política decidida a mudar nosso estilo de vida e impedir o crescimento". Ao que podemos agora acrescentar que o problema da covid não é o fato de que se trata de uma doença extremamente infecciosa que estava sendo combatida sem um pingo de entusiasmo por empresas farmacêuticas com fins lucrativos e Estados exauridos de recursos, mas sim a existência de um aplicativo que queria transformar as pessoas em zumbis escravos.

Sem dúvida é por isso que os Bannons do mundo, financiados por um elenco rotativo de bilionários, adoram teorias da conspiração, quer acreditem pessoalmente nelas ou não: as conspirações garantem que a nossa atenção seja desviada dos escândalos dos quais tomamos conhecimento e que já foram meticulosamente comprovados por muitos, e, de maneira perene, elas monopolizam nossa concentração em algo mais explosivo, algo que está sempre prestes a ser provado de modo cabal (A eleição foi mesmo roubada! As vacinas estão realmente matando os bebês! E os médicos!), mas ainda não, não agora - nunca.

Desde a crise sanitária global da covid-19, temos sido inundados com exemplos reais de corporações que lucram com o vírus, ao lado de cínicas manobras de dirigentes políticos para leiloar os nossos serviços essenciais a pretexto da situação de emergência. Torraram-se trilhões de dólares para amparar os mercados e socorrer multinacionais, ao passo que trabalhadores foram demitidos em massa; os bilionários aumentaram sua riqueza a um ritmo alucinante, ao mesmo tempo que rapinaram clientes e alimentaram uma crise no custo de vida. Tudo isso é mais do que suficiente para justificar uma revolta popular e democrática, sem nenhum ornamento (tal como a invasão ilegal do Iraque e as centenas de milhares de vidas perdidas deveriam ter sido suficientes sem o papo de "ação orquestrada por gente de dentro do governo dos Estados Unidos"). Não havia necessidade de histrionismo sobre como as pessoas não vacinadas viviam um "apartheid" quando estava em curso um verdadeiro apartheid de vacinas entre países ricos e pobres; não havia a necessidade de inventar fantasias sobre os "campos de confinamento" da covid enquanto o vírus devastava populações carcerárias, os frigoríficos e a indústria de processamento de carnes e os armazéns da Amazon como se a vida das pessoas lá dentro não tivesse nenhum valor. Num mundo justo, passaríamos o tempo todo falando sobre esses escândalos reais e comprovados; a maioria de nós não fez isso, em parte porque o tempo estava se esgotando em meio às consequências e complicações de complôs inventados.

A calma como resistência ao choque

"Reconhecimento de padrões" é a expressão com que costumo descrever o trabalho da minha vida. Lembro-me do momento, um verdadeiro clique, em que percebi que existia uma ligação entre a crescente precariedade do trabalho, a consolidação da propriedade em indústrias-chave e os exponenciais aumentos nos orçamentos de marketing que caracterizavam as estruturas corporativas vazias das primeiras marcas de estilo de vida. Não foi um plano mestre engendrado por uma cabala, mas havia um fluxo, um padrão, que entrelaçou tendências aparentemente díspares numa história lógica sobre uma nova versão do capitalismo. Foi nesse momento que decidi escrever *Sem logo*, e o sentimento foi tão poderoso que, mais de um quarto de século depois, eu me lembro de onde estava sentada e do que estava fazendo quando o padrão se encaixou (no chão, ao telefone fixo, falando com uma estudante de jornalismo).

Escrevi *A doutrina do choque* na esperança de proporcionar um sentimento de orientação semelhante. Vivíamos os anos depois que os ataques de 11 de Setembro embaralharam os sinais políticos e abalaram a confiança de muitos amigos e colegas. De novo saí no encalço de uma história de conexões: dessa vez entre o nosso momento de choque pós-terror e a forma como outros choques foram utilizados, ao longo dos últimos cinquenta anos, para impulsionar políticas que privaram outras nações e povos de direitos, privacidade e riqueza em comum.

Na torrente de fatos desconexos que constituem os nossos "feeds", o papel do investigador-analista é claro: tentar criar algum sentido, alguma ordem de acontecimentos, mapas de poder. A resposta mais significativa em minha vida de escritora veio do mais adorável dos cartógrafos literários, John Berger, quando lhe enviei as provas de *A doutrina do choque*. Muitas pessoas disseram ter achado o livro enfurecedor, mas a resposta de Berger foi muito diferente. Ele escreveu que a seu ver o livro "provoca e inspira calma". Quando as pessoas e as sociedades entram em estado de choque, perdem sua identidade e seu equilíbrio, ele observou. "Portanto, a calma é uma forma de resistência."[380]

Penso com frequência nessas palavras. A calma não substitui a raiva justa ou a fúria diante da injustiça – ambas são potentes propulsores para a necessária mudança. Mas a calma é a precondição para o foco, para a capacidade de priorizar. Se o choque induz uma perda de identidade, então a calma é a condição sob a qual voltamos a nós mesmos. Berger me ajudou a ver que a busca pela calma é a razão por que escrevo: para domar o caos ao meu redor, em minha própria mente e – assim espero – também na mente de meus leitores. As informações são quase sempre angustiantes e, para muitos, chocantes – contudo, na minha opinião, o objetivo nunca deveria ser colocar os leitores em estado de choque. Deveria ser tirá-los dessa condição.

Depois de mergulhar nas palavras e ações da minha *doppelgänger* durante este período prolongado, fico bastante impressionada ao constatar que ela parece ter um objetivo muito diferente. Wolf rotineiramente descreve seu estado mental como "aterrorizado". Ela caracteriza a sua própria investigação sobre as vacinas contra a covid como "chocantemente chocante", e define as medidas de saúde pública contra as quais escolheu travar uma guerra não como erradas, tampouco perigosas, mas como "petrificantes"[381].

"Não quero usar uma linguagem exagerada", disse ela a Steve Bannon acerca das autoridades de saúde que estavam espalhando na porta da casa das pessoas uma série de panfletos com informações básicas sobre vacinação. Em seguida ela prosseguiu, prognosticando: "Eles vão levar embora seu filho ou filha se você não os tiver vacinado, tipo, esse é o próximo passo. Ou vão levar você para um campo de quarentena se você não mostrar a carteira de vacinação. Quero dizer, isso pode soar um pouco… ansioso ou exagerado…"[382]. Sim, soa mesmo. Sempre. E é de propósito. O efeito da cultura da conspiração é o oposto da calma; é espalhar o pânico.

A conspiração é… o capitalismo

É aqui que as coisas ficam mais complicadas, como invariavelmente acontece no reino dos *doppelgängers*. Quando escritores e acadêmicos radicais e antiestablishment tentam analisar os sistemas subjacentes que construíram e sustentam o poder no nosso mundo, incluindo a comprovada existência de operações secretas para eliminar ameaças a esses sistemas, é comum que sejam rejeitados e rotulados como teóricos da conspiração. Na verdade, é uma das táticas mais empregadas para enterrar e marginalizar ideias que são inconvenientes para aqueles que exercem o poder econômico e político, ou que se sentem pessoalmente atacados por análises anticorporativas, anticapitalistas ou antirracistas porque as críticas os comprometem. Desde Marx, todos os analistas de poder de esquerda sérios enfrentaram essa difamação.

Em seu esforço para combater a desenfreada enxurrada de desinformação sobre a covid, muitas instituições do establishment recorreram a essa tática. Por exemplo, a Comissão Europeia publicou um guia que definia a teoria da conspiração como "a convicção de que certos acontecimentos ou situações são secretamente manipulados nos bastidores por forças poderosas com intenções negativas"[383]. Tudo bem, mas isso deixa de fora o fator mais importante: se a teoria em questão é falsa ou pelo menos carece de comprovação. Porque muitos acontecimentos e situações - crises financeiras, escassez de energia, guerras - são de fato "manipulados nos bastidores por forças poderosas", e os efeitos dessas manipulações nas pessoas comuns são intensamente negativos. Acreditar nisso não faz de você um teórico da conspiração; faz de você um observador sério da política e da história.

A meu juízo, a razão para estudar, ler e escrever sobre sistemas econômicos e sociais, e para tentar identificar seus padrões subjacentes, é precisamente porque se trata de uma atividade estabilizadora. Esse tipo de trabalho baseado em sistemas se assemelha a estabelecer um sólido alicerce para um edifício: uma vez instalado, tudo o que vier a seguir será mais robusto; sem a base robusta, nada estará a salvo de uma rajada de vento mais forte. Sim, mesmo depois de compreendermos isso, nosso mundo ainda é confuso - mas não é incompreensível. Há sempre forças sistêmicas em jogo, e muitas delas têm a ver com o imperativo central do capitalismo: expansão e crescimento por meio da procura de novas fronteiras a delimitar.

Esse imperativo certamente explica um bocado de coisas sobre os tipos de duplicação discutidos até agora. A acelerada necessidade de crescimento tornou mais precária a nossa vida econômica, levando ao impulso de converter em marca e comoditizar nossa identidade, de otimizar o nosso eu, o nosso corpo e os nossos filhos. Esse mesmo imperativo estabeleceu as regras (ou a falta delas) que permitiram que um grupo de profissionais de tecnologia, profundamente decepcionantes de tão medíocres, assumisse o controle de toda a nossa ecologia de informação e construísse uma nova economia a partir da nossa atenção e indignação. É também a lógica por trás da transferência da resposta da covid para o indivíduo (use a máscara, tome a vacina), excluindo os investimentos mais polpudos no fortalecimento de escolas, hospitais e sistemas de transporte públicos. As elites que se beneficiam enormemente dessas prioridades são as mesmas que financiam projetos políticos e midiáticos dedicados a colocar as pessoas não ricas umas contra as outras com base em raça, etnia e expressão de gênero – o que as torna menos propensas a se unirem com base em interesses econômicos e de classe comuns.

É lógico que existe uma diferença entre um sistema que faz o que foi concebido para fazer, independentemente dos custos humanos, e conspirações secretas de indivíduos nefastos que interferem numa democracia que em outras circunstâncias seria justa e sensata. Esta, sempre acreditei, é uma das principais razões da existência da esquerda: propiciar uma análise estrutural da riqueza e do poder que traga ordem e rigor à percepção predominante (e correta) de que a sociedade é manipulada em prejuízo da maioria, e de que verdades importantes estão escondidas por trás de uma retórica política de conveniência. Porque não podemos mudar o que não entendemos. E porque de fato há uma "armação" e o sistema *é* manipulado para ferrar a maioria das pessoas – mas, sem uma firme compreensão do impulso do capitalismo para encontrar novas fontes de lucro as quais cercar e extrair, muitos imaginarão que existe uma conspiração de indivíduos cem por cento nefastos mexendo os pauzinhos.

Isso certamente parece ser verdade para minha *doppelgänger*, desde seus dias de *O mito da beleza*. "De alguma forma, alguém em algum lugar deve ter imaginado que elas [as mulheres] comprarão mais se forem mantidas no estado de ódio a si mesmas, de fracasso constante, de fome e insegurança sexual em que vivem como aspirantes à beleza", ela escreveu naquela época.[384] Uma lógica básica subjacente à indústria da publicidade, sobretudo quando se dirige às mulheres, é que compramos mais coisas quando nos sentimos inseguras. Mas brincar com essas inseguranças não constitui um complô para nos manter oprimidas, como Wolf estava sugerindo – é apenas um exemplo do velho capitalismo fazendo seu trabalho, encontrando maneiras novas e inovadoras de comoditizar todos os aspectos da vida.

É a mesma razão pela qual Wolf entendeu de forma tão equivocada o que estava em jogo na repressão policial durante o Occupy Wall Street. Quando os parques foram evacuados, ela viu nisso uma conspiração e uma "guerra" no mais alto nível contra o povo estadunidense.[385] Na realidade, as polícias de todo o país compartilharam dicas sobre como desmantelar os acampamentos pela mesma razão pela qual despejaram gás lacrimogêneo e spray de pimenta sobre os manifestantes dos movimentos que confrontaram a Organização Mundial do Comércio e o Fundo Monetário Internacional uma década antes, e voltariam a fazer o mesmo contra as revoltas do Black Lives Matter alguns anos mais tarde: porque vivemos sob um sistema estruturalmente concebido para proteger as classes proprietárias contra toda e qualquer contestação que venha de baixo, às vezes por meio de repressão violenta, às vezes por meio da apropriação simbólica, muitas vezes por meio de uma combinação das duas.

Das minhas várias diferenças com Wolf, essa é a mais importante para mim, porque acredito que seja o cerne da razão pela qual ela e tantos outros ficaram confusos a ponto de perder o contato com a realidade. Sou uma esquerdista interessada na devastação que o capital promove nos nossos corpos, nas nossas estruturas democráticas e nos sistemas vivos que dão sustentação à nossa existência coletiva. Wolf é uma liberal que nunca criticou o capital; ela apenas queria que mulheres como ela se libertassem de preconceitos e discriminação no sistema para que pudessem crescer como indivíduos. "Acredito em preparar as mulheres para que não fiquem desempoderadas na economia de mercado", declarou ela a Katharine Viner, do jornal *The Guardian*, muitos anos atrás.[386]

Wolf acreditava fortemente na promessa da meritocracia liberal: dar às pessoas as ferramentas para crescerem como indivíduos, em vez da criação de programas universais para garantir uma vida melhor para todos. Ela seguiu as regras da meritocracia e subiu no elevador meritocrático, andar por andar, até o topo: clube de debate do ensino médio, Yale e depois Oxford, xodó da mídia progressista, conselheira de alguns dos homens mais poderosos do mundo, jantares com a turminha de Davos. Ela descreveu a si mesma como "uma filha da narrativa" e uma "queridinha dos

[...] principais pensadores de elite da região nordeste dos EUA ou de ambas as costas do país"[387]. Então o que aconteceu? Terá ela descoberto, a certa altura, que essa ordem progressista de elite, aquela que a elevou a um píncaro tão alto, não era o que parecia? Que na verdade não era justa, mas sim repleta de regras fraudulentas, falsas promessas e crueldades? Foi nos escombros dessa visão de mundo desmoronada, sem nada para substituí-la, que Wolf viu um labirinto de cabalas e conspirações?

Jack Bratich, professor da Universidade Rutgers, um estudioso acadêmico de mídia com foco em conspirações, explicou-me da seguinte forma essa possível trajetória: "Os investimentos liberais no individualismo resultam em pensar no poder como algo que reside em indivíduos e grupos, em vez de em estruturas. Sem uma análise do capital ou de classe, os indivíduos acabam via de regra acreditando nas histórias que o Ocidente conta a si mesmo sobre o poder do indivíduo para mudar o mundo. Mas as narrativas de heróis facilmente descambam para narrativas de vilões"[388]. Este é um ponto crucial: a cultura da conspiração não desafia o hiperindividualismo que está no centro de tantas crises que atingem os seus pontos de ruptura. Em vez disso, espelha-o, colocando toda a culpa pelos males da sociedade em indivíduos singularmente poderosos: Fauci. Gates. Schwab. Soros.

Wolf afirma que as medidas de saúde da covid a convenceram a acreditar na existência de um mal satânico. É lamentável que isso não a tenha persuadido a perder um pouco da sua fé no capitalismo.

O choque do emaranhamento

Essa guinada de narrativas de herói em narrativas de vilões explica de alguma forma a maneira como tantas pessoas aparentemente apolíticas ficaram obcecadas com as terríveis teorias da conspiração da covid. Muitas, a exemplo de Wolf, eram pessoas que tinham seguido as regras para prosperar nesse sistema falido, e para elas funcionou: abriram seu próprio negócio, economizaram algum dinheiro, fizeram empréstimos e talvez tenham ganhado algum dinheiro extra como pequenos proprietários de imóveis. Essas pessoas aceitaram a ideia de que seu trabalho era cuidar de si mesmas e de sua família, e de que nada mais lhes seria solicitado (ainda que os crescentes custos de moradia, mensalidades escolares, assistência médica e energia tornassem cada vez mais irrealizável a logística desse tipo de cuidado). Esses indivíduos acreditaram na história de que seu conforto e sucesso eram produtos apenas do seu engenho, talento e trabalho árduo (não dos seus funcionários, nem dos seus cuidadores, tampouco das políticas comerciais que favorecem as nações ricas, e certamente não da sua raça ou classe). E então, de súbito, fomos todos confrontados com uma crise que exigia que agíssemos mais do que como indivíduos, mais do que como famílias, mais do que como nações, porque na verdade estamos emaranhados uns com os outros. E isso foi um choque maior do que a própria covid.

De nada adianta apenas tentar entender como foi que as coisas ficaram tão estranhas – temos de entender também até que ponto já estavam estranhas. Na era neoliberal que teve início na década de 1970 e ainda não terminou, todas as adversidades e todas as dificuldades – da pobreza à dívida estudantil, dos despejos ao vício em drogas – foram patologizadas como fracassos pessoais. Todo sucesso, entretanto, é enaltecido como prova da relativa superioridade dos indivíduos que supostamente venceram na vida por mérito próprio. E, claro, essas ilusões de individualismo estridente são muito mais profundas do que meio século de desestruturação neoliberal. Nós, que vivemos em Estados coloniais como os Estados Unidos, o Canadá e a Austrália, na maior parte dos casos nunca enfrentamos à vera o fato de que as nossas nações existem apenas por causa dos roubos duplos de terras e de pessoas, que a escravidão e o genocídio foram os sangrentos subsídios que permitiram aos colonos, muitos dos quais estavam presos em servidão por dívida, envolver-se nas suas aventuras de vencer na vida por seus próprios esforços. E, para começo de conversa, tampouco fizeram isso as nações europeias que lançaram as cruzadas coloniais.

Agora estamos colhendo a safra apodrecida de décadas de desconfiança deliberadamente semeada – desconfiança da própria ideia de que somos membros de comunidades e sociedades, desconfiança acerca de qualquer expectativa de que os governos possam e devam fazer algo de positivo por nós. "Não existe essa coisa de sociedade", declarou certa vez Margaret Thatcher.[389] Podemos realmente ficar surpresos que tantas pessoas tenham acreditado nela?

Essa forma empobrecida de ver o mundo e uns aos outros já existe há tanto tempo, é expressa em tantos dialetos (combate aos sindicatos, crueldade nas fronteiras, hospitais e escolas públicas em ruínas etc.) que agora o próprio conceito de bem público se tornou estrangeiro. Literalmente estrangeiro, no sentido de que agora as diretrizes políticas que exigem qualquer coisa dos indivíduos – seja face à covid, à crise climática ou à crise da desigualdade – são apresentadas no Mundo-Espelho como parte de uma conspiração chinesa para impor os valores do Partido Comunista Chinês ao Ocidente.

É claro que as nossas sociedades – nascidas das mais estreitas definições de liberdade do tipo "não pise em mim"* e de um firme compromisso de não enxergar como um modo de vida o que está bem diante do nosso nariz – se esforçaram para metabolizar o choque da covid. Tratou-se de uma crise que *só* poderia ser enfrentada caso decidíssemos verdadeiramente nos vermos uns aos outros, incluindo os indivíduos que trabalham e vivem nas sombras; uma crise que poderia ser resolvida *só* com ação coletiva e a disposição de fazer alguns sacrifícios individuais em nome de um bem maior. Quem é capaz de esquecer aquelas primeiras semanas de instabilidade e cautela, em que tudo congelou? Quando tantos de nós estávamos tão sozinhos, mas ao mesmo tempo repletos de conexões. Cada vez que inalávamos o ar fora de casa, éramos obrigados a pensar: "Quem mais respirou aqui?". Cada vez que tocávamos alguma coisa – maçaneta, botão de elevador, banco de parque, caixa de comida, caixa de entrega de alguma mercadoria –, tínhamos de pensar que outras pessoas haviam tocado aquilo. Estariam bem? Se não estivessem, tinham o direito de ligar para avisar que faltariam ao trabalho por motivo de doença? Tinham acesso a serviços de saúde? A ilusão da nossa separação desapareceu. Não somos, nunca fomos, indivíduos que se fazem exclusivamente pelos próprios méritos e esforços. Somos feitos e desfeitos uns pelos outros.

Nem de longe os nossos governos fizeram tanto quanto poderiam e deveriam ter feito para construir uma verdadeira infraes-

* *"Don't tread on me"*, lema presente na "bandeira de Gadsden", criada pelo general Christopher Gadsden em 1775, durante a Guerra de Independência dos Estados Unidos. Símbolo da liberdade individual, atualmente a bandeira tem sido adotada por grupos conservadores, anarcocapitalistas e libertários. [N. T.]

trutura de cuidados e solidariedade durante a pandemia – não em comparação com o que sabemos ser possível graças ao New Deal e às mobilizações do front doméstico na Segunda Guerra Mundial. Ainda assim, o período em que muitos governos pagaram às pessoas para ficarem em casa e ofereceram gratuitamente testes e vacinação contra a covid representou um desvio extremo e histórico de todas as principais tendências de políticas públicas do último meio século, o que foi um afastamento precipitado da própria noção de que devemos algo uns aos outros por força da nossa humanidade compartilhada. Os governos não tiveram escolha: sem essas medidas, milhões de pessoas teriam morrido desnecessariamente, e economias inteiras teriam entrado em colapso.

Vale a pena lembrar que foram necessárias décadas para dessocializar as pessoas de modo a aceitarem as crueldades do neoliberalismo. O racismo antinegros e a histeria anti-imigrantes desempenharam papéis tremendamente facilitadores, com um fluxo constante de políticos e titãs da mídia rotulando programas sociais destinados a ajudar todos os necessitados com termos pejorativos como "rainhas fraudulentas da assistência social", "superpredadores" e "ilegais". Não há necessidade de relembrar mais uma vez as décadas de 1980 e 1990. No entanto, ao mapearmos os contornos e acontecimentos do Mundo-Espelho, precisamos compreender o seguinte: o legado de gerações de mensagens que colocaram membros da sociedade uns contra os outros não desaparece de um dia para o outro só porque existe uma pandemia. E, no entanto, por incrível que pareça, quando a covid apareceu, essa era precisamente a expectativa entre a maioria dos políticos centristas. O que era em si uma forma de pensamento mágico.

Sem nenhum aviso, a mensagem de grande parte das nossas classes políticas e corporativas mudou diametralmente. No fim ficou claro que éramos uma sociedade em que cabia aos jovens e saudáveis fazer sacrifícios pelos velhos e doentes; que deveríamos usar máscaras como um ato de solidariedade para com eles, se não para com nós mesmos; e que todos nós deveríamos aplaudir com gratidão as mesmas pessoas – muitas delas negras, muitas delas mulheres, muitas delas nascidas em países mais pobres – cuja vida e trabalho eram sistematicamente desvalorizados, menosprezados e humilhados antes da pandemia.

Essas expressões de solidariedade eram a verdadeira vertigem, o verdadeiro mundo invertido, pois não tinham nenhuma semelhança com as maneiras pelas quais o capitalismo por tanto tempo nos ensinou a ignorar e negligenciar uns aos outros. Olhando para trás agora, não parece nem um pouco surpreendente que um subconjunto da população tenha dito: *Foda-se, não vamos usar máscaras, nem tomar vacina nem ficar em casa para proteger pessoas que já escolhemos não ver.* Também faz todo o sentido que para muitas pessoas o fato de as vacinas serem gratuitas tenha funcionado contra a vacinação – em especial nos Estados Unidos, país que trata os serviços de saúde como um centro de lucro e onde muitas pessoas passaram a equiparar o acesso a um bom atendimento médico a planos de saúde privados "banhados a ouro". Como argumentou Kevin Newman, corretor de imóveis de 31 anos residente no estado do Arkansas: "Se a covid fosse algo realmente sério, teríamos de pagar pela vacina. Todo o resto é caro, então por que eles estão distribuindo de graça? Isso é suspeito"[390].

É também digno de nota que os protestos da covid colocaram na alça de mira símbolos de ação coletiva, incluindo, tanto na Itália como na Austrália, sedes de sindicatos, que foram atacadas e saqueadas por manifestantes diagonalistas. "LIBERDADE", gritavam nas ruas. Essa palavra vazia e pesada. Liberdade para fazer o quê? Os protestos são geralmente expressões de poder coletivo, baseados no princípio fundamental de que somos mais fortes quando unidos. Mas isto era algo diferente: um conglomerado temporário de indivíduos atomizados que viam qualquer coisa coletiva como o inimigo, em total desacordo com seus corpos individuais e suas famílias individuais. Foi, de certa forma, uma revolta contra a conectividade, um uivo contra as lições que o vírus nos ensinou de forma tão perturbadora: que compartilhamos com pessoas que não conhecemos o mesmo ar, os mesmos hospitais, o mesmo bioma. Que estamos enredados uns com os outros, gostemos ou não disso. Não, diziam os manifestantes, somos ilhas individuais, moldadas apenas por nossas próprias mãos; não devemos satisfação a ninguém. Somos "cidadãos soberanos", declaravam, e ninguém pode nos obrigar a estar na comunidade ou na sociedade.[391]

Nada disso deveria ter sido um choque. O que *é de fato* surpreendente, e francamente encorajador, é que, após décadas de ataques frontais à ideia de que vivemos numa sociedade, uma massa crítica de nós manteve uma dose suficiente de espírito cívico e comunitário para acatar essas novas regras durante quase dois anos e, além disso, que muitos de nós nos alegramos com o súbito aparecimento de um Estado social. Sim, quando nossos governos abandonaram as suas medidas de combate à covid, regredimos à crise chamada "normal" – entretanto, durante algum tempo, vislumbramos outro mundo, outro tipo de reviravolta coletiva.

Algumas conspirações são reais

Compreender a maneira como o capitalismo em sua fase mais recente molda e distorce o nosso mundo pode propiciar alguma estabilidade. No entanto, isso não exclui a presença de conspirações prováveis do mundo real. Se definirmos "conspiração" como um acordo entre membros de um grupo para realizar algum tipo de maquinação nefasta nas sombras, então os representantes do capital – no governo e no setor empresarial – envolvem-se em conluios como algo natural. Sem dúvida houve uma conspiração respaldada pela CIA no início da década de 1970 para derrubar o presidente socialista democraticamente eleito do Chile, Salvador Allende, depois de ele ter nacionalizado as minas de cobre, assim como em 1953 houve um complô para derrubar o primeiro-ministro do Irã, Mohammad Mosaddegh, depois que ele nacionalizou a companhia petrolífera que se tornaria a British Petroleum.

Em *A doutrina do choque*, contei uma contra-história da ascensão do neoliberalismo por meio de muitas dessas tramas bem documentadas, e não tenho dúvidas de que existem outras conspirações que conseguiram permanecer secretas. Conhecemos também muitos exemplos contemporâneos de pessoas poderosas que conspiraram contra a população. O sistema de água envenenado em Flint, Michigan, foi encoberto pelas autoridades estaduais durante anos a fio. A British Petroleum e a Halliburton quiseram reduzir custos na operação da plataforma de perfuração *offshore* Deepwater Horizon, e o resultado foi o maior vazamento acidental de petróleo da história no golfo do México, ambas as empresas fazendo das tripas coração para encobrir a verdadeira extensão dos estragos. A Volkswagen colocou em prática uma conspiração durante anos para encobrir a quantidade de carbono poluente que seus veículos a diesel emitiam (os carros foram programados para enganar os testadores). Em um caso de consequências mais graves, durante décadas a Exxon e várias outras grandes empresas petrolíferas organizaram uma conspiração para espalhar a dúvida e a confusão acerca da realidade das alterações climáticas, imitando o exemplo das gigantes do tabaco. Menciono apenas os exemplos mais simples.

Essas decisões eram tomadas em salas de reunião; algumas delas talvez a meia-luz. Porém, ao contrário da imaginação satânica do *QAnon*, os motivos dessas conspirações eram bastante banais: uma mineradora dos Estados Unidos determinada a manter o seu controle sobre uma importante fonte de metal lucrativo, uma gigante petrolífera que procurava proteger a sua posição numa nação rica em petróleo. Maximizar os lucros é exatamente o que o capitalismo faz – mesmo que para tanto seja necessário levar a cabo uma conspiração. Isso aponta para outra vítima do pipikismo: o termo "Estado profundo". Originalmente popularizado por esquerdistas na Turquia para descrever a realidade das atividades secretas arquitetadas por uma rede de militares e representantes das elites[392], foi cooptado por Bannon e Trump para descrever qualquer forma de poder – econômico, judicial, jornalístico, de inteligência – que configurasse uma barreira ao seu exercício irrestrito e muitas vezes inconstitucional do poder, ao mesmo tempo que o empregavam como um fácil bode expiatório para seus fracassos. Nada jamais era responsabilidade deles; a culpa era sempre do "Estado profundo".

Em *A riqueza das nações*, publicado em 1776, Adam Smith escreveu: "As pessoas da mesma profissão raramente se reúnem, mesmo que seja para momentos alegres e divertidos, mas as conversações terminam em uma conspiração contra o público, ou em algum incitamento para aumentar os preços"[393]. O escritor e editor inglês Mark Fisher foi mais longe, observando em 2013 que muito do que hoje é rotulado como conspirações não passa de "a classe dominante mostrando solidariedade de classe"[394] – com o que ele quis dizer que são sobretudo pessoas ultrarricas, no mundo dos negócios e no governo, protegendo-se mutuamente.

Esses tipos de conspirações são reais – e há outros conluios que também são reais e claramente mais sórdidos do que os incubados em salas de reuniões antissépticas em Nova York e Londres para manipular preços ou enganar órgãos reguladores ou sabotar um governo socialista recém-eleito no Sul Global. Isso porque as camadas superficiais dos mercados com as quais as pessoas da classe média nas partes abastadas do planeta interagem diretamente - supermercados e postos de gasolina bem iluminados, websites elegantes e escritórios monótonos - não são toda a história do capitalismo; são sua vitrine. Todas essas operações exigem algum nível de extração de seus trabalhadores, compradores e usuários, mas também se situam no topo de partes mais ocultas da cadeia de abastecimento, zonas de hiperexploração, contenção humana e envenenamento de ecossistemas que não são falhas no sistema, mas sempre foram partes integrantes daquilo que faz o nosso mundo funcionar.

Para os propósitos deste mapa, podemos chamá-los de Terras das Sombras. Eles são a história secreta densa e destroçada de nossa economia global supostamente isenta de atritos. Décadas arrancando a fórceps toda eficiência possível significam que cada elo da cadeia - as minas e matadouros onde as matérias-primas são extraídas; as fábricas e os frigoríficos que transformam esses insumos em peças e produtos acabados; os trens e navios que os transportam através dos continentes e oceanos; os armazéns que os separam, classificam e guardam para ficarem prontos com um clique do cursor; os caminhões e carros que os entregam quando chega o clique; as montanhas de resíduos e cursos de água envenenados onde vão parar os detritos de cada etapa; os playgrounds cintilantes onde os ultrarricos desfrutam de seus despojos - tudo isso carrega uma história de depredação distinta, contudo insensivelmente familiar.

O que choca não são tanto as histórias em si, mas o fato de que já não parecem provocar muito choque. Um quarto de século depois da publicação de *Sem logo*, parece que achamos a coisa mais normal do mundo que uma peça de roupa da última moda usada por uma jovem em Nova York, Londres ou Toronto significa que outras jovens correm o risco de serem incineradas nas confecções em que trabalham em Daca, Bangladesh. Ou que as redes de segurança contra suicídios utilizadas para conter funcionários da indústria eletrônica precarizados e desesperados são uma parte normal da arquitetura das fábricas que produzem os nossos celulares em Shenzhen, China. Ou que cidades como Dubai e Doha são construídas e mantidas por exércitos de imigrantes que vivem e labutam em condições tão miseráveis que, quando caem mortos no local de trabalho, seus empregadores não enfrentam nenhum tipo de consequência. Ou que os trabalhadores de armazéns em New Jersey tenham de lutar contra um dos três homens mais ricos do planeta pelo direito a intervalos suficientes para ir ao banheiro. Ou que os moderadores de conteúdo em Manila tenham de passar o dia inteiro assistindo a vídeos de decapitações e violações sexuais de crianças para manter "limpos" os nossos feeds das mídias sociais. Ou que todo o nosso frenético consumismo e uso de energia alimentam incêndios florestais nos subúrbios chiques de Los Angeles e Sonoma, que são combatidos por presidiários que recebem apenas alguns dólares por dia por esse trabalho perigoso, ao mesmo tempo que imigrantes de países da América Central, castigados por seus próprios desastres climáticos, colhem abacates e morangos no ar tóxico – e, se adoecerem ou protestarem por condições mais justas, serão imediatamente mandados para casa sem remuneração, descartados como frutas estragadas.

Ademais, estes são os sortudos habitantes das Terras das Sombras, os vencedores relativos. Eles têm empregos que lhes permitem enviar dinheiro para suas famílias ou pagar por algumas regalias na prisão. Inúmeros outros foram empurrados para rincões ainda mais sombrios do nosso mundo – instalações de detenção de imigrantes, zonas provisórias ou barcos que não conseguem sobreviver sequer a uma tempestade moderada, ou "cidades de barracas", os acampamentos de lona de famílias sem-teto que brotam e se alastram nas nossas reluzentes metrópoles à medida que os imóveis se tornam alvo de especulação cada vez mais lucrativa. A ausência de atrito é a grande promessa da nossa época. Mas o atrito não desaparece somente pelo fato de que não o vemos – ele apenas é deslocado para essas vidas de puro atrito, nas Terras das Sombras.

Essa obscuridade está vinculada também a conspirações reais. As condições básicas de trabalho e de vida não são apenas dolorosamente difíceis, mas, uma vez que de caso pensado são mantidas nas sombras a fim de preservar as ilusões da modernidade, também amiúde descambam para o extremo sadismo – as Terras das Sombras são lugares onde fazem parte da rotina os maus-tratos físicos e abusos sexuais cometidos por supervisores, guardas e soldados. Esses abusos ocorrem porque a vida das pessoas mais afetadas - pobres, sem documentos, em precária situação legal, em sua esmagadora maioria negras e racializadas - já foi descartada. Os maus-tratos vicejam nas Terras das Sombras porque podem. E isso, por sua vez, exige acobertamentos conspiratórios a fim de proteger os criminosos e proteger os consumidores que conspiram para nos manter ignorantes e ingênuos enquanto caminhamos pelas partes mais iluminadas da cadeia de abastecimento.

E é necessário trazer à tona outro tipo de conspiração capitalista correlata, simplesmente decorrente do fato de que, quando se permite a um diminuto estrato da população enriquecer mais do que os monarcas da era vitoriana, como essas Terras das Sombras lhe permitiram, algumas das pessoas que respiram esse ar rarefeito cultivarão a ideia de que estão acima da lei. O que em termos simples quer dizer: acho que muitos segredos sobre homens poderosos morreram quando Jeffrey Epstein morreu na prisão, e não tenho certeza se algum dia viremos a saber a história toda sobre eles. Você tem?

Poder e riqueza conspiram para se protegerem um ao outro. Acontece na esfera pública e acontece na esfera privada. Acontece sob os holofotes e acontece nas sombras. Portanto, ao tentarmos compreender as ridículas teorias que circulam no Mundo-Espelho, devemos ter muito cuidado para não sermos tão reativos a ponto de acabar dizendo que o sadismo e a depravação não acontecem, que apenas um teórico da conspiração para lá de lunático acreditaria em algo tão disparatado. Porque uma ordem econômica que contém desigualdades tão extremas como a nossa - em que os vaidosos foguetes dos bilionários decolam sobre mares de miséria humana - é o seu próprio tipo de depravação, e esse nível de injustiça reproduz mais depravação como algo corriqueiro e natural.

O problema já não é que não sabemos dessas verdades importantes - é que muitos de nós não sabemos *como* saber delas. Todos nós sabemos que nosso mundo fica no topo das Terras das Sombras. Mas o que fazemos com esse conhecimento? Aonde isso vai? Para onde são desviadas a indignação, a vergonha e a tristeza?

Depois de duas décadas e meia cobrindo os crimes das nossas elites oligárquicas, passo por períodos em que a impunidade da coisa toda me arrasa. As oficinas de trabalho escravizantes e os derramamentos de petróleo. A invasão do Iraque. A crise financeira de 2008. Os golpes na América Latina que tiraram a vida de uma geração de idealistas, atirados de aeronaves em pleno movimento para morrer no mar. O ataque coordenado de Washington à nascente democracia da Rússia pós-soviética, o que criou os oligarcas e abriu o caminho para Vladimir Putin. Eu simplesmente não consigo suportar que essas pessoas cometeram atrocidades e conseguiram se safar impunes. Ninguém pagou. Todo mundo passa por uma nova roupagem de reputação. Henry Kissinger continuou aconselhando presidentes. Dick Cheney é enaltecido como um republicano sensato. Robert Rubin, um dos homens que ajudaram pessoalmente a inflar a bolha dos derivados que derreteu a economia global em 2008, hoje dá conselhos sobre a necessidade de agirmos depressa para evitar alterações climáticas catastróficas. Minha garganta se fecha. Minha respiração fica curta e rasa. Nos dias ruins, tenho a sensação de que posso acabar explodindo. A impunidade é capaz de enlouquecer uma pessoa. Talvez seja capaz de enlouquecer toda uma sociedade. "O abuso de poder *gera* alegações de conspiração, e os homens e as mulheres de capital conspiratório são pelo menos em parte culpados pelas alegações extremas e fictícias feitas contra eles", escreve Marcus Gilroy-Ware, estudioso de jornalismo digital, em *After the Fact?: The Truth About Fake News* [Depois do fato?: A verdade sobre as notícias fraudulentas][395]. Sarah Kendzior, em *They Knew: How a Culture of Conspiracy Keeps America Complacent* [Eles sabiam: Como uma cultura conspiratória mantém os Estados Unidos complacentes], livro publicado em 2022, também examina a forma como a impunidade para conspirações reais ajuda a alimentar o surgimento de crenças fantásticas.[396]

As teorias conspiratórias em circulação acerca do Grande Reinício podem muito bem ser um exemplo disso. Quando começaram a aparecer nos primeiros protestos antiquarentena, foram apresentadas como a revelação de um grande segredo. O mais estranho, porém, foi que o Grande Reinício não era algo que estava escondido – tratava-se de uma campanha de branding que o Fórum Econômico Mundial lançou para colocar numa nova embalagem muitas das ideias que já vinha propondo havia muito: identificações biométricas, impressão 3D, energia verde corporativa, a economia compartilhada.

Todas essas propostas foram posicionadas apressadamente como um modelo para revitalizar a economia global pós-pandemia, "buscando-se uma forma melhor de capitalismo". Por meio de uma série de vídeos, o Grande Reinício reuniu diretores de gigantescas petrolíferas transnacionais para opinar sobre a necessidade urgente de combater as alterações climáticas, bem como políticos comprometidos a "reconstruir melhor" e criar um "planeta mais justo, mais verde e mais saudável". Era a tarifa-padrão de Davos – arrogante, com certeza, e muitas partes eram efetivamente perigosas. Mas não havia nisso nada de novo ou oculto.

No entanto, repetidamente, jornalistas e políticos à direita, e "investigadores independentes" à esquerda, agiram como se tivessem descoberto uma conspiração que as astutas elites vinham tentando esconder deles. Nesse caso, foi a primeira conspiração na história do mundo a contar com sua própria agência de marketing e vídeos explicativos.

Uma fantasia de justiça

O que é esse estranho impulso para revelar o que não está oculto? Talvez seja porque, nas democracias liberais que ainda defendem da boca para fora a igualdade social (ou pelo menos a "equidade"), haja algo profundamente insatisfatório na forma como as nossas elites globais são abertas no que diz respeito ao poder que acreditam ter o direito de exercer sobre o restante de nós. A mecânica da oligarquia não está oculta; ela é exibida com ostentação num nível de orgulho que efetivamente humilha seus espectadores. Bilionários, chefes de Estado, celebridades de primeira grandeza, jornalistas e membros de várias famílias reais reúnem-se todos os anos no Fórum Econômico Mundial em Davos, na Suíça, tal como fazem em Aspen, Colorado, e tal como fizeram em Manhattan, no evento Iniciativa Global Clinton – o Google ainda organiza um "acampamento de verão" anual apenas para convidados na Sicília, onde é provável encontrar tanto Mark Zuckerberg como Katy Perry. Em todos os casos, eles assumem a tarefa de resolver os problemas do mundo – colapso climático, doenças infecciosas, fome – sem mandato eletivo e sem envolvimento público e, o que é mais notável, sem vergonha do papel central que eles próprios desempenham na criação e manutenção dessas mesmas crises.

Saber que esse tipo de plutocracia sem disfarces pode criar raízes nas sociedades democráticas sem o menor esforço de se esconder é como ser forçado a assistir à traição de seu cônjuge quando essa não é a sua tara. Talvez devêssemos ver a cultura da conspiração – com o seu teatro de descobrir coisas que não estão escondidas – como uma espécie de investida distorcida em busca do autorrespeito.

Talvez seja inclusive parte do que impulsiona o *QAnon*. No cerne dessa teoria da conspiração há uma fantasia de justiça sensacionalista – a "grande tempestade" ou "grande despertar", quando de súbito os "heróis chapéus brancos" prendem todos os pedófilos malfeitores, satanistas e ladrões e os enviam para a prisão de Guantánamo. É comovente de tão ingênuo, uma vez que, como disse Mark Fisher: "Alguém de fato pensa, por exemplo, que as coisas melhorariam se substituíssemos todos os banqueiros e gerentes por um conjunto novo de pessoas ('melhores')?"[397]. Mas quer saber de uma coisa? *Eu entendo o fascínio.* Sem dúvida é melhor do que ver Michelle Obama compartilhar doces com George W. Bush – ou ouvir as risadas da plateia quando o ex-presidente comete um deslize e denuncia a "invasão totalmente injustificada e brutal do Iraque. Quero dizer… da Ucrânia", como ele fez em maio de 2022.[398]

Isso suscita uma questão urgente: alguém de fora do Mundo-Espelho tem um ideal de justiça e responsabilização? Existe o persistente sonho progressista de que Donald Trump, esteja ele na presidência ou fora do poder, será enfim judicialmente responsabilizado por um ou mais dos seus crimes. Todavia, indo além disso, quem é que está efetivamente exigindo que os nossos criminosos de guerra vivos sejam levados perante o Tribunal Penal Internacional? Qual é o plano para confiscar os ativos das empresas que turbinam a crise climática? É pipikismo elevado à potência máxima ouvir os republicanos do MAGA descreverem os vários julgamentos de fachada em andamento na Câmara dos Deputados como uma nova "Comissão Church" – referência à seleta comissão de inquérito do Senado convocada em 1975 e presidida pelo senador democrata Frank Church com o intuito de investigar alguns dos truques sujos mais notórios na história do mundo cometidos pelas agências de inteligência estadunidenses no país e no exterior. Mas o que fizeram os democratas, quando controlavam a Câmara, para investigar as formas como as agências de inteligência cooperaram com as gigantes da tecnologia para invadir a privacidade e vigiar nossa vida das mais diversas maneiras? Ou para perdoar denunciantes como Snowden? Desistimos da justiça em tamanha escala? Se assim for, dificilmente ficaremos surpresos ao ver o impulso ressurgir, de forma distorcida, no Mundo-Espelho. Criou-se um vácuo, e se minha *doppelgänger* me ensinou alguma coisa, é que os vácuos tendem a ser preenchidos.

Agora há outra coisa que parece estar alimentando a cultura da conspiração. A extrema consolidação do mundo corporativo ao longo das últimas três décadas produziu um campo de jogo tão viciado e manipulado contra os consumidores que quem sai ao encalço dos princípios básicos da vida pode ter a sensação de ser obrigado a driblar uma interminável fieira de fraudes. É como se todos estivessem tentando nos enganar nas letras miúdas de páginas e mais páginas de contratos de termos de serviço que, eles sabem, nunca leremos. A caixa-preta não são apenas os algoritmos que regem as nossas redes de comunicação - quase tudo é uma caixa-preta, um sistema opaco que esconde alguma outra coisa. O mercado imobiliário não envolve casas; trata-se de fundos de hedge e especuladores. As universidades não giram em torno da educação; trata-se de transformar os jovens em devedores vitalícios. Instituições de cuidados de longa permanência não fornecem cuidados; dedicam-se a esgotar os recursos dos idosos nos últimos anos de vida e a jogadas imobiliárias. Muitos sites de notícias não trazem notícias; o objetivo é nos enganar para que cliquemos em anúncios de reprodução automática e em advertoriais (peças publicitárias disfarçadas de matérias jornalísticas), que ocupam a metade inferior de quase todas as páginas. Nada é o que parece. Esse tipo de capitalismo predatório e extrativo gera necessariamente desconfiança e paranoia. Nesse contexto, não surpreende que o *QAnon*, teoria da conspiração que fala de elites que ceifam criancinhas para extrair sua força vital (adrenocromo), tenha se tornado viral. As elites sugam todas as nossas energias - nosso dinheiro, nosso trabalho, nosso tempo, nossos dados. E nos secam de tal forma que grandes porções do nosso planeta estão começando a entrar em combustão espontânea. A elite de Davos não está devorando nossos filhos, mas está consumindo o futuro dos nossos filhos, e isso é muito ruim. Os adeptos do *QAnon* imaginam que sob pizzarias e abaixo do Central Park existem túneis secretos que servem para o tráfico mais eficaz de crianças. Isso é fantasia, mas sob algumas grandes cidades existem túneis – literalmente Terras das Sombras – que abrigam e escondem os pobres, os doentes, os dependentes de drogas, os descartados. Sob as luzes intermitentes dos cassinos e hotéis de Las Vegas, centenas ou mesmo milhares de pessoas em situação de vulnerabilidade realmente vivem numa extensa rede de galerias pluviais e túneis subterrâneos do sistema de controle de inundações.

Assim como a minha *doppelgänger* projetando todos os nossos medos de vigilância em um aplicativo de verificação de vacinação, os teóricos da conspiração interpretam de forma errônea os fatos, mas muitas vezes *acertam* nos sentimentos – o sentimento de viver em um mundo em que há Terras das Sombras, o sentimento de que todo sofrimento humano é o lucro de outrem, o sentimento de exaustão decorrente da predação e extração, o sentimento de que verdades importantes estão sendo escondidas. A palavra para o sistema que impulsiona esses sentimentos começa com *c*, mas se ninguém nunca lhe ensinou como funciona o capitalismo e, em vez disso, lhe disse que tudo se resume a liberdade, luz do sol, Big Macs e seguir as regras para ter a vida que você merece, então é fácil ver que talvez você a tenha confundido com outra palavra que também começa com *c*: conspiração.

No dizer de Gilroy-Ware: "As teorias da conspiração são um disparo falhado de um instinto político saudável e justificável: a suspeita"[399].

Mas a suspeita dirigida ao alvo errado é algo muito perigoso.

Ultrapassar nossas sombras

Nós, filme de terror de *doppelgänger* que o diretor Jordan Peele lançou em 2019, imagina um mundo muito parecido com o nosso, assentado no topo de um submundo sombrio habitado por duplos de todas as pessoas que vivem na superfície, os sósias invisivelmente atrelados uns aos outros. Cada movimento acima deve ser refletido abaixo, na escuridão e na miséria. O sofrimento das pessoas do subterrâneo torna possível o sossego na superfície, dinâmica que muitos interpretaram como uma analogia aos horrores de classe sob o capitalismo racial. Mas, em *Nós*, as pessoas do submundo estão cansadas de viver vidas distorcidas e sombrias, então elas sobem para a luz e causam devastação.

Quem são essas pessoas das sombras?

"Somos *americanos*"*, vem o soco no estômago.

Em seu filme *Parasita*, de 2019, o diretor sul-coreano Bong Joon-ho trabalha com um semelhante mundo de sombras de cima/de baixo, em que a classe trabalhadora, tratada como insetos em seus covis subterrâneos, sobe para ocupar a vida dourada dos ricos a quem estão cansados de servir. Isso é mais do que a série de TV *Upstairs, Downstairs***; é uma metáfora para todas as Terras das Sombras do capitalismo e do imperialismo: os adolescentes nas oficinas de trabalho escravizantes na China, as crianças nas minas de cobalto no Congo, as guerras do petróleo que enchem os tanques de combustível de nossos carros, os imigrantes abandonados para morrer afogados a fim de proteger a fantasia de uma Europa fortificada. E agora podemos acrescentar os bilhões de pessoas aos quais foi negada uma dose de vacina contra a covid, enquanto os que vivem em países ricos faziam fila para sua terceira e quarta doses de reforço (isto é, se não estivessem desperdiçando seus privilégios com ameaças fabricadas de "tirania").

A romancista Daisy Hildyard escreve sobre a forma como estamos enredados nestas Terras das Sombras como uma forma de criação de *doppelgängers*. Em seu livro *The Second Body* [O segundo corpo], de 2017, ela descreve que a condição humana é ter dois corpos: aquele em que vivemos conscientemente – saciando nossa fome, percorrendo o trajeto entre a casa e o trabalho, fazendo exercícios na academia de musculação, fazendo bebês – e um eu paralelo

* O título original, *Us*, "nós", supõe um jogo de palavras que remete a U. S. (United States, ou Estados Unidos). [N. T.]

** Clássica série inglesa produzida entre 1971 e 1975, e com nova versão em 2020, *Upstairs, Downstairs* retrata o cotidiano de uma família que vive na companhia de seus empregados. [N. T.]

e sombrio, que sustenta e respalda essas ações, zanzando em nosso nome por mundos paralelos deliberadamente negados, extraindo e fabricando os recursos e bens que tornam tudo isso possível. Hildyard escreve:

> Você está preso em seu corpo aqui mesmo, mas tecnicamente seria possível dizer que você está na Índia e no Iraque, você está no céu causando tempestades e você está no mar conduzindo baleias em direção à praia. Você provavelmente não sente seu corpo nesses lugares: é como se você tivesse dois corpos distintos. Você tem um corpo individual no qual existe, come, dorme e vive sua vida cotidiana. Você tem também um segundo corpo, que exerce impacto nos países estrangeiros e nas baleias [...], um corpo que não é tão sólido quanto o outro, mas muito maior.[400]

Na concepção de Hildyard, a nossa cumplicidade nas guerras travadas com o dinheiro dos nossos impostos para proteger o petróleo e o gás que provavelmente aquecem as nossas casas, cozinham os nossos alimentos e impulsionam os nossos veículos, e que por sua vez alimentam a extinção, não está separada de nós; é uma extensão de nossos seres físicos. "Esse segundo corpo", ela escreve, "é a sua própria existência biológica literal e física – é uma versão de você". Uma dimensão menos visível do nosso eu corporificado.

Não se trata apenas de uma patologia do Mundo-Espelho, isso não diz respeito apenas a *eles*. Diz respeito ao nosso mundo e a cada um de nós. Diz respeito a um mundo que fica por cima das Terras das Sombras – um mundo que sempre existiu. E isso nos leva ao dualismo que está no cerne das nossas sociedades no mundo rico – não os nazistas fáceis de detectar com sua marcha em passo de ganso, mas a violência exterminadora e a exploração implacável que sempre constituíram o calcanhar de aquiles do projeto de "civilização". Pouco antes de sua morte em 1940, o grande filósofo alemão Walter Benjamin escreveu: "Não há documento de cultura que não seja também documento de barbárie"[401]. Duas décadas mais tarde, o igualmente brilhante romancista, ensaísta e dramaturgo James Baldwin escreveu: "Creio que é desnecessário dizer que, se nos entendêssemos melhor, causaríamos menos danos a nós mesmos. Mas a barreira entre nós mesmos e o conhecimento que temos acerca de nós mesmos é de fato bem grande. Há tantas coisas que preferiríamos não saber!"[402].

A era da covid forçou um acerto de contas com todos os tipos de verdades que muitos de nós preferiríamos não saber - sobre a nossa atual ordem econômica e a forma insensível como são tratados os nossos idosos e tantos outros que fazem o trabalho mais perigoso e decisivo. E sobre o nosso passado coletivo: a verdade sobre a centralidade dos povos africanos violentamente roubados e das terras indígenas violentamente roubadas para a criação do mundo moderno. É esse ajuste de contas com o passado, e as suas marcas no presente, que tantos no círculo da minha *doppelgänger* estão se esforçando por remover dos livros escolares e das prateleiras das bibliotecas. Como se isso já não fosse árduo o bastante, estamos também em um processo de acerto de contas com o futuro, um futuro que corre em nossa direção depois de mais de três décadas de governos e líderes corporativos fazendo exatamente o oposto daquilo que os cientistas climáticos lhes pediram que fizessem: reduzir as emissões de gases do efeito estufa. Sentimos o futuro brutal que nos espreita de tocaia por detrás do brilho das nossas telas, do ronronar dos nossos motores, da velocidade das nossas entregas. Sabemos qual é o preço mortífero que será pago por nossos semelhantes, tanto os distantes quanto os próximos, e também por inúmeros seres e ecossistemas que não são humanos. Tivemos um vislumbre disso no outono de 2022, quando as enchentes no Paquistão desalojaram e deslocaram um número de pessoas quase igual à população total do meu país e destruíram todas as colheitas da estação, e ainda assim desapareceram de nossas telas muito antes de as águas baixarem.

Nas partes relativamente ricas do planeta, essas Terras das Sombras paralelas são o nosso subconsciente pessoal e planetário, e nos assombram. Os fantasmas do passado, presente e futuro, todos precipitando-se em nossa direção ao mesmo tempo. Sentimos que as barreiras que separam esses mundos não poderão durar muito mais tempo. Que, mesmo para os mais ricos entre nós, a cortina que esconde o sofrimento e a feiura está tremendamente esgarçada. Que, assim como as sociedades podem se transformar em seus *doppelgängers* monstruosos, a mesma transformação pode acontecer com a Terra - de habitável a inabitável. Que, à medida que a Floresta Amazônica é incinerada e os penhascos de gelo da Antártida derretem e se lançam mar adentro, esse processo já começou.

"Quando você está em um antigo campo de batalha ou em uma vala comum, você sabe", Deena Metzger escreve em seu livro de 2022, *La Vieja: A Journal of Fire* [A velha: Um diário do fogo][403].

Você sabe. Todos nós sabemos. E podemos sentir que as sombras estão se aproximando.

12
A única saída é voltar atrás

"Um dia, todos os nossos filhos e netos perguntarão diretamente a cada um de nós... 'Papai, mamãe, vovó, vovô. O que vocês fizeram na guerra?' – eles vão querer saber."[404]

Quando Naomi Wolf publicou essas palavras em sua newsletter de 2 de março de 2022, havia uma guerra em andamento, o mais catastrófico ataque a um país europeu desde a Segunda Guerra Mundial. Durante uma semana a Rússia vinha fustigando a capital da Ucrânia, Kiev, e os subúrbios circundantes, e o cerco ao porto de Mariupol tinha apenas começado; segundo estimativas da Organização das Nações Unidas, na ocasião 1 milhão de ucranianos fugiram do país sitiado. Mas Wolf não se referia a essa guerra quando imaginou filhos e netos interrogando seus parentes mais velhos. Tampouco se referia à guerra no nosso planeta, embora três dias antes o Painel Intergovernamental sobre as Alterações Climáticas (IPCC) tivesse finalizado um relatório em que se lia, nas palavras do secretário-geral da ONU, António Guterres, um "atlas do sofrimento humano e uma contundente e condenatória prova do fracasso da liderança sobre o clima"[405].

Não, minha *doppelgänger*, numa postagem com o título "Não é que eu seja 'corajosa'; vocês é que são uns bundas-moles", referia-se a uma guerra que se desenrolou no Hotel Walker, no bairro nobre de Tribeca, em Manhattan, uma guerra na qual a própria Wolf, de acordo com esse relato, desempenhou nada menos que um papel heroico.

O caso da aveia amanhecida

Wolf explicou que estava hospedada no hotel e notou que na cafeteria havia uma placa informando que os assentos eram reservados "somente para pessoas vacinadas". Era uma unidade da Blue Bottle, rede de cafeterias "descolada" onde uma xícara de café custa 4 dólares e um pote de "aveia amanhecida", 6 dólares. Wolf decidiu colocar seu corpo em risco para enfrentar essa tirania:

> Então, no terceiro dia da minha estadia, informei educadamente à equipe do café Blue Bottle que não me vacinei e que naquele momento eu levaria minha pequena xícara de café e minha porção de aveia amanhecida para o balcão da lanchonete proibido e lá ficaria sentada em paz, mas que eu não me sujeitaria à norma da cidade de Nova York exigindo que a cafeteria me discriminasse.
>
> A equipe de funcionários – fazendo seu trabalho – me informou com estridência que isso era contra a "lei" de Nova York. Eu disse que entendia, mas que mesmo assim estava optando por não obedecer [...]. Então eu me sentei no balcão ilegal da lanchonete, mandei uma mensagem de texto para meu advogado instruindo-o a ficar de prontidão, postei uma mensagem pública para a governadora [Kathy] Hochul e para o prefeito [Eric] Adams a fim de anunciar que eu estava violando intencionalmente a determinação discriminatória de Nova York que impedia pessoas não vacinadas de se sentarem em cafés e restaurantes, e que naquele exato momento eu estava no balcão da lanchonete do café do Hotel Walker em Tribeca se eles quisessem me prender.
>
> Depois disso, com o coração disparado, esperei durante uma hora para ser detida.
>
> Sabe o que aconteceu?
>
> *Nada.*[406]

Sim. Absolutamente nada. A polícia não se envolveu, e parece que tanto a governadora como o prefeito estavam ocupados com outras coisas.

Implacável, e agora com seus feeds de mídia social em alerta máximo, Wolf seguiu para a estação Grand Central e aprontou exatamente a mesma sandice em uma área de espera na qual se exigia vacinação. Dessa vez, "dois policiais apareceram ao mesmo tempo". Segundo o relato de Wolf, eles educadamente a encaminharam para uma área de espera diferente, reservada para pessoas não vacinadas:

> Expliquei que a força da cidade de Nova York, e aliás dos Estados Unidos, era a sua diversidade e o seu tratamento igualitário para todos, e que, se as pessoas tivessem se recusado a cumprir outras formas de discriminação e a imposição forçada de acomodações separadas, as regras discriminatórias teriam acabado mais cedo. Pela segunda vez naquele dia, declarei que pretendia desobedecer de forma pacífica.[407]

Wolf esperou para ser presa por sua segunda atitude corajosa do dia. "Eu me preparei novamente para as algemas", ela escreveu. "Mais uma vez meu coração estava disparado." Porém, assim como na Blue Bottle, nada aconteceu. Zero. "Quando perguntei se então eu poderia ir embora e embarcar no meu trem, ninguém me impediu."

A partir dessas experiências bastante mundanas de tomar um café e pegar o trem, Wolf tirou algumas conclusões muito importantes:

> Quando eu me recusei a obedecer a "ordens" ilegais que destruíram a alma de uma cidade que outrora já foi formidável, *nada aconteceu* [...]. Mas foram necessários aqueles momentos medonhos e assustadores de pressão contra "decretos" aparentemente aterrorizantes para provar, pelo menos para mim mesma, que eles não faziam sentido.
>
> A coragem de outras pessoas constrói possibilidades neste mundo.

Isso, escreveu Wolf, é "a lição-chave"[408].

Essa não é a única lição possível sobre a incapacidade da minha *doppelgänger* de ser presa na cidade de Nova York. Outra é que, apesar das suas contínuas afirmações em contrário, jamais ocorreu um golpe de Estado para acabar com a liberdade sob o pretexto de uma pandemia, e que ela nunca viveu sob um regime biofascista. Na verdade, como a própria Wolf devia saber quando encenou seu protesto, o prefeito de Nova York, Eric Adams, já havia anunciado que a cidade suspenderia a obrigatoriedade de vacinação para locais de refeições em espaços fechados, contanto que os níveis de covid permanecessem baixos.[409] Poucos dias depois, isso aconteceu[410].

Apesar de alguns exemplos reais de exagero, uma medida sanitária temporária era, de fato, temporária.

Como já afirmei, fiquei em conflito quanto aos aplicativos de verificação de vacina: o aumento da digitalização da vida cotidiana aprofunda as desigualdades preexistentes, mas o mesmo acontece quando se deixa um vírus correr solto e descontrolado à medida que os cadáveres se empilham. Quando o vírus sofreu mutação e ficou evidente que as vacinas estavam se tornando menos eficazes na prevenção da infecção, a continuidade da obrigatoriedade das vacinas começou a fazer menos sentido, razão pela qual foi suspensa em lugares como Nova York. (Máscaras e testes rápidos ainda eram bastante eficazes para limitar a infecção e a transmissão, mas infelizmente as exigências relacionadas a essas medidas também foram suspensas.)

Deixando de lado essas questões, o que mais me impressionou no relato floreado e exagerado de Wolf sobre um dia monótono na cidade foi sua estranha escolha de palavras. A rede de cafeterias Blue Bottle funciona sobretudo com base no sistema de atendimento "pegar e levar"; tem alguns assentos ecléticos, mas não tem um "balcão da lanchonete", palavras que Wolf utilizou três vezes. O uso que ela fez desse termo anacrônico foi, muito obviamente, pensado para evocar os protestos sangrentos e corajosos em balcões de lanchonete reais no início dos anos 1960, principalmente o caso ocorrido dentro de uma loja de 1,99 Woolworths em Greensboro, Carolina do Norte, quando quatro jovens universitários negros, ativistas dos direitos civis, insistiram em seu direito de serem servidos no balcão do estabelecimento, contrariando a política da loja de atender exclusivamente pessoas brancas. O ato dos "Quatro de Greensboro" [que permaneceram sentados no balcão até o horário de fechamento da loja] inspirou mais atos de desobediência civil em todo o Sul segregado; por conta de atos de coragem, muitos ativistas foram espancados e detidos.

Jim Crow era de fato um sistema tirânico concebido para manter o status dos negros como cidadãos de segunda classe. Ao evocar balcões de lanchonete e fazer referência a momentos anteriores da história dos Estados Unidos com a "imposição forçada de acomodações separadas" e "regras discriminatórias", Wolf estava se alçando descaradamente ao mesmo patamar dos "Quatro de Greensboro", bem como do célebre caso de Rosa Parks, que em 1955, em um ônibus na cidade de Montgomery, Alabama, se recusou a ceder seu assento a um passageiro branco. (Wolf é uma admiradora tão fervorosa de Parks que deu à própria filha o nome Rosa.[411]) Mais tarde, ela escreveria que viver no estado de Nova York durante a covid foi "como se todos estivéssemos vivendo sob as leis de Jim Crow"[412].

Representação de papéis raciais

Essas invocações históricas não eram anomalias. Em suas entrevistas, ao lado de suas promíscuas referências nazistas, Wolf traça repetidos paralelos entre a obrigatoriedade de vacinas e estruturas muito reais de opressão racial. Nesse meio-tempo, o movimento antivacina, antimáscara e antiquarentena mais amplo tem feito reiteradas analogias com os movimentos de libertação negra, recorrendo com largueza a seus léxicos. Steve Bannon começou a dizer a seu público ativista que, ao invadirem as reuniões do conselho escolar e ao assumirem os comitês locais do Partido Republicano, eles estão "envergando o arco"*. Fosse em Nova York ou Sydney, Paris ou Roma, os brancos – a maioria esmagadora tanto dos manifestantes como dos líderes dos protestos – declararam-se parte de "um novo movimento pelos direitos civis" porque estavam sendo vítimas de uma nova hierarquia humana na qual eram tratados como "cidadãos de segunda classe" e enfrentavam um "apartheid médico". Alguns seguravam cartazes em que se lia "OBRIGATORIEDADE DE VACINAS = ESCRAVIDÃO". Em setembro de 2021, uma professora assistente de uma escola de ensino fundamental em Newberg, Oregon, chegou ao ponto de protestar contra a obrigatoriedade da vacina em seu distrito aparecendo para trabalhar com *blackface*, o rosto maquiado de preto para simular uma pessoa negra. "Estou representando Rosa Parks", disse ela a um apresentador de talk show.[413] Tomado em seu conjunto, esse movimento afirmou, em vários momentos, estar enfrentando quase todos os crimes que foram cometidos contra minorias raciais e

* Referência à citação de Martin Luther King Jr.: "O arco do universo moral é amplo, mas se enverga para o lado da justiça". [N. T.]

religiosas desde as Cruzadas: escravidão, genocídio, o Holocausto, Jim Crow, apartheid e muito mais.

Uma das influenciadoras radiantes que eu sigo, por exemplo, disse que está cansada de lutar por seu "direito de respirar" – uma referência à sua recusa em usar máscara dentro de lojas quando isso era obrigatório. Em San Diego, um grupo de mães que não queriam que seus filhos usassem máscara na escola chamou sua organização de Let Them Breathe [Deixe-as respirar].[414] É difícil imaginar que essas mães brancas instruídas e de classe média alta não soubessem que seu slogan ecoava outro – os gritos de "*I can't breathe*" ["Não consigo respirar"] que se ergueram nas ruas em 2014 para lembrar a frase pronunciada por Eric Garner antes de morrer asfixiado pelo mata-leão de um policial. Elas deviam saber que essas mesmas palavras voltaram a ressoar com estrondo nas ruas em 2020, quando George Floyd as proferiu antes de ser assassinado por um policial de Minneapolis. No entanto, menos de um ano depois de o país ter sido abalado por uma onda de protestos decorrentes do assassinato de Floyd – e de Ahmaud Arbery, e de Breonna Taylor, e de tantos outros antes e depois –, lá estavam as mesmas palavras de novo, numa forma ligeiramente alterada, dirigidas contra políticas públicas de saúde destinadas a reduzir a transmissão da covid-19, que ainda devastava desproporcionalmente as comunidades negras.

Esse tipo de representação de papéis raciais é onipresente entre os diagonalistas. Na primavera de 2021, Wolf reservou uma data na agenda para falar sobre sua campanha das "Cinco Liberdades" em um evento antivacina marcado para 19 de junho, dia que celebra o fim da escravidão nos Estados Unidos. O jornalista Eoin Higgins questionou os organizadores sobre a adequação de cooptar para essa finalidade um feriado tão fundamental para a libertação negra. A resposta: "Fomos escravizados por nosso governo"[415].

Parece que o evento foi cancelado, mas o plano original aponta para algo que muitas vezes me impressionou nas incessantes alegações de Wolf de que as medidas de combate à covid inauguraram uma nova era de obediência política à qual somente ela e seus simpatizantes tinham a coragem de resistir. A história contada por Wolf e seus asseclas ignora completamente o fato de que naquele verão de 2020, a despeito da obrigatoriedade do uso de máscara e das regras de distanciamento social, milhões de pessoas saíram às ruas, dia após dia, noite após noite, para protestar contra os assassinatos de pessoas negras pela polícia e para exigir uma redistribuição de recursos radical, que deveriam ser transferidos do encarceramento em massa e do policiamento militarizado para infraestruturas e serviços educacionais, habitacionais e de saúde que começariam a fechar as lacunas de riqueza e investimento que tratam as comunidades negras como de fato de segunda classe, embora a segregação legalizada tenha formalmente terminado.

Se você fosse uma pessoa preocupada com o fato de a covid marcar o início de uma nova era de obediência em massa sob a inspiração do Partido Comunista Chinês, certamente valeria a pena mencionar que os maiores protestos da história dos Estados Unidos aconteceram na era da covid, com milhões de pessoas dispostas a enfrentar nuvens de gás lacrimogêneo e jatos de spray de pimenta para exercer seus direitos de expressão, reunião e divergência. Pensando bem, se você fosse uma pessoa preocupada com ações tirânicas do Estado, também estaria preocupada com os assassinatos e as negações em massa de liberdade às pessoas encarceradas, motivos que impulsionaram a revolta. No entanto, em todos os vídeos que Wolf publicou, lançando terríveis alertas sobre como os Estados Unidos estavam se transformando em uma nação de "pessoas-ovelhas" [ou "gado", numa referência mais brasileira], não a vi reconhecer nem a existência desse ajuste de contas de justiça racial, nem a realidade de que, se uma pessoa negra tivesse aprontado a mesma peripécia que ela aprontou no café Blue Bottle ou na estação Grand Central, muito provavelmente teria acabado algemada e com o corpo estendido de bruços na calçada – não porque as regras da vacina fossem tirânicas, mas por causa do racismo sistêmico antinegros entranhado nas forças policiais, a questão que gerou os protestos que ela deliberadamente ignorou.

As coisas ficaram ainda mais ridículas/sérias quando, em junho de 2022, três meses após a "Batalha do Café Blue Bottle", Wolf encenou outra gracinha exibicionista, mais bem-sucedida em termos de atrair publicidade, na cidade de Salem, Oregon. Ela encontrou um dos únicos restaurantes da cidade que ainda exigiam comprovante de vacinação para refeições em ambientes fechados – o Epilogue Kitchen and Cocktails, estabelecimento cujos proprietários eram negros e cujas vitrines exibiam retratos de George Floyd e Breonna Taylor, bem como placas declarando VIDAS NEGRAS IMPORTAM e SEM LUGAR PARA O ÓDIO. Apesar de ter podido escolher entre todos os outros restaurantes de Salem e fazer reserva em outro lugar, Wolf entrou a passos largos no Epilogue pronta para a briga e encenou uma encrenca, até que foi convidada a se retirar. Então ela filmou a si mesma dando um sermão no gerente negro do restaurante, declarando: "Muitas pessoas na história deste país ultrapassaram limites desta forma. E acabou por ser a coisa certa a fazer, porque as pessoas, você sabe, têm direitos iguais neste país". Ela afirmou também que a exigência da vacina era "uma medida absolutamente discriminatória"[416].

Essa performance se arrastou por uma dolorosa eternidade, Wolf repetindo que o tratamento que lhe dispensaram era "um momento importante na história desta nação"[417]. Depois que ela orgulhosamente publicou os vídeos no Gettr, o restaurante foi - o que era mais do que previsível - inundado com uma enxurrada de ofensas racistas dos seguidores de Wolf - por meio de mensagens telefônicas, e-mails e postagens nas mídias sociais. Muitos se incumbiram de fazer reservas falsas (algumas em nome de Donald Trump) e deliberadamente rebaixaram as avaliações do restaurante. "Recebemos mais de 150 avaliações falsas de uma única estrela", relatou o coproprietário da Epilogue, Jonathan Jones, uma semana depois. "A maioria delas rapidamente descamba para racismo. Racismo do mais desenfreado e grosseiro."[418] Na verdade, muitas das respostas eram uma combinação de temas recorrentes nesta jornada até aqui: gordofobia, racismo antinegros, conspiração e alegações de superioridade genética, com ódio especial reservado aos cartazes de VIDAS NEGRAS IMPORTAM afixados nas vitrines.

Tudo isso traz à baila a questão de qual é a relação entre os diagonalistas e os outros grandes movimentos do nosso tempo. Eles correm por caminhos que não se entrecruzam? Vivemos, como alegam muitos diagonalistas, em meio a escancaradas e desenfreadas provas de dois pesos e duas medidas, em que protestos antiquarentena são condenados pelas elites progressistas ao mesmo tempo que revoltas por justiça racial são celebradas? Ou a dinâmica é mais complexa, um movimento acoplado ao outro numa espécie de dialética de espelho distorcido?

Não tenho a menor dúvida de que, enquanto os passaportes vacinais estavam em vigor, as pessoas que não tomaram a vacina sentiram-se vítimas de discriminação ou até mesmo, durante algum tempo, párias sociais. E poderia e deveria ter havido exceções mais claras disponíveis para pessoas cuja condição médica tornava as vacinas e o uso de máscaras fatores de aumento de risco. No entanto, ao testemunhar que um grande número das vozes mais barulhentas que chamavam atenção para essa forma de discriminação traiçoeira era de mulheres brancas abastadas – como eu –, não consegui afugentar a sensação de que parte da razão pela qual estavam fazendo essas escolhas era o fato de acreditarem que estar de fora do consenso de saúde da covid lhes conferia uma poderosa espécie de status de vítima – e isso num momento em que os holofotes sobre a violência racializada vinham levando muitas mulheres brancas a questionar a nós mesmas e nossos papéis. Ser uma mulher branca contava como base para a discriminação numa época em que todos censuravam o arquétipo da Karen? Bem, talvez, contanto que uma Karen consiga convencer a si mesma de que é na verdade uma Rosa disfarçada, a quem se negou acesso a restaurantes e ao transporte público e que foi rejeitada por amigos e familiares. Com efeito, alegar essa abrupta perda de status aumentaria seu status – o que, convenhamos, não é uma coisa totalmente bizarra de acreditar nesta fase do capitalismo neoliberal, que fez um excelente trabalho ao transformar a opressão baseada na identidade, convertendo-a de uma base de solidariedade e análise compartilhada (a intenção original da política identitária) em sua própria forma de moeda corrente.

Em um momento especialmente revelador, enquanto Wolf repreende o gerente negro do restaurante de Salem sobre a ironia de se opor à violência antinegros e ao mesmo tempo discriminar os não vacinados, o gerente responde com calma: “Lamento que você esteja se colocando no centro de tudo”[419]. Mais tarde o proprietário e gerente do restaurante disse que, na ocasião do arranca-rabo, ele e seus funcionários não faziam ideia de quem era Wolf. Porém, em outro nível, sabiam exatamente quem ela era.

Em nações cujas economias foram construídas com base no trabalho dos negros escravizados, e cuja própria existência se deve ao roubo de terras dos povos nativos por meio de campanhas de uma violência horrível, tortura, fome e deslocamentos forçados, o passado é a nossa sombra coletiva, inquebrantável e onipresente. Somente em espasmos de acertos de contas como aquele que se seguiu ao assassinato de George Floyd é que a cultura dominante dá um jeito de encarar com algo mais do que olhares furtivos esses crimes fundamentais – ou as realidades atuais de contínua segregação racial em nossos bairros, escolas, centros de saúde e sistemas de justiça. Sem mencionar as linhas de falha extremamente racializadas que separavam as pessoas que durante a pandemia tinham de ficar em casa e reclamavam disso e as pessoas de quem se esperava que saíssem de casa para enfrentar o vírus sem contar com equipamentos de proteção adequados em hospitais, lares de idosos, armazéns, instalações de tratamento de resíduos sólidos e tantos outros locais de trabalho, em empregos mal remunerados que sustentam a infraestrutura da vida contemporânea.

À medida que conservadores e progressistas se espelham uns aos outros, cada grupo reivindicando o manto da verdade e da retidão, essa história e esse presente mal resolvidos constituem grande parte do mundo de sombras da branquitude, a verdade que é simultaneamente conhecida e sufocada. No livro *Entre o mundo e eu*, Ta-Nehisi Coates chama a negação dessa sombra pelos brancos de "o Sonho"[420], uma abreviatura do "Sonho Americano" que tira a ênfase da parte do "americano" em favor da parte do devaneio. De maneira decisiva, o Sonho sabe que é um sonho, sabe que não é real, sabe que a realidade está batendo à porta, ameaçando despertar do sono. E, por isso, é necessário empreender tremendos esforços para manter as cortinas fechadas de modo que a luz não entre.

Essa é a mais cruel ironia das travessuras de Wolf nos restaurantes de Manhattan e Salem. Ao mesmo tempo que ela absorvia a linguagem do movimento pelos direitos civis e dela se apropriava, muitos dos seus simpatizantes no Mundo-Espelho lutavam ativamente para esmagar todas as tentativas de contar uma história mais verdadeira do passado dos Estados Unidos, alegando que, assim como as máscaras e as vacinas, ensinar aos alunos a realidade do racismo em seu país é uma forma de abuso infantil. São eles que pressionam pela aprovação de leis exigindo que se ensine apenas a história "patriótica" e que certos livros sejam proibidos – porque, como escreve a historiadora Keeanga-Yamahtta Taylor, conhecer a história exige fazer algo sobre seus legados no presente:

Esses esforços coletivos transformaram em chacota as conversas públicas sobre a história do racismo e da xenofobia estadunidenses – e, em alguns contextos, praticamente as impossibilitaram. As discussões sobre a história racista dos Estados Unidos fornecem importantes informações sobre os padrões de pobreza, desemprego e privação social que existem hoje. São subjacentes aos argumentos a favor da criação ou expansão de programas públicos destinados a aliviar a exclusão racial.[421]

Essas conversas são obviamente um anátema para a direita, observa Taylor, mas também são "evitadas até mesmo por alguns progressistas com medo de serem rotulados como favoráveis ao 'Grande Governo'".

E assim, enquanto Wolf fazia cosplay de Rosa Parks, alguns de seus novos companheiros de batalha, guerreiros na luta pela "liberdade", estavam ocupados banindo livros sobre a história precisa que todos eles estavam roubando, incluindo um livrinho ilustrado intitulado *I Am Rosa Parks* [Eu sou Rosa Parks], o que fez com que passasse a figurar na lista de obras proibidas do conselho escolar da Pensilvânia. Ouvi dezenas e dezenas de participações de Wolf em meios de comunicação de direita, e ela jamais se posicionou contra o crescente movimento de proibição de livros em todo o país, embora lamente o fato de ser desplataformizada e integrar a tribo dos que têm conteúdos banidos.[422]

É como se, ao absorverem a linguagem e as posturas dos oprimidos, os diagonalistas tentassem fugir da longa sombra do passado. Incluindo o fato de que nossos jovens países foram erigidos sobre aldeias e cemitérios queimados, cujos espíritos jamais puderam descansar.

Um conto de dois comboios de caminhões

Em maio de 2021, a Primeira Nação Tk'emlúps te Secwépemc, comunidade indígena no interior da Colúmbia Britânica, emitiu uma declaração que repercutiria em todo o mundo. O documento anunciava a descoberta de prováveis túmulos de cerca de 215 crianças no terreno da antiga Escola Residencial Indígena de Kamloops, que lá havia funcionado durante quase um século. Algumas das crianças pareciam ter apenas 3 anos quando foram enterradas.[423] Estudantes indígenas de toda a província e de outras localidades eram enviados a essa escola.

As escolas residenciais foram apenas uma das armas mais ou menos modernas do genocídio que dizimou coletivamente a população indígena das Américas em mais de 90% após o contato europeu. Os sobreviventes das escolas havia muito compartilhavam lembranças sobre cemitérios secretos. Sobre crianças que desapareciam na calada da noite para nunca mais voltar. Sobre bebês que eram filhos de padres e misteriosamente desapareciam. Era um segredo de polichinelo, tão escancarado que um relatório oficial da Comissão da Verdade e Reconciliação (TRC, na sigla em inglês) publicado em 2015 apelou ao governo do Canadá para instaurar uma investigação completa sobre mortes e possíveis assassinatos nas escolas.

O relatório examinou minuciosamente o que classificou como um "genocídio cultural"[424]: entre a década de 1880 e o final da década de 1990, pelo menos 150 mil crianças das Primeiras Nações, métis e inuítes de todo o Canadá, foram arrancadas de suas famílias e sua cultura[425] e forçadas a frequentar essas chamadas "escolas residenciais"[426], internatos obrigatórios administrados pela Igreja Católica e outras organizações a mando dos governos federal e provincial. Depois de ter realizado milhares de entrevistas, a TRC identificou os nomes de 3.201 crianças que morreram em escolas residenciais, número que desde então foi atualizado para 4.117.[427] O juiz Murray Sinclair, presidente da TRC, estimou mais tarde que o verdadeiro número pode estar mais próximo de 25 mil[428], e reiteradas vezes instigou o governo a investigar a área no entorno das antigas instituições de ensino.

Mas Ottawa fez corpo mole e agiu a passos de tartaruga. Foi nesse contexto que algumas das Primeiras Nações empreenderam as suas próprias buscas, que prosseguiram mesmo sob o sinistro silêncio do isolamento imposto pela covid. E agora, com a ajuda de um radar de penetração no solo, a terra começou a revelar seus segredos, confirmando com a ciência ocidental as amargas verdades que os sobreviventes e seus descendentes já conheciam. As escolas não se propunham apenas a matar deliberadamente a cultura indígena; mataram crianças indígenas. Muitas delas. Por negligência médica, desnutrição, maus-tratos físicos e, às vezes, ao que parece, assassinato. A palavra "apocalipse", no original grego, significa uma descoberta, um desvendamento, uma revelação. Era isso.

A confirmação de restos mortais de crianças enterradas em Kamloops – um emergir material do subconsciente coletivo através de "reflexos" de radar – eliminou os últimos vestígios de negação da violência genocida que tornou o Canadá possível. E foi apenas o começo. A Primeira Nação Tk'emlúps te Secwépemc ajustaria o número de 215 para 200, mas nas semanas que se seguiram centenas de outras sepulturas não identificadas seriam encontradas nos locais de funcionamento de outras antigas escolas; enquanto digito, uma investigação de possíveis sepulturas sem lápides está sendo realizada a poucos minutos de onde eu moro. Já foram encontradas dezenas de covas rasas. Até o momento, mais de 2 mil possíveis locais de sepultamento em massa foram identificados em antigas dependências escolares no Canadá.[429] Resta pouca dúvida de que mais confirmações macabras estão por vir.

O objetivo subjacente dessas instituições não era a educação. Era acabar com a indigeneidade como identidade. Oficialmente, o objetivo do Canadá com essas escolas era "matar o índio [sic] na criança"[430] – arrancar pela raiz todas as ligações entre os povos originários e suas tradições, cerimônias, línguas e relações de parentesco baseadas na terra. Por vezes, isso é atribuído exclusivamente ao racismo, o que é apenas metade da história: a supremacia branca e cristã que deu sustentação ao sistema de escolas residenciais serviu também aos interesses econômicos e políticos nacionais. O Canadá, que começou como um punhado de empresas de comércio de peles e outras indústrias extrativas, precisava dessas escolas porque a sua fome de terra era voraz, e a ruptura dessas ligações – as traumatizadas e extirpadas relações entre pais e mães e filhos, entre a terra e as pessoas – ajudou a tornar possível a usurpação de terras indígenas não cedidas para a extração irrestrita de recursos e o povoamento por colonos.

Tal como nos acertos de contas desencadeados pelo assassinato de George Floyd em 2020, a verdade sobre as valas comuns com restos mortais de crianças indígenas descobertas em 2021 provocou ondas de raiva, tristeza e solidariedade em todo o Canadá. Estátuas de figuras coloniais que ajudaram a conceber essas perversas instituições foram derrubadas; uma grande universidade mudou de nome; igrejas foram queimadas. Por fim, o papa Francisco visitou o Canadá no que chamou de "peregrinação penitencial", após a qual concluiu: "Sim, é um genocídio"[431]. Em seguida o Parlamento do Canadá aprovou por unanimidade uma moção afirmando que o sistema escolar residencial correspondia à definição de genocídio das Nações Unidas.[432]

Um símbolo do movimento que busca justiça para esses crimes, e que antecede as confirmações por radar da existência das covas, é uma camiseta alaranjada e o slogan TODAS AS CRIANÇAS IMPORTAM. Naquela primavera, bandeiras alaranjadas com essas palavras começaram a tremular ao vento nas portas e janelas de milhares de casas e empresas; instituições, de bancos a universidades, organizaram "dias de camiseta alaranjada", e fitas dessa cor - 215 delas - foram amarradas a cercas de arame do lado de fora de quase todas as escolas e parquinhos. Praças públicas ficaram repletas de memoriais feitos de sapatinhos e ursinhos de pelúcia. Os jornais publicaram artigos debatendo as ficções jurídicas da supremacia branca que serviram de pretexto e justificativa para a destruição de famílias e o roubo de terras - decretos absurdos e unilaterais como o "Destino Manifesto" e a "Doutrina da Descoberta", com base nos quais os monarcas e papas europeus declararam ter um direito divino de saquear terras já habitadas, mas recentemente "descobertas".

Aqui, na chamada Colúmbia Britânica (província cujo próprio nome é uma humilhante mistura colonial de Coroa Britânica e de Cristóvão Colombo), parecia que os mundos enterrados sobre os quais o nosso Estado colonizador foi construído estavam vindo depressa à tona. As mortes dessas crianças e os subsequentes encobrimentos foram verdadeiras conspirações, e agora já não era possível negá-las. O Grande Chefe George Manuel, que ajudou a fundar o moderno movimento pelos direitos indígenas, frequentou a escola de Kamloops. "A fome é a primeira e a última coisa de que consigo me lembrar daquela escola", ele escreveu em seu livro de memórias. "Não apenas eu. Todo aluno indígena tinha cheiro de fome."[433] Os corpos enfraquecidos tornavam as crianças indígenas mais vulneráveis a doenças; o próprio Manuel contraiu tuberculose aos 12 anos e conviveu com aquela deficiência pelo resto da vida.

Sua neta, Kanahus Manuel, uma das líderes de um movimento que há anos tenta barrar a expansão de um oleoduto pelo interior da Colúmbia Britânica, descreveu o propósito das escolas que maltrataram tantos de seus familiares: "Eles roubaram as crianças para roubar a terra"[434]. Na ocasião em que entrevistei Kanahus, pouco depois de as sepulturas terem sido localizadas, ela me disse que só poderia haver justiça com uma reparação significativa. Ela exigia "a devolução das terras", o grito de guerra em torno do qual grande parte do movimento pelos direitos indígenas está agora energizado. Enfim, estavam acontecendo as conversas difíceis sobre o que isso poderia significar.

À medida que os crimes fundamentais do projeto colonial escapavam das Terras das Sombras e vinham à luz, uma coisa ficou clara para muitos: as reconfortantes mitologias da história oficial simplesmente não serviriam mais. Apenas um ano após os acertos de contas raciais que se seguiram ao assassinato de George Floyd, os acertos de contas que abalaram também as instituições canadenses em quase todos os setores e profissões, esses crimes monstruosos havia muito enterrados, infligidos pela Igreja e pelo Estado a corpos e mentes jovens, exigiram dos canadenses uma nova história acerca de quem somos, de como chegamos aqui e de quem queremos ser daqui por diante.

O anúncio da descoberta das covas aconteceu no final de maio. O Canadá normalmente celebra seu feriado nacional em 1º de julho, aniversário da formação de uma confederação de suas colônias. Em 2021, como as buscas ainda estavam em andamento, surgiu um sóbrio consenso de que as habituais exibições orgulhosas de bandeiras vermelhas e brancas com folhas de bordo e fogos de artifício não eram apropriadas, não naquele ano. Victoria, a capital da Colúmbia Britânica, cancelou totalmente os festejos do Dia do Canadá. Outras cidades marcaram o dia com murais TODAS AS CRIANÇAS IMPORTAM e declarações oficiais de pesar e contrição, incluindo a do primeiro-ministro Justin Trudeau, que apelou ao país para "sermos honestos com nós mesmos acerca da nossa história"[435]. Aqui na costa onde vivo, a multidão do Dia do Canadá era um mar alaranjado, sem uma única bandeira vermelha e branca à vista.

"As próprias nações *são* narrativas", Edward Said escreveu em *Cultura e imperialismo*[436]. Nossa narrativa não se sustentava mais.

Aquela primavera e o início do verão foram como uma escavação nacional, cavando mais fundo do que eu jamais vira. Curiosamente, a sensação que tive foi o oposto da vertigem. No lugar das coisas efêmeras e do incentivo ufanista da criação de mitos nacionais e das histórias oficiais, parecia estar se formando uma sólida ideia sobre o lugar onde vivemos e como esta terra se tornou disponível para colonos como eu – e o que seria necessário para finalmente sermos bons hóspedes e vizinhos, sem toda a negação exigida de vidas construídas sobre o alicerce do não ver e do não saber. "Um passado criado pela imaginação jamais poderá ser utilizado; ele fende-se e desmorona sob as pressões da vida como o faz a argila na estação da seca", James Baldwin escreveu. No entanto, "aceitar o próprio passado – a história de cada um – não é o mesmo que relegá-lo ao esquecimento; é aprender como usá-lo"[437].

Muitos amigos e vizinhos indígenas com quem conversei, embora tomados de tristeza e raiva, expressaram uma esperança cautelosa de que realmente possa estar em curso esse tipo de aprendizagem profunda. Numa entrevista ao jornal *The Globe and Mail*, Norman Retasket, um sobrevivente da escola de Kamloops, observou: "Se eu contasse a mesma história três anos atrás" sobre o que aconteceu na escola, o relato teria sido visto como "ficção". Agora acreditam em suas histórias. "A história não mudou", disse ele. "Os ouvintes é que mudaram."[438]

Uma pessoa que se sentiu mudada com o que estava aprendendo foi Mike Otto, caminhoneiro branco, proprietário de uma pequena empresa e pai; Otto, que mora na Rodovia 97, a algumas horas de distância dos locais onde foram descobertas as primeiras covas, se pegou imaginando o que as famílias indígenas devem ter passado todos esses anos, pessoas que nunca souberam o que aconteceu com "aqueles pequeninos desaparecidos"[439]. Ao testemunhar a dor de seus vizinhos indígenas, Otto decidiu que precisava fazer algo para mostrar que os canadenses não indígenas como ele eram solidários com os seus esforços para exigir justiça do governo, do sistema judiciário e da Igreja.

A pandemia ainda grassava, e a comunidade onde as covas foram encontradas deixou claro que não queria multidões de estranhos perambulando por seu território. Otto teve a ideia de fazer algo poderoso que respeitasse a necessidade de distanciamento físico da comunidade: um comboio de caminhoneiros, que passaria em frente ao cemitério, faria algumas oferendas e depois partiria. Ele o chamou de "Comboio Somos Solidários".

Otto postou convites para vários grupos de caminhoneiros no Facebook e alcançou pessoas influentes do setor. Sua meta era que o comboio chegasse a 215 caminhões; no final, juntaram-se cerca de quatrocentos, além de muitas motocicletas e carros. Os motoristas decoraram seus veículos com mensagens de amor, penduraram camisetas alaranjadas nas grades dianteiras e agitaram bandeiras com a frase TODAS AS CRIANÇAS IMPORTAM. O comboio foi recebido com vivas e aplausos durante todo o trajeto e, em alguns casos, populações de cidadezinhas inteiras saíram para cumprimentá-los e compartilhar comida. Quando os caminhões chegaram à antiga escola residencial, buzinando ao passarem, muitos membros da Nação Secwépemc os cumprimentaram com tambores cerimoniais, canções de guerreiros e sálvia queimada. Punhos ergueram-se em determinação, e os rostos se banharam de lágrimas.

Menciono esses eventos porque foram significativos na parte do mundo onde eu vivo, um raríssimo exemplo de povos não indígenas falando sobre a morte de indígenas como uma verdadeira crise coletiva, em vez de pôr de lado a busca por justiça e reparação para aqueles que já carregam um fardo tão pesado. Mas menciono também o comboio de quatrocentos veículos de junho de 2021 porque essa iniciativa foi em larga medida esquecida, inclusive no Canadá; Mike Otto e sua generosa façanha de organização foram totalmente suplantados na imaginação pública por um comboio de caminhoneiros canadenses muito mais barulhento que tomou as ruas e estradas apenas oito meses depois.

Ouviram-se buzinas em todo o mundo

Talvez você se lembre do que ocorreu no inverno de 2022. A mídia internacional não se cansava das imagens de canadenses corpulentos, suas imensas carretas enfeitadas com cartazes de FODA-SE TRUDEAU, fechando o centro de Ottawa, nossa capital, durante a maior parte do ano. Ou dos bloqueios de pontes que transformaram em imensos estacionamentos a céu aberto importantes rotas comerciais entre o Canadá e os Estados Unidos. Esse segundo comboio foi desencadeado por uma nova exigência de que os caminhoneiros apresentassem prova de vacinação contra a covid para cruzar a fronteira, embora tenha rapidamente se transformado em uma reivindicação mais generalizada pelo fim das "ordens", incluindo a obrigatoriedade do uso de máscara e quaisquer outras restrições de saúde pública.

A maior parte dos caminhoneiros canadenses estava totalmente vacinada e não teve problemas com as medidas sanitárias. Mas uma minoria deles, impregnada de retórica diagonalista, afirmou que a exigência da vacina constituía uma nova forma de tirania, e por isso se uniu a uma mixórdia de pequenos empresários, ex-policiais e veteranos do Exército que se sentiam prejudicados, à autora dos livros de receitas veganas *Oh She Glows*, Angela Liddon, e a um grande número de cristãos evangélicos - todos somando forças para "fechar o país", com o ambicioso objetivo de convencer a governadora-geral, representante da rainha no Canadá, a dissolver o recém-reeleito governo de Trudeau.

O comboio tinha um bocado de fãs. Donald Trump e Elon Musk celebraram os "caminhoneiros canadenses" como heróis da classe trabalhadora; Steve Bannon e Tucker Carlson lhes deram ampla cobertura; minha *doppelgänger* os aplaudiu como combatentes da liberdade dos dias modernos. Num piscar de olhos, comboios imitadores começaram a se deslocar em outros lugares, de Washington, D.C., a Wellington, na Nova Zelândia. Depois de ter adotado durante semanas uma postura extraordinariamente passiva à ocupação, o governo Trudeau deu uma reviravolta abrupta e, para asfixiar os protestos, invocou, pela primeira vez na nossa história, a Lei de Emergências, que abriu caminho para uma série de táticas repressivas, por exemplo o congelamento das contas bancárias dos manifestantes e seus apoiadores. A justificativa para invocar a lei era tão vaga que estabeleceu um perigoso precedente para qualquer ação futura que atrapalhasse uma atividade econômica importante, fosse uma greve ou um bloqueio indígena. E a violenta repressão tornou os comboios ainda mais populares entre pessoas como Bannon e o gigante do podcast Joe Rogan, que convidou representantes dos caminhoneiros para participarem de seu programa várias vezes.

Os protestos sem dúvida proporcionaram boas imagens. Havia lutas de bolas de neve, barris de cerveja, maconha no ar e um mar de bandeiras canadenses. Havia Manifestantes de Jericó (Jericho Marchers) e sermões na rua e muitas pessoas que alegavam estar recebendo ordens diretamente de Deus. Desconhecidos se abraçavam, e não faltavam ofensas e epítetos mal-educados para transeuntes usando máscara. Uma banheira de hidromassagem inflável marcou presença. E havia também todos os inequívocos e atordoantes sinais de confusão política que marcam o mundo diagonalista: alguém agitando a sério uma gigantesca bandeira nazista enfeitada com suásticas e outros agitando bandeiras confederadas, ao lado de manifestantes antivacina ostentando suas estrelas amarelas e segurando cartazes em que declaram estar vivendo sob o apartheid ou as leis de Jim Crow. Essas pessoas eram nazistas ou antinazistas? Segregacionistas ou antissegregacionistas? Eram patriotas orgulhosos ou rebeldes determinados a anular os resultados das nossas recentes eleições? Isso parecia pouco importar – o comboio estava pipikado até a alma, um nó de seriedade e ridículo que nunca seria desemaranhado.

Muitos apoiadores do comboio tentaram retratar os elementos obviamente racistas como fatos isolados, uma provável operação secreta da polícia secreta ou de manifestantes antifa infiltrados destinada a jogar o movimento no descrédito. De forma bastante inconveniente para essas teorias, as conexões são profundas. Um dos líderes mais francos do comboio foi um homem chamado Pat King, que ofereceu apoio logístico aos caminhoneiros por meio de sua página no Facebook, que àquela altura tinha cerca de 350 mil seguidores. Racista declarado, King se referiu à cultura indígena como "uma vergonha"[440] e, em 2019, organizou um comboio semelhante, embora de menores proporções, para se opor à imigração e à ação climática, ambas a seu ver ameaças ao modo de vida canadense. "Isso se chama despovoamento da raça caucasiana ou anglo-saxônica", afirmou King. "E o objetivo disso é despovoar a raça anglo-saxônica, porque é a que tem a linhagem mais forte."[441] Ele falava também de um plano "de infiltração através não apenas de uma inundação de refugiados, [mas também] de infiltração nos sistemas educativos para manipulá-los"[442].

King estava, é óbvio, reverberando a teoria da "Grande Substituição", que tem ocupado o centro de grande parte da carnificina da supremacia branca. E ele estava longe de ser o único líder do comboio com opiniões e afiliações abertamente racistas. A Rede Canadense Antiódio informou que praticamente todos os grupos que a entidade monitora estavam desempenhando um papel de liderança, incluindo uma rede que busca criar um novo país chamado Diagolon, que iria do Alasca, passando pelas pradarias canadenses e Alberta, e desceria até a Flórida.[443] De acordo com a Rede Canadense Antiódio, "Diagolon está se tornando cada vez mais uma rede de milícias, cujos objetivos são, em última análise, fascistas: empregar a violência para tomar o poder e retirar direitos das pessoas que não atendem a seus testes de pureza baseados em ideologia, raça e gênero [...]. Seu lema é 'arma ou corda'"[444].

Vale a pena fazer uma pausa para ponderar sobre os fatos. A revelação das covas não identificadas, menos de um ano antes, forçou uma conversa sobre o fato de essas escolas fazerem parte de uma política estatal oficial para efetivamente substituir as nações, línguas e culturas indígenas pela cultura cristã de língua inglesa e francesa. As escolas residenciais eram máquinas concebidas expressamente para erradicar cosmologias que conheciam o mundo natural como sagrado, vivo e interdependente – ensinamentos de profunda relevância para o nosso momento de crise planetária. Agora existia um comboio encabeçado por um homem que afirmava que era a sua cultura cristã caucasiana que estava sob ameaça de ser substituída por outras, mais sombrias e inferiores, por meio da chamada "Grande Substituição". Para Jesse Wente, destacado escritor ojíbua e presidente do Conselho Canadense para as Artes, o espelhamento era evidente. "Não é uma coincidência que isso ocorra à medida que mais verdades da história são reveladas", Wente escreveu sobre o comboio, que ele descreveu como "um desejo de reafirmar o domínio colonial diante de realmente ter de enfrentar [essas verdades] e propiciar um sentido de comunidade onde, a pandemia mostrou, há muito pouco"[445].

Um deputado conservador, numa tentativa de pintar a ocupação de Ottawa como a mera reunião de um punhado de homens comuns patriotas, descreveu o clima nas ruas como "Dia do Canadá vezes mil"[446]. De certa maneira, a descrição se encaixa à perfeição.

Sem dúvida, a impressão era que todas aquelas bandeiras vermelhas e brancas que haviam sido deixadas em casa no nosso triste e contemplativo Dia do Canadá estavam de volta com força total, adejando em todos os caminhões, muitas vezes estranhamente fundidas com as estrelas e listras da bandeira dos Estados Unidos, como se, após dois anos de ajustes de contas raciais, os nossos dois países se amalgamassem num único projeto de esquecimento coletivo.

A integração das Terras das Sombras sobre as quais o mundo moderno foi erigido oferece o potencial para alcançarmos algo que se assemelhe a um terreno sólido. Como James Baldwin escreveu, somente quando confrontamos os terrores do passado é que a história pode se tornar algo que todos possamos usar, talvez até para forjar uma nova base para a unidade. Mas ninguém disse que a integração seria indolor. Assim, uma forma de ver o comboio de gigantescos caminhões de dezoito rodas que se dirigiu a Ottawa é como uma furiosa reafirmação de inocência, uma tentativa de esconder essas verdades difíceis empurrando-as para as profundezas das sombras, e ao mesmo tempo tentando reanimar aquele reconfortante sonho de justiça e domínio – como indivíduos e como nação.

O comboio que fechou Ottawa foi um violento contraste com o comboio menos conhecido que ocorreu oito meses antes. A manifestação de Mike Otto foi marcada por uma rara disposição de olhar honestamente para o genocídio que deu origem à nossa nação, ao passo que esse novo comboio personificava um presentismo agressivo – uma recusa em contemplar quaisquer verdades incômodas, fosse a violenta história do Canadá, ou a realidade de que a covid ainda representava uma grave ameaça à saúde (muitos participantes dos comboios adoeceram), ou o aquecimento planetário com o qual eles estavam contribuindo ao deixar seus enormes caminhões com o motor ligado em ponto morto por um mês (o símbolo não oficial do comboio era o galão clandestino de 20 litros cheio de gasolina). Em menos de um ano, passamos do "Comboio Somos Solidários", um reconhecimento e aceitação do emaranhamento, para o "Comboio da Liberdade", uma rejeição da interdependência em favor da independência hiperindividual. A olhos vistos, um subconjunto do meu país queria de volta as suas fantasias isentas de culpa – e, para reavê-las, esse grupo manteria o restante de nós como reféns.

Eu também sou uma vítima, a maior vítima!

Como a nossa política é *doppelgänger*, uma simples rejeição do que se teme é insuficiente – tem de haver um espelhamento, uma imitação, um pipikamento. Assim, além dos fortes de neve e das buzinas de ar comprimido em Ottawa, o "Comboio da Liberdade" tinha também um cachimbo da paz e uma tenda indígena (criticada por três caciques algonquinos locais). Alguns dos caminhoneiros agitavam em seus veículos bandeiras alaranjadas com os dizeres TODAS AS CRIANÇAS IMPORTAM – aparentemente não em reconhecimento às crianças indígenas que foram estupradas, torturadas e mortas em escolas residenciais e cujos restos mortais ainda estavam sendo descobertos, mas sim em referência a seus próprios filhos, que, no discurso diagonalista cada vez mais veemente, enfrentavam o que alguns manifestantes chamaram de "segundo genocídio" por serem obrigados a usar máscaras faciais e tomar vacina. Essa equivalência do Mundo-Espelho vinha sendo construída havia meses: duas semanas após a descoberta das primeiras valas comuns, um grupo de mães brancas antivacina começou a vender blusas de moletom alaranjadas e outros itens declarando que A COVID-19 É O SEGUNDO GENOCÍDIO DO CANADÁ.[447]

Os caminhoneiros tinham a intenção de ofuscar, apagar e cooptar os acertos de contas de justiça racial indígenas e negros que lançaram dúvidas tão profundas sobre as nossas histórias nacionais e tantos dos nossos autoconceitos durante os anos de pandemia? Certamente não de forma consciente. Não havia nenhuma sala a meia-luz onde Steve Bannon e os Proud Boys* se reunissem com minha *doppelgänger* e Pat King para arquitetar esse estratagema ardiloso. Em vez disso, creio que o que estamos vendo talvez seja mais como um reflexo, um instinto para o que, no entendimento de seus participantes, parece ser autopreservação.

É difícil viver num momento em que tantas verdades até então tidas como questões resolvidas e favas contadas de súbito tornam-se instáveis e oscilantes sob nossos pés. É especialmente

* "Meninos orgulhosos", em inglês, milícia armada nacionalista e neofascista, exclusivamente masculina, fundada em Nova York em meio à corrida eleitoral presidencial dos Estados Unidos de 2016, vencida por Trump. [N. T.]

difícil num momento em que muitas outras coisas parecem incertas: a possibilidade de ter uma casa, ou de juntar dinheiro suficiente para dar conta de pagar aluguéis exorbitantes, ou de manter qualquer emprego, ou até mesmo de saber quanto os aspectos básicos da vida vão custar a cada semana. Tudo cambaleia e rodopia, e muitas coisas, a exemplo da suposta previsibilidade das estações, nunca mais serão estáveis, pelo menos não por várias gerações, e isso na melhor das hipóteses. Toda essa desestabilização nos impõe exigências: mudar, reavaliar e reimaginar quem precisamos nos tornar. Não deveria ser surpresa que um momento tão exigente esteja evocando alguns comportamentos e manifestações extremos. Não deveria causar surpresa que, em vez de olhar diretamente para o que foi revelado onda após onda de descobertas – as enfermeiras obrigadas a usar sacos de lixo em vez de equipamentos de proteção adequados; o ódio frio nos olhos de Derek Chauvin enquanto, com todo o peso de seu corpo, usava o joelho para pressionar o pescoço de George Floyd; a perversão dos padres; os céus manchados de alaranjado devido aos incêndios florestais –, muitos estejam optando por algumas distrações bastante espetaculares. Incluindo a distração de se apresentarem como vítimas cósmicas de todos os crimes contra a humanidade dos últimos quinhentos anos somados.

Isso talvez ajude a explicar por que é que as afirmações conspiratórias no Mundo-Espelho parecem tantas vezes se contradizer umas às outras. Para essa nova configuração política, convencer as pessoas de suas teorias não comprovadas nunca foi o verdadeiro objetivo – apenas uma ferramenta. A questão, conscientemente ou não, é fomentar a negação e a evasiva. A questão não é ter de fazer coisas difíceis e desconfortáveis face a realidades difíceis e desconfortáveis, seja a covid, ou as alterações climáticas, ou o fato de que as nossas nações foram forjadas no genocídio e nunca se empenharam à vera num processo minimamente sério de reparação. Negar é muito mais fácil do que olhar para dentro, para trás ou para a frente; muito mais fácil do que mudar. Mas a negação precisa de narrativas, de dissimulação e histórias de acobertamento, e é isso que a cultura da conspiração proporciona.

Ainda assim, preocupa-me o conforto que essa análise implica, incomoda-me o fato de que ela coloca todo o peso da negação sobre os ombros daqueles que habitam o Mundo-Espelho. É semelhante ao problema da negação das alterações climáticas: há os negacionistas obstinados, que são fáceis de detectar, porque declaram que é tudo uma farsa. Mas talvez o maior obstáculo sempre tenham sido os negacionistas brandos, o restante de nós, que sabemos que o problema é real, mas agimos como se não fosse, que teimamos em continuar esquecendo, de uma miríade de maneiras, grandes e pequenas.

Como já observei, Bannon ataca incansavelmente o que chama de "Grande Roubo" – a alegação de que Biden roubou as eleições de 2020 –, ao passo que os democratas chamam isso de "Grande Mentira". E é de fato uma grande mentira, e perigosa. Mas é *a* Grande Mentira? Maior, digamos, do que a economia de gotejamento? Maior do que "cortes de impostos geram empregos"? Maior que o crescimento infinito em um planeta finito? Maior do que a dupla desgraça de Thatcher ao vaticinar que "Não há alternativa" e "Não existe essa coisa de sociedade"? Maior, aliás, do que o "Destino Manifesto", *Terra Nullius* e a "Doutrina da Descoberta" – as mentiras que formam a base dos Estados Unidos, Canadá, Austrália e todos os outros Estados coloniais? Se conseguirmos olhar para as Terras das Sombras, mesmo que por um breve momento, fica claro que estamos enredados em uma teia de mentiras que aniquilam vidas, e que, qualquer que seja o assunto da semana no Mundo-Espelho, não é a maior mentira nem aquela que acarreta mais riscos e coloca mais coisas em jogo. É bem possível que a guerra de Bannon e Wolf contra a realidade seja exatamente o que acontece quando muitas das grandes mentiras que construíram o mundo moderno desmoronam a olhos vistos. À medida que a casa desmorona, claro que algumas pessoas optam por fugir para a fantasia completa – mas isso não significa que o restante de nós, também nascidos e criados nessa casa, sejamos os guardiões da verdade.

Então, o que é que muitos de nós ainda não vemos, ainda evitamos, nestas florestas sobrecarregadas de sombras?

13
O nazista no espelho

Certa noite, enquanto os caminhoneiros estavam brigando com bolas de neve do outro lado do país, decidi assistir a algo que esperava que pudesse me ajudar a entender esses estranhos acontecimentos: um documentário em formato de minissérie em quatro partes da HBO, *Extermine todos os brutos*, do cineasta haitiano Raoul Peck. Vagarosa e ponderada, a produção deixa muito tempo para pensar. A certa altura da narração, Peck diz: "A própria existência deste filme é um milagre"[448]. É certamente um sinal de que mais brechas estão se abrindo nas Terras das Sombras e de que mais segredos e fantasmas estão escapando de seus cemitérios.

Cada um dos filmes anteriores de Peck – incluindo *Lumumba*, sobre o assassinato do líder da libertação congolesa e primeiro-ministro Patrice Lumumba; *Eu não sou seu negro*, sobre a vida e o pensamento de James Baldwin; e *O jovem Karl Marx* –, explicou o diretor, contou um pedaço da história violenta de como o nosso mundo nasceu. Agora Peck procurava uma teoria unificadora que perpassasse por esses e outros capítulos, numa tentativa de identificar uma mundividência capaz de unir os vários massacres, holocaustos e assassinatos políticos que desbravaram as terras, abriram caminho para os colonos europeus nas Américas e tornaram possível pilhar a África e construir o apartheid racial nos Estados Unidos.

"A base de tudo", diz Peck, está incorporada no título que ele escolheu[449], inspirado no livro *Exterminem todos os malditos*, de 1992, do escritor sueco Sven Lindqvist, por sua vez inspirado em uma fatídica frase ("Exterminem todos os brutos!") da novela *Coração das trevas*, de Joseph Conrad, publicada pela primeira vez em 1899, que conta a história de uma missão colonial de comércio de marfim pelos meandros da África Central. Conrad baseou-se em numerosos exemplos de europeus que se propuseram a "civilizar os selvagens" como uma desculpa nobre para afirmar o direito à posse de suas terras, riqueza e corpos. Inevitavelmente, esse impulso civilizatório transformou-se num impulso cegante para exterminar os nativos – conclusão prenunciada tão logo um grupo de pessoas estabeleceu a si mesmo como biologicamente superior a todos os demais.

Essa frase – "Exterminem todos os brutos!" – é o impulso assassino e aniquilador de sair no encalço dos próprios interesses a todo custo. É a mentalidade supremacista que considera a extinção de povos e culturas inteiras não apenas como um inevitável elemento da marcha do progresso, mas também como uma salutar etapa na evolução da espécie humana. "E, se a raça inferior deve perecer, é um ganho, um passo em direção ao aperfeiçoamento da sociedade que é o objetivo do progresso", explica o sr. Travers em outra obra de Conrad, o romance *O resgate*[450], um refinamento da mentalidade que afogou continentes inteiros em sangue, e isso certamente acontecia aqui no Canadá, nas supostas "escolas" com cemitérios secretos. Dentro dessa mentalidade, o genocídio não é um crime; é apenas uma etapa árdua, mas necessária, abençoada (para os crentes) por Deus ou (para os racionalistas) por Charles Darwin, que escreveu em *A origem do homem*: "Em algum período futuro, não tão distante que não possa ser medido por séculos, as raças civilizadas do homem irão certamente exterminar e substituir as raças selvagens pelo mundo afora"[451]. Uma teoria da "grande substituição", se é que alguma vez existiu uma.

O que eu não esperava era descobrir que a obra de Peck era uma história de *doppelgänger*. Sua tese é que a história dominante que contamos sobre Hitler e o Holocausto – que trata aquele frenesi da morte como algo tão extremo que não tem precedentes nem antecedentes históricos – está totalmente equivocada. Peck argumenta, em vez disso, que o Holocausto foi uma expressão intensificada e compactada da mesma ideologia colonial violentíssima que devastou outros continentes em outras épocas históricas.

Mais tarde, os nazistas aplicaram essa ideologia dentro da própria Europa. No cerne de *Extermine todos os brutos* está a afirmação de que Hitler – o vilão mais desprezado do século XX, e com razão – não era o "outro" maligno do Ocidente civilizado e democrático, mas a sua sombra, o seu *doppelgänger*. Isso toma por base o argumento de Lindqvist de que a mentalidade de extermínio está nas "fundações do pensamento europeu [...], resume toda a nossa história do mundo, toda a nossa história da humanidade, toda a nossa história da biosfera, do Holoceno ao Holocausto"[452].

A história que Peck e Lindqvist contam começa não nas Américas, mas na Europa, nos séculos que antecederam a Inquisição espanhola e as pessoas queimadas nas fogueiras e as sangrentas expulsões de judeus e muçulmanos. Depois atravessa o Atlântico e se desenrola numa escala muito mais vasta no genocídio dos nativos americanos, bem como na chamada "partilha da África", antes de regressar à Europa durante o Holocausto. Isso contesta a forma como amiúde se conta a história da Segunda Guerra Mundial: uma batalha de heroicos Aliados antifascistas unidos contra os monstruosos nazistas. Sem dúvida, derrotar Hitler e libertar os prisioneiros dos campos de concentração, ainda que tardiamente, foi a vitória mais genuína e moralmente correta da era moderna. Um elemento complicador dessa história é o fato de Hitler ter falado e escrito caudalosamente acerca das muitas formas como, para levar a cabo seu regime genocida, se inspirou no colonialismo britânico e nas várias estruturas pioneiras de hierarquia racial na América do Norte.

Por exemplo, em 1941, Hitler observou: "Os campos de concentração não foram inventados na Alemanha. São os ingleses os seus inventores, usando essa instituição para gradualmente subjugar outras nações"[453]. Ele estava falando para fins de propaganda, mas com um elemento de verdade. Os campos de concentração foram, de fato, utilizados em muitos contextos coloniais – pelos espanhóis em Cuba; por colonos alemães no sudoeste da África, contra os povos herero e nama; pelos britânicos onde hoje é a África do Sul, durante a Guerra dos Bôeres, na qual dezenas de milhares de cativos morreram em recintos infestados de doenças. Antes de Hitler começar a considerar o assassinato em massa de "inferiores" genéticos como um ato em nome dos cuidados de saúde para com a raça, o comandante da Marinha Real Britânica Bedford Pim explicou à Sociedade Antropológica de Londres em 1866 que, quando se tratava de matar povos indígenas, havia "misericórdia no massacre"[454].

Houve também influências mais recentes e contemporâneas. Quando Hans Asperger e outros médicos na Alemanha e na Áustria começaram a decidir quais pessoas com deficiência viveriam e quais eram "indignas de viver", estavam fortemente influenciados pelos Estados Unidos, onde a primeira lei do mundo baseada na eugenia colocando em prática a esterilização involuntária foi aprovada em Indiana em 1907 e logo se espalhou para outros estados do país.[455] Por meio de leis como essa, o movimento eugenista dos Estados Unidos já havia fornecido uma justificativa pseudocientífica para a esterilização forçada de dezenas de milhares de potenciais pais e mães cujos genes eram considerados ameaças ao fundo genético global – projeto repleto de vieses inerentes sobre a inteligência relativa dos indivíduos de linhagem anglo-saxônica e nórdica. Os nazistas aproveitaram esse precedente e o expandiram drasticamente; estima-se que 400 mil pessoas tenham sido esterilizadas durante o governo nazista, mas as inovações hitleristas nesse domínio foram uma questão de escala e velocidade, não de variedade.

James Q. Whitman, autor de *Hitler's American Model: The United States and the Making of Nazi Race Law* [O modelo americano de Hitler: Os Estados Unidos e a elaboração das leis raciais nazistas], publicado em 2017, documenta com detalhes arrepiantes muitas das dívidas dos nazistas para com o arcabouço jurídico estadunidense. Professor de Direito na Universidade Yale, Whitman argumenta que as contorções legais que os Estados Unidos desenvolveram para negar plenos direitos de cidadania com base na raça ajudaram a inspirar as Leis de Nuremberg de 1935, que dariam amparo legal à retirada da cidadania dos judeus alemães e à negação de seus direitos políticos, ao mesmo tempo que proibiam o sexo, o casamento e a reprodução entre arianos e judeus (a Lei da Cidadania do Reich e a Lei de Proteção do Sangue Alemão e da Honra Alemã). Os nazistas encontraram modelos para os novos guetos judeus que eles criaram em parte estudando os sistemas de segregação legalizada desenvolvidos sob as leis de Jim Crow e para as reservas de nativos; o sistema de apartheid da África do Sul também proporcionou uma inspiração fundamental.

De maneira mais fundamental, muitos nazistas eram estudiosos e fãs da mitologia da fronteira estadunidense – o suposto direito de avançar oeste afora de modo a reivindicar porções cada vez maiores de território para colonização. A analogia alemã era o *Lebensraum*, ou espaço vital necessário para o povo alemão suprir suas necessidades e vicejar, que Hitler adotou e traduziu num imperativo de conquistar e tomar terras a leste da Alemanha. Tal como no oeste dos Estados Unidos, esse território estava ocupado por muitos que eram considerados obstáculos ao projeto – eslavos e judeus. Elogiando os colonos europeus por terem "abatido a tiro os milhões de peles-vermelhas até reduzi-los a algumas centenas de milhares"[456], Hitler afirmou que agora era a vez da Alemanha se empenhar em limpezas e deslocamentos em massa em suas próprias fronteiras.

"Urge uma única tarefa: iniciar a germanização da terra trazendo alemães e considerando os habitantes nativos como indígenas", disse Hitler em 1941.[457] Meses depois, no mesmo ano, declarou: "Nesta questão agirei sem rodeios, com sangue-frio. [...] Não vejo por que um alemão que come um pedaço de pão deva se atormentar com a ideia de que o solo que produz esse pão foi conquistado pela espada. Quando comemos trigo do Canadá, não pensamos nos indígenas espoliados"[458]. Acerca do seu direito de reivindicar os cereais da Ucrânia, Hitler brincou: "Forneceremos aos ucranianos lenços, contas de vidro e tudo aquilo de que os povos coloniais gostam"[459].

Os nazistas viam alguns dos residentes das terras por eles usurpadas como aptos para o trabalho escravo, mas os judeus eram considerados irrecuperáveis e, portanto, enfrentaram a erradicação, em parte para dar lugar a colonos alemães. À medida que a guerra avançava, a escala e a velocidade da matança eram sem precedentes – nunca na história alguém construiu câmaras de gás ou fornos crematórios e os colocou em operação, dia após dia, para eliminar uma vasta população. Porém, embora o morticínio nazista tenha levado a novos extremos o ódio patrocinado pelo Estado, o extermínio para fins de roubo de terras não foi uma inovação de Hitler. "Auschwitz foi a aplicação industrial e moderna do extermínio sobre o qual a supremacia mundial da Europa desde muito tempo repousava", Lindqvist escreve.[460] No entanto, ele continua, "quando aquilo que aconteceu no coração das trevas se repetiu no coração da Europa, ninguém foi capaz de reconhecer. Ninguém quis admitir o que todos sabiam"[461].

Isso está incorreto. Vários intelectuais negros importantes viram os paralelos com grande clareza na época. W. E. B. Du Bois, em *The World and Africa* [O mundo e a África], livro publicado logo após o fim da Segunda Guerra Mundial, escreveu: "Não houve nenhuma atrocidade nazista – campos de concentração, mutilação e assassinato em massa, violação de mulheres ou a pavorosa blasfêmia da infância – que a civilização cristã da Europa já não praticasse havia muito tempo contra pessoas de cor em todas as partes do mundo, em nome e para a defesa de uma Raça Superior nascida para governar o mundo"[462]. O que de fato *era* novo: agora concidadãos europeus estavam sendo considerados a raça inferior.

No *Discurso sobre o colonialismo*, o escritor e político martinicano Aimé Césaire acusou os europeus de tolerar o "nazismo [...] antes de serem suas vítimas". Até esses métodos chegarem ao solo europeu, eles "absolveram-no, fecharam seus olhos e o legitimaram, porque, até então, havia sido aplicado apenas a povos não europeus". O crime de Hitler para os Aliados, Césaire acreditava, foi ter feito aos judeus e eslavos o que "atingia até então apenas" os não brancos colonizados em terras estrangeiras.[463] Mas, visto da perspectiva dos caribenhos, tratava-se de uma história longa, contínua e sinuosa.

Césaire afirmou explicitamente que, na sua opinião, Hitler não era apenas o inimigo dos Estados Unidos e do Reino Unido – ele era a sua sombra, o seu gêmeo, o seu *doppelgänger* distorcido: "Sim, valeria a pena estudar, clinicamente, em detalhes, os passos de Hitler e do hitlerismo e revelar ao burguês muito distinto, muito humanista e muito cristão do século XX que ele carrega consigo um Hitler sem saber, que Hitler *vive nele*, que Hitler é seu *demônio*"[464].

O espelho se estilhaça

Essa análise desestabiliza quase todas as histórias com as quais eu cresci, que nos ensinaram que o Holocausto foi um acontecimento singular sem precedentes, tão fora dos limites da história humana que era essencialmente impossível de compreender. Aprendemos, de miríades de maneiras, que havia algo de sacrilégio em falar do Holocausto nazista e ao mesmo tempo mencionar qualquer outro crime, e que o mero ato de fazer isso tornava tudo menos horrível, menos chocante e, de certa forma, banal. Mas e se o banal for horrível? E se o xis da questão for este: que o nazismo não é uma aberração de uma edificante história de iluminismo e modernidade, mas o seu duplo não tão distante, a sua outra face?

Referindo-se ao grande escritor alemão Johann Wolfgang von Goethe, Lindqvist observa que a ideia de extermínio "é tão próxima do coração do humanismo quanto Buchenwald é próximo da casa de Goethe em Weimar. Esse insight tornou-se quase totalmente reprimido – mesmo pelos alemães, que sozinhos carregam a culpa por uma mentalidade de extermínio que no fundo é uma propriedade comum de toda a Europa"[465].

São muitos e bem conhecidos os argumentos que explicam por que o Holocausto cometido pelos nazistas foi diferente. Era uma tecnologia superior. A morte vinha mais rápido. Era em escala industrial. Tudo verdade. Mas também é verdade que cada holocausto é diferente. Cada genocídio tem as suas características particulares, e cada grupo odiado é odiado à sua maneira especial. Levando-se em conta o número absoluto de mortos, o genocídio dos povos indígenas nas Américas supera todos os outros. Em termos de tecnologias modernas, o comércio transatlântico de africanos raptados e escravizados e as *plantations* monocultoras que o comércio escravista abastecia no Sul dos Estados Unidos e no Caribe antes da guerra eram extremamente modernos para a sua época. Era uma tecnologia de ponta, tão avançada que, os estudiosos demonstraram, os sistemas desenvolvidos para transportar, assegurar contra perdas e danos, depreciar, rastrear e controlar os escravizados e extrair desse trabalho sob coação o máximo de riqueza moldaram muitos aspectos da contabilidade e da gestão de recursos humanos modernas. Rinaldo Walcott, estudioso de raça e gênero, escreve em seu manifesto *On Property* [Sobre a propriedade]: "As ideias forjadas na economia da *plantation* continuam a moldar as nossas relações sociais"[466]. Entre essas relações sociais estão o policiamento, a vigilância em massa e o encarceramento em massa modernos.

Em que mais se baseia a reivindicação de excepcionalidade? O fato de os judeus europeus estarem profundamente assimilados e inseridos na cultura europeia, empenhadíssimos em ser "civilizados", segundo as convenções definidas no continente àquela altura. Muitos dos que foram assassinados eram inclusive ricos. Mas e quanto às famílias nipo-americanas estabelecidas que no mesmo período foram enviadas para campos de confinamento nos Estados Unidos e no Canadá? E o que dizer do incêndio criminoso e o massacre da "Wall Street negra" em Tulsa, Oklahoma, em 1921, bem antes da guerra? Crimes de diferentes escalas, decerto, mas todos mostram os limites da assimilação como proteção. A recusa em acreditar que poderiam ser alvo do massacre nazista foi a ruína para muitos judeus na Alemanha e na Áustria: durante muito tempo, eles disseram a si próprios que eram cultos e educados demais para serem considerados brutos. O que Du Bois e Césaire tentaram nos dizer é que a cultura, a língua, a ciência e a economia não são proteção contra o genocídio – basta ter força militar suficiente nas mãos de um poder disposto a acusar sua cultura de "selvagem" e declarar que seu povo é "bruto". Essa é a história da violência colonial no mundo todo. Rotular as pessoas como "desprovidas de relação com a terra" – porque praticam uma forma diferente de agricultura, porque se movem de acordo com as estações, seja qual for a história que sirva ao objetivo final – sempre foi um precursor do genocídio. Antes de serem massacrados, os judeus foram declarados "desenraizados", a mesma definição que as potências coloniais pespegaram nos povos nativos nômades – e, portanto, incivilizados –, como um prelúdio para roubar suas terras, sob pena de aniquilação em todos os continentes do planeta.

Muitos povos cujas culturas, terras e corpos foram transformados em alvo de alguma dessas formas reconheceram a lógica por detrás do projeto político de Hitler precisamente porque era conhecida. Depois da *Kristallnacht* [Noite dos cristais] em 1938, por exemplo, uma delegação da Liga dos Aborígenes Australianos escreveu uma carta de protesto condenando "a cruel perseguição do povo judeu pelo governo nazista da Alemanha"[467] e, num capítulo histórico pouco conhecido, entregou-a em mãos ao cônsul alemão em Melbourne (o cônsul se recusou a aceitar o documento). Isso ocorreu muito antes de os governos ocidentais se mostrarem dispostos a confrontar Hitler; no entanto, esses líderes nativos, que ainda lutavam por seus próprios direitos básicos, viram com clareza a gravidade da ameaça. A matança industrial perpetrada pelos nazistas era nova, e o caso judaico é diferente. *Mas é assim em todos os casos*. E algumas coisas são muito parecidas.

O outro lado dos gritos de "Nunca mais" pós-Segunda Guerra Mundial foi um tácito "Nunca antes". A insistência em retirar o Holocausto da história, o fracasso em reconhecer esses padrões e a recusa em ver onde os nazistas se enquadram no arco dos genocídios coloniais tiveram um custo elevado. Os países que derrotaram Hitler não precisaram confrontar o fato desconfortável de que Hitler tirou deles sugestões e inspiração para a criação de raças e para o confinamento de seres humanos; assim, a inocência desses países se manteve não apenas intocada, mas também significativamente fortalecida por aquilo que foi de fato uma vitória virtuosa.

O argumento de Lindqvist é o seguinte: "Dois eventos não precisam ser idênticos para que um deles facilite o outro. A expansão mundial europeia, acompanhada como foi pela descarada defesa do extermínio, criou hábitos de pensamento e precedentes políticos que abriram caminho para novas abominações, culminando por fim na mais horrenda de todas: o Holocausto"[468]. E um dos hábitos de pensamento mais difíceis de abandonar é o reflexo de desviar o olhar, de não ver o que está à nossa frente e de não saber o que sabemos.

Quando Lindqvist escreveu *Exterminem todos os malditos*, estávamos no início da década de 1990, e a crise climática mal pairava em seu campo de visão. Ele ainda não sabia que as potências europeias e os seus Estados colonizadores passariam as três décadas seguintes efetivamente decidindo deixar os continentes onde residem essas "raças inferiores" arderem e se inundarem porque, mais uma vez, a alternativa interrompia o fluxo de ilimitada acumulação de riqueza. Agora nos cabe fazer uma pergunta: e se o fascismo completamente desabrochado não for o monstro à porta, mas o monstro dentro de casa, o monstro dentro de nós – até mesmo daqueles de nós cujos antepassados foram vítimas de genocídio?

Receio que esse seja o mais profundo perigo representado pelo Mundo-Espelho e sua guerra cada vez mais beligerante contra a história. A porta para as Terras das Sombras foi aberta;

escaparam verdades que já não seria possível conter. Os mais maltratados trabalhadores das sombras na nossa economia – mulheres e homens imigrantes com vistos de trabalho temporários que labutam em quatro lares de idosos diferentes num único dia, ou embalam pedaços de frango em instalações absurdamente frias e ensanguentadas – chegaram enfim às telas de nossas TVs. Não porque estivessem sendo aplaudidos e saudados como heróis, mas porque eram eles e elas que circulavam nos chamados "focos de transmissão" da doença: as pessoas cujos corpos se amontoavam em necrotérios e caminhões frigoríficos. Não tivemos outra escolha senão ver e enfrentar, acertar as contas com o que durante tanto tempo esteve escondido e reprimido. Em seguida, quando tantos de nós lotamos as ruas naquela primeira primavera de covid e gritamos os nomes dos assassinados e, então, um ano depois, quando abaixamos a cabeça de tristeza pelos pequenos que nunca mais voltaram, mais verdades estavam escapando.

Tal como aquele casal na pintura pré-rafaelita, contingentes cada vez mais numerosos de nós estávamos começando, apenas começando, mal e mal, a ver a nós próprios e ao nosso lugar em um mundo mais amplo, repleto de presenças espectrais. Alguns de nós desmaiaram. Outros enlouqueceram. Em muitos, o efeito foi o desejo de mudar: expulsar o monstro do inconsciente coletivo, ou pelo menos tentar. Tentar ser o tipo de pessoa cuja vida cotidiana não exige a aniquilação de outras vidas e de outros modos de vida.

"As forças que se opõem à justiça estão prontas para reverter totalmente os ganhos das lutas de ontem, caso a oportunidade se apresente", Olúfẹ́mi O. Táíwò escreveu em *Reconsidering Reparations* [Reconsiderando as reparações], livro publicado em 2022[469]. A essa altura, as forças do esquecimento, já recuperadas, estavam prontas para voltar a rugir – para fechar essa porta, e mais uma vez amortalhar nossos países em inocência e retidão. A historiadora da psicanálise Jacqueline Rose escreveu: "Dentro da própria memória há uma resistência à memória"[470].

Um ano depois do anúncio da descoberta de cemitérios de valas comuns no terreno da escola em Kamloops, o jornal *New York Post* publicou um artigo citando um influente ideólogo conservador e oponente de longa data dos direitos indígenas, Tom Flanagan, que chamou a revelação dos túmulos de "a maior fake news da história canadense" e um caso de "pânico moral"[471]. Parece que, para muitas pessoas, contar a história com veracidade soa como uma traição – e é uma prática que deve ser aniquilada. Porém, se as verdades forem enterradas, continuarão nos assombrando e ressurgindo no Mundo-Espelho em uma forma distorcida e deformada.

Em 14 de maio de 2022, um supremacista branco de 18 anos obcecado pela teoria da "Grande Substituição" e pelas baixas taxas de natalidade entre os brancos dirigiu-se a um supermercado Tops em Buffalo, Nova York, com o objetivo de matar o maior número possível de negros. Empunhando um rifle estilo AR-15 comprado legalmente, ele assassinou dez pessoas. O rapaz transmitiu ao vivo o massacre, como outros fizeram antes dele, encenando o papel de si mesmo como sua geração foi ensinada a fazer. Ele deixou um manifesto longo e incoerente, no qual elogiava os nazistas e se autodenominava, entre outras coisas, um "ecofascista"[472]. Julian Brave NoiseCat, escritor e colega do movimento por justiça climática, notou alguns paralelos inquietantes em ação:

> Estou impressionado com a semelhança entre as teorias da conspiração da direita e as políticas reais em relação aos povos indígenas.
>
> "teoria da substituição" – Destino Manifesto
>
> *QAnon* (abuso infantil institucionalizado em massa) – internatos e escolas residenciais
>
> "plandemia" – varíola, álcool, bioterrorismo
>
> É tudo tão freudiano. O medo de que isso aconteça com eles decorre de uma admissão implícita de que fizeram isso com outras pessoas.
>
> Como se os negros, pessoas racializadas e indígenas oprimidos fossem tão odiosos quanto eles e propensos a reverter o jogo e fazer com eles o que fizeram conosco.[473]

Isso faz parte do que estamos vendo? Os cada vez mais violentos teóricos da conspiração do Mundo-Espelho estão com medo de serem presos, tratados como indivíduos de segunda classe, ocupados/desalojados e sacrificados porque, em algum nível, sabem que esses são os comportamentos genocidas que criaram e sustentam seus relativos privilégios, cada vez mais precários? Estarão aterrorizados com a ideia de que, caso as verdades das Terras das Sombras – passadas, presentes e futuras – venham a ser completamente reveladas e enfrentadas, então esse acerto de contas só poderá resultar em uma drástica inversão de papéis, em que as vítimas se tornarão os vitimadores?

Bem, isso já aconteceu antes. A bem da verdade, está acontecendo agora mesmo, em um lugar onde tudo é duplicado, onde a política *doppelgänger* rege todos os aspectos da vida. Está acontecendo em Israel e na sua terra das sombras separada, a Palestina. Nossa última parada, e o lugar onde convergem e colidem tantas das forças que encontramos ao longo desta sinuosa jornada.

14
O indissociável duplo étnico

"É antissemitismo."

A energia elétrica caiu pela quinta vez num inverno de tempestades de vento e deslizamentos de lama que quebraram recordes, então escapei para a casa dos meus pais a fim de drenar eletricidade para meu laptop. Mamãe está aproveitando esse raro tempo sozinha comigo para me alertar contra insistir na questão Wolf. (É um pouco tarde para isso!)

"Eles veem vocês duas como um personagem-tipo", diz ela enquanto toma uma tigela de sopa de legumes descongelada. "Por que chamar atenção para isso?"

Enquanto me diz essas palavras, ela parece triste, desanimada. Concentrar-me no meu problema de *doppelgänger* – usá-lo para tecer esta teia de teorias sobre duplos digitais e marcas pessoais e o Mundo-Espelho e a Terra das Sombras – servirá apenas, minha mãe tem convicção, para atrair mais o tipo de atenção perigosa que, para começo de conversa, é a verdadeira razão por trás da confusão. O que, para ela, é óbvio. É a coisa de ser judeu.

Outros já apresentaram argumentos que corroboram a opinião de minha mãe. Depois que a outra Naomi desfiou uma de suas mais clamorosas séries de desinformações sobre a covid, Jeet Heer, colunista da revista *The Nation* e ávido observador de Wolf, escreveu: "A esta altura, confundir Naomi Klein com Naomi Wolf é apenas antissemitismo. Desculpe-me, eu não faço as regras. Seu cérebro deveria ser capaz de lidar com mais de uma Naomi"[474].

Eu também não faço as regras. Hannah Arendt, no entanto, tinha uma regra. "Se alguém é atacado como judeu, tem de se defender como judeu", ela escreveu. "Não como alemão, não como cidadão do mundo, não como defensor dos direitos humanos."[475] Então é isso que eu devo fazer? A ação que eu venho adiando todo este tempo? Tenho de me defender de tudo isso *na qualidade de judia*?

Bem-vinda ao clube, Senhora Branca, ouvi alguns de vocês dizerem.

É justo. Neste planeta dividido por hierarquias raciais, inúmeras pessoas enfrentam formas muito mais hediondas de projeção étnica e racial, forçadas a representar apenas a cor da sua pele aos olhos dos brancos. Ademais, acessam as mídias sociais para serem acusadas e sofrer as consequências pelas palavras e ações de outras pessoas. Volta e meia o poeta australiano Omar Sakr compartilha histórias revoltantes sobre produtores de programas de TV e leitores aleatórios que o confundem com uma fieira de outras figuras públicas de pele morena. Certa vez, até recebeu um detalhado itinerário de viagem que o instruía a chegar ao local marcado para sua participação em um programa de reforma de casas do qual ele nunca tinha ouvido falar. E o programa cometeu *o mesmo* erro com outro escritor, Osman Faruqi.

"POR QUE VOCÊS ESTÃO ME ENVIANDO O ITINERÁRIO DE VIAGEM DE OUTRAS PESSOAS?", Sakr exigiu saber. "VOCÊS SÃO REALMENTE INCAPAZES DE DIFERENCIAR HOMENS RACIALIZADOS?"[476]

Ou pense em todas as pessoas que têm de lidar com o sobressalto diário de ter um "gêmeo no local de trabalho" – outra pessoa de origem étnica vagamente semelhante (ou totalmente diferente) com quem são amiúde confundidas por seus colegas de trabalho. Para afirmar o óbvio: neste caso, não são *doppelgängers*. Não há semelhanças inquietantes entre as pessoas envolvidas – é apenas a forma como a questão da raça continua a quebrar a cabeça de muita gente.

Verdade seja dita, na maior parte do tempo fui livre para dizer a mim mesma que esse tipo de duplicação não era uma cruz que me cabia carregar. Eu zanzava pelo mundo feliz da vida e despreocupada, supondo que as pessoas que eu conhecia decodificariam com tremenda facilidade a singularidade em meu particular arranjo de feições e características e me identificariam corretamente como a pessoa inconfundível que sou – em vez de projetar em mim uma identidade presumida com base em uma vaga impressão de meu tom de pele, textura de cabelo e formato do olho. O que minha mãe me disse durante o almoço, porém, foi que eu estava redondamente enganada, que Wolf e eu sempre fomos agrupadas dentro de um estereótipo cultural muito específico – o da judia esforçada.

"Alguns me repreendem por ser judeu, alguns me elogiam por isso, alguns me perdoam por isso, mas todos pensam nisso", atormentava-se o escritor político alemão Ludwig Börne em 1832.[477] (Mudar o nome Loeb Baruch e converter-se ao protestantismo não foi suficiente para protegê-lo.) Esse é outro tema que vem à tona em *Operação Shylock*, de Philip Roth: a natureza supostamente eterna do ódio aos judeus. No final do livro, fica claro que o verdadeiro *doppelgänger* de Roth não é o Falso Roth. Aprendemos que, de certa forma, não existe o Verdadeiro Roth, um homem de letras e intelecto, assim como não existe o Falso Roth, um ardoroso ativista e evangelista do Diasporismo. Ambos, no âmbito do mundo do romance, acabam sendo enquadrados como Philip Roth, o Judeu. E isso significa que ambos são Shylock, o usurário mutilador da peça *O mercador de Veneza*, de Shakespeare, determinado a obter a sua libra de carne humana. Para Roth, Shylock é o eterno *doppelgänger* dos judeus.

É assim que funciona o preconceito. O preconceituoso cria inconscientemente um duplo de cada pessoa que faz parte do grupo desprezado, e esse gêmeo distorcido avulta sobre todos os que atendem aos critérios, sempre ameaçando engoli-los. Ter um desses duplos significa que quem quer que você seja, qualquer que seja a identidade que você criou para si mesmo, por mais nova e singular que seja sua marca pessoal, e por mais que você se distinga dos estereótipos associados à sua espécie, para o odiador você sempre será um substituto, um representante do seu grupo desprezado. Você não é você; você é seu duplo étnico/racial/religioso, e não é capaz de se dissociar desse duplo porque não o criou.

"O judeu é um homem que os outros homens consideram um judeu: [...] é o antissemita quem *faz* o judeu." Jean-Paul Sartre escreveu essas palavras em seu longo livro-ensaio *A questão judaica*[478]. Foi uma observação deliberadamente provocativa, uma vez que é claro que muitos judeus fazem o seu próprio judaísmo por meio da prática positiva da sua cultura e fé – e não do ódio de outras pessoas. Mas Sartre escreveu isso imediatamente após a libertação de

Paris dos nazistas, com memórias ainda frescas de uma época em que os judeus da França – muitos dos quais tão assimilados que mal se identificavam como judeus ou nem sequer sabiam que os seus pais ou avós eram judeus – estavam sendo sistematicamente investigados e inspecionados em busca de sinais semíticos reveladores. Essa é a premissa do assustador filme de *doppelgänger* de Joseph Losey de 1976, *Cidadão Klein*, que conta a história de um abastado negociante de arte parisiense que é confundido com um judeu homônimo e gradualmente se enreda com seu próprio indissociável duplo étnico. O filme começa em uma clínica médica, com um médico impassível examinando uma mulher de meia-idade: gengivas, narinas, mandíbula, o porte – cada item meticulosa e humilhantemente medido e sondado para verificar se há uma judia escondida lá dentro. O antissemita fazendo o judeu, criando com precisão clínica o *doppelgänger* mortífero.

Todos os membros de grupos historicamente odiados carregam consigo versões desse duplo invisível, e algumas duplicações são muito mais perigosas do que outras. Ser negro nos Estados Unidos, W. E. B. Du Bois escreveu em 1897, exigia uma "consciência dupla", um constante sentimento de "dualidade", que gerava um anseio de "fundir seu eu duplo em um eu melhor e mais verdadeiro", um eu que não exigisse essa cisão.[479] Até hoje, a negritude gera um duplo que é tão traiçoeiro para aqueles sobre os quais é projetada, e tão incessante em sua persistência ao longo dos séculos, que nenhuma atividade está a salvo de ser subjugada pelo letal duplo racial – nem dirigir, nem sair para dar uma corrida, nem voltar a pé da loja para casa, nem pelejar com a fechadura da porta emperrada. ("Pretendo dar motivos para os seus sobressaltos/ e espasmos faciais", June Jordan escreveu em seu poema "Eu devo me tornar uma ameaça para os meus inimigos", de 1976.)[480] O software de reconhecimento facial, originalmente comercializado como uma forma de eliminar esses tipos de duplicações preconceituosas das forças policiais, em vez disso as automatizou; repetidas vezes a inteligência artificial identifica erroneamente os rostos negros, o que amiúde resulta em detenções injustas e vidas destruídas. Enquanto isso, na Europa, imigrantes negros continuam a ser abandonados para morrer afogados, numa ininterrupta procissão de abarrotados barcos à deriva, os perigosos duplos dos passageiros subjugando-os antes mesmo de chegarem a terra firme.

François Brunelle, o artista de Montreal que fotografa retratos de centenas de *doppelgängers*, explica por que sente atração por fotografar rostos inquietantemente semelhantes: "O rosto é a ferramenta de comunicação definitiva que temos para estabelecer e manter relacionamentos entre nós como seres humanos"[481]. Sim. E, para muitas pessoas, a capacidade de comunicação do rosto é sabotada *o tempo todo* pelos receptores distorcidos de outras pessoas.

Outras formas de duplicação racial vão e vêm ao sabor das marés geopolíticas. Após os ataques de 11 de Setembro em Nova York e Washington, a figura do terrorista muçulmano se converteu em um *doppelgänger* tão descomunal de todos os homens muçulmanos que para eles tudo, de estudar engenharia até ir ao aeroporto, tornou-se subitamente perigoso. Pois o que é um perfil racial senão um *doppelgänger* feito pelo Estado? Na prática, isso significava que os passageiros com nomes comuns como Mohammed (Osama nem se fale) viam-se às voltas com a possibilidade muito real de terem ido parar numa lista de exclusão aérea ultrassecreta e repleta de erros, o que por sua vez poderia levá-los a ser retirados de um avião para um interrogatório especial ou, pior, encapuzados e "entregues" a uma das novas "instalações secretas" da administração Bush. O bode expiatório antichinês inventado na era da covid (invenção para a qual minha *doppelgänger* e suas incansáveis lorotas sobre tramas de planos de armas biológicas do Partido Comunista Chinês desempenharam um papel importante) lançou uma sombra tão sinistra sobre a vida asiática que cerca de um terço dos asiático-americanos entrevistados pelo Instituto Pew Research na primavera de 2022 relataram mudanças em sua rotina diária a fim de evitar serem alvo de crimes de ódio.

Nessa paisagem de geminação malévola, onde é que o duplo judeu se enquadra? Os judeus chassídicos, que se destacam pelos chapéus pretos e os pesados casacos pretos fechados na lateral, são alvos fáceis da violência nas ruas. Mas uma judia secular como eu? Francamente, estou lutando contra a sensação de que é um pouco fraudulento até mesmo mencionar isso num só fôlego. Graças ao momento e ao local do meu nascimento, que coincidiu com um ponto alto na educação sobre o Holocausto e na contrição coletiva, tive ampla proteção contra encontros diretos com o ódio aos judeus. Uma exceção digna de nota foi quando eu tinha 10 anos, no período de um ano que passei em Oxford, Inglaterra, onde o epíteto "judeu" era uma provocação tão frequente no pátio da escola que eu escondia minha identidade religiosa e me atrapalhava toda tentando cantar os hinos matinais ("Brilha, Jesus, brilha! Preenche esta terra com a glória do Pai!"). Mesmo assim, nunca pensei que o antissemitismo tivesse o poder de ferir muito mais do que os meus sentimentos: a minha maior preocupação era que a descoberta me custasse a amizade com Katie Bennett, a filha do vigário. (Isso não aconteceu. "Feliz Chanuká, Naomi!", disse-me tranquilamente o pai dela em dezembro daquele ano – no fim descobri que eu era uma péssima judia disfarçada.)

É um pouco diferente no caso de Avi. Ele tem traços e maneirismos judaicos mais clássicos do que os meus, e, depois de um quarto de século convivendo com ele, passei a reconhecer a reação visceral que de tempos em tempos ele inspira. Reconheci essa mesma duplicação em ação quando acompanhei a campanha de Bernie Sanders em 2020: algumas pessoas simplesmente não conseguiam superar o judeu agressivo, raivoso, tosco e rude que imaginavam que ele fosse com base em seu estilo de discurso e maneirismos – não levavam em conta a compaixão e gentileza eternas desse homem.

Mas eu? Eu havia suavizado minhas arestas étnicas, certamente; me protegi para não deflagrar gatilhos em outras pessoas dessa forma visceral. No entanto, enquanto escrevo estas palavras, de repente não tenho certeza se alguma vez acreditei nelas. Não é o medo da minha sombra judaica a verdadeira razão pela qual me queixei tão amargamente do meu nome demasiado judeu, com sua arrastada e chorosa lamúria embutida? Não é a mesma razão pela qual aliso obsessivamente meus cabelos ondulados, orgulhando-me de que não sejam tão ostensivos quanto, digamos, o da pessoa a quem me referi mais de uma vez como "minha *doppelgänger* de cabeleira exuberante"? Será que isso não sugere um desejo, movido pela autoaversão, de evitar a persistente difamação dirigida às mulheres judias, tanto por judeus como por não judeus – a da princesa judia estadunidense? Não é porventura a bíblica Noemi – tão resoluta, fazendo o que fosse necessário para que seu povo sobrevivesse – o duplo étnico com o qual sempre tive medo de ser confundida/amalgamada? São, todas elas, possibilidades inquestionáveis.

Também é possível que a calmaria pós-Holocausto no escancarado ódio aos judeus esteja chegando ao fim. Desde Trump, os crimes de ódio antijudaicos têm aumentado. Os judeus figuram com destaque na teoria da "Grande Substituição" - nós, os eternos Shylocks, aparentemente somos a razão pela qual tantos imigrantes são autorizados a entrar no país: para que possamos ganhar mais dinheiro explorando sua mão de obra. Era esse o sistema de crença defendido pelo atirador que matou onze pessoas durante os cultos matinais de sábado na sinagoga Tree of Life [Árvore da vida] em Pittsburgh, Pensilvânia, em 2018. A ameaça do rapper Kanye West de "acionar o estado de prontidão máxima e sair matando PESSOAS JUDIAS" que supostamente controlam o mundo dele talvez tenha ajudado a abrir ainda mais as comportas. Persistem muitas diferenças entre as diversas formas de duplicação racial e de gênero que estão surgindo neste momento. As pessoas não aceleram o passo nem trancam as portas do carro por causa da minha sombra judaica; os médicos não duvidam da capacidade do meu corpo de sentir dor, e agressores não avaliam que, se me fizerem mal, ninguém com algum poder virá à minha procura. E, no entanto, como vimos, a necessidade de semelhanças perfeitas pode facilmente obscurecer coisas em comum - e, o que é mais importante, provocam um curto-circuito que emperra as solidariedades potenciais.

O exército de Satanás de gêmeos malignos

Para os estudiosos do antissemitismo, o ódio aos judeus remonta à Antiguidade, aos ressentimentos helenísticos com a autossegregação judaica, tida e havida como uma demonstração de clanismo. Mas foi no mundo cristão que isso se tornou inevitável. O Novo Testamento é uma poderosa cosmologia de duplos: Deus/Satanás, Cristo/Anticristo, anjos/demônios, céu/inferno. Uma vez que nos Evangelhos os judeus estão associados a Satanás, desde o princípio judeus e cristãos foram colocados numa relação geminada, em que os judeus são perenemente considerados os *doppelgängers* demoníacos dos devotos seguidores de Cristo. Nós não apenas deixamos de reconhecer o verdadeiro messias quando tivemos a oportunidade, mas somos eternamente culpados pela morte de Jesus. (Portanto, para corrigir a afirmação que fiz antes: esta é exatamente a cruz que nos cabe carregar.) É uma história que preparou o cenário para séculos de difamações e calúnias.

Muitas dessas difamações envolvem relatos horripilantes de judeus que sequestravam crianças cristãs para drenar seu sangue e usá-lo em rituais secretos, acusações que serviram de pretexto para atos de violência antijudaica. Nas catedrais polonesas há afrescos mostrando rechonchudos bebezinhos, feridos com perfurações, aos pés de judeus corcundas. Essa antiga forma de ódio aos judeus atingiu seu auge com a Reconquista da Espanha e a expulsão de judeus e muçulmanos em 1492, que foi seguida de massacres, queima de judeus em fogueiras e conversão forçada em massa ao catolicismo (o que durante a Inquisição oferecia pouca proteção contra a possibilidade de um indivíduo ser publicamente exposto como um judeu enrustido). Em resposta à expulsão de 1492, muitos refugiados judeus e muçulmanos – aliados na época – receberam salvo-conduto para o Império Otomano.

Esse espasmo de violência não foi a primeira vez que grupos de humanos massacraram grupos de outros humanos em batalhas pela posse de terras e recursos. Mas esse é o período, argumentam Sven Lindqvist e Raoul Peck, que deu origem ao impulso, que se repetiria continuamente ao longo dos séculos subsequentes, de "exterminar todos os brutos" em nome da civilização, do progresso e da piedade. E, talvez não por coincidência, 1492 foi o mesmo ano em que os navios de Cristóvão Colombo zarparam para cruzar o Atlântico, levando consigo uma globalização dessas ferramentas de piedosa aniquilação.

Durante toda a Idade Média e muito além, a associação dos judeus com o satanismo forneceu justificativa para constranger os judeus como cidadãos de segunda classe, encurralados em guetos e excluídos da posse de terras agrícolas e da participação em importantes ofícios e ocupações. Portanto, os judeus atuavam como vendedores ambulantes e comerciantes, bem como agiotas, profissão que tinham autorização para exercer em grande parte porque permitia à classe dominante cristã manter distância dessa atividade ímpia. Por volta de 1700, os pequenos usurários transformaram-se em bancos maiores, e foi esse desdobramento – novidade ela própria nascida do antissemitismo – que daria respaldo às formas mais modernas e contínuas de antissemitismo, centradas na figura do banqueiro judeu avarento, responsável por todos os infortúnios e adversidades dos trabalhadores – e maquinando, numa cabala internacional de judeus igualmente pérfidos, para fazer coisas muito piores.

Dos Illuminati aos *Protocolos dos sábios de Sião*, da família banqueira Rothschild à filantropia de George Soros, os judeus têm sido os protagonistas e alvos da mais persistente teoria da conspiração dos últimos dois séculos e meio. Mudam-se os nomes, mudam-se os atores, mas o roteiro manteve-se extraordinariamente semelhante: acusa-se uma conspiração judaica internacional de agir em conluio nas sombras para solapar os valores cristãos, enfraquecer os Estados cristãos, tomar posse de propriedades cristãs e, em versões posteriores, controlar os meios de comunicação. Das revoluções às pandemias e aos ataques terroristas, a culpa parece ser sempre nossa.

O *QAnon* se destaca não pela originalidade de seus enredos, mas por sua capacidade de misturar o tropo mais moderno de uma cabala judaica que governa o mundo com o libelo de sangue mais antigo envolvendo o sequestro de crianças cristãs para torturá-las e delas extrair o sangue em rituais. Na versão do *QAnon*, uma conspiração internacional que inclui muitos judeus de renome, mas não se restringe aos judeus, rapta crianças para drenar o adrenocromo, aparentemente na esperança de prolongar a vida dos próprios conspiradores. Nos dias de hoje essas histórias circulam, combinam-se e se transformam na nossa cultura, emprestando uma energia antiga e sinistra ao duplo étnico invisível que nós, judeus, carregamos conosco.

Olhe lá!

No Mundo-Espelho, as teorias da conspiração desviam nossa atenção para longe dos multibilionários que financiam as redes de desinformação e para longe das políticas econômicas – desregulamentação, privatização, austeridade – que estratificaram a riqueza de forma tão cataclísmica na era neoliberal. As teorias da conspiração despertam a raiva contra as elites de Davos, contra as Big Techs e a Grande Indústria Farmacêutica – mas a raiva parece nunca atingir esses alvos. Em vez disso, é desviada para guerras culturais sobre a educação antirracista, banheiros multigênero e o pânico da "Grande Substituição" direcionado aos negros, aos imigrantes não brancos e aos judeus. Enquanto isso, os bilionários que financiam toda a farsa estão seguros por saber que a fúria que percorre nossa cultura não os colocará na alça de mira. Nem Steve Bannon nem Tucker Carlson inventaram essa brincadeira.

Ao longo dos séculos, a conspiração antijudaica desempenhou um propósito muito específico para o poder da elite: atua como um escudo, um anteparo, um para-choque. Antes que a ira popular pudesse atingir os reis, rainhas, tsares e o dinheiro antigo, as conspirações a absorveram, direcionando a raiva para os intermediários, o segundo escalão – para o judeu da corte, para o judeu intrigueiro, possivelmente com chifres escondidos sob o solidéu. Para Shylock.

Razão pela qual o antissemitismo é por vezes referido como "o socialismo dos tolos"[482], expressão cunhada pelo democrata austríaco Ferdinand Kronawetter e popularizada pelos social-democratas na Alemanha na década de 1890. Enquanto uma análise socialista, baseada em realidades materiais, explica que o capitalismo é um sistema norteado por lógicas internas que exigem expropriação e exploração, os vendedores de teorias da conspiração antissemitas oferecem histórias atraentes e suculentas de malfeitores satânicos que atuam fora dos limites normais das sociedades e economias. E, se eles existem fora dessas estruturas, então podem simplesmente ser extirpados do corpo político – expulsos da cidade ou, segundo Lindqvist e Peck, exterminados como brutos.

Na Europa, sempre que grupos multiétnicos de trabalhadores e camponeses começaram a construir o poder a partir de baixo, ameaçando contestar a riqueza enraizada, não demorou para eclodirem espasmos de propaganda antissemita. Repetidas vezes, os demônios judeus desenraizados foram confrontados pelos cidadãos cristãos enraizados e etnicamente puros dos Estados-nações nos quais os judeus nunca foram totalmente aceitos, da Espanha à França e à Polônia. Os eternos gêmeos malvados.

Esses métodos têm sido recorrentes ao longo dos séculos por uma razão simples: eles funcionam. Eram um meio confiável de dinamitar incipientes alianças e coligações de trabalhadores e de salvaguardar os interesses dos ricos e poderosos.

A malograda Revolução Russa de 1905 foi um caso especialmente trágico. Em janeiro desse ano, trabalhadores e camponeses em todo o Império Russo organizaram uma onda de greves e revoltas, inclusive dentro das forças armadas, contestando a monarquia e o governo de Nicolau II. A revolução foi encabeçada por uma aliança multiétnica e diversificada, e uma das suas principais facções era o Bund, ou União Geral dos Trabalhadores Judeus, partido socialista com dezenas de milhares de membros e centenas de conselhos locais e milícias de defesa que era tremendamente poderoso na Polônia e na Ucrânia. Um dos princípios fundamentais do Bund era *doi'kayt*, ou "estar aqui e agora" - a ideia de que os judeus pertenciam ao lugar onde viviam, no que era conhecido como "a área do assentamento", e deveriam lutar por maiores direitos e maior justiça como judeus e como trabalhadores, ao lado de membros não judeus de sua classe. Não deveriam ter de depositar suas esperanças numa pátria judaica distante, como os primeiros sionistas começaram a argumentar nesse mesmo período. Tampouco deveriam ter de fugir para a América do Norte, como centenas de milhares de judeus alemães e do Leste Europeu já se sentiam forçados a fazer. O *doi'kayt* proclamava que os bundistas ficariam "aqui" - e tornariam melhor o "aqui".

Em resposta à crescente coligação revolucionária, as elites da Rússia, incluindo o tsar, reagiram de duas maneiras: oferecendo concessões, inclusive a criação de um fraco sistema parlamentar multipartidário; e, simultaneamente, desencadeando uma virulenta campanha de ódio semítico que pintou a revolta de 1905 como uma conspiração de judeus sediciosos para governar os cristãos. Essa combinação de pequenas reformas com uma grande distração deu resultado e produziu o efeito desejado. Imediatamente após o anúncio das reformas, multidões antijudaicas organizaram pogroms sangrentos em 660 vilarejos e cidades, o pior deles ocorrido em Odessa.[483] Estima-se que oitocentos judeus tenham sido assassinados no tumulto. No periódico *The Russian Review*, o historiador Robert Weinberg descreveu algumas das atrocidades: "Eles atiraram judeus pelas janelas, estupraram as mulheres e abriram a barriga de grávidas e massacraram crianças na frente dos pais. Num incidente especialmente horrível, os pogromistas penduraram uma mulher de cabeça para baixo pelas pernas e dispuseram os corpos dos seus seis filhos mortos no chão abaixo dela"[484].

É uma imagem sinistra que faz lembrar as pinturas a óleo de dois séculos antes retratando o libelo de sangue judaico - só que agora tornado real e cometido *contra* os judeus. De acordo com Weinberg, "a divisão étnica foi uma força centrífuga que diminuiu a capacidade dos trabalhadores de Odessa de agir de forma unificada"[485]. Uma lição para o tsar, e uma lição para sempre: se quisermos esmagar um movimento revolucionário que vem de baixo para cima, nada funciona melhor do que uma conspiração antissemita que evoca ódios mais antigos do que Jesus Cristo.

Na verdade, é possível fomentar qualquer número de divisões baseadas na identidade para desempenhar essa função: judeus versus negros, negros versus asiáticos, muçulmanos versus cristãos, feministas "críticas de gênero" versus pessoas transgênero, imigrantes versus cidadãos locais. Este é o manual empregado por Trump e outros líderes influentes pseudopopulistas em todo o mundo: lançar algumas pequenas concessões econômicas para a base (ou pelo menos afirmar fazer isso), soltar da trela os cães dos ódios raciais e de gênero e comandar uma rápida transferência ascendente de riqueza, aliada a uma concentração de poder autoritária.

O socialismo dos fatos

Uma das coisas interessantes sobre investigar a fundo a história do ódio aos judeus é o quanto essas teorias são contraditórias: os gananciosos banqueiros judeus estão maquinando complôs para obter propriedades cristãs de modo que possamos embolsar o dinheiro? Ou somos agitadores comunistas que planejam dar fim ao capitalismo? Uma caricatura nazista bastante divulgada retrata o "eterno judeu" - um homem encurvado com moedas de ouro em uma das mãos e, na outra, um mapa da Alemanha com uma foice e um martelo, figura que de alguma forma consegue ser ao mesmo tempo um arquicapitalista e um revolucionário marxista. As teorias da conspiração não exigem coerência interna para encontrar força (vejamos: a covid é só uma gripezinha - relaxe! A covid é uma arma biológica - surte!). Ainda assim, é impressionante que as duas linhas de ataque mais tenazes que os judeus têm enfrentado ao longo das gerações - os banqueiros judeus afeitos a intrigas e os judeus marxistas ardilosos - estejam perenemente em rota de colisão lógica entre si.

Como sempre, existem sementes de verdade para fecundar as fantasias. Assim como os judeus, por terem sido excluídos de tantas outras atividades, estavam sobrerrepresentados nas finanças, o número de judeus entre os revolucionários socialistas e comunistas também era fora do normal. Tipo, uma desproporcionalidade *realmente* descomunal. Suas fileiras incluíam - mas não estavam de forma alguma restritas a - Leon Trótski e grande parte da liderança menchevique e bolchevique no centro da Revolução Russa; Rosa Luxemburgo e muitos dos seus camaradas da Liga Espartaquista, que esperavam levar para a Alemanha uma versão mais democrática da revolução; Vladimir Medem e toda a liderança do Bund; Emma Goldman e a esquerda anarquista de Nova York; e Walter Benjamin, Theodor Adorno e outros nomes da Escola de Frankfurt. E, claro, o homem em pessoa. Karl Marx não teve uma criação judaica, mas era descendente de rabinos de ambos os lados da família; o pai de Marx converteu-se ao luteranismo, mudando seu nome de Hershel para Heinrich.

Uma forma de compreender a atração judaica pela ideologia comunista e socialista poderia ser: "Uau, a esquerda é na verdade uma conspiração judaica!". Outra poderia ser que, uma vez que os judeus têm sido alvo de tanto ódio e discriminação, estão excepcionalmente preocupados em combater a injustiça nas suas muitas formas (uma das lisonjeiras histórias esquerdistas com as quais eu cresci). Mas há outra possibilidade correlata: que o interesse judaico pelo lado teórico do que hoje chamamos de marxismo - com as suas explicações abrangentes e científicas e análises do capitalismo global - seja uma tentativa de competir com as teorias da conspiração que ao longo dos séculos têm perseguido obstinadamente o nosso povo. E que todos os milhares de páginas de teorias e manifestos são, pelo menos em parte, uma longa procissão de judeus batendo a cabeça contra a parede de tijolos da história e dizendo: Não, seus problemas financeiros não são o resultado das trapaças de judeus "vigaristas" roubando trabalhadores "góis" - eles derivam de um sistema que foi projetado para extrair o máximo de riqueza dos trabalhadores. E esse sistema não se chama "Illuminati" ou "sábios de Sião" – chama-se capitalismo. E somente a unidade entre os membros das classes trabalhadoras – independentemente de raça, etnia, gênero ou religião – terá alguma chance de construir um mundo mais justo. E também: por favor, não nos mate.

Afinal, esses teóricos estavam longe de ser meros espectadores. De uma forma ou de outra, todos os judeus socialistas e comunistas que escreveram e se organizaram no século XIX e no início do século XX arriscaram a própria pele. O marxismo brotou no mesmo solo que fertilizou *Os protocolos dos sábios de Sião* e que acabaria por produzir Weimar e depois a Alemanha nazista. Ninguém passou incólume, todos tiveram a vida afetada; ninguém estava a salvo dos seus duplos de Shylock, nem mesmo os convertidos e ateus. O pai de Marx se converteu não por uma questão de fé, mas porque era advogado, e um novo decreto prussiano proibia os judeus de ocupar cargos jurídicos ou exercer cargos públicos. Eleanor Marx, filha de Karl, optou por recuperar a sua herança familiar e aprendeu iídiche sozinha para poder organizar melhor os trabalhadores judeus da indústria têxtil no East End de Londres, declarando inequivocamente, no meio de um espasmo de antissemitismo europeu: "Eu sou judia"[486]. O partido político de Rosa Luxemburgo foi alvo daquilo que ela descreveu como "uma desbragada orgia de antissemitismo" na imprensa[487]. No início de sua carreira como jornalista, Trótski foi moldado pela cobertura de surtos de violência antissemita, descrevendo cenas de turbas "bêbadas de vodca e com cheiro de sangue"[488]. Ele próprio costumava ser retratado por seus adversários políticos como um demônio judeu (com chifres e tudo). E, em 1940, ano da sua morte, Trótski observou brilhantemente que "na época da sua ascensão, o capitalismo tirou o povo judeu do gueto e o utilizou como instrumento na sua expansão comercial. Hoje, a sociedade capitalista decadente está se esforçando para arrancar o povo judeu de todos os seus poros"[489].

Esses revolucionários tinham objetivos mais grandiosos do que simplesmente negar a seus inimigos a potente arma da teoria da conspiração antissemita. Eles dedicaram a vida a implementar o socialismo no mundo real. Ainda assim, na sua feroz dedicação em tornar a educação política acessível aos trabalhadores, penso que é justo ver a batalha contra a conspiração judaica como um subtexto, se não um texto. Uma busca para substituir os ódios irracionais dos vulneráveis por alvos mais valiosos – sistemas econômicos, ideologias, desigualdades estruturais. Substituir o socialismo dos tolos pelo socialismo dos fatos.

Um debate interrompido no meio da frase

Nada disso quer dizer que, entre os intelectuais judeus desses tempos tumultuosos, houvesse qualquer tipo de consenso sobre o que fazer acerca da persistência do antissemitismo. Décadas antes de Hitler transformar o judaísmo em sinônimo de trauma, e antes que, em muitos cantos, a discordância fosse suplantada pelo conformismo aterrorizado, a vida intelectual judaica rugia com arrastados debates sobre o que àquela altura era eufemisticamente chamado de "a Questão Judaica". (O equivalente de hoje pode ser chamado de "a questão da política identitária" ou "a questão da raça versus classe".) Enzo Traverso, professor da Universidade Cornell que realizou um amplo trabalho de pesquisa sobre essa história intelectual, descreve a questão judaica como "um conjunto de problemas relacionados a emancipação e antissemitismo, assimilação cultural e sionismo"[490] – e, entre os judeus marxistas e socialistas, não havia nada que se aproximasse de um consenso sobre as possíveis respostas.

Deveriam os judeus lutar pela plena igualdade nas sociedades cristãs – direito de voto, acesso a todas as profissões e setores de atividade (a posição dos social-democratas)? Ou o objetivo deveria ser a transformação revolucionária dessas sociedades, acompanhada pela completa assimilação judaica ao proletariado liberto, uma vez que a religião seria menos necessária como fonte de consolo ("A religião é o suspiro da criatura oprimida, o ânimo de um mundo sem coração, assim como o espírito de estados de coisas embrutecidos. Ela é o ópio do povo", Marx escreveu[491], uma posição defendida por Trótski e Luxemburgo)? Seria o judaísmo uma prisão da qual a revolução ofereceria a libertação (como afirmavam os bolcheviques, embora muitos admitissem que havia a necessidade de proteger o direito à prática religiosa na vida privada)?

Ou a assimilação judaica, mesmo numa sociedade socialista, era uma armadilha, eliminando a necessidade de proteger a cultura e a língua distintas dos judeus europeus no âmbito de uma sociedade de trabalhadores multiétnica e multinacional (a posição "estar aqui e agora" do Bund)? Ou o ódio aos judeus no continente europeu era apenas profundo demais, primitivo demais para que isso desse certo, de tal modo que a libertação judaica só poderia ser encontrada nos movimentos da classe trabalhadora das Américas amnésicas (posição defendida por muitos de meus familiares ao cruzarem o Atlântico)? Ou até mesmo isso era mera fantasia, sobretudo sob as leis de imigração duras e abertamente racistas e antissemitas introduzidas pelos Estados Unidos e pelo Canadá nas décadas de 1920 e 1930, de modo que a única esperança de segurança judaica era ter seu próprio Estado-nação, onde a perambulação chegaria ao fim e o socialismo poderia se materializar em realidade (o ideal dos sionistas trabalhistas)?

Assim, os bundistas, com as suas dezenas de milhares de membros da classe trabalhadora devotados ao "estar aqui e agora", debatiam regularmente com os sionistas, zombando deles por causa de seu "estar lá e depois". O Bund manteve-se firmemente aferrado à crença de que os judeus seriam livres quando todos fossem livres, e não por meio da construção do que equivalia a um gueto militarizado em terras palestinas. "Vossa libertação só pode ser um subproduto da libertação universal dos povos oprimidos", o líder bundista Victor Alter escreveu em 1937.[492] Ademais, Walter Benjamin argumentou, "as coisas irão muito mal na Europa se as energias intelectuais dos judeus a abandonarem"[493].

Anos antes, Rosa Luxemburgo brigou com o Bund e defendeu um universalismo desvinculado de sua identidade judaica. "O que você quer com esse tema do 'sofrimento especial dos judeus'?", perguntou-lhe uma amiga em 1917. Luxemburgo respondeu por carta: "Preocupam-me em igual medida as pobres vítimas das *plantations* de borracha do Putumayo, os negros na África, com cujos cadáveres os europeus brincam de pega-pega [...]. O gueto [judeu] não ocupa nenhum lugar especial em meu coração. Sinto-me em casa no mundo inteiro, onde quer que haja nuvens, pássaros e lágrimas humanas"[494]. Essas linhas levaram seus detratores a afirmar que ela minimizou o sofrimento judaico em um momento de grandes dificuldades. Prefiro ver Luxemburgo tentando alcançar, ainda que de forma idealista, uma visão de solidariedade humana que transcendia a identidade e as fronteiras nacionais.

Os debates tumultuosos sobre a Questão Judaica não terminaram porque uma facção venceu a discussão devido à maior força de suas ideias, ou porque cativou os corações e as mentes da maioria do povo judeu. Os debates minguaram até morrer porque, tal como a Viena Vermelha, todo o terreno em que o debate acontecia foi esmagado pelo terror, a traição e o abandono excluindo uma possibilidade após outra. Os judeus foram aniquilados nas terras onde os nazistas assumiram o controle e onde os movimentos operários judaicos, repletos de arrogância revolucionária, organizaram greves e ligas de autodefesa. Quando Stálin assumiu o comando da União Soviética, centralizou ainda mais o poder, travando uma implacável guerra contra os rivais e tentando encobrir suas atrocidades mais uma vez soltando da trela os cães do antissemitismo (segundo Trótski, Stálin chegou inclusive a evocar o antigo libelo de sangue ao acusar seu filho Sergei de planejar o envenenamento em massa de trabalhadores). Entretanto, os Estados Unidos e o Canadá, como tantas outras nações, ofereceram poucos portos seguros aos navios apinhados de refugiados judeus desesperados que zarparam da Europa. (Nas infames palavras de um burocrata canadense: "Nenhum já é demais".[495]) Lá se ia a ideia de encontrar segurança em meio ao otimismo e à amnésia de Nova York e Montreal.

Revisitando os acalorados debates sobre a Questão Judaica no seio da esquerda judaica europeia, fico impressionada com o fato de tantos dos principais atores que defendiam uma visão diferente para o nosso povo terem morrido de forma violenta. Rosa Luxemburgo foi fuzilada por oficiais paramilitares alemães e atirada no canal Landwehr de Berlim em 1919 – o oficial que orquestrou a sua morte viria a tornar-se um aliado de Hitler. Inúmeros líderes do Bund foram assassinados nos campos de extermínio de Hitler, outros, nos expurgos de Stálin. Trótski foi esfaqueado com uma picareta de alpinismo por um dos agentes de Stálin, mas não antes de admitir que a assimilação como solução para o problema judaico tinha fracassado, embora continuasse a ser um crítico do sionismo. Walter Benjamin cometeu suicídio na cidade costeira catalã de Portbou, Espanha, quando não pôde assegurar sua passagem para fora da Europa depois de ter sido forçado a fugir de Vichy, França.

A morte que mais me assombra é a de um esquerdista belga chamado Abraham Leon. Ainda na casa dos 20 anos durante a guerra, ele poderia ter se passado por um jovem Trótski: rosto redondo de bebê, cabelo preto ondulado e óculos pesados de armação preta. Na adolescência, viveu na Palestina com a família. De volta à Bélgica, se desiludiu com o sionismo e se tornou um trotskista ferrenho. Durante a ocupação nazista, foi forçado a se refugiar na ilegalidade, mas continuou a organizar reuniões clandestinas e a publicar panfletos e jornais proibidos. Ele trabalhou também em um projeto que pode ser descrito como uma tentativa de compreender seu próprio duplo judeu: durante a guerra, Leon pesquisou e escreveu um tratado acadêmico sobre os usos do antissemitismo no projeto capitalista global, remontando ao Império Romano e avançando até a era nazista. É difícil imaginar como Leon foi capaz de realizar esse tipo de pesquisa aprofundada enquanto atuava na resistência clandestina, mas o fato é que ele conseguiu, recorrendo a uma ampla gama de fontes.

A análise de Leon sobre o uso que os nazistas fizeram de teorias da conspiração antissemitas parece especialmente relevante para o nosso momento histórico. Ele descreve a maneira como Hitler tirou proveito do sofrimento econômico das classes baixas e médias – empobrecidas pela Primeira Guerra Mundial, em seguida castigadas por sanções e depois atingidas pela Grande Depressão – e direcionou esse descontentamento para uma quimera que os nazistas chamaram de “capitalismo judaico”[496]. Apresentado como uma modalidade distinta do capitalismo supostamente saudável e decente, o capitalismo judaico era uma estrutura mítica, um bicho-papão, com um propósito conhecido: “O grande capital”, Leon escreveu, “tentou monopolizar em seu proveito o ódio anticapitalista das massas”[497]. De forma muito semelhante à estratégia da direita bannonista, interconectada em âmbito internacional, de atacar furiosamente os “globalistas” a fim de desviar a raiva popular do capitalismo como sistema em direção a uma conspiração imaginária que pode ser extirpada, deixando intactas as estruturas que criaram e protegem a classe bilionária global.

Leon explicou também de que maneira o Partido Nazista, tendo testemunhado a bem-sucedida revolução operária na Rússia, e vendo o comunismo ganhar poder político na Alemanha, decidiu de caso pensado enfraquecer a importância da classe na mente dos trabalhadores alemães. Para isso, substituiu a solidariedade de classe pela solidariedade racial, suplantando os interesses comuns partilhados por todos os trabalhadores pelos prazeres e recompensas decorrentes do pertencimento à raça ariana, vínculo que alegava unir os trabalhadores cristãos mais pobres aos industriais mais ricos. Todavia, uma vez que, na verdade, no capitalismo os trabalhadores e os donos dos meios de produção têm interesses totalmente diferentes, essa manobra exigiu uma sombra, um gêmeo malvado. "Assim como é necessário agrupar as diferentes classes [de arianos] em *uma única raça*", Leon escreveu, "assim como convém fundir as diferentes classes *numa só raça*, convém que esta raça tenha apenas um único inimigo: *o judeu internacional*. O mito da raça é necessariamente acompanhado de seu *negativo* - a antirraça, o judeu."[498] Tratava-se de uma análise extremamente incisiva da relação dialética entre raça e classe no âmbito de um regime de supremacismo branco - Leon argumentava que a solidariedade de classe entre trabalhadores, de diferentes linhagens étnicas, era a principal competição e ameaça ao projeto nazista.

Leon compilou suas ideias e pesquisas em um livro importante, embora pouco conhecido, *Concepção materialista da questão judaica*, publicado pela primeira vez em francês em 1946. Mas Leon nunca chegou a ver o culminar de seus esforços, porque se tornou alvo da própria dinâmica que estava analisando. Em 1944, por pertencer à pretensa "antirraça" da raça superior, foi capturado, torturado pela Gestapo e enviado para Auschwitz, onde acabou sendo assassinado nas câmaras de gás. Tinha 26 anos.

Neste momento de grande pipikamento, o que mais me emociona na curta vida de Leon é a sua fé nas ideias. Mesmo cercado por todos os lados por massacres em massa, mesmo sob circunstâncias pessoais tão extremas, ainda assim ele conseguia acreditar que as palavras, a análise e a pesquisa eram importantes e ainda detinham o poder de quebrar um feitiço maligno. Mesmo que fosse tarde demais para essas palavras fazerem diferença para ele.

A história de Leon sintetiza o destino do debate acerca da Questão Judaica dentro da esquerda judaica: foi assassinado no meio da frase. Traverso escreve que "a guerra e o Holocausto [...] ao exterminarem a maioria dos atores [do debate], destruíram as condições para esse debate"[499]. Foi mais do que isso também. Para muitos dos que sobreviveram, Stálin acabou com a confiança na possibilidade – e até mesmo na *necessidade* – de uma mudança revolucionária. Ao contrário do farol da Viena Vermelha, quanto mais brutal e totalitária se tornava a experiência soviética, menos o socialismo parecia capaz de oferecer uma alternativa moral à barbárie. De todas as traições de Stálin, essa foi a maior.

Gêmeos lutando por toda a eternidade

Embora membros de cada uma das tendências tenham sobrevivido, nos escombros, apenas uma resposta à Questão Judaica continuou a afirmar-se com grande confiança: o sionismo. Israel, como pátria territorial dos judeus, uma nação que poderia se armar e se proteger contra todas as ameaças possíveis, posicionou-se como a única opção que restava. A única que não foi esmagada por uma ou outra forma de totalitarismo.

E assim, na batalha agora muito real sobre terras e fronteiras, muitos dos debates anteriores pareceram definhar. Dentro da jovem nação, e sobretudo depois da guerra de 1967 e da prolongada ocupação da Cisjordânia e de Gaza, o antissemitismo passou a ser tratado não como uma questão que necessitava de respostas historicamente abalizadas, mas antes como algo eterno, fora dos limites da história. Nessa narrativa pessimista, o ódio aos judeus foi apresentado como algo tão potente, com raízes tão profundas na história coletiva da humanidade, que tentativas de combatê-lo por meio da proposta de princípios da igualdade humana universal e via união de forças com muitos outros grupos de pessoas aterrorizados e massacrados em nome da pureza e/ou superioridade racial ou religiosa foram tratadas pelos líderes israelenses e por muitos judeus em posições de liderança como não apenas ingênuas, mas também efetivamente perigosas.

A proposta do sionismo depois de seus concorrentes ideológicos terem sido drasticamente enfraquecidos foi simples: em vez de tentarmos derrotar o antissemitismo arrancando suas raízes, iremos apontar uma arma em sua cabeça e, na marra, forçar sua submissão. E diante do espectral Shylock, o eterno judeu que é o duplo-sombra de todos os judeus, Israel responderá com seu próprio *doppelgänger*: o Novo Judeu bronzeado de sol, musculoso, faminto de terra e armado com metralhadora – o alter ego do Velho Judeu pálido, estudioso e melancólico.

Essa foi a duplicação que preocupou Roth, mas não terminou aí, é claro. Assim como os Velhos Judeus estavam presos sem escapatória na armadilha de uma batalha fraterna com os cristãos europeus, retratados como demônios sobre os quais se projetavam todos os males, também os Novos Judeus necessitavam do seu próprio antieu: o palestino, um *locus* de ameaça perpétua dentro de Israel e nas suas fronteiras.

Para explicar como chegamos a esse lugar aparentemente ingovernável, é necessário conhecer um pouco de história – o que nunca é uma tarefa simples numa parte do mundo onde versões rivais do passado são um matagal dos mais cerrados. Na década de 1930 houve uma série de revoltas árabes contra o influxo de imigrantes judeus para a Palestina, então sob controle britânico. Muitos palestinos consideraram que essa onda de imigração judaica era uma imposição colonial, percepção solidificada quando tropas britânicas e a polícia local reprimiram a revolta árabe com uma violência tremenda, alimentando ainda mais o ressentimento. Quando a Palestina foi dividida em 1947 – manobra que enfrentou esmagadora oposição árabe – e Israel declarou a criação de um Estado no ano seguinte, deflagrou-se a primeira Guerra Árabe-Israelense. Os palestinos se referem a esses anos como *Nakba* – "catástrofe" ou "desastre": cerca de 750 mil palestinos foram expulsos de suas terras, centenas de aldeias palestinas foram destruídas e milhares de pessoas, assassinadas; apenas em anos recentes muitas das verdades horríveis sobre essas atrocidades finalmente escaparam às Terras das Sombras de Israel.

É claro que os palestinos resistiriam com a sua própria violência a essa limpeza étnica. No entanto, em vez de verem a resistência árabe tal como ela era – uma batalha nacionalista e anticolonialista pela terra e por autodeterminação (com alguns elementos antissemitas, decerto) –, muitos líderes sionistas influentes retrataram toda a causa palestina como nada além da mera expressão de ódio irracional aos judeus, uma continuação ininterrupta do mesmo antissemitismo que resultara no Holocausto e que, portanto, precisava ser esmagado com o tipo de força militarizada que os judeus não tinham conseguido organizar e colocar em prática na Europa controlada pelos nazistas. Dentro desse imaginário, o palestino, na qualidade de novo inimigo eterno dos judeus, foi tratado como um ser tão ilegítimo, tão irracional, tão outro, que os israelenses acreditavam ter justificativas para reproduzir muitas das formas de violência, propaganda desumanizadora e deslocamento forçado que durante séculos haviam perseguido e desenraizado o povo judeu em toda a Europa, processo em curso até hoje com contínuas demolições de casas, expansões de assentamentos israelenses, assassinatos seletivos, brutais ataques de colonos às comunidades palestinas, leis abertamente discriminatórias e guetos murados nos quais os palestinos são encurralados.

*

Na minha escola hebraica em Montreal, assim como em muitas instituições de ensino semelhantes, os fatos do genocídio nazista eram inculcados na nossa cabeça feito tabuada: o número de mortos, as perversas formas de tortura, as câmaras de gás, o cruel fechamento de fronteiras. Isso foi no final dos anos 1970 e início dos anos 1980 – antes da construção de museus do Holocausto imersivos, com vagões de carga de gado nos quais os visitantes podiam entrar, e antes de as excursões da Marcha da Vida levarem centenas de milhares de jovens judeus em viagens a Auschwitz – mas recebemos versões de baixa resolução das mesmas experiências, e nossa imaginação aterrorizada preencheu as lacunas.

Olhando para trás, hoje sendo mãe de uma criança mais velha do que éramos na época, fico impressionada ao constatar o que não fazia parte dessas versões estranhamente mecânicas da história. Havia espaço para emoções superficiais: horror diante das atrocidades, raiva dos nazistas, desejo de vingança. Mas não para as emoções mais complexas e perturbadoras de vergonha ou culpa, tampouco para reflexão acerca de quais são os possíveis deveres dos sobreviventes do genocídio para se oporem às lógicas genocidas em todas as suas formas. Surpreende-me que nunca tenhamos realmente sofrido, nem tenhamos sido convidados a tirar proveito da nossa raiva e transformá-la num instrumento de solidariedade.

Muitos anos mais tarde, a minha amiga Cecilie Surasky, então uma das líderes do grupo Voz Judaica pela Paz, fez a seguinte observação sobre esses tipos de método educativo: "É uma retraumatização, não uma lembrança. Há uma diferença". Quando ela disse isso, eu sabia que era verdade. Relembrar é juntar novamente os pedaços quebrados de nós mesmos, colar os estilhaços; é uma busca pela totalidade. Na melhor das hipóteses, permite que sejamos mudados e transformados pela dor e a perda. Mas a retraumatização consiste em nos congelar num estado despedaçado; é um regime de reconstituições ritualísticas destinadas a manter as perdas tão recentes e dolorosas quanto possível. A educação que recebemos não nos pediu que esquadrinhássemos as partes de nós mesmos que poderiam ser capazes de infligir grandes mazelas aos outros e que descobríssemos como resistir a elas. Pediu que ficássemos tão revoltados e indignados com o que aconteceu aos nossos antepassados como se tivesse acontecido conosco – e que nesse estado permanecêssemos de vez.

A razão para esse caráter congelado de nossa educação, vejo agora, foi o fato de o Holocausto ter sido um momento decisivo em uma história maior e pré-escrita que não apenas nos contavam, mas também dentro da qual estávamos presos: uma narrativa da fênix ressurgida das chamas que começou nas câmaras de gás da Europa controlada pelos nazistas e terminou no topo das colinas ao redor de Jerusalém. Embora certamente houvesse exceções, de maneira geral o objetivo desse ensinamento não era nos transformar em pessoas que lutariam contra o próximo genocídio, onde quer que ele ocorresse. O objetivo era nos transformar em sionistas.

A linha entre as terríveis histórias de caça e extermínio do nosso povo e a existência desse Estado no outro lado do mundo era, segundo nos disseram, uma linha reta. Assim: se algum dia o fervor fascista viesse à tona de novo, e os homens com botas de cano longo enfiassem na cabeça a ideia de que tinham de expurgar de seus corpos nacionais os genes judeus, não estaríamos mais uma vez desamparados e desarmados; não seríamos deixados à própria sorte para implorar por nossa sobrevivência; nenhuma nação com todas as condições de nos salvar fecharia as portas na nossa cara; não seríamos devorados pelo espectro do nosso *doppelgänger* de Shylock. Por quê? Porque da próxima vez teríamos Israel – a bandeira branca e azul que tremulava em todas as assembleias escolares, o lugar onde as árvores compradas com o dinheiro das mesadas que nós doamos estavam altas, plantadas por cima das aldeias palestinas que nunca nos disseram que existiam.

Assim como acontecia em muitos lares judaicos de esquerda, aprendi uma versão diferente de "Nunca mais" – que era uma diretiva, um dever sagrado, opor-se ao ódio e à discriminação em todas as suas formas, independentemente de quem fosse o alvo. Mas, pelas mesmas razões pelas quais escolheu meu nome bíblico, minha mãe insistiu que eu frequentasse a escola hebraica para consolidar o vínculo com nossa tribo, para aprender as canções, rituais e línguas (hebraico e iídiche) que nossos adversários vinham tentando aniquilar desde antes da Inquisição. E, naquela escola, "Nunca mais" não significava "Nunca mais para ninguém", como acontecia na nossa casa – significava "Nunca mais para os judeus". Significava "Nunca mais por causa de Israel". Significava "Nunca mais, porque nós, que sempre fomos assombrados por Shylock, temos agora o nosso duplo – e ele dispõe de um arsenal muito poderoso".

Nação *doppelgänger*

"Política *Doppelgänger*."[500] É assim que Caroline Rooney, professora de Estudos Africanos e de Oriente Médio na Universidade de Kent, descreve o Estado de Israel e o complexo espaço psicológico que ocupa a um só tempo como vítima e criminoso. A natureza *doppelgänger* da identidade do país está incorporada à linguagem dualista usada para descrevê-la, na qual tudo é duplo e nunca singular: Israel-Palestina, árabes e judeus, dois Estados, o conflito. Baseada numa fantasia de poder simétrico, essa sutura de dois povos implica gêmeos siameses num estado de luta sem fim, uma irresolúvel rivalidade fraterna entre os dois povos, ambos descendentes de Abraão.

Para Rooney, Israel enquanto *doppelgänger* existe em dois níveis. Em primeiro lugar, é um *doppelgänger* das formas de nacionalismos chauvinistas europeus que transformaram os judeus em párias no continente desde muito antes da Inquisição. Essa foi a proposta ganha-ganha do sionismo para as potências europeias antissemitas: vocês se livram do seu "problema judaico" (isto é, os judeus, que deixarão os países de vocês e emigrarão para a Palestina), e os judeus terão um Estado próprio para imitar/reproduzir as mesmas formas de nacionalismo militante que durante séculos os oprimiram. (É por isso que o sionismo foi combatido com tanta ferocidade pelos membros do Bund, convencidos de que o próprio nacionalismo era o seu inimigo e a fonte do ódio racial.)

Israel também se tornou um *doppelgänger* do projeto colonial, especificamente do colonialismo de assentamento. Muitos dos fundamentos básicos do sionismo eram judaizações ligeiramente veladas de concepções coloniais cristãs fundamentais: *Terra Nullius*, a "terra que pertence a ninguém", afirmação de que territórios como a Austrália estavam, para todos os efeitos, vazios, porque os seus habitantes originais eram categorizados como inferiores a seres totalmente humanos, tornou-se "Uma terra sem um povo para um povo sem uma terra"[501] – frase adotada por muitos sionistas e que se originou com os cristãos do século XIX. O "Destino Manifesto" tornou-se "terra legada aos judeus por direito divino". "Domar a fronteira selvagem" tornou-se "fazer florescer o deserto"[502].

Tal como em todos os projetos coloniais, os colonos de Israel precisaram se empenhar em várias espécies de um ativo processo de desver. O lendário jornalista investigativo estadunidense I. F. Stone apoiou a criação de uma pátria judaica na Palestina, e até mesmo integrou a tripulação de um dos barcos clandestinos, lotados de sobreviventes do Holocausto, que por fim conseguiram chegar em segurança a "Haifa cor de estuque" em 1946.[503] Mas, depois da guerra de 1967, ele admitiu: "Para os sionistas, o árabe era o homem invisível. Psicologicamente ele não estava lá"[504]. Ou, como afirmou a primeira-ministra israelense Golda Meir: "Não existe povo palestino. [...] Eles não existem"[505]. Em seu livro *Da presença da ausência*, o grande poeta palestino Mahmud Darwish mapeia esse status espectral – de ser um "presente-ausente"[506]. A mentira da ausência do povo nativo, conhecida de todos os projetos coloniais de assentamento, exigiu um grande esforço para ser mantida. O Fundo Nacional Judaico plantou pinheiros no topo de aldeias palestinas e em sistemas de terraços agrícolas centenários. Topônimos hebraicos substituíram os nomes árabes. As oliveiras, algumas delas milenares, foram, e ainda são, arrancadas. No dizer do jornalista Yousef Al Jamal: "Os colonos israelenses continuam a sua incessante campanha de arrancar as oliveiras palestinas porque essa árvore faz com que se lembrem da existência palestina"[507].

Contudo, eram notáveis as diferenças nessa versão *doppelgänger* do colonialismo de assentamento. Uma delas, o momento histórico. Após a Segunda Guerra Mundial, movimentos anticoloniais se agitaram no Sul Global, uma sucessão de ondas de movimentos nacionais se insurgindo para rejeitar os mandatos coloniais e afirmar o direito à autodeterminação. Nos anos que se seguiram à guerra, em toda a área em torno do que viria a ser o Estado de Israel as antigas colônias começaram a declarar independência: os franceses foram forçados a abandonar em definitivo o seu mandato sobre a Síria e o Líbano e a retirar as tropas em 1946; nesse mesmo ano a Jordânia conquistou a independência da Grã-Bretanha; os egípcios estavam em revolta aberta contra a presença contínua dos britânicos. Israel, que se tornou um Estado em 1948, foi ao mesmo tempo um produto dessas forças e uma gritante exceção a elas. A Grã-Bretanha suspendeu seu mandato colonial como parte de um encolhimento mais geral de seu império outrora global. Como uma pequena população de judeus vivera de forma contínua na Palestina, os sionistas formularam seu movimento como uma iniciativa de libertação nacional: a exemplo de outros povos oprimidos, os judeus pretendiam obter um Estado próprio. É claro que, na perspectiva da população muito maior de palestinos, expulsa de suas casas, terras e comunidades para dar lugar a um país totalmente novo, Israel estava muito longe de ser um projeto anticolonial. Foi o oposto: uma colônia de assentamento estabelecida numa época em que o restante do mundo caminhava na direção inversa. Só poderia resultar em algo incendiário.

Também de outra forma o colonialismo de assentamento de Israel diferia do de seus antecessores. Se as potências europeias colonizaram a partir de uma posição de força e de um pressuposto de superioridade dada por Deus, a reivindicação sionista pós-Holocausto à Palestina baseou-se no inverso: na vitimização e vulnerabilidade judaicas. O argumento tácito que muitos sionistas utilizavam na época era que os judeus haviam conquistado o direito a uma exceção do consenso decolonial – exceção nascida de seu quase extermínio muito recente. A versão sionista da justiça disse às potências ocidentais: se vocês puderam estabelecer os seus impérios e as suas nações coloniais por meio de limpeza étnica, massacres e roubo de terras, então seria discriminação dizer que nós não podemos fazer isso. Se vocês extirparam de suas terras os habitantes nativos, ou fizeram isso em suas colônias, então é antissemitismo dizer que nós não podemos. Era como se a busca pela igualdade estivesse sendo reformulada não como o direito de se ver livre de discriminação, mas como *o direito de discriminar*. O colonialismo articulado como reparação pelo genocídio.

A menos que Hitler tivesse sido inspirado pelo colonialismo de assentamento na América do Norte – e ele claramente foi –, então isso seria tudo menos reparação. Era uma continuação da lógica colonial, mas com pessoas destruídas e traumatizadas avançando desenfreadas para cima de um povo ainda menos poderoso do que elas. Os palestinos, sob esse acordo, tornaram-se, como disse o estudioso anticolonial Edward Said, "as vítimas das vítimas"[508], ou, nas palavras do estudioso Joseph Massad, "os novos judeus"[509].

Fazer com os outros a mesma "outrização" que foi feita com você é, obviamente, intolerável em termos psicológicos. Com efeito, essas ações são tão antitéticas aos valores judaicos que exigem extrema repressão e projeção. Na literatura os *doppelgängers* muitas vezes personificam um eu cindido e, nas palavras de Rooney, "a política *doppelgänger* é antes de mais nada uma política de autodivisão"[510], em que tudo o que não suportamos é projetado no outro. Se Israel pratica uma política *doppelgänger*, imitando os nacionalismos europeus, também coloca isso em prática de uma segunda forma: projetando toda a criminalidade e violência sobre o outro palestino para não confrontar os crimes fundamentais cometidos pelo próprio Estado. Entretanto, a natureza colonial do projeto torna-se mais evidente com o tempo, os atores políticos judeus abertamente racistas e supremacistas consolidando seu poder em todos os níveis. Quando se formou e assumiu o poder no final de 2022, o novo governo de extrema direita de Israel exigiu não apenas a continuação da ocupação da Cisjordânia, mas também sua anexação, declarando explicitamente no seu acordo de coligação que "o povo judeu tem direito exclusivo e inquestionável a todas as áreas da Terra de Israel. O governo promoverá e desenvolverá assentamentos em todas as partes da Terra de Israel – na Galileia, no [deserto do] Neguev, [nas colinas de] Golã, na Judeia e em Samaria"[511]. A fronteira estava se movendo, como fazem todas as fronteiras.

Desver o outro

Não é difícil entender por que razão, de início, muitos foram atraídos pela promessa do sionismo. Depois de tanto trauma, deve ter sido irresistível receber uma bandeira, um uniforme e uma arma – ter mais opções do que ser um alvo ou uma obra de caridade. Se eu estivesse num daqueles barcos lotados de refugiados que ninguém queria, teria tido a força e a prudência para resistir à promessa de nosso próprio Estado fortificado? Não tenho certeza para dizer que sim.

Transformados em seres invisíveis e impercebidos pelos israelenses, muitos palestinos respondem recusando-se a ver o Estado que se recusa a vê-los. Mesmo sete décadas após a formação de Israel, alguns palestinos ainda o chamam de "a entidade sionista". "Você reconhece ou não que Israel tem o direito de existir?", exigem saber os líderes e defensores de Israel, insistindo que a recusa em fazer esse reconhecimento atesta que os palestinos são a favor de um segundo Holocausto. Mas muitos palestinos e seus apoiadores recusam-se a ceder, sabendo que conceder o direito de existência de Israel em nada mudaria as ações israelenses, e corroboraria a ideia de uma pátria exclusivamente judaica que eles contestam por princípio. Compreendo essa recusa – é uma das poucas ferramentas disponíveis para um povo sob ocupação e com poderio militar imensamente inferior. Mas também parece valer a pena reconhecer que, para o povo judeu, que foi tratado como inumano durante grande parte da nossa história, ser chamado de "entidade" é algo deletério e destrutivo, que fere de uma forma que pode não ser exatamente construtiva.

Quanto aos que não são diretamente afetados por essa luta, ajudaria se mais conversas pudessem ter maior complexidade – a capacidade de reconhecer que os israelenses que foram para a Palestina na década de 1940 eram sobreviventes do genocídio, refugiados desesperados, muitos dos quais não tinham outras opções, *e* que eram colonos que tomaram parte da limpeza étnica de outro povo.

Que, depois de terem sido vítimas da supremacia branca na Europa, lhes foi passado o manto da branquitude na Palestina. Que os israelenses são nacionalistas por direito próprio e que o seu país foi há muito recrutado pelos Estados Unidos para atuar como uma espécie de base militar subcontratada na região. Tudo isso é verdade ao mesmo tempo. Contradições como essas não se enquadram confortavelmente nos habituais binários do anti-imperialismo (colonizador/colonizado) ou nos binários da política identitária (branco/racializado) –, mas, se Israel-Palestina nos ensina alguma coisa, talvez seja que o pensamento binário nunca nos levará além de eus fracionados, ou nações divididas. Nada disso pretende ser uma apologia ao colonialismo de assentamento israelense. Pelo contrário, é uma tentativa, como disse a acadêmica britânica Jacqueline Rose acerca de seu livro *The Question of Zion* [A questão de Sião], de "entrar na mentalidade do sionismo sem bloquear a saída"[512].

No misterioso romance de China Miéville, *A cidade e a cidade*[513], duas metrópoles ocupam a mesma localização física, mas os residentes não estão autorizados a reconhecer a existência um do outro. Quando essa ilusão guardada a sete chaves é interrompida e o residente de uma cidade reconhece ou interage com a cidade *doppelgänger*, ele comete o que é conhecido como "brecha", violação gravíssima. Muitos leram o livro como uma alegoria para Israel-Palestina, embora a recusa em ver o outro no dia a dia predomine esmagadoramente do lado israelense. (Para os palestinos é inevitável enxergar os muros e os soldados que os mantêm confinados e vigiados.) Ainda assim, o romance ajuda a conceituar a estranheza do terreno espacial cotidiano, sobretudo na Cisjordânia, salpicada por assentamentos israelenses ilegais em rápida expansão.

Tal como todas as sociedades segregadas que se sobrepõem uma à outra, Israel e a Palestina não são duas geografias distintas. Em vez disso, constituem uma singular sociedade *doppelgänger*, que exige a duplicação de tudo: escolas, estradas, leis, tribunais. É uma prisão psicológica para os judeus israelenses, encerrados numa fortaleza de medo e negação, e é uma prisão bastante literal para os palestinos, enclausurados num labirinto de muros e postos de controle na Cisjordânia, no presídio ao ar livre que é Gaza, e no sem-número de celas de penitenciária que tornaram o encarceramento uma parte tão rotineira da vida diária que cerca de 20%

da população palestina nos territórios ocupados já sofreu alguma forma de prisão e/ou detenção pelas forças israelenses[514] - cerca de 800 mil pessoas, de acordo com um estudo da ONG de apoio aos prisioneiros palestinos Addameer.

Em entrevistas, Miéville expressa desconforto com a ideia de seu livro como uma alegoria, dizendo que essa leitura é muito literal e que o romance esmiúça as lógicas arbitrárias das fronteiras em termos mais gerais, entre nações e até mesmo dentro delas. Com certeza os israelenses não são as únicas pessoas neste planeta brutalmente dividido que tentam levar uma vida despreocupada sem ter de pensar em valas coletivas, terras roubadas, presídios lotados e nas presenças espectrais que tornaram possível sua nação. Não é a única nação que tenta alcançar a "segurança" encurralando outras pessoas e apontando-lhes armas. Nem de longe é a única nação com Terras das Sombras que se recusam a permanecer nas sombras. No entanto, na aglomeração desses dois povos gêmeos amontoados num pequeno naco de território - a angustiante e tenebrosa intimidade das invasões e demolições de casas, a regularidade ritualística dos ataques a Gaza, o espetáculo de refugiados outrora apátridas exilando outras pessoas no mar de apatridia -, vemos de forma hiperconcentrada o beco sem saída do projeto que se ousou chamar de "civilização".

Porque, embora possa ser tentador, Israel-Palestina não pode ser considerado apenas um confuso conflito étnico entre gêmeos semitas intransigentes. É, pelo contrário, o último capítulo da história da construção do mundo moderno, um mundo que está agora em chamas. Um mundo que nasceu no fogo. Uma história na qual todos estamos envolvidos, onde quer que vivamos. Tudo começou antes da Inquisição, com queimadas, tortura e depois expulsão de muçulmanos e judeus; continuou com a sangrenta conquista das Américas e a pilhagem da África em busca de riquezas e combustível humano para abastecer as novas colônias; causou devastações coloniais na Ásia; e depois regressou à Europa para que Hitler refinasse todos os métodos forjados nesses capítulos anteriores - racismo científico, campos de concentração, genocídio fronteiriço - na sua Solução Final.

Mas a história não terminou aí. Porque os Aliados, que enfim julgaram adequado deter Hitler, decidiram que não queriam abrir as suas fronteiras às vítimas sobreviventes do nazismo e, em vez disso, transferiram seu problema judaico, assim como sua vergonha e culpa coletivas sobre o Holocausto, para o mundo árabe e disseram: "Peguem e resolvam".

Envolver-se com a forma de sionismo que criou o Estado de Israel em 1948 significa aceitar que um povo, tal qual uma pessoa, pode ser vítima e vitimador ao mesmo tempo; que um povo pode ser concomitantemente traumatizado e traumatizador. Grande parte da história moderna é uma narrativa de reservatórios de traumas sendo deslocados espacialmente ao redor do globo como peças de xadrez feitas de sofrimento humano, em que as vítimas de ontem se alistam no exército de ocupação de hoje. A história na qual estamos presos não diz respeito a um povo, ou duas pessoas, ou gêmeos. É uma história sobre uma lógica, *a* lógica que há muito tempo vem devastando o nosso mundo.

Acho que é por isso que, depois de todo o mapeamento de eus espelhados, de mundos espelhados e de duplos fascistas, vejo-me atraída para este lugar que durante grande parte da minha vida tem sido minha própria Terra das Sombras – um lugar com o qual tenho lutado em público e no âmbito privado, e na minha própria família extremamente dividida (que cobre uma vasta gama, abrangendo desde antissionistas convictos até colonos ortodoxos). Porque, para mim, embora Israel seja um lugar, sempre foi também um alerta. Um alerta sobre os perigos de construir uma identidade baseada na retraumatização, em vez de confrontar a nossa dor coletiva; sobre os perigos de construir uma identidade de grupo em torno de pessoas de dentro e forasteiros; sobre o que acontece quando um debate outrora vibrante dá lugar a um discurso ferozmente policiado.

Quando Wolf estava certa

O que nos leva de volta a... ela.

Por um breve período, antes de Wolf se render totalmente ao mundo da conspiração, antes do desastre de *Outrages*, antes de todas as fotos de nuvens, minha *doppelgänger* fez algo que eu admirei. Posso não ter escolhido exatamente as mesmas palavras que ela escolheu, ou dito exatamente da mesma maneira, mas me lembro de ver algumas pessoas me confundindo com ela na época, e de lidar numa boa com isso.

Era o ano de 2014, e Israel acabara de desferir um ataque especialmente mortífero a Gaza, com o intuito de destruir os sistemas de túneis que transportavam armas (e muito mais) além das fronteiras e de impedir o lançamento de foguetes palestinos. O número de vítimas conta a história da estarrecedora assimetria entre ocupantes e ocupados. De acordo com um relatório das Nações Unidas, 1.462 civis palestinos foram mortos naquele verão, em comparação com 6 civis israelenses; 789 combatentes palestinos foram mortos, em contraste com 67 soldados israelenses.[515] A organização israelense de direitos humanos B'Tselem informou que, entre os que não participaram das hostilidades, "526 – um quarto de todos os palestinos mortos na operação – eram crianças com menos de 18 anos"[516].

Antes disso, eu nunca tinha notado se Wolf mencionava abertamente os crimes israelenses. Como muitos judeus progressistas estadunidenses, ela viveu em Israel, falava hebraico e acreditava numa solução de dois Estados. Porém, nesse ataque mais recente, algo não fez sentido para ela. Wolf ficou chocada com as mortes de civis, sobretudo de crianças. Ela escreveu que o ataque foi uma violação dos valores judaicos e das lições do Holocausto. Em seguida, fez algo bastante extraordinário: transformou a sua página no Facebook numa câmara de compensação para "jornalistas cidadãos" mostrarem a face humana do ataque a Gaza.[517] Por algum tempo, sua página pessoal tornou-se uma fonte fundamental de informação. Ela escreveu também uma postagem que teve ampla divulgação:

> As pessoas estão perguntando por que estou tomando esse "lado". Não há lados. Estou de luto por todas as vítimas. Mas todas as leis da guerra e todas as leis internacionais estão sendo violadas nos ataques a civis em Gaza. Estou do lado do povo de Gaza exatamente porque as coisas poderiam ter acontecido de forma diferente se mais pessoas tivessem estado do lado dos judeus na Alemanha.[518]

Wolf descreveu sua ida à sinagoga, na vã esperança de que o que ela via como uma profunda crise moral pudesse ser debatido por sua comunidade espiritual. "Eu [...] tive de ir embora", ela escreveu, "porque fiquei aguardando que mencionassem o massacre de Gaza [...] nada. Onde está Deus? Deus está sempre presente onde nos posicionamos ao lado do próximo em apuros e contra a injustiça. Neste momento deixo de lado minha fé, por causa do nosso silêncio esmagador como judeus [...] sobre o genocídio que está ocorrendo agora em Gaza".

A palavra "genocídio" despertou fúria, mas Wolf não é conhecida por eufemismos. E ela apresentou argumentos para explicar por que a palavra era apropriada: o ataque à infraestrutura civil, a ausência de um corredor humanitário, a evidente punição coletiva. Wolf proferiu também uma série de discursos de grande repercussão sobre o tema, incluindo um especialmente badalado na [famosa sociedade estudantil de debates] Oxford Union. Quando assisti à gravação, há pouco tempo, o que mais chamou minha atenção foi que sua fala não continha nada do excesso de confiança arrogante que ela demonstra, com efeitos para lá de desastrosos, sobre epidemiologia. Em vez disso, sua voz treme e ela confessa estar aterrorizada por entrar nesse conflito carregado de tensões. No entanto, ao contrário de outras áreas temáticas, em que na maior parte do tempo Wolf parece estar blefando, ela conhece o Antigo Testamento e defende um convincente arrazoado bíblico de que o Gênesis jamais prometeu Israel exclusivamente aos judeus, que sempre esteve condicionado ao comportamento justo, incluindo ser bondoso para com o próximo.

Tudo isso foi péssimo para Wolf. "As alegações de Naomi Wolf de um genocídio israelense fomentam o antissemitismo" era uma manchete típica na imprensa israelense.[519] Nos Estados Unidos, um rabino dos mais destacados, Shmuley Boteach, parecia ter como missão acabar com ela. Wolf disse ao *Guardian* que perdeu seu cargo na universidade por causa do episódio. "Eu estava [lecionando] em Barnard, e os diretores disseram que não se sentiam confortáveis com o fato de minhas posições políticas serem o rosto da instituição", disse ela. "Tudo que eu sempre quis foi ensinar e fazer esse tipo de pesquisa."[520] Também recebeu "algumas ameaças sérias pela internet" – o suficiente para consultar uma empresa de segurança privada, e foi aí que conheceu seu marido, um ex-oficial das forças especiais dos Estados Unidos que fundou a Striker Pierce Investigations.[521]

Tendo entrado em conflito com muitos dos mesmos guardiões do judaísmo oficial nas últimas três décadas, não duvido que esses acontecimentos foram ao mesmo tempo assustadores e dolorosos para Wolf. Seus amigos, familiares e colegas se voltaram contra ela. O sionismo, além do mais, sempre foi uma pedra angular em seu lar político. Agora essa pedra estava desmoronando. O que suscita uma possível questão: será que essa experiência - seguida pelas excomunhões públicas - contribuiu para seu nível de descolamento da realidade nos anos seguintes? A perda de seu lar político explica em parte o tamanho do desvio que ela fez para encontrar um novo lar?

A experiência de Wolf de ser duramente atacada, ameaçada e penalizada em sua carreira profissional por questionar a ortodoxia sionista está longe de ser única. É parte de uma história muito mais ampla sobre como uma cultura que outrora foi repleta de debates sobre essas mesmas questões - desde os nossos deveres para com os direitos universais até as possibilidades de solidariedade multirracial - se tornou o seu inverso espelhado. Antes havia muitas maneiras de ser judeu e de combater o antissemitismo; era uma pergunta, com muitas respostas possíveis. E então nos disseram que havia apenas uma resposta.

Esse consenso sempre foi uma ilusão, e, nos últimos anos, a fachada foi despedaçada por uma nova geração de escritores e ativistas judeus reunidos em torno de publicações como *Jewish Currents* e organizações como IfNotNow e Voz Judaica pela Paz, que estão regressando a noções de "estar aqui e agora" ao velho estilo bundista, ao mesmo tempo que se juntam aos palestinos para contestar a violência colonial de Israel. Mas ainda são pequenos - pelo menos em comparação com os grupos que afirmam falar em nome de todos os judeus: aqueles que, já de há muito tempo, lidam com o trauma coletivo e intergeracional da nossa comunidade elaborando listas de inimigos, exigindo juramentos de lealdade, trabalhando com afinco para cancelar palestras, peças e filmes de palestinos e seus apoiadores, retirar artigos de circulação e anular ofertas de emprego. Esses autoproclamados porta-vozes alegam que divergências políticas honestas são crises existenciais para todo o nosso grupo identitário, e agora muitos defendem leis que punem indivíduos e empresas por apoiarem a indispensável ferramenta política dos boicotes pacíficos.

Essa realidade está na raiz do meu próprio desconforto no que tange às tendências progressistas que aplaudem a censura dos nossos adversários políticos, ou que oferecem uma deferência vazia às pessoas que reivindicam o status de vítimas: já vi, vezes demais, como ambas podem dar muitíssimo errado.

O capítulo perdido

Philip Roth, sem nenhuma surpresa, tinha muito a dizer a respeito de tudo isso. Ele estava interessado em vítimas imperfeitas e na forma como o trauma pode ser objeto de mau uso. "Os nazistas servem de desculpa para tudo o que acontece nesta casa!", diz Portnoy para a irmã no livro que tornou Roth famoso.[522] E, como observou o cientista político Corey Robin num ensaio de 2021, Roth "não está falando apenas da sua família; ele está falando sobre a casa de Israel"[523].

Roth estava profundamente incomodado com a forma como o militarismo israelense ameaçava engolir o judaísmo cultural. Ao longo de *O avesso da vida* e depois em *Operação Shylock*, uma procissão de personagens se flagela por conta da decadência moral do país. Em *Operação Shylock*, um personagem que, no fim fica claro, é um agente do Mossad, descreve Israel como um "país judeu sem alma judia"[524]. O Falso Roth acusa Israel de, "de muitas, muitas maneiras, deforma[r] e desfigura[r] os judeus como só nossos inimigos antissemitas outrora tinham o poder de fazer"[525]. E outro personagem, este um velho amigo palestino de Roth (que alguns críticos presumiram ter sido baseado no estudioso palestino-estadunidense Edward Said), descreve a cultura judaica diaspórica como "toda humana, maleável, adaptável, com humor, criativa", mas declara que, em Israel, "tudo isso eles substituíram aqui pelo porrete!"[526].

Isso fez de Roth um antissionista? Ele manteve o mistério e nos deixou na dúvida. Depois de reavivar tantos dos antigos argumentos do Bund a favor do Diasporismo, o livro termina no momento em que o Verdadeiro Roth sucumbe a seu medo étnico primordial. Ele aceita cumprir uma missão secreta para o Mossad: recolher informações sobre "elementos antissionistas judeus que ameaçam a segurança de Israel"[527]. Quando o Mossad lhe oferece um suborno para apagar o último capítulo do livro, que conta a história dessa operação ultrassecreta, o Verdadeiro Roth concorda. O livro termina abruptamente, deixando o leitor imaginar suas páginas finais em um triturador de papel.

Depois de todo aquele desabafo antissionista, a derradeira mensagem de Roth parecia clara. Sim, durante toda a sua vida ele foi um crítico de Israel e um provocador irreverente. Mas, quando tudo estava em jogo, ele também se mostrou disposto a deixar de lado suas crenças pessoais e cumprir seu dever para com sua tribo fortificada e militarizada. Seu personagem-substituto, o Verdadeiro Roth, agiu não como um escritor, não como um solitário comprometido e arrogante, mas como um verdadeiro judeu, conforme definido pelo Mossad, entrando na identidade coletiva generalizada sob sua identidade individual específica, a identidade coletiva enraizada não no que qualquer judeu pode ou não querer ser ou fazer, mas no medo profundo e permanente do que os não judeus farão conosco. Perante o seu indissociável *doppelgänger* étnico, Roth aceitou a oferta de Israel e se tornou um tipo diferente de duplo: um Novo Judeu. ("Sou tribal e fiquei com minha tribo", diz o personagem que é agente do Mossad.[528])

Em "Escrevendo sobre judeus", ensaio candente publicado na revista *Commentary* em 1963, Roth havia dito que não era função de um romancista fazer propaganda para seu grupo étnico, tampouco se preocupar com questões estreitas como "O que os *góis* pensarão?"[529]. Trinta anos depois, ele estava nos informando que havia mudado de ideia, que estava pronto para cumprir seu dever tribal? Ou todo o final do romance era uma paródia – Roth brincando com seus críticos judeus ao dizer: *Veja só, rabino, estou fazendo propaganda estatal, como você sempre quis que eu fizesse – até mesmo deixando o Mossad mutilar meu livro! Sou um bom judeu agora?* Ou talvez ele não quisesse escolher: talvez estivesse nos dizendo que era uma coisa e outra, isto e aquilo.

Armada e perigosa

E quanto a ela? A Outra Naomi? Qual das duas é ela?

Bem, durante uma semana em meados de maio de 2022, minha *doppelgänger* publicou uma série de fotografias de sua nova arma longa, espaçadas para obter o máximo engajamento de seus fãs no

Gettr. Em primeiro lugar, ela publicou uma foto da arma dentro de uma caixa grande: "Até que enfim aconteceu: comprei minha primeira arma de fogo hoje. Eu sou a proprietária orgulhosa, embora um pouco nervosa, de um rifle Rimfire 22. Requintado e manejável, um começo que condiz com uma dama"[530]. Em seguida, ela postou uma foto do marido montando a coisa toda: "Quem diria que o marido perfeito para uma feminista é um homem que vai ajudar a montar o primeiro rifle da esposa?"[531]. Por fim, Wolf divulgou uma foto da arma de fogo totalmente montada em cima de sua escrivaninha. "Em tempos como estes, talvez todo escritor e crítico dissidente devesse ter um bipé em casa. A caneta pode ser mais poderosa que a espada, mas talvez, hoje em dia, quando o Ministério da Verdade está prestes a nos colocar na alça de mira, os escritores precisem tanto da caneta como da espada (defensiva)."[532]

Isso foi no mesmo dia em que, em Buffalo, Nova York, um supremacista branco de 18 anos assassinou dez pessoas num supermercado com um rifle estilo AR-15 comprado legalmente.

Na semana seguinte, Wolf compartilhou um vídeo no qual dizia que a única razão pela qual os Estados Unidos "não são totalmente escravizados como a Austrália, Xangai ou o Canadá [...] é que temos milhões de proprietários de armas [...] é mais difícil subjugar uma população armada. É por isso que nossos fundadores nos deram a Segunda Emenda. Exatamente para momentos como este"[533].

Também nesse dia houve um tiroteio em massa, dessa vez numa escola de ensino fundamental em Uvalde, Texas. O assassino, também de 18 anos, matou dezenove crianças e dois professores com um rifle de assalto adquirido legalmente.

Em sua newsletter, Wolf foi ainda mais fundo, escrevendo uma espécie de carta de amor feminista para sua nova arma de fogo: "Como foi que, como sobrevivente de estupro e feminista, essa questão me escapou por tanto tempo? A sobrevivente de estupro que há em mim ansiava, em um nível animal, por uma arma. Ansiava, em um nível animal, por dissuadir qualquer futuro atacante. A sobrevivente de estupro que há em mim queria uma arma da mesma forma que uma criatura ferida quer dentes e garras". Ela se perguntou: "Será que sempre teria sido assim tão fácil? Poderiam as mulheres resistir, e impedir a vitimização – apenas adquirindo e sabendo como usar armas de fogo?". A resposta dela? "Obviamente."[534]

Lógico que Wolf não é a primeira ex-vítima a sucumbir à promessa da arma de fogo, embora antes ela soubesse que isso raramente termina bem, seja para a vítima, seja para o vitimador. Ainda assim, parece-me que deve ser libertador, depois de viver tanto tempo na oposição, e depois tanto tempo na humilhação, enfim estar do lado de tão poucos fatos e tantas armas.

Wolf não fala mais nem escreve sobre os direitos dos palestinos; esse tema não é uma grande preocupação para seus novos amigos do *War Room*. E ao que parece a sua definição de Deus já não envolve posicionar-se "ao lado do próximo em apuros e contra a injustiça"[535]. Pelo contrário, ela está alistada de corpo e alma nas trincheiras da "guerra de fronteiras" de Bannon, ecoando a mentira bannonista sobre "fronteiras totalmente abertas a mando do Presidente Biden". Isso, diz Wolf, é "o sonho de um tirano" e, ela afirma, "os traidores estão dissolvendo as fronteiras da nossa nação"[536].

A guerra civil está aqui, Wolf avisa em tom sombrio: "Sou uma pessoa pacífica. Eu não quero a guerra. Mas a guerra está sendo travada contra nós"[537]. E, como tantos outros, ela está se preparando com mais do que palavras.

Erez de Erez

Tive os meus próprios encontros com os *doppelgängers* políticos de Israel, demasiados para compartilhar com o leitor nesta etapa final da nossa jornada. Mas talvez haja tempo para apenas um.

Em 2009, eu tinha acabado de publicar as edições em hebraico e árabe de *A doutrina do choque*. Alguns meses antes, os militares israelenses lançaram um ataque horrível à Faixa de Gaza, matando cerca de 1.400 palestinos e destruindo infraestruturas de suma importância. Naquele ano decidi que não tinha escolha senão respeitar o apelo do movimento de Boicote, Desinvestimento e Sanções (BDS), iniciativa de uma ampla coligação de grupos da sociedade civil palestina, mas queria também que o livro fosse publicado em Israel e na Palestina, porque incluía um capítulo sobre a próspera indústria do capitalismo de desastre lá. Em colaboração com ativistas em Ramallah e

Jerusalém, encontrei uma forma de publicar o livro que respeitasse o apelo da iniciativa, o que envolveu trabalhar com uma editora ativista israelense com uma longa história de apoio aos direitos palestinos.

Antes do lançamento do livro em Israel, fui a Gaza para ver por mim mesma as consequências dos ataques. Viajei com Avi e nossa amiga Cecilie Surasky, da Voz Judaica pela Paz. Não tínhamos a certeza de que seria possível entrar - Israel controla com rigor o acesso a Gaza através do posto de controle de Erez, e obter um passe de imprensa como jornalista estrangeiro exigia passar pela agência de notícias israelense. Qualquer um de nós poderia ter levantado uma bandeira de segurança. Mas, provavelmente por causa dos nossos nomes judaicos, a pessoa que trabalhava no escritório não se preocupou em nos investigar, e obtivemos o credenciamento necessário. No posto de controle de Erez, nossos nomes judaicos ativaram mais uma vez os nossos duplos étnicos, e presumiu-se que éramos simpatizantes da ocupação de Israel. Assim, enquanto os palestinos permaneciam em longas filas de interrogatório, conseguimos atravessar depois de uma rápida verificação de identidade, juntamente com raios x das bagagens e do corpo. Então, de maneira surpreendente, chegamos ao outro lado do muro de concreto, rodeados por torres de vigia.

Uma vez em Gaza, nós três conversamos com dezenas de palestinos de diferentes setores para tentar aprender o máximo que pudéssemos sobre a vida sitiada. Nós nos reunimos com agricultores, um apicultor e um médico, todos os quais tinham perdido filhos no recente ataque aéreo. Vimos corpos de jovens com queimaduras causadas por bombas de fósforo branco. Caminhamos a duras penas pelos escombros de prédios de apartamentos que não puderam ser reconstruídos porque materiais básicos de construção, como cimento, estavam sendo bloqueados pelo cerco. Conhecemos Mona Al Shawa, ativista palestina dos direitos das mulheres, que me disse: "Tínhamos mais esperança durante os ataques; na ocasião, pelo menos acreditávamos que as coisas mudariam". Agora, segundo ela, a atenção externa mudou, e os habitantes de Gaza sentiam-se novamente abandonados pelo mundo. A ideia de que havia mais esperança quando estavam sob ataque aéreo ativo ainda me assombra.

Na nossa última tarde lá, nós três nos sentamos em cadeiras de plástico no quintal sombreado de uma família palestina importante que insistiu em nos alimentar com uma suntuosa refeição do seu jardim – pessoas de coração imenso que se recusavam a nos odiar por causa de nossos duplos étnicos. O pai, médico, nos contou que estava feliz pela oportunidade de seus filhos conhecerem pessoas judias que queriam paz e justiça, uma vez que os únicos judeus com quem eles interagem são os soldados nos postos de controle.

"Não quero que cresçam odiando os judeus", disse ele. "Mas o que posso fazer se os únicos judeus que eles veem estão apontando armas?"

No final da tarde era hora de voltar para Jerusalém, e foi aí que nossos problemas começaram. Um grupo de direitos humanos na cidade de Gaza tinha organizado uma coletiva de imprensa sobre a minha viagem, e ficou claro que a notícia tinha chegado à cadeia de comando no posto de controle de Erez; dessa vez, eles estavam prontos para nós.

Em vez de autorizarem nosso regresso, os israelenses nos mantiveram à espera, apenas nós três, durante horas a fio, no lado de Gaza do muro. Quando a noite caiu e o toque de recolher passou, já estávamos nos perguntando se de fato conseguiríamos passar. O posto de controle está localizado em uma zona tampão, com um corredor externo longo e desolado, repleto de destacamentos de segurança do Hamas, então ficar retido ali sem veículo e sem amigos por perto não era o ideal.

Por fim, uma porta remota no muro se abriu e, depois de termos sido totalmente revistados e em seguida esquadrinhados pelo scanner corporal, fomos abordados por um oficial atarracado e musculoso, com cabelo curto e preto, que se identificou como Erez.

"Erez de Erez", disse eu, tentando manter a leveza e o bom humor. Ele não sorriu; simplesmente olhou para Avi e o instruiu a subir as escadas para uma inspeção de segurança adicional. Cecilie e eu aguardamos enquanto ele era interrogado. Quando Avi apareceu, veio andando a passos rápidos e gesticulando para que nos afastássemos de todos os Erezes.

De volta ao Hotel Jerusalem Colony, soubemos que ele havia sido levado a um escritório numa esquina para se encontrar com um alto comandante das Forças de Defesa de Israel. O comandante levou Avi até a janela e apontou para um batalhão de tanques que fazia alguma espécie de manobras de exercício nas proximidades.

"Você está vendo aquilo? Eu estava a poucos minutos de mandar os blindados resgatar vocês. Vocês têm ideia de quanto perigo vocês correram? Alguma ideia do que o Hamas estava planejando fazer com vocês? Nós vemos e ouvimos tudo o que acontece lá." (Este é o outro lado da invisibilidade dos palestinos, que é essencial para uma sociedade *doppelgänger*: o olho que tudo vê do Estado vigilante.)

Erez entrou na conversa e contou a Avi que tinha ouvido um pouco do que eu estava dizendo sobre o BDS, e lhe deu alguns conselhos de homem para homem: "Conte à sua esposa o que aconteceu. Diga a ela o que o Hamas queria fazer com vocês. Mantenha sua mulher sob controle".

Com a ajuda de muitas cervejas, nós três desconstruímos os níveis da ardilosa manipulação psicológica que Erez de Erez parecia ter orquestrado. Não, não acreditamos que os militares israelenses estavam prestes a iniciar uma guerra terrestre em Gaza para resgatar três judeus que não estavam perdidos. Tampouco acreditamos que corríamos perigo iminente diante do Hamas. Eles interrogaram Avi por cerca de quinze minutos em um posto de controle improvisado dentro de um contêiner de embarque, sobretudo para descobrir por que ele tinha um primeiro nome israelense se era canadense (culpa do sionismo trabalhista dos tempos de juventude de sua mãe). Mas estavam satisfeitos com as suas credenciais de imprensa – e foram os israelenses que nos deixaram no lado de Gaza por horas antes de nos autorizar a passar pelo posto de controle.

Parecia evidente que eles queriam que suássemos de aflição, que imaginássemos que estávamos sendo abandonados atrás das linhas "inimigas". E depois quiseram comunicar uma mensagem claríssima: quem quer que pensássemos que éramos e o que quer que pensássemos que estávamos fazendo, lá, naquelas terras encharcadas de sangue, não éramos nada além de nossos duplos étnicos, nada além da nossa judeidade. Que a nossa condição de judeus nos levaria a ser raptados ou mortos pelo Hamas em Gaza, sem falar no meu tolo apoio aos direitos dos palestinos, e então apenas o Exército israelense viria em nosso socorro, seus soldados arriscando a própria vida para salvar a nossa, mesmo que sintam por nós o mais absoluto desprezo. Porque, tal como o Hamas, eles não se importam com quem pensamos que somos como indivíduos; eles se preocupam com nossos duplos judeus. Assim, quando o Hamas nos atacasse como judeus, Israel estaria lá para nos salvar como judeus.

Essa era a peça de teatro que supostamente me manteria sob controle, e é um instantâneo do sórdido acordo que Israel oferece a todos os judeus, agora mais do que nunca: claro, talvez vocês não gostem da aparência do que fazemos – os adolescentes palestinos nas prisões, o assassinato de jornalistas, os partidos abertamente racistas e antiárabes que saíram das obscuras periferias para ocupar alguns dos cargos mais poderosos do governo de Israel. Mas vocês aceitarão isso, porque, quando o mundo se voltar contra os judeus mais uma vez – e isso acontecerá, porque Shylock é eterno –, vocês virão correndo para cá, com nossos tanques, nossos aviões de combate e o arsenal nuclear, cuja existência não confirmaremos nem negaremos, como seu único lugar seguro no mundo.

Compreendo o terror primordial que leva muitos do meu povo a coassinar esse contrato, porque o mesmo trauma foi transmitido a mim através das gerações. Mas eu ainda não consigo assinar; o preço é alto demais. E não apenas para palestinos e judeus. Porque o acordo que Erez nos ofereceu é uma versão do mesmo acordo venenoso que está sendo oferecido a todos os que são relativamente afortunados neste planeta cindido. Peguem a arma de fogo. Aceitem as jaulas. Fortaleçam sua cápsula de fuga e suas fronteiras. Aperfeiçoem seus filhos. Protejam sua marca. Ignorem as Terras das Sombras. Façam o papel de vítimas.

Mas a separação, a representação e a projeção não funcionam mais. As fronteiras e os muros não nos protegem do aumento das temperaturas, dos surtos de vírus ou de guerras violentas. E os muros ao nosso redor e ao redor dos nossos filhos tampouco resistirão. Porque somos porosos e conectados, como tantas histórias de *doppelgänger* tentaram nos ensinar.

Então tem de haver outra maneira. Um outro portal, para uma outra história de nós.

Parte IV
Encarando o real
(Integração)

E se a palavra "integração" significa algo, é isto: que nós, com amor, devemos forçar nossos irmãos a se verem tais como são, que parem de fugir da realidade e comecem a mudá-la.
– James Baldwin, *Da próxima vez, o fogo*

Assombre os sonhos de seus camaradas e os pesadelos de seus inimigos; viva em um futuro que nunca chegou – seja um espectro, uma memória e um arauto. Lembre-os de que o atual estado de coisas não era inevitável até acontecer. Não se ocupe com a questão de por que este futuro muito possível falhou, deixe que os vitoriosos procurem respostas. Seja a pergunta e não dê atenção à sua impotência. Um fantasma não precisa de presença material nem de ação, você precisa apenas brilhar.
– Alaa Abd el-Fattah, *You Have Not Yet Been Defeated* [Você ainda não foi derrotado]

15
Des-eu-ização

Já passei mal algumas vezes na vida – por causa de febre, fome, bebida. Mas desmaiei apenas uma vez.

Eu tinha 17 anos, e isso aconteceu algumas semanas depois do primeiro acidente vascular cerebral de minha mãe. Fui da escola diretamente para o hospital e a encontrei fora da cama pela primeira vez. Uma fisioterapeuta a ajudava a dar os primeiros passos com um andador (pouco depois, quando o segundo derrame a acometeu, ela perderia essa habilidade e muito mais). Através de uma vidraça na sala de espera, eu a observei como se ela fosse a mãe de outra pessoa: os passos trêmulos e irregulares, o rosto torto, o soro e o tubo de alimentação. Quando dei por mim, eu estava caída de bruços, com a cara no piso frio de vinil.

A vertigem invade quando o mundo que pensávamos conhecer já não existe.

O mundo não está aguentando. Os sistemas vivos que dão sustentação a nossa vida estão doentes. Trôpegos. Trêmulos. Precisando urgentemente de nossos cuidados.

*

Uma confissão. No período que passei escrevendo sobre minha *doppelgänger* e o Mundo-Espelho, meu plano original era escrever sobre uma espécie diferente de vertigem, relacionada ao meu trabalho real, seja qual for o significado de "real" hoje em dia. Durante quase duas décadas, desde que os diques em New Orleans romperam na esteira do furacão Katrina, meu trabalho de investigação, escrita, produção de filmes, organização e palestras públicas concentrou-se quase exclusivamente em aspectos do aprofundamento da crise climática. E a maior parte seguiu um arco narrativo muito particular, ao qual me apeguei bastante. A história foi mais ou menos assim: as coisas estão ruins. Estão prestes a piorar muito. Mas podemos evitar que a situação fique "muito pior" se adotarmos um Plano Marshall/New Deal/mobilização em escala da Segunda Guerra Mundial que transformará toda a nossa economia de modo que seja em larga medida alimentada por energia eólica e solar, ao mesmo tempo que nos dará uma oportunidade histórica de combater praticamente todas as formas de desigualdade existentes sob o sol.

O problema é que tínhamos de fazer isso a toque de caixa. "Década Zero" era o nome que deram quando, em 2009, fui pela primeira vez a uma Conferência das Nações Unidas sobre o Clima. Em 2014, quando meu livro *Tudo pode mudar: Capitalismo vs. clima* foi lançado, já estávamos quase no meio do caminho. Então a Década Zero veio e se foi. Em 2020, com base no melhor conhecimento disponível, dissemos que, embora fosse tarde demais para deter o perigoso aquecimento, ainda havia tempo para evitar alterações climáticas catastróficas; contudo, mais uma vez, precisaríamos reduzir pela metade a poluição global em uma década.[538] A boa notícia foi que, a essa altura, havia um movimento climático intergeracional crescente, assim como uma compreensão em rápida expansão de que a mudança em escala de sistema era o único caminho razoável a seguir.

Nesse mesmo ano, antes de a pandemia chegar, eu vinha trabalhando com uma intensidade maníaca na campanha para tornar Bernie Sanders o candidato democrata à presidência dos Estados Unidos, em grande parte porque Sanders estava concorrendo com uma plataforma revolucionária que reconhecia a urgência de uma ação climática transformacional – e porque ele estava claramente pronto para as batalhas necessárias contra os grandes poluidores. Nos meses que antecederam o surto de covid-19, e já nas semanas em que a doença chegou com força total, durante a campanha fui a cinco estados para fazer as vezes de representante das políticas climáticas de Sanders, mobilizando as tropas em dezenas de comícios e reuniões de voluntários. Nos dias mais empolgantes – por exemplo, quando a cintilante e cafona Las Vegas trumpista votou esmagadoramente em Bernie[539] –, parte de mim pensava que talvez tivéssemos uma chance concreta de levar Bernie ao Salão Oval, por mais improvável que isso parecesse até mesmo para nós.

Não conseguimos (obviamente). E, agora, outra "última década para salvar o mundo" está desaparecendo com grande rapidez.

Nos primeiros meses da pandemia, quando eu ainda morava em New Jersey, saí para fazer uma daquelas caminhadas sinistras por ruas vazias e vi uma vizinha tendo uma longa conversa com um esquilo. Ela parecia feliz por estar ao ar livre, em sua varanda, de roupão de banho, nem um pouco constrangida por ter sido flagrada em pleno ato de comunhão entre espécies. Tal como muitos de nós, eu me permiti ter esperança, naqueles dias alucinatórios, de que, apesar de tudo o que havíamos estragado, talvez fosse outra oportunidade de reavaliar as nossas prioridades coletivas, assim como nosso modo de vida frenético e exaustivo. De que talvez pudéssemos atravessar o portal da pandemia e sair transformados.

Porém, um ano depois da chegada daquela doença desgraçada, algo mudou em mim. Talvez isso tenha sido desencadeado pelas notícias de que as emissões de gases do efeito estufa já estavam subindo e voltando aos volumes de sempre na China, como aconteceria em breve em todos os outros lugares. Ou talvez tenha sido quando Joe Biden começou a distribuir milhares de novas licenças de exploração e perfuração de poços exploratórios de petróleo e gás natural.[540] Ou quando os navios de cruzeiro apinhados de turistas querendo ver as geleiras do Alasca antes que desapareçam de vez voltaram a dar as caras na costa onde moro agora.

A maior causa do meu crescente desespero, porém, não foi nada disso. Foi quando os movimentos de massa que cresceram tão depressa nos últimos anos – realizando greves globais pelo clima, apoiando Sanders e outros candidatos insurgentes, enchendo as ruas para exigir justiça racial – começaram a dividir-se e a devorar-se a partir de dentro, e muitas pessoas que encabeçavam a vanguarda das fileiras estavam claramente construindo suas marcas pessoais. Dado que o poder de influência na internet muitas vezes determina os papéis de liderança do movimento, e como são poucas as formas de responsabilizar e exigir explicações desses líderes, o conflito e a desconfiança espalham-se com facilidade, sobrecarregados por algoritmos viciados na raiva e instigados por contas falsas e robôs russos que esparramaram sal em todas as nossas feridas abertas. As lógicas corporativas predatórias que as encarnações anteriores da esquerda reconheceram como nossas inimigas estavam agora entranhadas em nós: nas artérias que nos ligavam, em nossos hábitos mentais, nas nossas próprias células. Parecia que era impossível acreditar em algo ou alguém; não dava para confiar em nada, muito menos uns nos outros.

Para mim, isso significava o esgotamento do estoque que eu tinha a oferecer de caminhos mais ou menos críveis para afugentar o desastre. Já não via de que maneiras seríamos capazes de evitar os resultados sociais e ecológicos que tantos de nós mais tememos. Essa foi a origem mais profunda da minha vertigem. Sem aquela história de possível salvação para compartilhar, quem era eu?

Foi então que tomei a estranha decisão de seguir minha *doppelgänger* por suas várias tocas de coelho. Mais do que tudo, acho que foi para me distrair da necessidade de escrever sobre o fato que eu não podia mais negar: que parecíamos estar desperdiçando nossa última chance de mudar. Eu não aguentaria escrever a respeito disso, de jeito nenhum. E então encontrei outra coisa.

No entanto, quanto mais eu avançava nesta jornada para dentro de um mundo de duplos, mais ela me levava de volta ao ponto de partida. Quanto mais eu olhava para os *doppelgängers* e para as mensagens que eles transmitem, tanto em termos pessoais como políticos, mais relevante esse conhecimento parecia ser para as nossas perspectivas de nos tornarmos o tipo de pessoas capazes de escapar da trilha traiçoeira que estamos percorrendo.

O eu como marca aperfeiçoada, o eu como avatar digital, o eu como mina de dados, o eu como corpo idealizado, o eu como projeção racista e antissemita, a criança como espelho do eu, o eu como eterna vítima. Esses duplos têm, todos eles, uma coisa em comum: são formas de não ver. De não vermos a nós mesmos com clareza (porque estamos ocupados demais representando uma versão idealizada de nós mesmos); de não vermos uns aos outros com clareza (porque estamos ocupados demais projetando nos outros o que não somos capazes de suportar ver em nós mesmos); de não vermos com clareza o mundo e as conexões que existem entre nós (porque nos separamos e bloqueamos a nossa visão). Penso que isso, acima de qualquer outra coisa, explica a inquietude do nosso momento na história – com todos os seus espelhamentos, eus sintéticos e realidades fabricadas. No fundo, tudo se resume a quem e o que não suportamos ver – no nosso passado, no nosso presente e no futuro que avança em disparada em nossa direção.

A representação, a separação e a projeção são os passos individuais que compõem a dança da esquiva. Do que estamos nos esquivando? Acho que é do nosso verdadeiro *doppelgänger*. O que Daisy Hildyard chama de nosso "segundo corpo"[541], aquele que está enredado em guerras e ataques, aquele que se beneficia dos genocídios do passado e que acrescenta nossas pequenas gotas de veneno às grandes dizimações do futuro. O segundo corpo que garimpa perpetuamente as Terras das Sombras em busca de conforto e conveniências.

Evitamos porque não queremos ser corpos assim. Não queremos que nossos corpos participem da extinção em massa. Não queremos que nossos corpos sejam envoltos em roupas feitas por outros corpos que são degradados, maltratados e obrigados a trabalhar até a exaustão. Não queremos ingerir alimentos marcados por memórias de sofrimento humano e não humano. Não queremos que as terras onde vivemos sejam roubadas e assombradas. Não queremos que as crianças que amamos vivam num mundo menos vivo, menos maravilhoso, mais assustador.

Como poderíamos? É tudo tão insuportável. Não é de admirar que nos empenhamos tanto para desviar o olhar. Não é à toa que erguemos muros, literais e psicológicos. Não surpreende que para nós seja preferível olhar para os nossos reflexos, ou nos perdermos em nossos avatares, a confrontar as nossas sombras.

James Baldwin, falando sobre o duplo projetado nele na condição de homem negro nos Estados Unidos, observou que isso tinha tudo a ver com quem estava fazendo a projeção. O que um homem branco via quando via Baldwin? "Não era eu", disse ele, "era algo que ele não queria ver. E você sabe o que era? Em última análise, era, sim, sua própria morte. Ou chame isso de problema. Problema é uma excelente metáfora para a morte"[542].

Muitas formas de duplicação são formas de não olhar para a morte/os problemas. E nos dias que correm a morte parece terrivelmente próxima – tão próxima quanto um comprimido misturado com fentanil, um domo de calor, um crime de ódio, o ar carregado de vírus. Como sempre, muito mais próxima para alguns do que para outros – mas não longe o suficiente, desconfio, para que alguém possa se sentir confortável. Então, como vamos parar de desviar o olhar? Como poderemos encarar nossos segundos corpos e nossos corpos mortais de forma contínua e consistente, em vez de criarmos separações, performances e projeções para nos esconder deles? O que seria necessário para pararmos de correr? Para sabermos – de verdade – o que já sabemos?

Sentir-se como um coral, como um peixe

O filme *Não olhe para cima* (2021), maldisfarçada alegoria do diretor e roteirista Adam McKay sobre o aquecimento global, tem muito a ver com não olhar. Enquanto monitora o céu noturno, a personagem interpretada por Jennifer Lawrence, a doutoranda da Universidade Estadual de Michigan Kate Dibiasky, descobre que um cometa se aproxima velozmente da Terra. Como resultado, o cometa recebe o seu nome, homenagem que seus colegas aplaudem como o auge da marca pessoal em seu cantinho do mundo acadêmico. O problema, logicamente, é que no fim fica claro que o cometa em questão é um "assassino de planetas", o que significa que o "cometa Dibiasky" é o último tipo de marca que alguém iria querer (ou, com efeito, a última marca que alguém virá a ter).

Observando isso de dentro do desmoronamento da minha marca pessoal, ocorreu-me que o infortúnio de Kate reflete à perfeição as bizarras contradições do nosso momento de alto risco na história planetária: estamos todos presos dentro da armadilha de estruturas econômicas e sociais que nos incentivam a aperfeiçoar obsessivamente nossos minúsculos eus mesmo que saibamos, ainda que apenas em um nível subconsciente, que estamos vivendo nos últimos anos em que ainda poderá ser possível evitar uma crise existencial planetária. A tela em branco da mudança encolhe cada vez mais, ao passo que nossos problemas se alargam cada vez mais.

Alguns dos cientistas do clima cujo trabalho eu mais respeito chegaram à conclusão de que existe uma relação íntima entre o nosso eu excessivamente inflado e o nosso planeta malcuidado. David Bowman, professor de Ciência do Fogo na Universidade da Tasmânia, onde os incêndios e a seca devoraram ecologias florestais singulares e mágicas, afirma que os humanos precisam urgentemente aprender uma lição simples: "Não somos o centro do universo. Este mundo não foi feito só para nós"[543]. Charlie Veron, lendário cientista de corais que passou a vida inteira estudando a Grande Barreira de Corais da Austrália, agora à beira da morte, descreve a jornada de sua vida como um percurso de descentralizar a si mesmo a fim de criar espaço para realmente ver outras formas de vida humanas e não humanas. Foi uma lição que ele aprendeu a duras penas, e que teve início com a perda de sua filha Fiona, ou "Noni", por afogamento, tragédia que o fez perceber que a vida dela era mais importante para ele do que a sua própria. Arrasado pela dor pessoal e ecológica, Veron aspira a dissolver-se nos recifes que ele estuda, a "sentir-se como um coral ou um peixe"[544]. Isso evoca a descrição da romancista e filósofa Iris Murdoch de que observar algo belo – seja um pássaro ou uma pintura – é "uma ocasião para 'des-ser-eu'"[545].

Há nisso uma urgência, como aponta Veron. Porque "as pessoas que exploram este planeta são pessoas que se colocam em primeiro lugar"[546] – incapazes de se des-eu-izarem, olharem para fora do eu, mesmo que apenas por um momento. Em outros termos, a crise climática pode ser entendida como um excesso de gases que retêm calor na atmosfera do planeta; também pode ser entendida como um excedente do eu – resultado de toda a energia literal e figurativa necessária para encenar e aperfeiçoar os eus suficientemente afortunados para viver fora das Terras das Sombras.

Se o cometa Dibiasky simboliza a mentalidade que nos mantém presos nesse ciclo, a humilde jornada de Veron rumo ao processo de des-eu-ização pode muito bem ser a chave para a nossa sobrevivência coletiva. Porque significa que o nosso papel aqui na Terra não é simplesmente maximizar a vantagem na nossa vida (ou tentar estender nosso eu além da duração da nossa vida por meio de avatares de "tecnologia do luto"). É maximizar (proteger, regenerar) toda a vida. Estamos aqui não apenas para garantir que nós, como indivíduos, sobrevivamos, mas para garantir que a vida sobreviva; não para ir ao encalço de poder de influência, mas para ir ao encalço da vida.

Isso é outra coisa que poderíamos aprender com nossos duplos caminhantes. A ideia de que cada um de nós tem um sósia andando por aí em algum lugar significa que ninguém é tão especial ou ímpar como um dia talvez tenhamos imaginado. Na sala dos espelhos do capitalismo, essa revelação tende a ser contada como uma história de terror, tal como encarnada pelo personagem de Jesse Eisenberg no filme *O duplo*, na cena em que ele choraminga: "Eu gostaria de pensar que sou bastante singular"[547]. Essa é a resposta do tipo "tenho de matar, de esfaquear, preciso ser o último eu sobrevivente" aos *doppelgängers* que vai abrindo caminho através da literatura, do cinema e da religião monoteísta ocidentais. Mas existe também a opção de ver nossos duplos da mesma forma que o Falso Roth faz: *Viva! Não estou sozinho neste mundo cruel!*

É isso que vejo quando olho para o projeto de arte *doppelgänger* de François Brunelle, *I'm Not a Look-Alike!* [Eu não sou um sósia!], com as suas fotografias de centenas de pares de pessoas que são confundidas umas com as outras. O aspecto mais cativante da obra não é que os pares sejam tão semelhantes, mas que pareçam o oposto de horrorizados diante dessa revelação. As imagens de Brunelle são comoventes de tão íntimas: desconhecidos idênticos totalmente à vontade, alguns de seus corpos cobrindo os dos outros; alguns se entreolham, alguns são brincalhões. Eles se sentem confortáveis com sua falta de individualidade, interessados que estão nessa outra pessoa que parece um espelho de si mesmos. Isso me lembra algo que li da filósofa Helena de Bres, que tem uma irmã gêmea. Ela expressou "pena por aqueles que sofrem o infortúnio quase inimaginável de nascerem sozinhos neste mundo"[548].

No entanto, não estamos sozinhos, pelo menos não tão sozinhos quanto vez por outra pode parecer. A maioria de nós não conhece a intimidade de conviver com um irmão gêmeo, é claro, mas conexões, solidariedades, parentescos e afinidades estão disponíveis para todos nós, caso decidamos proteger de forma menos enciumada nossos próprios limites. Temos parentes e afins em todos os lugares. Alguns se parecem conosco, muitos não se parecem em nada conosco e ainda assim estão conectados a nós. Alguns nem sequer são humanos. Alguns são corais. Alguns são baleias. E eles existem por aí para se conectarem a nós, se conseguirmos sair do nosso caminho por tempo suficiente.

Para ser bem clara, não tenho a intenção de abraçar minha *doppelgänger* como uma parente há muito perdida. Mas os *doppelgängers*, ao bagunçarem a nossa cabeça e desarranjarem as nossas ilusões de soberania, podem ser úteis para nos ensinar a seguinte lição: que não estamos tão separados uns dos outros como poderíamos pensar. Nem como indivíduos, e talvez nem mesmo como grupos de indivíduos que nasceram em meio a vários tipos de duelos fratricidas aparentemente eternos.

O que eu vejo nas fotografias do projeto *I'm Not a Look-Alike!* é um modelo de entrega, não à mesmice, mas à interconexão e ao emaranhamento - a mesma lição que a pandemia tentou nos ensinar naqueles primeiros dias. Ninguém se faz a si mesmo; todos nós nos fazemos e desfazemos uns aos outros. Rejeite essa verdade por tempo suficiente e você acabará no Mundo-Espelho, gritando "LIBERDADE" no ar gelado do inverno enquanto aperta uma buzina e se declara um "cidadão soberano", que não presta contas a ninguém nem a nada.

Por falar nisso, nos últimos tempos tenho notado que a confusão com a Outra Naomi diminuiu. Parece que Naomi Wolf, com arma em punho, unindo-se a Bannon e atacando comunistas, é agora um fenômeno inconfundível em si mesmo. Um alívio, sem dúvida, mas, talvez estranhamente, não lamento que a confusão tenha acontecido. Olhando para trás, para meu período de intensos problemas de *doppelgänger*, percebo que, apesar dos momentos de inegável egocentrismo, no fim das contas isso me ajudou a alcançar certa medida de liberdade da tirania de meu próprio eu. O que começou como uma forma de autodefesa (*Vou me reafirmar* como dona das minhas ideias, da minha identidade, do meu nome!) tornou-se, aos poucos, uma forma de autolibertação. Ao criar uma crise na minha marca pessoal (aquela que sempre neguei ter), e ao introduzir uma robusta dose de ridículo na seriedade com que outrora eu encarava a minha persona pública, e ao mostrar-me como é terrivelmente tétrico desperdiçar a vida no encalço do poder de influência, a Outra Naomi não me deixou escolha a não ser afrouxar o controle daquela versão performática e fragmentada de mim. Fazer isso me deixou significativamente mais calma. E, como John Berger me ensinou há muito tempo, "a calma é uma forma de resistência".

O egocentrismo, como quer que se manifeste – a megalomania da minha *doppelgänger*, as minhas várias neuroses, o seu "preencha a lacuna" –, é uma história em que o eu ocupa espaço em demasia, assim como a história da civilização ocidental judaico-cristã coloca o humano (leia-se: humano branco, masculino, poderoso) no centro da história da vida neste planeta, tudo tendo sido criado para a nossa espécie. Nada disso é verdade. Quer estejamos nos amando demais ou nos odiando demais – ou, o que é mais provável, fazendo as duas coisas –, ainda estamos no centro de cada história. Ainda estamos bloqueando o sol.

É por tudo isso que, ao longo desta jornada que agora se aproxima de sua conclusão, passei a aceitar a confusão com Naomi como um exercício budista nada convencional de aniquilação do ego. Antes disso eu nunca consegui pegar o jeito do desapego; mas acho que, graças a ela, aprendi.

*

É, admito, um ótimo final para esta história. Se a representação, a separação e a projeção são técnicas para evitar as Terras das Sombras, então nem o desapego budista nem a integração freudiana do inconsciente são suficientes para nos ajudar a confrontar aquilo que temos evitado. As nossas crises são materiais e profundamente coletivas e, portanto, em última análise só seremos capazes de suportar realidades insuportáveis se também trabalharmos para mudá-las. Isso significa que devemos agir (Ação! Ação!) para tornar o mundo diferente do que é agora. Devemos tentar, com grande urgência, imaginar um mundo *que não requeira Terras das Sombras*, que não se baseie em pessoas sacrificiais, em ecologias sacrificiais e em continentes sacrificiais. Mais do que imaginar esse mundo, é preciso começar, desde já, a construí-lo.

Isso começa por nomear, como bell hooks sempre fez, os sistemas que engendraram as Terras das Sombras, considerando-as apagáveis, descartáveis: capitalismo, imperialismo, supremacia branca, patriarcado. É necessário ensinar essas palavras, e seu verdadeiro significado, às pessoas que fazem parte da nossa vida, de modo que da próxima vez que alguém lhes disser que o seu sofrimento e fardos são culpa de globalistas que roubam crianças ou de imigrantes que roubam empregos, ou de professores bem-intencionados, ou dos judeus, ou dos chineses, ou das drag queens na biblioteca, elas saberão das coisas e terão discernimento. E serão capazes de lutar melhor. "Podemos ser duros e críticos com as estruturas, mas brandos com as pessoas", diz o estudioso dos direitos civis john a. powell.[549] Isso é o contrário do discurso dominante hoje, que é duríssimo com as pessoas e ameno demais com as estruturas.

A guinada no sentido de confrontar e reimaginar estruturas exige algo mais: o reconhecimento de que esse trabalho não é algo que possamos fazer sozinhos, como indivíduos, com uma doação de caridade, aulas sobre equidade e diversidade ou demonstrações de comportamento virtuoso nas mídias sociais. Na verdade, uma razão central pela qual tantos de nós não suportamos olhar para as Terras das Sombras é que vivemos numa cultura que nos diz para consertarmos crises colossais sozinhos, por meio do autoaperfeiçoamento. Apoie os direitos trabalhistas encomendando produtos em uma loja diferente. Acabe com o racismo lutando contra a sua fragilidade branca pessoal – ou representando em espaços de elite o seu grupo identitário marginalizado. Solucione o problema das alterações climáticas comprando um carro elétrico. Transcenda seu ego instalando um aplicativo de meditação.

Parte disso ajuda – um pouco. Mas a verdade é que nada que tenha grande importância face aos nossos sistemas manipulados pode ser realizado por nós agindo por conta própria – seja por nossos pequenos eus ou mesmo por nossos próprios grupos identitários. A mudança requer colaboração e alianças, inclusive (sobretudo) alianças desconfortáveis. A ativista Mariame Kaba, abolicionista do sistema carcerário que luta há décadas e que tanto fez no sentido de imaginar o que seria necessário para vivermos num mundo que não equipara segurança a polícia e celas de prisão, expõe de forma sucinta a lição que lhe foi transmitida por seu pai: "Tudo o que vale a pena é feito com outras pessoas"[550].

Se a nossa situação parece singularmente difícil (e, nos dias ruins, beira a desesperança), provavelmente isso tem a ver com a expectativa que passamos a criar em relação a nós mesmos, combinada com a fragilidade das estruturas – sindicatos, bairros organizados e coesos, a atuação da mídia local, e assim por diante –, o que outrora tornava mais fácil fazer coisas juntos. Tanto quanto as dificuldades em si, é a nossa fragmentação que nos amedronta.

E, no entanto, mesmo nestes tempos instáveis, penso que é possível superarmos parte dessa fragmentação e nos unirmos de novas formas. A onda de organização sindical não convencional em corporações como a Amazon e a Starbucks mostra que muitos jovens trabalhadores já estão descobrindo essas novas formas. O mesmo se aplica aos movimentos que organizam os devedores em quase-sindicatos, a exemplo do Debt Collective, bem como aos sindicatos de inquilinos e de pessoas sem-teto que se formaram em muitas cidades gentrificadas onde se permitiu que os aluguéis subissem a níveis impossíveis. A mudança que da noite para o dia Elon Musk impingiu ao Twitter, transformando-o em sua máquina de vingança pessoal, fez maravilhas para defender a razão pela qual não podemos deixar a nossa ecologia de informação vital aos caprichos dos bilionários e devemos, em vez disso, investir em alternativas comunitárias, que não sejam baseadas na mineração dos nossos dados estimulando manifestações do nosso pior eu. São, todos eles, bons sinais. Mas nenhuma dessas mudanças acontecerá na velocidade suficiente até que mais de nós descubramos como suavizar as fronteiras em torno do nosso eu individual e dos nossos vários grupos identitários, a fim de permitir uma união em nome de uma causa comum.

Somos capazes disso? Os *doppelgängers*, ao suscitarem emoções tão contraditórias, nos alertam de que será uma luta renhida. Por um lado, existe o horror pela falta de individualidade, singularidade e particularidade; por outro, o profundo desejo de se conectar, de se fundir com os outros, de sentir as bordas do eu se dissolverem. Com ou sem *doppelgängers*, a maioria de nós sente na pele a repulsão e a atração dessas emoções, como indivíduos e como membros de grupos: queremos separação e distinção, e queremos unidade e comunidade. A tensão é frutífera e não precisa ser resolvida. O problema reside no fato de a nossa cultura ser tão inclinada para uma tendência em detrimento de outra. Na nossa economia de soma zero, a azáfama pela separação é recompensada com fartura e estimulada em abundância, ao passo que o desejo de agir em solidariedade e ajuda mútua com os outros é descartado e eliminado, isso quando não é efetivamente punido.

Esse viés contra a solidariedade é especialmente perigoso no nosso momento presente, à medida que os nossos vários *doppelgängers* fascistas se tornam mais ousados a cada dia. A lógica supremacista e aniquiladora jamais foi confrontada de verdade, e agora supermercados, Walmarts, mesquitas e sinagogas estão sendo transformados em matadouros por jovens armados convencidos de que alguém está tentando "substituí-los". E essa onda avança, tempestuosa, ao longo das linhas diagonais que ligam as pessoas com ideias sobre a supremacia de sua raça às pessoas com fixação sobre a supremacia dos seus sistemas imunológicos e a perfeição dos seus filhos.

Diante dessas ameaças muito tangíveis, defender com ferocidade as fronteiras das nossas identidades e as fronteiras dos nossos grupos étnicos/raciais/de identidade de gênero mais amplos nos presta um serviço precário. Na verdade, se é que a história pode servir de guia, isso será a nossa ruína. Porque cada história de triunfo da direita fascista é também uma história de fragmentação, sectarismo e obstinada recusa em fazer alianças estratégicas na esquerda antifascista.

As teorias conspiratórias, como vimos, são simultaneamente sintomas de confusão e impotência *e* ferramentas de divisão e diversionismo que beneficiam as elites. Mas as teorias conspiratórias estão longe de ser as únicas coisas que nos mantêm divididos; vez por outra também cumprem essa função as formas como aprendemos a compreender a nossa própria vitimização e a maneira como isso pode ou não estar relacionado à vitimização de outros. Recentemente, Arielle Angel, editora-chefe do periódico *Jewish Currents* e descendente de sobreviventes do Holocausto, escreveu palavras de extraordinária potência sobre esse tema:

> Hoje em dia, sinto a ameaça do fascismo zumbindo em meu corpo, tal qual o incômodo em um osso quebrado desde há muito anuncia que vai chover. É um legado da dor dos meus avós, para o bem ou para o mal, e talvez de outros antepassados, que fugiram dos fanáticos monarcas e padres espanhóis. Nas salas de estar e salas de reuniões, à medida que o protesto ou a festa terminam, meus camaradas e eu debatemos o mérito relativo de uma estratégia em detrimento de outra, embora admitindo que nenhuma parece especialmente

promissora. Mas o que está claro é o seguinte: vamos precisar uns dos outros. O que significa ficarmos atentos à possibilidade de um poder coletivo, em vez de apegados à propriedade da dor.[551]

Trata-se de uma mensagem abrangente que escolho levar comigo no final da minha jornada de *doppelgänger*: é hora de afrouxar o controle sobre as várias formas de propriedade da dor e da individualidade, e me empenhar para alcançar muitas formas diferentes de conexão e afinidade possíveis, buscando qualquer pessoa que compartilhe o desejo de confrontar as forças de aniquilação e extermínio e as suas mentalidades de pureza e perfeição. Diante da derradeira ameaça duplicada – a guinada para o fascismo que já está bem encaminhada em muitas partes do mundo –, essa capacidade de derreter algumas das duras e geladas arestas da identidade, por mais justificadas e bem-merecidas que possam ser essas defesas, será importante para qualquer esperança que tenhamos de sucesso. Não bastará proteger o "nosso" povo; precisaremos ter o vigor da verdadeira solidariedade, que define "o nosso povo" como "todas as pessoas".

Essa espécie de universalismo é difícil. São muitas as razões perfeitamente plausíveis para as pessoas da esquerda definida em termos amplos se sentirem de saco cheio, zangadas e desiludidas umas com as outras, e se aferrarem a essas desilusões para racionalizar a fragmentação em grupos cada vez mais diminutos. Mas quando o poder, a riqueza, os armamentos e a tecnologia da informação estão concentrados em tão poucas mãos, e essas mãos se mostram dispostas a utilizá-los para os fins mais venais e inconsequentes, a fragmentação equivale à rendição. Contra a oligarquia, tudo o que temos é o poder latente na nossa capacidade de união. Raça, gênero, orientação sexual, classe e nacionalidade moldam as nossas necessidades, experiências e dívidas históricas distintas. Devemos nos agarrar a essas realidades *e* trabalhar com base em um interesse comum de afrontar o poder e a riqueza concentrados, ao mesmo tempo que construímos novas estruturas que sejam infinitamente mais justas e mais divertidas.

Para a maior parte das tarefas aplica-se a máxima de que é mais fácil falar do que fazer. No entanto, no caso da união através de barreiras aparentemente intransponíveis e inegociáveis, talvez o inverso se mostre verdadeiro: esta é mais fácil de fazer do que de falar. Presos no reino das palavras, nunca ficaremos sem motivos para a ruptura. Mas, quando tomamos atitudes para mudar as circunstâncias materiais – seja tentando sindicalizar os nossos locais de trabalho, ou agindo em prol da suspensão dos despejos, ou em nome da libertação de prisioneiros políticos, ou a favor da elaboração de alternativas ao policiamento, ou para interromper a construção de um oleoduto, ou para eleger um candidato insurgente –, essas tensões não desaparecem, mas muitas vezes são equilibradas pelo reconhecimento de interesses compartilhados, pelos prazeres da camaradagem e, de quando em quando, pela empolgação da vitória.

É mais do que isso também, como Keeanga-Yamahtta Taylor me disse recentemente. Baseando-se na sua investigação como historiadora, bem como em suas próprias experiências como ativista, ela destacou que os movimentos mudam as pessoas que deles participam. "A luta nos ajuda a vermos uns aos outros", disse. "Isso nos ajuda a romper com nosso individualismo e com as particularidades de nossa identidade."[552] Quando os indivíduos se organizam em nome de um objetivo, descobrem não só que compartilham interesses com pessoas que podem parecer muito diferentes deles (e ter opções político-partidárias bastante diferentes), mas também que uma nova sensação de poder emana dessa aliança. "As lutas em que nos engajamos criam o potencial e as possibilidades de união porque esclarecem o que está em jogo e como podemos superar isso", explicou Taylor.

Isso ecoa um argumento defendido por John Berger num ensaio de 1968 sobre a alquimia de grandes protestos, greves, passeatas, comícios e *sit-ins**. Essas manifestações, Berger escreveu, não apenas demonstram algo aos que estão no poder (que as pessoas estão zangadas, digamos, e têm o poder de perturbar o bom andamento dos negócios). Demonstram algo também às pessoas reunidas nas ruas. Essas pessoas percebem que não são apenas indivíduos, com o limitado poder do seu eu individual, mas que "pertencem a uma classe. Pertencer a essa classe deixa de implicar um destino comum

* Linguagem de protesto da tradição civil, o "*sit-in*" (ou "*sit-down*") é uma forma de protesto passivo organizado em que os manifestantes permanecem sentados numa via ou lugar público. [N. T.]

e implica uma oportunidade em comum"[553]. Essas oportunidades se revelam de diferentes formas: quando inquilinos, devedores ou trabalhadores individuais não conseguem pagar as contas, instala-se uma crise para eles e suas famílias. Quando grupos de inquilinos, devedores ou trabalhadores se recusam a pagar as contas, ou decidem cessar coletivamente sua força de trabalho, é uma crise para seus credores, os proprietários de seus imóveis e seus patrões.

Este é o poder da organização coletiva: ela expande o sentido do possível ao expandir o "nós" possível. Convence os participantes de que, ao contrário do que lhes foi dito, a sua dor não é o resultado de uma falha de caráter ou de trabalho árduo insuficiente. Pelo contrário, é a consequência de sistemas econômicos e sociais concebidos precisamente para produzir resultados cruéis, sistemas que só podem ser mudados se as pessoas abandonarem a vergonha e se unirem em torno de um objetivo comum. Quando um número suficiente de pessoas começa a acreditar nisso, ocorre um despertar no verdadeiro sentido da palavra – constrói-se em tempo real uma nova identidade de grupo, mais ampla e espaçosa do que a que existia antes.

Freud observou que, quando uma pessoa é confrontada por seu *doppelgänger*, torna-se desconhecida para si mesma. Em um nível individual, isso é profundamente desestabilizador, como eu aprendi a duras penas. Mas também sei, como ativista que se perdeu em causas e multidões, que a experiência de um indivíduo de se tornar um desconhecido para si mesmo não precisa ser horrível; a minha sensação foi de algo transcendente. Quando nos reunimos em movimentos que trabalham pela escala de mudança que nossos tempos exigem (que é menos energia verde do que o New Deal Verde global), isso nos modifica, e nós nos tornamos pessoas que são, se não desconhecidas, então certamente inesperadas. Mais corajosas. Mais esperançosas. Mais conectadas. Mais capazes de sentir amor por pessoas que mal conhecemos.

Outra coisa também muda: quando as nossas ações começam a se integrar às nossas convicções, quando fazemos algum trabalho que, sabemos, precisa ser feito, temos menos necessidade dos vários duplos que a nossa cultura oferece sob o disfarce de uma vida boa. Diminui o fascínio de desaparecer em nossos avatares digitais – seja a ideia de Bannon de uma personificação de Ájax na vida real ou os vários influenciadores radiantes representando a si mesmos éter adentro. Parafraseando o que disse Marx acerca da religião, os duplos são os nossos opioides; sentimos menos necessidade deles quando há menos dor e dissonância das quais escapar.

Embora seja raro, já vi isso acontecer. Estive em fábricas ocupadas pelos operários e em praças ocupadas pelo povo e em cidades tomadas pelo fervor revolucionário – momentos em que todas as pessoas que encontramos são nossos camaradas políticos e amigos para toda a vida reunidos num só. E isso estava lá, também, naquela campanha presidencial dos Estados Unidos que uniu milhões de pessoas com três palavras que começaram como um slogan e se tornaram uma espécie de oração por justiça social: "Eu não. *Nós*". O momento crucial da campanha aconteceu num comício no Queens, Nova York, em outubro de 2019. Foi quando Sanders, diante de uma multidão de 25 mil apoiadores, fez algo que nunca tinha feito. Ele exortou todos os presentes a olhar para alguém em meio à multidão, alguém que não conheciam, "talvez alguém que não se pareça com você, talvez alguém que possa ser de uma religião diferente da sua, que talvez venha de um país diferente. [...] Minha pergunta agora para você é: você está disposto a lutar por essa outra pessoa que você nem sequer conhece, tanto quanto está disposto a lutar por si mesmo?"[554].

As pessoas lutariam para acabar com a dívida estudantil, mesmo que não tivessem dívidas? Os cidadãos lutariam pelos direitos dos imigrantes? Lutariam pelos direitos das pessoas que ainda nem nasceram de viver uma vida protegida do colapso climático? No rugido da multidão, as pessoas ficaram mais do que emocionadas – elas foram alteradas. Alteradas pelo poder representado pela ideia de se levantar e lutar além da concepção mais estreita de si mesmo e de identidade.

O problema é que uma campanha presidencial não é capaz de cumprir uma promessa como essa. Por definição, uma campanha eleitoral tem uma duração finita e termina quando o candidato ganha ou perde. Quando Bernie perdeu e esse fim chegou, a "des-eu-ização" que sentimos tão fortemente durante a campanha pareceu acabar junto com ela. Fechados em nossas casas pela primeira onda de confinamentos rigorosos, separados do movimento que nos mantinha unidos, muitos de nós que tínhamos sido conquistados pelo poder do "nós" ficamos com a sensação de ter sido sumariamente jogados nas profundezas de um mar de "eu".

Ainda assim, vislumbramos o que era possível e aprendemos uma lição decisiva: uma eleição é um receptáculo efêmero e instável para conter uma mensagem tão importante como "Eu não. *Nós*". Mas isso não significa que a mensagem estava errada.

Reconstruindo os caminhos não percorridos

Isso nos leva a uma última forma de compreender os *doppelgängers* e as mensagens que transportam, uma forma que pode ser útil para pensarmos sobre o difícil trabalho coletivo que temos pela frente. Freud especulou que a figura do *doppelgänger* é recorrente na cultura em parte porque a ideia de haver eus duplicados representa as vastas potencialidades de nossa vida. Somos o produto de escolhas – as que nós mesmos fazemos e as que outros fazem. Todavia, Freud escreveu, essas nunca são as únicas opções disponíveis. Existem também "todas as possibilidades não realizadas de configuração do destino, a que a fantasia ainda se apega, e todas as tendências do Eu que não puderam se impor devido a circunstâncias desfavoráveis, assim como todas as decisões volitivas coartadas, que suscitaram a ilusão do livre-arbítrio"[555].

Vista dessa forma, a ideia de nossas duplicatas andando por aí representa os caminhos não percorridos, as estradas não trilhadas. Quem poderíamos ser se as escolhas que determinaram a nossa vida tivessem sido ligeiramente – ou drasticamente – diferentes? Quais versões latentes de nós mesmos existem, mas nunca tiveram a chance de se concretizar porque escolhemos um caminho em vez de outro? Ou porque vivemos num tipo de sociedade em vez de outro?

Esse é o tipo de *doppelgänger* esmiuçado em histórias do multiverso como *Tudo em todo lugar ao mesmo tempo*. No filme, Michelle Yeoh interpreta uma imigrante sino-estadunidense à beira de um ataque de nervos que faz malabarismos para lidar com um marido que lhe entrega os papéis do divórcio, uma filha que ela não sabe amar, um pai decepcionado com ela e uma lavanderia beirando a falência que enfrenta uma auditoria governamental.

Mas então essa mulher sobrecarregada acaba se revelando uma super-heroína viajante multiversal que, num dos universos, é uma glamorosa estrela de cinema, muito parecida com a própria Yeoh (os diretores do filme usaram imagens reais de Yeoh no tapete vermelho por ocasião de filmes anteriores). O filme, sobretudo nessas cenas, sublinha o quanto é tênue a membrana entre a vida que qualquer um de nós acaba levando e as vidas que poderíamos ter tido caso as circunstâncias tivessem sido diferentes. Ter um filho é a decisão de fechar algumas vidas potenciais e abrir outras. Assim como aceitar ou não determinado emprego.

No entanto, todos sabemos (ou deveríamos saber) que as escolhas que temos à nossa disposição nada têm de aleatórias. Elas se expandem e se contraem drasticamente com base no país em que nascemos, em que corpo, em que gênero, em que raça, em que família. Não são apenas as vidas individuais que têm potencialidades duplicadas – o mesmo acontece com sociedades inteiras. Porque todos nós incorporamos o “ser uma coisa e outra” de Philip Roth. Bondosos e indiferentes. Compassivos e egoístas voltados para nossos próprios interesses mais mesquinhos. Abertos aos outros e dolorosamente fechados.

Meu mergulho na cultura *doppelgänger* me ajudou a me sintonizar com muitos exemplos desse “ser uma coisa e outra”, em mim e nos outros. Casos extremos, como a transformação de Hans Asperger, que passou de médico curioso e atencioso com pessoas como meu filho a um homem que encaminhava para a morte crianças que eram um pouco diferentes. Ou mesmo a minha própria cultura judaica – a forma como ela se converteu de um lugar de debate bastante ousado e elástico em rígidas ortodoxias de “ou com Israel ou contra nós” que só agora estão começando a ruir. Ou a forma como em 2020 muitas pessoas aderiram às revoltas por justiça racial, cheias de esperança revolucionária perante as perspectivas de transformação de uma sociedade baseada em princípios de igualdade e cuidado – e então, um ano depois, algumas dessas mesmas pessoas pareciam inacessíveis, perdidas no desespero e, às vezes, na conspiração. “Se a pessoa nunca acreditou ter direito a alguma coisa, é menos provável que se volte contra os outros do que contra si mesma”, disse-me Keeanga-Yamahtta Taylor.[556] Cada reviravolta é diferente, mas estamos todos rodeados de evidências das pessoas diferentes que poderíamos ter sido, e ainda podemos ser, em circunstâncias ligeiramente diferentes.

Tomemos como exemplo aqueles dois comboios de caminhoneiros: o barulhento e o mais silencioso de oito meses antes, organizado em solidariedade às comunidades indígenas de luto por seus filhos roubados. Um contraste gritante. Então, uma forma de ver os dois comboios é que um era bom e o outro, ruim. Um era o progresso, o outro, uma reação racista do ressentimento branco. Seria um binário reconfortante para escolher, e, de certa forma, foi assim que eu contei a história. Mas é aqui que o terreno começa a ficar movediço: alguns caminhoneiros participaram *dos dois* comboios. Em junho de 2021, sentiram tristeza e solidariedade; em fevereiro de 2022, raiva e superioridade moral. Eles eram, como todo mundo, uma coisa e outra. E circunstâncias – sociais, políticas, econômicas – minimamente diferentes trouxeram à tona diferentes lados do mesmo grupo.

Quando tento entender a Outra Naomi, vejo algo semelhante. Ela também é uma coisa e outra. Nos tempos em que era uma jovem escritora, ajudou a inspirar inúmeras mulheres a se tornarem feministas. Na meia-idade, assumiu posições que exigiam verdadeira coragem moral – por exemplo, quando saiu daquela sinagoga ou compartilhou a sua plataforma com pessoas que estavam sendo fustigadas por mísseis. Ela tem feito também, sobretudo nos últimos tempos, muitas coisas que são extremamente nocivas, e penso que muitas das razões por trás disso são bastante desinteressantes: desejo de atenção, de gratificação do ego, de dinheiro; talvez um impulso para provar que estava certa e que todas as pessoas que a atacaram estavam erradas. Mas todos esses impulsos mais básicos foram grandemente exacerbados por uma cultura que atribui valor ilimitado à atenção e ao dinheiro, ao mesmo tempo que cria ferramentas de informação que parecem concebidas para transformar os erros de cada pessoa numa oportunidade para execração, zombaria, abandono e humilhação pública em uma escala antes inimaginável.

O que, suponho, é outra maneira de dizer que minha *doppelgänger* não se parece apenas comigo. Pegando emprestado de Jordan Peele, ela se assemelha a *Nós*.

Uma batalha entre o cuidado e a negligência

A pergunta que me resta não é a que eu ouço com tanta frequência sobre ela: como é que uma pessoa *assim* se transformou numa pessoa *assado*? Mas: que tipo de sistema é mais propenso a acender as melhores partes de todos nós – e sustentar o fogo além de um protesto, ou de uma revolta de verão, ou de uma campanha presidencial?

"Acredito que o ponto de partida para a construção de uma sociedade mais solidária", escreve Sally Weintrobe, psicanalista especializada em crise climática, "é nunca esquecer que o cuidado e a negligência são partes inerentes de todos nós, e que cada um procura expressão e domínio sobre o outro"[557]. Em outras palavras, nós (não apenas aqueles *outros* malignos) estamos todos às voltas com uma perpétua luta com o nosso "uma coisa e outra". O problema é que vivemos numa sociedade que incentiva e recompensa as partes negligentes de nós mesmos, ao mesmo tempo que torna difícil cuidar de alguma forma consistente de outras pessoas fora da nossa família imediata (e muitas vezes dentro dela). Portanto, Weintrobe argumenta, se quisermos que mais pessoas façam escolhas melhores – não saiam comprando coisas inúteis à guisa de fonte de consolação, não espalhem desinformação em troca de cliques e poder de influência, não vejam a vulnerabilidade e a necessidade de outras pessoas como uma ameaça aos nossos próprios interesses –, precisamos de estruturas e sistemas melhores.

Pessoalmente, e para a surpresa de ninguém, penso que a balança pende a favor do capitalismo: ele desperta as nossas partes mais negligentes e competitivas e nos deixa na mão em todas as frentes que importam. Precisamos é de sistemas que acionem o que temos de melhor, as partes de nós que querem olhar para fora, para um mundo em crise, e participar do trabalho de reparação. Sistemas que tornem mais fácil, em grandes e pequenas dimensões, que o cuidado vença a batalha contra a negligência.

Onde encontramos modelos para uma sociedade como essa? Se os *doppelgängers* são lembretes das vidas que poderíamos ter vivido, das pessoas que poderíamos ter sido, talvez possamos olhar para os caminhos que não foram percorridos.

A Viena Vermelha vive

Aqui está, então, um possível portal para fora do mundo *doppelgänger*: aquelas formas de organizar sociedades que outrora estavam em pauta, que alguns até já tentaram implementar, e que nós poderíamos tentar de novo. Se escarafuncharmos com suficiente aprofundamento qualquer cultura, encontraremos formas alternativas de resistir e de viver, e até mesmo alguns modelos que foram cuidadosamente protegidos do rolo compressor que se autodenomina "progresso" e "civilização". Neste livro, tentei escavar alguns desses caminhos muitas vezes esquecidos e não percorridos dentro da minha própria tradição (judaica, esquerdista). Modelos como o Bund – a União Geral dos Trabalhadores Judeus – e seu comprometimento de fazer parte de uma aliança multiétnica de trabalhadores. Tal qual o empenho bundista com o "estar aqui e agora", com a luta por justiça onde quer que estivessem – ideia que tem grande aplicabilidade no nosso tempo, em que tantos milhões de pessoas estão sendo forçados a se mudar e encontrar novos lares e precisam de uma estrutura para reivindicar seu direito ao "aqui", onde quer que seja. Ou o socialismo democrático que Rosa Luxemburgo imaginou como a única alternativa à barbárie.[558] As ideias que construíram o nosso mundo estão fracassando, mas sempre há outras lógicas e ideias que podem ser adotadas. Ideias sobre como proteger culturas, línguas e identidades distintas sem a construção de fronteiras fortificadas entre Estados em torno delas. Ideias sobre a unidade e a solidariedade entre todos os povos obrigados a carregar duplas sombras traiçoeiras. Uma nova história baseada em uma colcha de retalhos de histórias antigas.

Penso em Abraham Leon, que escreveu seu livro *A concepção materialista da questão judaica* enquanto os nazistas se aproximavam, explicando cuidadosamente a maneira como as conspirações racistas mudam o assunto do capitalismo para cabalas. Ele escreveu essas palavras com vinte e poucos anos de idade, sabendo que milhões de homens e mulheres de seu povo já haviam morrido e que em breve suas ideias poderiam ser a única coisa que restava dele. Mas Leon acreditava nas ideias o suficiente para anotá-las – e isso significa que elas ainda estão disponíveis para serem utilizadas.

Não se trata de hipóteses: e se a compreensão de Hitler como um *doppelgänger* do projeto colonial – tal como expresso por W. E. B. Du Bois e Aimé Césaire e Walter Benjamin e Abraham Leon – tivesse sido levada a sério oito décadas atrás? Não foi. Mas ainda não é tarde demais para ouvir, e para que aquilo que ouvimos seja o fundamento do que faremos a seguir. Dizem-nos que a forma como as coisas são é a única forma como elas podem ser, porque supostamente todos os outros modelos já foram tentados e todos deram com os burros n'água. Mas nem todas essas ideias sobre diferentes formas de ser, de pensar e de viver fracassaram; em vez disso, muitas delas sucumbiram, esmagadas pela violência política e pelo terror racial. Ser esmagado não é o mesmo que fracassar, porque o que foi esmagado pode ser reavivado, reimaginado. Para Freud, os *doppelgängers* representavam caminhos não percorridos, escolhas não feitas. Poderíamos também optar por vê-los como lembretes de estradas que *ainda* podem ser trilhadas, de passados que ainda são pertinentes ao nosso presente.

O caminho em que mais penso é a Viena Vermelha e a extraordinária sociedade centrada na criança que a cidade construiu sobre os escombros da Primeira Guerra Mundial. Essa experiência esmoreceu sob o peso da força fascista – mas o espírito que construiu palácios metafóricos para crianças a fim de destruir prisões foi um enorme sucesso. Os socialistas democráticos organizaram-se em todos os níveis – desde os locais de trabalho aos bairros até os cargos eletivos – e promulgaram políticas públicas que se mostraram surpreendentemente populares e eficazes. Os exércitos de profissionais de saúde. As fraldas e roupinhas para bebês gratuitas. As habitações sociais iluminadas para os trabalhadores, moradias que em grande parte existem ainda hoje. Os parques e as piscinas. O direito à natureza. Os enfoques artísticos e criativos da educação infantil. A recusa em ignorar crianças pobres ou neurodiversas. As insistentes boas-vindas a refugiados e vítimas de ódio étnico. O comprometimento em fornecer uma alternativa aos males do nacionalismo que assolavam o continente.

A Primeira Guerra Mundial mutilou uma geração de soldados no campo de batalha e os deixou incapacitados, ao mesmo tempo que gerou inúmeros órfãos. Foi nesse contexto que a altaneira visão da Viena Vermelha transformou uma cidade empobrecida e acossada por doenças num farol de uma outra forma de viver, de relacionar-se, a despeito das imperfeições e deficiências. Ou, em termos mais precisos, *por causa* das imperfeições e deficiências.

Leanne Betasamosake Simpson, escritora e artista dos povos michi saagiig (mississauga anishinaabeg), disse-me algo há mais de uma década em que ainda penso com frequência. Ela estava falando sobre morar em uma parte de Ontário que tem sido um local de intensa poluição industrial, e sobre a atração de se mudar para áreas ermas mais “imaculadas”. Porém, disse ela, “quando penso na terra como a minha mãe, ou se penso nela como uma relação familiar, não odeio a minha mãe por ela estar doente ou por ter sido maltratada. Não deixo de visitá-la porque ela está em um relacionamento abusivo e tem cicatrizes e hematomas. Na verdade, é necessário intensificar essa relação”[559]. Você a visita ainda mais vezes. Eu me identifiquei com isso em muitos níveis, como filha de uma mãe que ficou gravemente incapacitada e como mãe de uma criança que é oficialmente classificada como deficiente (embora prefiramos ver isso como uma forma diferente de ser humano). A formulação de Simpson nos convida a enfrentar o estado de doença e debilidade do nosso mundo, mas não a usar isso como desculpa para nos afastarmos em busca da perfeição. Pelo contrário, quando estamos rodeados de necessidades, somos chamados a nos tornar cuidadores melhores.

Sunaura Taylor, teórica dos direitos das pessoas com deficiência, pensou e escreveu muito a respeito do que uma sociedade baseada no cuidado pode significar em nossa época de choques planetários e desastres em camadas. Para Taylor, existem muitos paralelos entre o estado do nosso mundo natural e o estado de tantos corpos e mentes com deficiência que tentam descobrir um jeito de viver neste mundo. A crise ecológica não é um simples binário de saúde e morte, argumenta ela. Sim, algumas espécies estão em vias de extinção, e algumas ecologias já não suportam vida. Contudo, o estado mais predominante dos nossos solos esgotados, dos leitos dos rios assolados pela seca, das minguantes populações de criaturas selvagens e das florestas superexploradas é a debilitação crônica, e o ambiente prejudicado é “precário, dependente, eivado de perdas e lutas, exigindo assistência, acomodação e formas criativas de cuidado”. Ela continua:

> Na condição de pessoa com deficiência, reconheço isso como deficiência [...]. Convivemos no presente, e conviveremos nas próximas décadas, mesmo nos melhores cenários hipotéticos possíveis, com a deficiência ecológica em massa do mundo mais do que humano, uma deficiência que está totalmente emaranhada com a incapacidade dos seres humanos. Diante disso, parece imprescindível refletir sobre quais formas de cuidado, tratamento e assistência esta era da deficiência exigirá.[560]

O desafio que ela lança é a antítese da busca pela perfeição individual e pela otimização da força que tantos estragos causaram na era da covid. É também acentuadamente diferente da forma como a dor e o trauma são tantas vezes interpretados à guisa de moeda corrente na economia da atenção - como pontos de separação entre nós, em vez de possíveis ligações. O enfoque de Taylor parece especialmente urgente, levando-se em conta que a covid longa, sobretudo após múltiplas reinfecções, pode muito bem resultar num evento incapacitante em massa, em que um grande número de pessoas outrora saudáveis e fisicamente aptas peleja às voltas com novas limitações para as quais não existe uma solução rápida.

Taylor não nega que a deficiência possa representar uma perda real - tanto para os humanos como para os não humanos -, mas apela a um "ambientalismo dos feridos: a insistência na luta por um mundo em que os feridos possam florescer"[561]. Não se trata de caridade ou boas ações; nenhum de nós fica imune a ferimentos. Todos nós somos, de alguma forma, prejudicados por este mundo, e mais cedo ou mais tarde seremos danificados por ele e/ou causaremos danos. Como tudo o mais que projetamos no outro, a dor e a deficiência não ficarão "lá"; em algum momento virão atrás de nós - nossos corpos, nossas famílias, nossos lugares amados. Se não conseguirmos construir infraestruturas de cuidados, as crueldades e desarranjos da era da covid serão apenas um vislumbre da barbárie que está por vir. Taylor está propondo um ideal para o outro lado do portal fora da cultura *doppelgänger*: uma sociedade sem pessoas e lugares sacrificiais, um mundo que não requer mais Terras das Sombras. O fim da fuga dos nossos segundos corpos. Integração de verdade.

Visão dupla

Nestas páginas escrevi sobre o colonialismo de assentamento como uma prática violenta e aniquiladora, e realmente é. Também me parece que deve ter sido assustador para os primeiros colonizadores europeus destas terras chegarem a lugares que eles não conheciam e tampouco compreendiam, lugares que, na visão deles, não tinham histórias, nem mitos, muito menos sacralidade. Uma das maneiras pelas quais os colonos tentaram se orientar foi dando a esses lugares que para eles eram tão novos os nomes de outros lugares com os quais estavam mais familiarizados, ou denominando os novos lugares com seus próprios nomes. Na parte do mundo onde eu moro, as cidadezinhas têm principalmente nomes de homens que chegaram com suas famílias em meados de 1800 e tiveram a audácia de dar à terra seu próprio nome: Gibson. Roberts Creek. Wilson Creek.

Aos poucos vão se tornando visíveis os nomes verdadeiros desses lugares, os nomes por trás e por debaixo desses nomes. Agora, as placas de sinalização verdes ao longo da rodovia geralmente exibem dois nomes: TS'UKW'UM (WILSON CREEK) ou XWESAM (ROBERTS CREEK); os dois mundos ocupam o mesmo espaço. É uma geminação instigante, mantendo na consciência os nomes que os colonos deram aos lugares que mal conheciam e os nomes que a nação shíshálh tinha e nunca deixou de ter para esses mesmos lugares. As placas de sinalização convidam aqueles de nós que não somos indígenas a ter uma dupla consciência: lembrar que vivemos numa nação que se impôs a outras nações e tentou relegar essas nações - seus povos, línguas, culturas, saberes - às Terras das Sombras.

As placas rodoviárias verdes são, supostamente, uma prova daquilo que o nosso governo chama de "reconciliação", uma pequena consequência da dolorosa e angustiante investigação da Comissão da Verdade e Reconciliação sobre os crimes das chamadas escolas residenciais. Essas realidades estão muito longe de serem reconciliadas, mas o que as placas fazem é tornar visível a ausência de reconciliação. É um começo dos mais simples, mas uma delicada sugestão de como podemos enfrentar algumas das verdades mais difíceis e evitadas com tanta tenacidade.

*

Quando eu estava terminando de escrever este livro, a rainha Elizabeth II morreu, aos 96 anos; ela teve uma boa morte, uma morte inevitável, uma morte não trágica. Grande parte do mundo de língua inglesa entrou numa estranha espécie de luto de dilacerar o coração, o tipo de luto coletivo em que a nossa cultura não se envolveu por tantas outras mortes: mortes graves, mortes evitáveis, mortes prematuras, mortes trágicas. Fiz uma brincadeira de mau gosto com amigos de Londres, dizendo que pelo menos nós no Canadá ainda tínhamos uma rainha - a chamada "rainha *QAnon*", que mora não muito longe da minha casa e promulga toda sorte de decretos ridículos.

Não foi bem uma piada. Sinceramente, não sei ao certo por que alguém deveria considerar uma rainha como absurda e a outra como perfeitamente legítima e aceitável. A mim me parece que a fantasia está em ação sempre que alguém se atreve a colocar uma coroa, ou traçar uma linha no mapa e declarar um novo país (sobretudo se for o país de outras pessoas, e sempre é). Nessas terras concebidas para serem *doppelgängers* de outras terras (*Nova* York, *Nova* Inglaterra, *Nova* França, *Nova* Gales do Sul, e assim por diante), criadas por decreto por homens em lugares distantes trajando vários tipos de vestes cerimoniais, quando começamos a tentar separar o fato da ficção, a fantasia da realidade, leva muito tempo até encontrarmos algo sólido. Se há uma coisa que eu admiro nos diagonalistas e outros habitantes do Mundo-Espelho é que eles ainda acreditam na ideia de mudar a realidade, ambição que, receio, muitos deste lado do vidro perderam. Não deveríamos inventar fatos como eles costumam fazer, mas deveríamos parar de tratar como imutáveis e inalteráveis muitos sistemas criados pelo homem - por exemplo, monarquias e supremas cortes e fronteiras e bilionários. Porque tudo o que é criado por alguns humanos pode ser alterado por outros humanos. E se os nossos atuais sistemas ameaçam a vida em seu próprio âmago - e de fato ameaçam para valer -, então devem ser mudados.

A vertigem entra em cena quando o mundo que pensávamos conhecer já não existe. O mundo conhecido está desmoronando. Tudo bem. Era um edifício erigido à base de negação e rejeição, não ver e não saber, espelhos e sombras. Precisava desmoronar. Agora, nos escombros, podemos fazer algo mais firme, mais digno da nossa confiança, mais capaz de sobreviver aos choques que se avizinham.

Epílogo: Quem é o duplo?

> Fiquei abalado por uma dúvida metafísica. *Eu* tinha sido o impostor o tempo todo? Eu era o Outro?
> – Graham Greene, *Pontos de fuga*

Tenho perguntas para minha *doppelgänger*, muitas perguntas. Sobre a aliança dela com Steve Bannon e sobre as alianças dele com fascistas declarados. Sobre os milhares de pessoas que morreram de covid porque temiam que as vacinas as matassem, ou matassem seus bebês, ou as impedissem de ter filhos. Sobre a arma que ela comprou e onde ela vê esse rifle se encaixando em meio a todas as outras armas. Sobre o que seus seguidores fizeram com aquele restaurante do Oregon cujos donos eram negros. Sobre por que ela não parece estar preocupada com a revogação da decisão *Roe v. Wade*. Sobre o que realmente aconteceu depois que ela começou a falar sobre a Palestina – e em seguida parou.

Eu queria muito fazer essas perguntas a Wolf. Elaborei uma lista e solicitei uma entrevista. Enviei e-mails para seu site, seu editor e sua conta pessoal. Contei com a ajuda de um amigo em comum, um dos poucos que não haviam rompido relações com ela. Escrevi que, embora tivéssemos divergências políticas, eu poderia prometer um debate respeitoso. Disse que poderíamos transmitir o debate no site *The Intercept*, na esperança de que Wolf visse a vantagem a seu favor, já que ela estava em plena promoção de divulgação de um livro recente.

Não obtive resposta. Na época, Wolf vinha participando de dezenas de programas de extrema direita, onde era tratada da maneira como parece ver a si mesma: como uma profetisa, uma Cassandra, uma vítima perseguida por forças poderosas, e uma heroína por, mesmo assim, estar disposta a falar a sua verdade. Aparentemente ela não precisava de nada que eu tinha a lhe oferecer.

É uma pena. Se ela tivesse concordado com a entrevista, eu teria feito todas essas perguntas e mais uma. Eu teria perguntado se ela se lembra de mim.

Era janeiro de 1991; eu tinha 20 anos, ela, 28. *O mito da beleza* acabara de ser lançado e causou grande impacto no Reino Unido. Um membro do corpo docente da minha faculdade ficou impressionado e convidou a jovem feminista em ascensão para falar na sala de convivência de um dos nossos dormitórios, meses antes de seu livro se tornar um cometa fulgurante na América do Norte. Na qualidade de feminista mirim no campus, recebi uma ligação perguntando se eu gostaria de entrevistar Wolf para o jornal estudantil, *The Varsity*. Eu nunca havia entrevistado um escritor. Aceitei.

Éramos apenas trinta pessoas na sala; isso dá a medida da fama ainda incipiente de Wolf nessa época. Sentadas de pernas cruzadas num tapete de tear barato e largo, ouvimos Wolf nos contar que forças poderosas desenvolveram ideais de beleza inatingíveis no exato momento em que mulheres jovens como nós estavam prestes a finalmente romper as barreiras invisíveis, mas muito reais, da segregação de gênero que impediam nossas mães de progredir. Era por isso que tantas de nós passávamos fome, forçávamos o vômito, desperdiçávamos valiosos neurônios odiando nosso corpo ou sonhando com cirurgia plástica em vez de fazer o trabalho que estávamos lá para fazer. Isso estava nos exaurindo, nos distraindo, roubando de nós nossos legítimos poder e lugar no mundo.

Eu me sentei na primeira fila, paralisada de fascínio. Não foi por causa do conteúdo, ao qual mal dei atenção. Na apressada leitura que fiz de *O mito da beleza*, nada encontrei que fosse novo ou revelador para alguém criado por uma feminista da segunda onda que onze anos antes havia feito um documentário sobre pornografia. Meses antes, meus amigos e eu organizamos a exibição do documentário *Killing Us Softly*, que desconstruía em minúcias as representações da beleza e docilidade femininas na publicidade[562], o mesmo tema abordado em *O mito da beleza*. Na sessão de perguntas e respostas, uma amiga minha delicadamente questionou Wolf acerca da razão pela qual ela tinha tão pouco a dizer sobre as pressões específicas sofridas pelas mulheres negras e asiáticas para branquearem a pele e se submeterem a cirurgias para levantar as pálpebras a fim de se ajustarem aos ideais de beleza eurocêntricos. Já estávamos muito à frente dela.

No entanto, nada disso tirou o magnetismo de Wolf. Porque o elemento revelador *era a pessoa* de Wolf. O fato de aquelas palavras sobre beleza virem de alguém tão jovem, confiante e convencionalmente bonito. Ela era como uma irmã mais velha que fumava maconha e atingiu a maioridade nos exuberantes e desregrados anos 1970, ao passo que nós éramos adolescentes na lustrosa e sufocante década de 1980. Pode parecer uma coisa pequena, mas Wolf não se vestia como uma escritora poderosa. Naquela época, ela usava jeans desbotados e camisetas. Na foto de divulgação, ostentava uma jaqueta de couro. Além do mais, escreveu um livro no qual as pessoas estavam prestando atenção. Um grande livro sobre grandes ideias.

Nunca me ocorrera que esse tipo de coisa fosse possível. Eu não fui uma daquelas crianças que já na puberdade traçavam em detalhes seus planos de carreira. Eu não entrei em nenhum clube, não tinha objetivos. Fui expulsa de uma escola do ensino médio, e reprovada no primeiro ano do *college* quando minha mãe adoeceu, antes de finalmente conseguir ingressar na universidade, mas desisti de novo. Eu não tinha ideia de como poderia ser minha vida adulta, além de uma vaga sensação de que queria fazer alguma coisa com palavras que me permitisse viajar e comprar um loft mais ou menos parecido com o que eu vi na série de TV *A gata e o rato*. Mas e aquilo que Wolf tinha feito – escrever um livro de ideias, conquistar uma audiência internacional antes de completar 30 anos, e tudo isso soltando os cachorros para cima do patriarcado? Parecia algo a que valia a pena aspirar.

Terminada a sessão de perguntas, era hora das rodinhas de bate-papo informal, e eu me apresentei a Naomi Wolf como a estudante jornalista de mesmo nome que estava escalada para entrevistá-la.

Wolf fixou seus olhos nos meus. “Eu sabia que era você”, disse ela. “Você está com cara de quem acabou de ser estuprada.”

Ainda posso sentir o solavanco com que suas palavras fizeram meu corpo inteiro sacudir de choque. Foi uma coisa totalmente inapropriada de dizer, vejo agora. Em retrospecto, foi também um sinal precoce sobre a propensão de Wolf para tirar conclusões precipitadas antes de dispor de todos ou alguns dos fatos. Pensando na convicção com que ela pronunciou essas palavras, posso sentir sua fome de intimidade, bem como sua compulsão de estar por dentro, de ser especialista em cada interação. Tendo aprendido um pouco desde então sobre as técnicas dos líderes carismáticos nos mundos interligados da espiritualidade, do bem-estar das mulheres e da conspiração, hoje vejo isso como uma clássica manobra de poder: acho que Wolf estava afirmando seu acesso a alguma veia especial de conhecimento a fim de obter minha confiança instantânea.

Absolutamente nada disso me ocorreu na ocasião, no entanto. Porque naquele momento a sensação era de que Naomi Wolf estava enxergando a minha alma nua e crua.

Eu a entrevistei sobre *O mito da beleza*, num vestíbulo perto da sala de estudos, e a matéria daí resultante ocupou uma página inteira em *The Varsity*, bem ao lado de um artigo condenando a primeira Guerra do Golfo ("EUA, saiam do Golfo! Chega de Vietnãs!"). E conversamos também sobre outros assuntos além do livro. Sua manobra para obter intimidade instantânea funcionou, e eu me abri por inteiro. Não, eu não tinha acabado de ser estuprada, não recentemente. Mas vinha sendo alvo de um tipo diferente de ataque. Havia começado a primeira Intifada e, uma semana antes, eu publicara um artigo veemente no jornal do campus sobre as violações dos direitos humanos por Israel. Tal como aconteceria com Wolf duas décadas e meia mais tarde, meu texto causou uma tempestade de fogo. Houve furiosas excomunhões e ameaças de morte, e milhares de exemplares do jornal estudantil foram descartados na lixeira em frente ao nosso escritório. Realizou-se uma campanha para convencer os doadores da universidade a ameaçar retirar o financiamento caso o jornal não recebesse uma punição, e pelo menos um deles tentou, sem sucesso. Suponho que tenha sido minha primeira experiência com o que hoje chamamos de cultura do cancelamento.

Então é muito plausível que Wolf tenha captado uma energia traumática emanando de mim; ela simplesmente errou a causa. Quando lhe expliquei a situação, seu tom foi tranquilizador. Ela disse que eu tinha uma história para contar e me incentivou a escrevê-la, prometendo me ajudar a publicar meu texto no *New York Times* – o namorado dela era um dos editores do jornal. Eu escrevi, e meu artigo foi rejeitado (obviamente) pelo *Times*, mas acabou sendo publicado num pequeno jornal feminista chamado *Fireweed*, numa edição especial de oposição à ocupação e colonização da Palestina por Israel. Foi minha primeira publicação profissional; espantada, eu acariciei a capa lisa e brilhante do periódico.

Depois de termos nos conhecido, por algum tempo Wolf e eu mantivemos contato. Lembro-me de uma conversa com ela tarde da noite, na qual confessei a incapacidade de me livrar da minha própria autoconsciência. Era como se eu pairasse sobre mim mesma observando, mesmo nas situações mais íntimas, como se houvesse um duplo meu, sempre criticando, corrigindo meus defeitos. ("Eu não sei ser eu mesmo. É como se eu estivesse permanentemente fora de mim mesmo", Simon diz ao seu *doppelgänger* no filme *O duplo*.[563]) Wolf articulou uma explicação que parecia dar sentido à minha cautela. "Esse é o olhar masculino", disse ela, e eu tive certeza de que ela estava certa.

Logo depois disso perdemos contato, e eu mantive apenas um vago registro de seu trabalho – o manifesto do poder feminista *Fogo com fogo*, o conselho a Al Gore para que fosse mais macho alfa. Eu não conseguia me identificar com essa pessoa que ela havia se tornado, uma mulher que parecia querer tanto o tipo errado de poder.

Talvez Wolf não se lembre de nada disso. Aparentemente, provocar reações emocionais em estudantes não era algo incomum para ela. De acordo com um artigo de 2005 no jornal *San Francisco Chronicle*: "Sua intensa energia, acentuada com grandes expectativas para suas alunas, pode levar as jovens às lágrimas"[564]. Eu fico imaginando se ela usou com alguma delas aquela frase sobre eu ter cara de "recém-estuprada".

No entanto, mesmo quando superei Wolf como modelo de feminista a ser imitado, o sentimento que tive naquela sala de convivência do campus perdurou – a revelação sobre o que e quando um autor poderia ser. Aos 26 anos, abandonei a universidade (pela segunda vez) para escrever um livro sobre o poder corporativo antidemocrático e os nascentes movimentos que vinham surgindo na oposição. Meu pai ficou horrorizado por eu desistir (de novo) de meu diploma de graduação, mas eu estava convencida de que, se escrevesse aquele livro naquele momento, deixaria uma marca no mundo, tal como vi acontecer com *O mito da beleza*.

Essa convicção não esmoreceu, nem mesmo quando acumulei uma pilha de cartas de rejeição de editores nos Estados Unidos. Mesmo quando uma editora num escritório envidraçado com vista para o rio Hudson se recostou na cadeira e explicou: “Eu quero ler este livro, mas os leitores querem livros de memórias com relatos sobre distúrbios alimentares”. Fiquei furiosa com a ideia de que o único domínio de especialidade aceitável para jovens escritoras fosse o nosso próprio corpo. Ao sair, ela me entregou as provas de um desses livros de memórias sobre transtornos alimentares, obra que ela claramente esperava que fosse o próximo *O mito da beleza*. Não foi – mas suponho que *Sem logo* meio que foi.

Às vezes eu me pergunto por que enfiei na cabeça a ideia de que, sendo ainda tão jovem, eu tinha o direito de ocupar tanto espaço, de fazer reivindicações tão grandes e ousadas. De onde veio essa audácia? Minha mãe merece mais crédito do que jamais lhe dei: cresci rodeada por feministas corajosas e criativas, mesmo que elas não pensassem muito em ir além do movimento. Tive professoras, algumas realmente boas. Mas, para ser sincera, Wolf também desempenhou um papel relevante – aquele acaso de me ver em sua intensa órbita justamente no momento em que eu estava pronta para imaginar um tipo diferente de futuro para mim.

Quando olho para a minha primeira foto de divulgação como escritora na orelha de *Sem logo*, na qual eu tinha cabelos castanhos longos e ondulados, estremeço de espanto ao ver o quanto devo ter inconscientemente tentado ficar parecida com a fotografia de divulgação para a imprensa de Wolf, publicada junto com a entrevista no jornal *The Varsity* uma década antes. Acho que isso significa que, quando ler estas palavras, ela estará totalmente dentro de seu direito de reagir tal qual o Falso Roth faz ao afirmar sobre o Verdadeiro Roth: “*Ele* é a fraude, *essa* é a ironia – *ele é a porra do duplo*, um impostor desonesto e uma porra de uma fraude hipócrita”[565].

Interroguei isso, tentei desvincular minha gratidão pelo papel que ela desempenhou naquela época dos meus sentimentos – medo, repulsa, fascínio, raiva, preocupação –, do papel que ela desempenha hoje. Se tantos anos atrás ela agiu como um tipo de espelho muito diferente, um espelho que me ajudou a ver o que eu poderia me tornar, o que devo a ela agora? Silêncio? Respeito? Lealdade para toda a vida?

Acho que não. Se há algo que esta jornada me ensinou é que a identidade não é fixa. Nem a minha. Nem a de Wolf. Nem mesmo a barreira entre nossas duas identidades. Tudo é fluido, muda e se duplica constantemente. Negociar essa duplicação - entre os nossos eus mais jovens e os nossos eus mais velhos, entre os nossos eus públicos e os nossos eus privados, entre os nossos eus vivos e os nossos eus moribundos - faz parte do que significa ser humano. Uma parte maior de ser humano, porém, e certamente de viver uma vida boa, não tem relação com a maneira como nos construímos nessas areias movediças do eu. Tem a ver com o que construímos juntos.

Ademais, não recebi o nome de Rute, a leal, que vale sete filhos. Meu nome é Naomi, uma homenagem a Noemi, aquela que fez o que foi necessário para sobreviver.

Agradecimentos

Depois de um quarto de século escrevendo livros em um estilo político e editorial específico, pode ser difícil dar uma guinada. Tive a sorte de trabalhar com uma equipe editorial brilhante, que saudou com entusiasmo essa mudança de direção. Kimberly Witherspoon, da Inkwell Management, agora minha agente, assinou embaixo e abraçou a ideia por todos os motivos certos desde nosso primeiro telefonema. Ela embarcou nessa comigo com uma confiança imponente e, desde então, nossa colaboração se dá com paixão e coleguismo raros. Para sempre serei grata a Sue Halpern por nos apresentar.

Kim estava determinada a encontrar um editor e uma editora que quebrassem todas as regras de publicação corporativa necessárias para permitir que este livro se tornasse o que queria ser. Descobrimos isso e muito mais em Alexander Star e em toda a equipe da Farrar, Straus and Giroux. Depois de uma hora conversando com Alex sobre duplos literários e teorias da conspiração, eu sabia que havia encontrado alguém que pularia comigo toca do coelho abaixo – e me arrancaria de lá quando necessário. Nos melhores dias, o trabalho parecia uma brincadeira. Alex aprimorou e aprofundou o texto de inúmeras maneiras, ao mesmo tempo que atuou em estreita colaboração e trocou ideias, informações e conselhos com minha editora canadense de longa data, Louise Dennys, agora editora emérita da Penguin Random House Canada, bem como com Martha Kanya-Forstner, editora da Knopf Canada, e Thomas Penn, diretor editorial da Penguin Books do Reino Unido. Sou profundamente grata a Mitzi Angel e Stefan McGrath por depositarem fé em mim.

Antes de haver agentes e editores, havia Harriet Clark. Em um momento de vertigem pandêmica particularmente aguda, decidi fazer bom uso das restrições às viagens, e tirar proveito das maravilhas do Zoom, para encarar o curso de escrita criativa que eu nunca tinha frequentado. Harriet foi a minha escola. Depois de apenas alguns meses sentindo-me uma estudante de graduação canhestra, a ideia deste projeto criou raízes. À medida que ele crescia, Harriet jamais parou de me ensinar, e minha dívida para com essa doula literária é imensa.

Outra grande dívida é para com Kendra Jewell, a pesquisadora-chefe deste projeto. Enquanto concluía seu doutorado em antropologia na Universidade da Colúmbia Britânica (UBC), Kendra reservou tempo para se aprofundar em todo tipo de tema, desde teorias sobre *doppelgängers* na psicanálise até escolas *charter*, um modelo de parceria público-privada, na Flórida. Kendra tem uma mente prodigiosa, e pensar com ela tem sido uma das alegrias da minha vida profissional. Tivemos a sorte de trabalhar em estreita colaboração com outros dois assistentes de pesquisa de primeiríssima linha, Isabella Pojuner e J. J. Mazzucotelli, ambos concluindo mestrado na UBC. Durante meses a fio essa equipe de pesquisa trabalhou com tremenda dedicação, realizando revisões de literatura, verificando e reverificando fatos, esquadrinhando notas de fim de texto – e todos eles merecem receber adicional de insalubridade pelo número de episódios do podcast *War Room* que tiveram de transcrever. Sou grata também a Nicole Weber, minha ex-assistente de pesquisa na Universidade Rutgers, que foi uma colega maravilhosa na fase inicial deste livro.

Entreguei rascunhos a vários amigos, colegas e familiares para ouvir suas opiniões e comentários: Bill McKibben, Alex Kelly, Harsha Walia, Cecilie Surasky, Jacqueline Rose, Johann Hari, Katharine Viner, Rajiv Sicora, Celeste Lecesne, Larry Zuckerman, Nancy Friedland, M. J. Shaw, Christine Boyle, Michele Landsberg e Stephen Lewis, bem como Seth, Bonnie, Michael e Misha Klein. Todos voltaram com insights precisos e úteis. Em cada página dá para sentir os resultados das minhas intermináveis conversas com Kyo Maclear e V, bem como das minhas caminhadas pela floresta com Kara Stanley às quintas.

Tenho uma dívida especial para com dois escritores e intelectuais ocupadíssimos: Keeanga-Yamahtta Taylor e China Miéville. Ambos se envolveram substancialmente com as primeiras versões deste manuscrito e o influenciaram de maneiras grandes e pequenas. Uma conversa com Molly Crabapple sobre o Bund – a União Geral dos Trabalhadores Judeus – teve um profundo impacto no texto num ponto crucial, assim como suas intervenções menores em momentos posteriores. Sou gratíssima ao meu querido amigo e camarada Anthony Arnove, que continua a representar vários títulos na minha lista de publicações antigas. A avaliação crítica que Anthony fez sobre este manuscrito foi muito útil para me orientar quanto a textos-chave acerca da "questão judaica" no pensamento marxista. Roger Hodge, do site *The Intercept*, editou cuidadosamente vários artigos mencionados no texto e apoiou este projeto mesmo quando isso significou longos desaparecimentos, mesmo caso de Betsy Reed.

Sempre fico sem palavras na hora de agradecer à magnífica Jackie Joiner, que desde 2005 vem gerindo a minha vida profissional e pessoal. Tudo o que posso dizer é que ela torna tudo possível, e faz isso com bondade e bom humor infalíveis – ao mesmo tempo, ela é uma sábia do mundo editorial.

Nos estágios iniciais da pesquisa para este livro, tive uma conversa com Gage Averill, hoje reitor da Universidade da Colúmbia Britânica, que mudou minha vida. Sou muito grata a ele por me levar para a UBC, e a todos os meus colegas do Departamento de Geografia e do Centro por Justiça Climática, sobretudo Geraldine Pratt e Jessica Dempsey (ambas primeiras leitoras), bem como Mohammed Rafi Arefin, Sara Nelson, Alec Blair e Jarrett Martineau. Meus alunos de estudos avançados na Rutgers e na UBC têm sido uma força estabilizadora em tempos tumultuados: nossas discussões semanais de três horas nunca deixam de renovar minha fé no possível. Também sou grata à extraordinária Barbara Ransby por me incluir como bolsista no Projeto do Portal de Justiça Social da Universidade de Illinois, um espaço para conversas interdisciplinares entre ativistas e acadêmicos que me desafiou e inspirou.

Houve períodos em que precisei fugir de casa por algumas semanas para escrever, e contei com alguns anfitriões verdadeiramente maravilhosos: o chalé Indigo em Pender Harbour, Jane Walker em Squamish, Nancy e Craig em Sechelt. Mas nada poderia ter sido mais alentador do que dividir a casa com V e Celeste durante a primavera no Vale do Hudson. Nestas páginas, escrevi sobre os professores e assistentes educacionais que apoiam e celebram a neurodivergência. Também tornaram possível minha vida de escritora: Jeannette Lewis, Erin Wilson, Nikki Underwood, Robin Hansen e Tania Obalek. O trabalho de cuidado é verdadeiramente a base do próximo mundo.

Que riqueza é viver dentro de uma rede que brilha com tanta criatividade, comprometimento e generosidade. E tudo isso se soma à fonte mais privada de apoio e plenitude que é minha família imediata: Avi, minha rocha eterna na casa do penhasco, e T., minha aurora boreal. Este é um livro sobre a instabilidade do eu, mas a verdade é que, enquanto tiver vocês dois, sempre saberei quem sou.

Posfácio
Também desse lado do espelho o falso é real
Rodrigo Nunes

No centro do livro de Naomi Klein há um paradoxo com o qual todos que têm se dedicado a compreender a ascensão global da extrema direita na última década se deparam: por um lado, o fato de que aquilo que nos separa do que ela chama de "Mundo-Espelho" não seja um desacordo sobre a interpretação da realidade, mas sobre a própria realidade, como se efetivamente vivêssemos em mundos diferentes; por outro, o evidente oportunismo e autointeresse de figuras como a "Outra Naomi", que passou para o lado de lá em busca de "tudo o que um dia já teve e perdeu – atenção, respeito, dinheiro, poder". Como entender essa paradoxal conjunção do cinismo, que supõe certa distância crítica em relação às próprias crenças, e uma fé imune a toda dúvida?

Trata-se de um problema com o qual Theodor Adorno já havia se confrontado num texto de 1951, "Teoria freudiana e o padrão da propaganda fascista", e que ele chamava ali de "falsidade" (*phoniness*)*. Embora suas observações não sejam conclusivas, elas apontam numa direção importante. A identificação com as próprias crenças ou com as crenças daqueles que seguimos não

* Theodor Adorno. "Teoria freudiana e o padrão da propaganda nazista". In: *Ensaios sobre psicologia social e psicanálise*. Trad. de Verlaine Freitas. São Paulo: Ed. Unesp, 2015, p. 183.

precisa ser completa para configurar adesão a uma causa ou movimento; as pessoas podem frequentemente saber que algumas de suas crenças ou argumentos têm valor essencialmente instrumental, servindo apenas para fazer avançar sua posição. Que a adesão seja nesses casos uma performance, contudo, não torna menos sincera a convicção na necessidade de performá-la, dado que, ao fim e ao cabo, a adesão que realmente importa não é a esta ou àquela crença particular, mas à necessidade de fazer avançar a causa e os valores de que ela é portadora – e nenhum valor é, em última análise, mais alto que o poder que esse avanço é capaz de conferir a quem dele participa.

Doppelgänger aprofunda essa análise para mostrar as bases reais em que a falsidade se assenta; poderíamos dizer tratar-se, justamente, de um livro sobre a realidade da falsidade. Na mais superficial e menos dissonante de diferentes camadas superpostas de cinismo, temos o mundo dos empreendedores políticos que são hoje a célula organizacional fundamental da extrema direita na maior parte dos lugares onde ela está em ascensão.* A chave para compreendê-lo é o entrelaçamento entre política e negócios numa era em que, para cada vez mais pessoas, o negócio é elas mesmas. Neste cenário tornado possível pelas plataformas digitais, o cultivo de um capital midiático (alcance e poder de influência) é a condição para a construção de um capital político que é, ao longo de todo o caminho, constantemente convertido em capital econômico mediante a monetização de canais e perfis, a venda de produtos e serviços como palestras, ou mesmo a conquista de posições governamentais ou uma carreira na política eleitoral.

A seletividade e a recursividade dos algoritmos dessas plataformas, que favorecem conteúdos com cargas emocionais extremas, o que intensifica o engajamento, e oferecem sempre mais do mesmo tipo de conteúdo com que um indivíduo já se relacionou no passado, geram uma estrutura de incentivos em que influenciadores em busca de um público fiel são instados a simultaneamente repetir e aumentar a dose daquilo a que sua audiência responde

* Permito-me aqui referir o leitor a Rodrigo Nunes, *Do transe à vertigem: Ensaios sobre bolsonarismo e um mundo em transição* (São Paulo: Ubu, 2022), cap. 2; id., "The Pastor, the Swarm, and the Movement", *The Immanent Frame*, 26 out. 2022.

positivamente – o que leva, por sua vez, às espirais de radicalização pelas quais progressivamente se constituem os universos informacionais paralelos do Mundo-Espelho. Esses processos nunca são simplesmente unidirecionais e de cima para baixo, mas antes movimentos circulares de retroalimentação pelos quais os influenciadores respondem a seu público respondendo a eles. Sem embargo, a tomada de posições cada vez mais radicais, apresentada como marca da coragem de nadar contra a corrente, é inseparável da constituição de nichos que podem ser explorados tanto econômica quanto politicamente, o que faz com que, de maneira muito mais direta que os líderes políticos "normais" – isto é, aqueles da política tal como ela se fazia nos séculos XIX e XX –, interesses pessoais e objetivos políticos encontrem-se, para os empreendedores políticos, inextricavelmente enredados. Conforme escreve Klein a respeito do grande estrategista da extrema direita global, Steve Bannon "tampouco oferece a seus ouvintes alguma alternativa concreta à predação corporativa que critica – ele apenas se dedica a depená-los de maneiras mais insignificantes, dizendo-lhes para comprar metais preciosos e moedas FJB e 'kits de refeições prontas de emergência para desastres', bem como toalhas de seu principal patrocinador, a fábrica de travesseiros MyPillow".

Seria possível parar por aí e deixar tais fenômenos na conta da ganância e do mau-caratismo das plataformas e dos "pilantras da economia da atenção". Mas Klein identifica a condição mais profunda desse tipo de comportamento numa transformação ocorrida com o advento da Web 2.0 e a consolidação e a disseminação de algo que poderíamos chamar de "subjetivação de marca". A jornalista canadense é uma testemunha privilegiada dessa mudança, dado que seu primeiro livro, *Sem logo**, captura o momento imediatamente anterior, de ascensão de *lifestyle brands* como Nike, Apple e Tommy Hilfiger, que buscavam ao mesmo tempo apropriar-se comercialmente das atitudes e valores de diferentes grupos sociais e estabelecer relações profundas de identificação entre consumidor e marca.

* Naomi Klein. *Sem logo: A tirania das marcas em um planeta vendido*. 6. ed. Trad. de Ryta Vinagre. Rio de Janeiro: Record, 2008.

Sem logo apareceu em 1999, cinco anos antes da publicação póstuma de *Nascimento da biopolítica*, curso proferido por Michel Foucault no final dos anos 1970 no Collège de France, em que o filósofo francês analisava a então nascente governamentalidade neoliberal.* Nessas aulas, que permaneceriam inéditas ao longo das duas décadas e meia que as tornariam mais urgentes e oportunas, Foucault discutia o neoliberalismo como uma generalização da racionalidade econômica para pensar todas as relações humanas, da empresa como modelo para instituições e pessoas, e da noção de capital humano como constituindo cada indivíduo como um "empreendedor de si mesmo". Indiretamente confirmando essa análise pioneira, Klein cita um artigo simultaneamente visionário e prematuro de 1997 em que o guru da administração de empresas Tom Peters advogava a ideia de que toda a gente deveria efetivamente considerar-se como marca, tal qual Reebok, Starbucks e Microsoft. O problema, naturalmente, é que a imensa maioria da população não apenas não era conhecida para além de seu círculo imediato de relações, como não tinha como arcar com os custos de marketing. Ambas as coisas mudariam apenas dez anos depois com o aparecimento de MySpace, Facebook, Twitter e Instagram.**

As redes sociais concluíram o trabalho de adestramento na lógica do empreendedor de si que o avanço das reformas neoliberais desde os anos 1970 havia iniciado. Em consonância com o tema dos duplos que atravessa o livro, Klein se refere a esse processo de converter-se em marca como uma duplicação através da qual os indivíduos constituem sua presença digital como um outro idealizado, separado do seu eu, conscientemente criado e gerido para representar uma certa imagem para um público aberto e potencialmente ilimitado, mediado pela tecnologia. Essa "forma universal de criação de *doppelgängers*", uma prática na qual a grande maioria de nós se encontra engajada de maneira diária, institui uma espécie de dissociação sistemática como segunda natureza,

* Michel Foucault. *Nascimento da biopolítica: Curso dado no Collège de France (1978-1979)*. Trad. de Eduardo Brandão. São Paulo: Martins Fontes, 2008.

** No meio do caminho, como uma dobradiça entre os dois momentos, ainda houve o crescimento da *reality TV*, que consolidou o fenômeno dos "famosos por serem famosos".

normalizando as condições necessárias para a falsidade que encontramos entre os empreendedores políticos e seus seguidores.

Um dos efeitos que os algoritmos produzem por recursão é a sedimentação progressiva da divisão entre grupos internos, marcados pelo vínculo identificatório e os sentimentos positivos entre seus membros, e grupos externos aos quais se podem atribuir as mais variadas associações negativas. A separação (*partitioning*) e a representação (*performing*) que compõem nosso trabalho diário de duplicação digital encontram-se, assim, complementadas por um terceiro elemento, a *projeção*. Não é apenas que os grupos externos e os indivíduos que a eles pertencem passam a funcionar como tela de projeção para tudo aquilo que percebemos como abjeto, reprovável, o contrário de nossas identidades de grupo e o mais indesejável (e inconfessável) para nossas marcas digitais singulares. Também o policiamento das fronteiras entre grupos e a vigilância ininterrupta sobre a performance pública de cada indivíduo, bem como o controle e a eventual punição de qualquer ação que seja interpretada como desviando dos marcadores de pertencimento coletivos, se tornam presenças constantes na vida dos duplos digitais. A gestão de uma marca pessoal em meio aos humores instáveis do ritmo 24 por 7 das plataformas digitais é, assim, uma atividade fundamentalmente incerta. Conforme escreve Klein, "um sósia digital pode proporcionar tudo o que a nossa cultura nos ensina a desejar: fama, adulação, riqueza. Mas é um tipo precário de realização de desejo, e para destruí-lo basta uma única opinião equivocada ou uma postagem ruim". A sombra da morte social virtual – inadequadamente chamada por nomes como "linchamento" e "cancelamento" – está sempre rondando, e é ela, e o "renascimento" que vem em seguida, que frequentemente está na origem da passagem de figuras como Naomi Wolf deste para o outro lado do espelho.

Embora Klein não os articule enquanto tal de maneira explícita, podemos encontrar nesses mecanismos a origem de outros fenômenos que o livro aborda, e que têm sido objeto de debates constantes nos últimos anos. Na dinâmica algorítmica de formação de grupos internos e externos, por exemplo, encontramos o grande fator acelerador das polarizações que parecem cada vez mais caracterizar o mundo em que vivemos. Estas, que podemos interpretar à luz do conceito de *cismogênese* proposto pelo antropólogo britânico Gregory Bateson – processos nos quais um grupo responde à ação de outro com uma ação de igual intensidade em direção oposta ou complementar –,* são uma preocupação recorrente em *Döppelganger*. O livro destaca, entre outras coisas, que o fato de praticamente qualquer questão hoje em dia reunir "dois campos políticos em conflito, cada qual se definindo por oposição a tudo o que o outro diz e faz", não só cria diferenças de realidade (e não apenas de interpretação), como muitas vezes impede quem está de um lado de reconhecer qualquer legitimidade ou mérito naquilo que é dito do outro. Duas consequências que decorrem daí são a patologização instintiva do outro, que barra qualquer possibilidade de diálogo mesmo quando ele ainda é possível, e nos impede de acolher os medos e anseios reais que amiúde se escondem em discursos que nos parecem fantasiosos; e, por extensão, a tendência da esquerda a assumir uma defesa acrítica da ordem existente, deixando uma série de temas que deveria tomar para si – tais como o poder das plataformas e da indústria farmacêutica – à mercê de sua rearticulação no interior do Mundo-Espelho da extrema direita. Escreve Klein: "Depois de meses ouvindo [Steve] Bannon, posso afirmar com a mais absoluta certeza: embora quase todos nós que nos opomos ao projeto político dele optemos por nem sequer vê-lo, ele nos observa de perto. As questões que abandonamos, os debates que não travamos, as pessoas que insultamos e descartamos".

Outro fenômeno que pode ser iluminado pela análise dessas dinâmicas é aquele que poderíamos designar como *identitarismo*, ficando entendido que estamos tratando aqui de um processo bem mais amplo que aquilo que normalmente se pretende designar com esse nome (que costuma ser usado como guarda-chuva pejorativo para falar das lutas de negros, mulheres, indígenas, pessoas LGBTQIA+ etc.). Em sentido geral, o que tenho em mente ao usar essa palavra é simplesmente o apego excessivo a uma identidade e ao conjunto de marcadores que lhe são próprios, bem como a experiência de precisar performar todo o tempo "quem

* Ver Gregory Bateson, *Naven: Um esboço dos problemas sugeridos por um retrato compósito, realizado a partir de três perspectivas, da cultura de uma tribo da Nova Guiné*. 2. ed. Trad. de Magda Lopes. São Paulo: Edusp, 2006, pp. 219-227.

realmente se é". (De novo, aqui, o jogo complexo de autenticidade e artifício que encontramos no conceito de "falsidade".) Mais especificamente, no entanto, refiro-me à situação que se produz a partir do momento em que a visibilidade muito maior da marca digital sobre a pessoal "real" - do ponto de vista do alcance, da constância e da arquivabilidade - faz com que a performance regular de um conjunto de comportamentos que marcam a pertença a um grupo, diante de um público direta ou indiretamente mediado digitalmente, torne-se um árbitro do valor individual mais importante que qualquer ação ou atitude offline.* Klein oferece um bom exemplo disso na história de uma estudante que, embora estivesse efetivamente envolvida nos protestos do movimento Black Lives Matter, foi aconselhada a postar nas redes sociais a respeito disso para não ser percebida como racista. "Ela se conectou novamente e fez postagens, mas com relutância; sabia que havia algo errado com uma cultura que valorizava as performances públicas de um eu virtuoso em detrimento de uma postura de solidariedade e da construção de relacionamentos mais tangíveis."

Esse fenômeno encontra-se, por sua vez, na base de dois outros. Por um lado, aquilo que poderíamos chamar de "radicalização identitária", que é quando a performance do compromisso político se exacerba sem que isso necessariamente corresponda a uma radicalização nem do ponto de vista da prática global nem do programa. Por outro lado, a virulência com que a projeção, normalmente voltada contra os membros de grupos externos, pode facilmente voltar-se contra membros do grupo interno, que experimentarão assim a morte social de verem-se banidos. Se os gestores de marcas pessoais precisam todo o tempo "projetar nos outros a sua parte indesejada e perigosa", isso a cada tanto precisa ser feito contra seus próprios pares, caso a performance destes seja percebida como inadequada pelo grupo; e feito com força redobrada para que não haja riscos de contaminação pela falha do outro, para que não haja dúvidas sobre o lado em que se está.

Neste último ponto encontramos, aliás, mais uma afinidade eletiva entre a lógica das plataformas digitais e o apelo da extrema

* Sobre este ponto, remeto o leitor a Rodrigo Nunes, *Do transe à vertigem*, op. cit., cap. 5.

direita. Se, como observou Adorno, o preconceito contra minorias pode ser entendido como resposta a um mundo em que "a organização econômica se demonstra incapaz de reproduzir a população" em números cada vez maiores, a fúria com que grupos de internet podem se voltar contra os seus ou os outros é legível nos mesmos termos. Isto é, como mecanismo de defesa pelo qual alguns indivíduos são feitos de válvula de escape para uma ameaça a que todos estão constantemente expostos, bem como uma oportunidade para cada indivíduo definir com clareza o próprio lugar em relação a uma fronteira sempre em vias de ser retraçada. O temor ambiente de ser relegado ao rol das populações excedentes – pelo movimento da economia, por riscos existenciais como pandemias e eventos climáticos extremos, pelo consequente deslocamento da divisa bio/necropolítica entre vida protegida e vida sacrificável – encontra, assim, seu duplo digital no receio da morte social virtual, do "cancelamento" e da exclusão do endogrupo. Em ambos os casos, a angústia se converte facilmente em violência preventiva: reprimir o "medo de tornar-se supérfluo" exige "provar para si mesmo e para os outros que é o outro que pode ser descartado"*. Por isso mesmo, ambos são terrenos favoráveis ao recrutamento pela extrema direita.

A falsidade tem, como vimos, bases subjetivas muito reais na duplicação que a maioria de nós incorporou à vida diária por conta das redes sociais. Mas ela possui bases objetivas igualmente fortes no mundo ao nosso redor. Consolidada em instituições e discursos hegemônicos desde o fim dos anos 1970, a redução neoliberal das relações humanas ao cálculo econômico e à competição teve como resultado a naturalização progressiva de um darwinismo social que torna o insucesso uma responsabilidade exclusivamente individual e nos dessensibiliza para seus efeitos. Numa passagem reveladora, Klein observa que aquilo que aproxima a extrema direita do "conspiritualismo"** New Age talvez não seja somente o empreendedorismo *freestyle* e a fé no hiperindividualismo, mas também um consenso crescente sobre "quais vidas são mais

* Theodor Adorno. "Remarks on the Authoritarian Personality". In: Id. et al. *The Authoritarian Personality*. Londres: Verso, 2019, pp. LII-LIII.

** Ver Charlotte Ward e David Voas, "The Emergence of Conspirituality". *Journal of Contemporary Religion*, 2011, vol. 26, n. 1, pp. 103-121.

importantes e quais mortes podem ser consideradas como a 'natureza' fazendo seu trabalho". Do mesmo modo, a autora condena a ingenuidade de uma certa esquerda que acreditou que o choque da covid-19 bastaria para fazer com que as pessoas abrissem os olhos para a interdependência e a necessidade de (re)constituir uma malha de proteção social, como se as condições materiais que impediam as pessoas de praticar o isolamento social e "o legado de gerações de mensagens que colocaram membros da sociedade uns contra os outros" pudessem desaparecer de repente.

É aqui que o argumento de Klein intersecta um artigo que escrevi durante a pandemia e tive o prazer de ver citado em *Doppelgänger*.* Em comum, os dois textos têm a metáfora dos espelhos de parque de diversões, que refletem de maneira distorcida; e a ideia, à qual a jornalista canadense retorna várias vezes ao longo de seu livro, de que é preciso saber ouvir o que há de verdadeiro nas histórias mirabolantes que a extrema direita conta: as crises, os riscos, temores e anseios que são cada vez mais tangíveis para cada vez mais pessoas, e cuja ressonância no discurso extremista confere a este um poder de conexão emocional e convencimento. Em outras palavras, trata-se de dizer que a fuga da realidade que figuras como Naomi Wolf propõem nunca é simples fantasia, mas antes uma maneira de simultaneamente *reconhecer* algo que há de errado no mundo – e as angústias que isso gera – e *deslocar* sua compreensão na direção de causas – e, portanto, também de soluções – ilusórias.

A explicação que proponho para esse fenômeno é algo que chamo de *negacionismo*, o que não se refere unicamente às narrativas falseadas pelos empreendedores políticos, tampouco a um "estado reflexivo de contínua descrença", como Klein o interpreta, mas antes a um complexo formado, por um lado, pela *oferta* de discursos fantasiosos e, por outro, pela *demanda* psicológica a que eles atendem: justamente, a de acolher medos e angústias amplamente compartilhados ao mesmo tempo que se escamoteia a

* A versão citada por Klein é a original, em inglês: Rodrigo Nunes, "Are We in Denial about Denial?". *Public Books*, 25 nov. 2020. O texto seria publicado em português pela primeira vez, em versão ligeiramente modificada, como: "O presente de uma ilusão", *piauí*, mar. 2021, n. 174. A versão definitiva apareceria finalmente em: *Do transe à vertigem*, op. cit., cap. 2.

gravidade da situação que os produz. Mas *Doppelgänger* oferece uma hipótese complementar através daquele que talvez seja seu conceito mais produtivo: o que nomeia as "Terras das Sombras" que frequentemente servem de ponto de partida real às construções imaginárias do Mundo-Espelho.

Esses territórios, "a história secreta densa e destroçada de nossa economia global supostamente isenta de atritos", são a fonte do sentimento em que se apoiam tantas teorias da conspiração: de que vivemos em um mundo em que há Terras das Sombras onde vicejam a predação e a extração, em que todo sofrimento humano é o lucro de alguém, em que verdades importantes são escondidas. O problema, aponta Klein, é que "Todos nós sabemos que nosso mundo fica no topo das Terras das Sombras. Mas o que fazemos com esse conhecimento? [...] Para onde são desviadas a indignação, a vergonha e a tristeza?". A resposta, ela sugere, é que talvez esteja aí o primeiro e mais constante fundamento da "falsidade" de que se alimenta a extrema direita: é para não admitir que vivemos num mundo em que nós também indiretamente dependemos da exploração, do sofrimento e da degradação - de humanos e não humanos - que precisamos nos duplicar, separar, representar e projetar. O fim da renegação e da falsidade só poderia, então, vir de uma coisa: a criação de "um mundo *que não requeira Terras das Sombras*, que não se baseie em pessoas sacrificiais, em ecologias sacrificiais e em continentes sacrificiais". A conclusão se impõe: realmente combater o avanço da extrema direita exige, hoje, nada menos que isso.

RODRIGO GUIMARÃES NUNES é professor de teoria política na University of Essex (Reino Unido) e na PUC-Rio. Foi professor visitante no Goldsmiths College, University of London, University of Westminster, Jan van Eyck Academie e Escola de Artes Visuais do Parque Lage. É autor, entre outros, de *Do transe à vertigem: Ensaios sobre bolsonarismo e um mundo em transição* (Ubu, 2022, vencedor do Prêmio da Associação Paulista de Críticos de Arte) e *Nem vertical nem horizontal: Uma teoria da organização política* (Ubu, 2023), além de textos em diversas publicações nacionais e internacionais.

Notas bibliográficas

Introdução: A eu genérica

1 Michael Egilson. "Extreme Heat and Human Mortality: A Review of Heat-Related Deaths in B.C. in Summer 2021". Relatório ao legista-chefe da Colúmbia Britânica, 7 jun. 2022, p. 4; Stefan Labbé. "Heat Dome Primed B.C. Coastlines to Resemble Subtropical East Asia, Says Researcher". *North Shore News*, 29 abr. 2022.

2 Sigmund Freud. "O inquietante" In: *História de uma neurose infantil ("O homem dos lobos"), Além do princípio do prazer e outros textos* (1917-1920). Trad. de Paulo César de Souza. São Paulo: Companhia das Letras, 2010, p. 331.

3 Ibid., p. 351.

4 Carlos Alberto Sánchez. *Emilio Uranga's* Analysis of Mexican Being: *A Translation and Critical Introduction*. Trad. de Carlos Alberto Sánchez. Londres: Bloomsbury Academic, 2021 [1952], p. 180.

5 Philip Roth. *Operação Shylock: Uma confissão*. Trad. de Marcos Santarrita. São Paulo: Companhia das Letras, 1994, p. 49.

6 José Saramago. *O homem duplicado*. São Paulo: Companhia das Letras, 2002, p. 7.

7 Jules Gleeson. "Judith Butler: 'We Need to Rethink the Category of Woman'". *The Guardian*, 7 set. 2021.

8 Naomi Klein. "Occupy Wall Street: The Most Important Thing in the World Now". *The Nation*, 6 out. 2011.

9 Naomi Wolf. "The Shocking Truth About the Crackdown on Occupy". *The Guardian*, 25 nov. 2011.

10 Naomi Wolf. "Naomi Wolf: How I Was Arrested at Occupy Wall Street". *The Guardian*, 19 out. 2011.

11 Id. "The Shocking Truth About the Crackdown on Occupy", op. cit.

12 Ibid.

13 Matt Wells. "Occupy Wall St: Naomi Wolf Condemns 'Stalinist' Erosion of Protest Rights". *The Guardian*, 19 out. 2011.

14 Joe Coscarelli. "Naomi Wolf Thinks Edward Snowden and His Sexy Girlfriend Might Be Government Plants". *New York Magazine*, 14 jun. 2013; Naomi Wolf. "My Creeping Concern That the

NSA Leaker Is Not Who He Purports to Be...". Notas do Facebook, postadas em 15 jun. 2013, atualizadas em 14 mar. 2021.

PARTE I: VIDA DUPLA

15 Naomi Wolf. Postagem no Facebook, 30 set. 2014.

Capítulo 1. Ocupada

16 Max Fisher. "The Insane Conspiracy Theories of Naomi Wolf". *Vox*, 5 out. 2014.

17 Naomi Wolf. "A Tale of Two Rape Charges". *The Great Debate* (blog), Reuters, 23 maio 2011.

18 "Naomi Wolf Compiles Ballot Paper Complaints". *The (Glasgow) Herald*, 27 set. 2014.

19 "Progressive Feminist Naomi Wolf Rips the Green New Deal as 'Fascism' – 'I WANT a Green New Deal' but 'This One Is a Straight Up Power Grab'". *Climate Depot*, 21 fev. 2021.

20 Tim Skillet @Gurdur, tuíte, 24 mar. 2018, Twitter.

21 Naomi Wolf @naomirwolf, tuíte, 5 jul. 2019, 1h13, in Séamas O'Reilly @shockproofbeats, tuíte, 5 abr. 2020, 4h27, Twitter.

22 Naomi Wolf. *O mito da beleza: Como as imagens de beleza são usadas contra as mulheres*. 7. ed. Trad. de Waldéa Barcellos. Rio de Janeiro: Rosa dos Tempos, 2019, pp. 230-231.

23 Casper Schoemaker. "A Critical Appraisal of the Anorexia Statistics in the Beauty Myth: Introducing Wolf's Overdo and Lie Factor (WOLF)". *Eating Disorders*, 2004, vol. 12, n. 2, pp. 97-102.

24 Alice Steinbach. "WOLF VS. 'BEAUTY MYTH' Feminist Sees Conspiracy in Stress on Appearance". *Baltimore Sun*, 23 jun. 1991.

25 Naomi Wolf. *O mito da beleza*, op. cit., p. 46.

26 Sheryl Sandberg. *Faça acontecer: Mulheres, trabalho e a vontade de liderar*. Trad. de Denise Bottmann. São Paulo: Companhia das Letras, 2013.

27 Naomi Wolf. *Fire with Fire: The New Female Power and How to Use It*. Londres: Chatto & Windus, 1993, p. XVIII. [Ed. bras.: *Fogo com fogo: O novo poder feminino e como o século XXI será afetado por ele*. Trad. de Waldéa Barcellos. Rio de Janeiro: Rocco, 1996.]

28 bell hooks. *E eu não sou uma mulher?: Mulheres negras e feminismo*. Trad. de Libanio Bhuvi. Rio de Janeiro: Rosa dos Tempos, 2019.

29 Angela Davis. *Mulheres, raça e classe*. Trad. de Heci Regina Candiani. São Paulo: Boitempo, 2021.

30 Audre Lorde. *Irmã outsider*. Trad. de Stephanie Borges. Belo Horizonte: Autêntica, 2021.

31 Camille Paglia. "Hillary, Naomi, Susan and Rush. Sheesh!". *Salon*, 17 nov. 1999.

32 Michael Duffy e Karen Tumulty. "Campaign 2000: Gore's Secret Guru". *Time*, 8 nov. 1999.

33 Maureen Dowd. "Liberties; The Alpha-Beta Macarena". *The New York Times*, 3 nov. 1999.

34 Naomi Wolf. *The Treehouse: Eccentric Wisdom from My Father on How to Live, Love, and See*. Nova York: Simon & Schuster, 2005, p. 13. [Ed. bras.: *O que meu pai me ensinou: As lições de um poeta sobre como ver, viver e amar*. Rio de Janeiro: Ediouro, 2005.]

35 Título original: *Tuesdays with Morrie*, de Mitch Albom (1997).

36 Naomi Wolf. *The Treehouse*, op. cit., p. 25.

37 Ibid., p. 27.

Capítulo 2. Entra em cena a covid, multiplicadora de ameaças

38 Morgan Yew @weynagrom, tuíte, 23 maio 2021, Twitter, vídeo 9 de 25, às 00h24.

39 Ibid.

40 Ibid.

41 "Naomi Wolf Sounds Alarm at Growing Power of 'Autocratic Tyrants'". *Tucker Carlson Tonight*, Fox News, 22 fev. 2021.

42 Naomi Klein @NaomiAKlein, tuíte, 23 fev. 2021, Twitter.

43 Naomi Klein @NaomiAKlein, tuíte, 5 jun. 2021, Twitter.

44 Naomi Wolf. "2021 Introduction". *The End of America: Letter of Warning to a Young Patriot*. White River Junction, Vermont: Chelsea Green Publishing, 2021, p. XV. [Ed. bras.: *O fim da América: Cartas a um jovem patriota norte-americano*. Trad. de Marcio Ferrari. Rio de Janeiro: Record, 2010.]

45 "Naomi Wolf Sounds Alarm at Growing Power of 'Autocratic Tyrants'". *Tucker Carlson Tonight*, Fox News, 22 fev. 2021.

46 Richard Gillard @RickyBaby321, postagem no Gettr, 26 fev. 2022.

47 *Dual*. Direção: Riley Stearns. RLJE Films, 2022.

48 Sigmund Freud. "O inquietante", op. cit., p. 364.

49 Lewis Carroll. *Aventuras de Alice no País das Maravilhas. Alice através do espelho e o que Alice encontrou por lá*. Trad. de Maria Luiza X. de A. Borges. Rio de Janeiro: Jorge Zahar, 2009, pp. 55-57.

50 Benedict Carey. "A Theory About Conspiracy Theories". *The New York Times*, 28 set. 2020.

51 Tahar @laseptiemewilay, tuíte, 30 mar. 2021, 19h12, Twitter.

52 Richard Seymour. *The Twittering Machine: How Capitalism Stole Our Social Life*. Londres: Indigo, 2019, capítulo 1, parte III.

53 Zadie Smith. "Generation Why?". *The New York Review of Books*, 25 nov. 2010.

54 Rute 1,20. *Bíblia: Nova versão internacional*.

55 Rute 1,16. *Bíblia: Nova versão internacional*.

Capítulo 3. Minha marca fracassada, ou me chame pelo nome dela

56 Dan Hon @hondanhon, tuíte, 8 maio 2021, Twitter.

57 Brona O'Connor. "Brand Dilution: Definition, Causes and Examples". *MediaValet*, 2 mar. 2021.

58 "'Satan Shoes' to Be Recalled as Nike Agrees to Settle Lawsuit". *BBC News*, 8 abr. 2021.

59 Tom Peters. "The Brand Called You". *Fast Company*, 31 ago. 1997.

60 David Lidsky. "Me Inc.: The Rethink". *Fast Company*, 1 mar. 2005.

61 Tom Peters. "The Brand Called You", op. cit.

62 Stuart Hall. *The Hard Road to Renewal: Thatcherism and the Crisis of the Left*. Londres: Verso, 1988, p. 276.

63 Wendy Brown. "Resisting Left Melancholy". *boundary 2*, out. 1999, vol. 26, n. 3, p. 26.

64 Alice Marwick. *Status Update: Celebrity, Publicity, and Branding in the Social Media Age*. New Haven, Connecticut: Yale University Press, 2013, p. 163.

65 Otto Rank. *The Double:*

A Psychoanalytic Study. Chapel Hill: University of North Carolina Press, 1971, p. 86. [Ed. bras.: *O duplo: Um ensaio psicanalítico*. Trad. de E. L. Schulz. Porto Alegre: Dublinense, 2013.]

66 Sigmund Freud. "O inquietante", op. cit., p. 351. Ensaio publicado originalmente em 1919.

67 Ibid., p. 352.

68 Naomi Wolf. "Pixels, Bots and Human Cruelty". *Outspoken with Dr. Naomi Wolf*, Substack, 13 jan. 2023.

69 *American Dharma*. Direção: Errol Morris. Utopia, 2018.

70 Ibid.

71 Jennifer Senior. "American Rasputin". *The Atlantic*, 6 jun. 2022.

72 Timothy W. Martin e Dasl Yoon. "These Campaigns Hope 'Deepfake' Candidates Help Get Out the Vote". *The Wall Street Journal*, 8 mar. 2022.

73 Ibid.

74 Mark Sutherland. "ABBA's 'Voyage' CGI Extravaganza Is Everything It's Cracked Up to Be, and More: 'Concert' Review". *Variety*, 27 maio 2022.

75 Anjana Ahuja. "'Grief Tech' Avatars Aim to Take the Sting Out of Death". *Financial Times*, 20 dez. 2022.

76 Simone Browne. *Dark Matters: On the Surveillance of Blackness*. Durham, Carolina do Norte: Duke University Press, 2015.

77 Ibid., pp. 91-92.

78 Ibid., p. 91.

79 Ibid., p. 91.

80 Frantz Fanon. *Pele negra, máscaras brancas*. Trad. de Sebastião Nascimento com colaboração de Raquel Camargo. São Paulo: Ubu, 2020, p. 125.

81 Nancy Colier. "The Branding of the Self". *Psychology Today*, 15 ago. 2012.

82 Ralph Waldo Emerson. "A confiança em si próprio". *Ensaios*. Sel., trad. e nota liminar de José Paulo Paes. São Paulo: Cultrix, 1966, pp. 42-43.

83 Lilly Singh. "I'll See You Soon...". YouTube, 12 nov. 2018, aos 2min43s.

84 Richard Seymour. *The Twittering Machine*, op. cit., capítulo 2, parte IX.

85 Alison Flood. "Naomi Wolf Accused of Confusing Child Abuse with Gay Persecution in Outrages". *The Guardian*, 8 fev. 2021.

86 Matthew Sweet. "Blind to Bestiality and Paedophilia: Why Naomi Wolf's Latest Book Is Its Own Outrage". *The Telegraph*, 5 fev. 2021.

87 Ankita Mukhopadhyay. "Naomi Wolf Talks Homophobia, Feminism and 'Outrages'". *Fair Observer*, 8 jan. 2020.

88 Hannah Arendt. *Origens do totalitarismo: Antissemitismo, imperialismo, totalitarismo*. Trad. de Roberto Raposo. São Paulo: Companhia das Letras, 2012, p. 636.

89 Id. "Truth and Politics". Peter Baehr (org.). *The Portable Hannah Arendt*. Nova York: Penguin, 2000, p. 556. [Ed. bras.: "Verdade e política". *Entre o passado e o futuro*. 7. ed. Trad. de Mauro W. Barbosa. São Paulo: Perspectiva, 2014, p. 299.]

Capítulo 4. Encontrando a mim mesma na floresta

90 Houve várias versões de *Como eles se conheceram*: um desenho datado de 1851 (que supostamente foi perdido ou destruído), uma recriação em bico de pena do desenho de 1851 datada de 1860 e uma réplica em aquarela do desenho de 1860 datada de 1864. Aqui me refiro à versão em aquarela de 1864. Ver Ford Madox Hueffer, *Rossetti: A Critical Essay on His Art* (Londres: Duckworth, 1902).

91 bell hooks. *Rock My Soul: Black People and Self-Esteem*. Nova York: Atria, 2003, p. 92.

92 George Yancy e bell hooks. "bell hooks: Buddhism, the Beats and Loving Blackness". *The New York Times*, 10 dez. 2015.

93 Heather Williams. "bell hooks Speaks Up". *The Sandspur*, 26 mar. 2013, Rollins College, Winter Park, Flórida, p. 1.

94 bell hooks. *Teoria feminista: Da margem ao centro*. Trad. de Rainer Patriota. São Paulo: Perspectiva, 2019, p. 91.

95 Ibid., p. 63.

96 "bell hooks & john a. powell: Belonging Through Connection". Entrevista na Conferência "Othering & Belonging", abr. 2015, YouTube, de 6min a 6min40s.

97 Philip Roth. *Operação Shylock*, op. cit., p. 49.

98 Jeffrey Tucker. "The Pathogenic Excuse for Attacking Liberty: An Interview with Naomi Wolf". *Brownstone Institute* (vídeo/podcast), 9 maio 2022, de 10min31s a 11min21s.

99 *O grande ditador*. Direção: Charles Chaplin. United Artists, 1940.

PARTE II: MUNDO-ESPELHO

Capítulo 5. Eles sabem sobre os telefones celulares

100 Matthew Gertz. "Fox Keeps Hosting Pandemic Conspiracy Theorist Naomi Wolf". Media Matters for America, 20 abr. 2021.

101 Matthew Gertz @MattGertz, tuíte, 26 fev. 2021, Twitter.

102 David Connett. "Naomi Wolf Banned from Twitter for Spreading Vaccine Myth". *The Guardian*, 5 jun. 2021.

103 Liza Featherstone. "The Madness of Naomi Wolf". *New Republic*, 10 jun. 2021; Ian Burrell. "Naomi Wolf's Slide from Feminist, Democratic Party Icon to the 'Conspiracist Whirlpool'". *Business Insider*, 5 jun. 2021; Rebecca Onion. "A Modern Feminist Classic Changed My Life. Was It Actually Garbage?". *Slate*, 30 mar. 2021.

104 "CommonPass: Travelling the World in the Covid Era". Fórum Econômico Mundial, 24 ago. 2020.

105 "Watch Dr. Naomi Wolf Discuss 'Why Vaccine Passports Equal Slavery Forever'". Canal *DailyClout*, YouTube, 30 mar. 2021, aos 15min30s.

106 Brian Stelter. "ADL Calls on Fox News to Fire Tucker Carlson Over Racist Comments About 'Replacement' Theory". CNN, 9 abr. 2021.

107 "Naomi Wolf on the New American Coup". Canal Big Think, YouTube, 23 abr. 2012; Naomi Wolf. "Fascist America, in 10 Easy Steps". *The Guardian*, 24 abr. 2007.

108 "Watch Dr. Naomi Wolf Discuss 'Why Vaccine Passports Equal Slavery Forever'", aos 5min22s.

109 Ibid., aos 53s; Paul Vallely, apresentador, "The Stand Up America US Show". *Don Smith Show* (podcast), episódio 35, 16 maio 2022, aos 40min01s, postagem na plataforma Rumble.

110 "Watch Dr. Naomi Wolf Discuss...", aos 4min23s.

111 Ibid., aos 1min58s, 2min58s, e 15min21s.

112 "Watch Dr. Naomi Wolf Discuss 'Why Vaccine Passports Equal Slavery Forever'", aos 7min57s.

113 Tim Hains. "Naomi Wolf: Mandatory Vaccine Passport Could Lead to the End of Human Liberty in the West". *RealClearPolitics*, 29 mar. 2021, aos 2min45s; "Watch Dr. Naomi Wolf...", aos 7min57s.

114 "Watch Dr. Naomi Wolf...", aos 6min55s.

115 "His Glory Presents: Take FiVe w/ Dr. Naomi Wolf". *His Glory*, 28 jul. 2022, aos 28min54s.

116 Tim Hains, "Naomi Wolf", aos 2min06s.

117 "Watch Dr. Naomi Wolf...", de 5min37s a 5min58s.

118 Ibid., aos 8min27s.

119 Tim Hains. "Naomi Wolf", aos 3min05s.

120 Ibid., aos 3min12s.

121 "Watch Dr. Naomi Wolf...", aos 5min26s.

122 Ibid., aos 8min23s.

123 Alexis Hancock, e-mail pessoal à autora, 26 ago. 2022.

124 Kenith Png. "Police Would Not Agree to Stop Accessing COVID SafeWA App Data, Premier Mark McGowan Says". *ABC News*, 15 jun. 2021.

125 Beatrice Adler-Bolton e Death Panel. "Mask Off". *New Inquiry*, 28 abr. 2022.

126 William Horobin. "It Would Cost $50 Billion to Vaccinate the World, OECD Says". *Bloomberg*, 1 dez. 2021.

127 Julia Kollewe. "Pfizer Accused of Pandemic Profiteering as Profits Double". *The Guardian*, 8 fev. 2022.

128 Maggie Fick e Edward McAllister. "COVID Shots Are Finally Arriving, but Africa Can't Get Them All into Arms". Reuters, 6 dez. 2021.

129 "COVID-19: Pfizer Reports Massive Revenues Whilst Failing to Vaccinate Billions". Anistia Internacional, 2 nov. 2021.

130 Stephanie Nebehay e Josephine Mason. "WHO Warns Against Vaccine Hoarding as Poorer Countries Go Without". Reuters, 9 dez. 2021.

131 Steven W. Thrasher. *The Viral Underclass: The Human Toll When Inequality and Disease Collide*. Nova York: Celadon, 2022.

132 Tim Hains, "Naomi Wolf", aos 3min12s.

133 "Watch Dr. Naomi Wolf...", aos 5min06s; Tim Hains, op. cit., aos 2min01s.

134 Visão geral do domínio *DailyClout*, jan. 2017-abr. 2021, Semrush, acesso em jul. 2022.

135 Naomi Wolf. "Fake Patriotism". *Huffington Post*, 2 nov. 2008.

136 "Watch Dr. Naomi Wolf...".

137 Tim Hains. "Naomi Wolf", a 1min47s.

138 "Watch Dr. Naomi Wolf...", aos 13min35s.

139 "Watch Dr. Naomi Wolf...", aos 12min57s.

140 Ibid., aos 10min22s.

141 "Robert Kennedy Jr. Slams the Corrupt System of Big Pharma, Dr. Fauci and the F.D.A.: Video". *DailyClout*, 26 maio 2022, aos 9min36s.

142 Steve Bannon, apresentador, "The Dirty Dozen: 12 Most Dangerous People in America". *War Room: Pandemic* (podcast), episódio 1.120, 24 jul. 2021, aos 18min32s.

143 Correspondência com a autora, 3 abr. 2021.

144 Diversos comentários, "Watch Dr. Naomi Wolf Discuss 'Why Vaccine Passports Equal Slavery Forever'".

145 Diversos comentários, ibid.

146 Matthew Giffin, comentário, ibid.

147 Ibid.

148 @Scipio, comentário, "Watch Dr. Naomi Wolf Discuss 'Why Vaccine Passports Equal Slavery Forever'".

149 Deputado Shelley Rudnicki, postagem no Facebook (imagem), 10 maio 2021; Associated Press. "Republican Barred from Inviting Guests into State House". *Associated Press News*, 11 maio 2021.

150 Craig Mauger. "Michigan Leads the Nation in New COVID Cases, According to CDC Data". *Detroit News*, 16 nov. 2021; Bruce Walker. "Michigan House Oversight Committee Considers Legislation to Ban Vaccine Passports". *Center Square*, 6 maio 2021; Dave Boucher. "Michigan Lawmakers Invite COVID-19 Conspiracy Theorist to Testify on Bill to Ban Vaccine Passports". *PolitiFact*, 6 maio 2021.

151 Jason Horowitz. "Steve Bannon Is Done Wrecking the American Establishment. Now He Wants to Destroy Europe's". *The New York Times*, 9 mar. 2018.

152 Jennifer Senior. "American Rasputin". *The Atlantic*, 6 jul. 2022.

153 Shoshana Zuboff. *A era do capitalismo de vigilância: A luta por um futuro humano na nova fronteira do poder*. Trad. de George Schlesinger. Rio de Janeiro: Intrínseca, 2021.

154 Stephanie Kirchgaessner et al. "Revealed: Leak Uncovers Global Abuse of Cyber-surveillance Weapon". *The Guardian*, 18 jul. 2021.

155 Allyson Chiu. "She Installed a Ring Camera in Her Children's Room for 'Peace of Mind'. A Hacker Accessed It and Harassed Her 8-Year-Old Daughter". *The Washington Post*, 12 dez. 2019; Alfred Ng. "Amazon Gave Ring Videos to Police Without Owners' Permission". *Politico*, 13 jul. 2022; Alex Hern. "Uber Employees 'Spied on Ex-partners, Politicians and Beyoncé'". *The Guardian*, 13 dez. 2016; Johana Bhuiyan e Charlie Warzel. "'God View': Uber Investigates Its Top New York Executive for Privacy Violations". *BuzzFeed News*, 18 nov. 2014; Kashmir Hill. "The Secretive Company That Might End Privacy as We Know It". *The New York Times*, 18 jan. 2020; Rina Torchinsky. "How Period Tracking Apps and Data Privacy Fit into a Post-Roe v. Wade Climate". National Public Radio, 24 jun. 2022.

156 Nick Cave. *The Red Hand Files*, jan. 2023, n. 218.

157 Paul Vallely, apresentador, "The Stand Up America US Show". *Don Smith Show* (podcast), episódio 35, 16 maio 2022, aos 40min01s, postagem na plataforma Rumble.

158 Adam Creighton. "The Plague Afflicting Liberal Democracy". *The Australian*, 5 jun. 2021.

159 Ben Tarnoff. *Internet for the People: The Fight for Our Digital Future*. Londres: Verso, 2022.

160 Ibid., pp. XV e 33.

161 Jean Burgess. "The 'Digital Town Square'? What Does It Mean When Billionaires Own the Online Spaces Where We Gather?". *The Conversation*, 27 abr. 2022.

162 Ben Tarnoff. *Internet for the People*, op. cit., p. 58.

163 Steve Bannon, apresentador, "Breaking Down the Data That the Establishment Fears". *War Room: Pandemic* (podcast), episódio 143, 22 set. 2022, disponível em Amazon Music.

Capítulo 6. Linhas diagonais

164 Rute 4,15. *Bíblia: Nova versão internacional*.

165 Rute 3,4. *Bíblia: Nova versão internacional*.

166 Adam Creighton. "The Plague Afflicting Liberal Democracy". *The Australian*, 5 jun. 2021.

167 Jet @Jetoo, tuíte, 5 jun. 2021, Twitter.

168 Steve Bannon @SteveBannon, postagem no Gettr, 29 out. 2022.

169 Adam Rawnsley. "Anti Vaxxer Naomi Wolf Joins Trump's Doomed Tech Suit". *The Daily Beast*, 28 jul. 2021, atualizado em 30 jul. 2021.

170 Nancy Dillon. "Anti-Semitic Trump Campaign CEO Stephen Bannon Not a Big Fan of 'Whiny Brat' Jews, Ex-Wife Says". *New York Daily News*, 27 ago. 2016.

171 Anna Merlan. "The Conspiracy Singularity Has Arrived". *Vice News*, 17 jul. 2020.

172 William Callison e Quinn Slobodian. "Coronapolitics from the Reichstag to the Capitol". *Boston Review*, 12 jan. 2021.

173 Naomi Wolf. "The Last Stage of a Tyrannical Takeover: Interview with Naomi Wolf", entrevista a Joseph Mercola, 1 jun. 2022.

174 Tucker Carlson. "Naomi Wolf Sounds Alarm at Growing Power of 'Autocratic Tyrants'".

175 James Delingpole. "'Climategate Was Fake News', Lies the BBC…". *Breitbart*, 11 jul. 2019, postado no banco de dados Wayback Machine da organização Internet Archive.

176 Id. "Naomi Wolf". *The James Delingpole Podcast*, 3 maio 2021, de 25s a 1min04s.

177 Steve Bannon, apresentador, "Not Science Fiction… Dr. Naomi Wolf Reveals Dangers of Vaccine Passports". *War Room: Pandemic* (podcast), episódio 874, 14 abr. 2021, de 13min43s a 14min03s, postagem na plataforma Rumble.

178 Joseph Mercola, apresentador, "Best of Series: Ten Tyrannical Steps". *Take Control of Your Health* (podcast), 4 maio 2022; Steve Bannon. "Not Science Fiction…", op. cit.

179 Rachel Cooke. "Naomi Wolf: 'We're in a Fight for Our Lives and for Democracy'". *The Guardian*, 19 maio 2019.

180 Michiko Kakutani. "Vidal: 'I'm at the Top of a Very Tiny Heap'". *The New York Times*, 12 mar. 1981.

181 "Become a DailyClout Member". *DailyClout* (website), acesso em 12 nov. 2022.

182 Steven W. Thrasher. *The Viral Underclass: The Human Toll When Inequality and Disease Collide*. Nova York: Celadon, 2022, p. 4.

183 Josh Rottenberg e Stacy Perman. "Meet the Ojai Dad Who Made the Most Notorious Piece of Coronavirus Disinformation Yet". *Los Angeles Times*, 13 maio 2020.

184 William Callison e Quinn Slobodian. "Coronapolitics from the Reichstag to the Capitol". op. cit.

185 Leonard Wolf (org.). *The Essential Dr. Jekyll & Mr. Hyde: The Definitive Annotated Edition of Robert Louis Stevenson's Classic Novel*. Nova York: Plume, 1995, contracapa.

186 Ian Burrell. "Naomi Wolf's Slide from Feminist, Democratic Party Icon to the 'Conspiracist Whirlpool'". *Business Insider*, 5 jun. 2021.

187 Naomi Wolf. "A Lost Small Town". *Outspoken with Dr. Naomi Wolf*, Substack, 26 out. 2022.

188 Gettr @GETTRofficial, tuíte, 23 set. 2021, Twitter.

189 "Parler: About This App". Google Play, atualizado em 28 ago. 2022.

190 Steve Bannon, apresentador, "Independence Day!!; Naomi

Wolf's Coup". *War Room: Pandemic* (podcast), episódio 1.506, 23 dez. 2021, aos 24min55s, postagem na plataforma Rumble.

191 "No Evidence of Pandemic 'Mass Formation Psychosis', Say Experts Speaking to Reuters". Divisão de verificação de fatos da Reuters, 7 jan. 2022.

192 James Pogue. "Inside the New Right, Where Peter Thiel Is Placing His Biggest Bets". *Vanity Fair*, 20 abr. 2022.

193 Naomi Wolf, @DrNaomiRWolf, Gettr, 16 abr. 2022.

194 "Dr. Naomi Wolf on Kristina Borjesson Show". *Today's News Talk* (áudio), 24 jul. 2022, aos 26min46s.

195 Ibid., de 26min58s a 28min26s.

196 Ibid., aos 30min23s, 29min30s.

197 Ibid., aos 30min21s.

198 Paul Meehan. *The Ghost of One's Self: Doppelgangers in Mystery, Horror and Science Fiction Films*. Jefferson, Carolina do Norte: McFarland, 2017, p. 28.

199 John Milton. *Paraíso perdido*. Trad., posf. e notas de Daniel Jonas. São Paulo: Ed. 34, 2015, p. 55, livro I, versos 263-264.

Capítulo 7. MAGA Plus

200 Patricia Zengerle, Richard Cowan e Doina Chiacu. "Trump Incited Jan. 6 Attack After 'Unhinged' White House Meeting, Panel Told". Reuters, 12 jul. 2022; Dan Friedman e Abigail Weinberg. "Here's the Whole Transcript of That Leaked Steve Bannon Tape, Annotated". *Mother Jones*, 17 ago. 2022.

201 "Putin Accuses Ukraine of 'Dirty Bomb' Plans, Says Risks of World Conflict High". Reuters, 26 out. 2022; "Ukraine Says Russian Troops Will Fight for Key City as Proxy Government Flees". *The New York Times*, 24 out. 2022.

202 Julian Barnes. "Russian Interference in 2020 Included Influencing Trump Associates, Report Says". 16 mar. 2021; Elaine Sciolino. "U. S. to Back Yeltsin if He Suspends Congress". *The New York Times*, 13 mar. 1993.

203 Rob Kuznia et al. "Weird Science: How a 'Shoddy' Bannon-Backed Paper on Coronavirus Origins Made Its Way to an Audience of Millions". CNN Politics, 21 out. 2020; "His Glory Presents: Take FiVe w/ Dr. Naomi Wolf". *His Glory*, 28 jul. 2022, aos 28min54s.

204 Zach Boren e Arthur Neslen. "How Lobbyists for Monsanto Led a 'Grassroots Farmers' Movement Against an EU Glyphosate Ban". *Unearthed*, 17 out. 2018; WHO International Agency for Research on Cancer. "IARC Monograph on Glyphosate"; "Roundup Weedkiller 'Probably' Causes Cancer, Says WHO Study". *The Guardian*, 21 mar. 2015.

205 Edward Helmore. "Lawsuits, Payouts, Opioids Crisis: What Happened to Johnson & Johnson?". *The Guardian*, 18 out. 2019.

206 "Myocarditis and Pericarditis After mRNA COVID-19 Vaccination". Centros de Controle e Prevenção de Doenças dos Estados Unidos (CDCs), 27 set. 2022, disponível em www.cdc.gov/coronavirus/2019-ncov/vaccines/safety/myocarditis.html.

207 "CDC & FDA Identify Preliminary COVID-19 Vaccine Safety Signal for Persons Aged 65 Years and Older". Centros de Controle e Prevenção de Doenças dos Estados Unidos (CDCs), 13 jan. 2023, disponível em www.cdc.gov/coronavirus/2019-ncov/vaccines/safety/bivalent-boosters.html.

208 Naomi Wolf. "Dear Friends, Sorry to Announce a Genocide". *Outspoken with Dr. Naomi Wolf*, Substack, 29 maio 2022.

209 Krutika Amin et al. "COVID-19 Mortality Preventable by Vaccines". Health System Tracker, 21 abr. 2022.

210 Jon Henley. "Macron Declares His Covid Strategy Is to 'Piss Off' the Unvaccinated". *The Guardian*, 4 jan. 2022.

211 Steve Bannon, apresentador, "The Transhumanist Revolution". *War Room: Pandemic* (podcast), episódio 1.394, 6 nov. 2021; Charlie Kirk, apresentador, "Transgenderism to Transhumanism with 'Detransitioner' Ritchie Herron and Tech Writer Joe Allen". *Charlie Kirk Show* (podcast), 15 set. 2022.

212 Benjamin Dodman. "'Mother, Italian, Christian': Giorgia Meloni, Italy's Far-Right Leader on the Cusp of Power". France 24, 24 set. 2022.

213 Ian Schwartz. "Italy's Giorgia Meloni: We Are the Enemy to Those Who Would Like Us to Have No Identity, Be the Perfect Consumer Slaves". *RealClearPolitics*, 26 set. 2022.

214 Amy Kazmin. "Giorgia Meloni Faces Economic Storm as She Prepares to Take Helm in Italy". *Financial Times*, 18 out. 2022.

215 Jennifer Senior. "American Rasputin". *The Atlantic*, 6 jun. 2022.

216 Mike Davis. "Ten Immodest Commandments: Lessons from a Fumbling-and-Bungling Lifetime of Activism". *Truthout*, 20 nov. 2011.

217 Steve Bannon, apresentador, "Biden Chaos; Easy Money Destroys the Deplorable's". *War Room: Pandemic* (podcast), episódio 1.517, 28 dez. 2021, postagem na plataforma Rumble.

218 Steve Bannon, apresentador, "Independence Day!!; Naomi Wolf's Coup". *War Room: Pandemic* (podcast), episódio 1.506, 23 dez. 2021, aos 17min30s, postagem na plataforma Rumble.

219 Ibid., aos 19min53s.

220 Dan Mangan. "Steve Bannon's Podcast Barred from Twitter After He Made Beheading Comment About Fauci, FBI Director Wray". CNBC, 5 nov. 2020.

221 Captura de tela de *War Room* postada no banco de dados Wayback Machine da organização Internet Archive, 22 out. 2022; Steve Bannon @SteveBannon, postagem, Gettr, 9 jun. 2022.

222 Joshua Jamerson e Aaron Zitner. "GOP Gaining Support Among Black and Latino Voters, WSJ Poll Finds". *The Wall Street Journal*, 7 nov. 2022.

223 Steve Bannon, apresentador, episódio apagado, *War Room: Pandemic* (podcast); id. "Biden Chaos", aos 13min56s.

224 "Competing Visions of America: An Evolving Identity or a Culture Under Attack? Findings from the 2021 American Values Survey". Instituto Público de Pesquisa de Religião, 1 nov. 2021.

225 Steve Bannon, apresentador, episódio apagado, *War Room: Pandemic* (podcast).

226 Naomi Wolf. "Fascist America, in 10 Easy Steps". *The Guardian*, 24 abr. 2007.

227 Steve Bannon, apresentador, "Parents Are Still Taking to the Streets". *War Room: Pandemic* (podcast), episódio 1.387, 3 nov. 2021, postagem na plataforma Rumble; id., apresentador, "Army of Moms Have Been Mobilized". *War Room: Pandemic* (vídeo), 29 out. 2021, aos 45s.

228 Id. "Independence Day!!", op. cit., aos 43min50s; Myah Ward. "At Least 3,900 Children Separated from Families Under Trump 'Zero Tolerance' Policy, Task Force Finds". *Politico*, 6 ago. 2021.

229 Steve Bannon, apresentador, *War Room: Pandemic* (podcast),

21 maio 2021, corte postado em Media Matters for America.

230 Brian W. O'Shea, comentários, Dr. Naomi Wolf, postagem no Facebook, 22 nov. 2014.

231 Naomi Wolf @naomirwolf, tuíte, 29 dez. 2022, Twitter.

232 "US Abortion: Best Selling Author Dr. Naomi Wolf Discusses Leaked US Supreme Court Documents". GB News, canal britânico de notícias no YouTube, 3 maio 2022, de 4min14s a 4min27s.

233 Naomi Wolf @DrNaomiRWolf, postagem no Gettr, 13 maio 2022.

234 Steve Bannon. "Parents Are Still Taking to the Streets", aos 24min58s.

235 Rachel Savage. "INTERVIEW: U. S. Author Naomi Wolf Condemns UK's 'Moral Panic' on Trans Issues". Reuters, 27 nov. 2020.

236 Steve Bannon. "Parents Are Still Taking to the Streets", de 20min50s a 24min58s.

237 Ibid., aos 20min50s.

238 Naomi Wolf. "Dear Conservatives, I Apologize". *Outspoken with Dr. Naomi Wolf*, Substack, 9 mar. 2023.

239 Sigmund Freud. "O inquietante", op. cit., p. 331.

240 "Two Birthdays". *The Spectator*, 12 abr. 1939, p. 5.

241 *O grande ditador*. Direção: Charles Chaplin. United Artists, 1940. De 2h a 2h01min30s.

242 "Watch Dr. Naomi Wolf Discuss 'Why Vaccine Passports Equal Slavery Forever'", canal *DailyClout*, YouTube, 30 mar. 2021.

243 *O grande ditador*, op. cit., a 2h02min40s.

Capítulo 8. Ridiculamente sério, seriamente sem palavras

244 Naomi Klein. "James Baker's Double Life". *The Nation*, 12 out. 2004.

245 Alexis Tsipras e Slavoj Žižek. "The Role of the European Left". Subversive Festival, Zagreb, Croácia. Canal SkriptaTV, YouTube, 15 maio 2013, aos 9min16s.

246 *Um conto de duas cidades*. Trad. de Débora Landsberg. São Paulo: Estação Liberdade, 2020.

247 *Pontos de fuga*. Trad. de Sônia Coutinho. Rio de Janeiro: Record, 1980.

248 Philip Roth. *O avesso da vida*. Trad. de Beth Vieira. São Paulo: Companhia das Letras, 2008 [1987].

249 Id. *O professor do desejo*. Trad. de Jorio Dauster. São Paulo: Companhia das Letras, 2013; Id. *Adeus, Columbus*. Trad. de Paulo Henriques Britto. São Paulo: Companhia das Letras, 2006.

250 Laura Marsh. "Philip Roth's Revenge Fantasy". *New Republic*, 22 mar. 2021.

251 Philip Roth. *Mentiras*. Trad. de Sérgio Flaksman. São Paulo: Siciliano, 1991.

252 Id. *Operação Shylock: Uma confissão*. Trad. de Marcos Santarrita. São Paulo: Companhia das Letras, 1994, p. 19.

253 Ibid., p. 64.

254 Ibid., p. 89.

255 Philip Roth. *Operação Shylock*, op. cit., p. 30.

256 Ibid.

257 Ibid., p. 49.

258 Ibid., p. 103.

259 Philip Roth. *Operação Shylock*, op. cit., p. 347.

260 Tucker Carlson. "Open Race

Hate Forms Much of MSNBC's Substance". 20 out. 2022.

261 Sarah Ditum. "Naomi Wolf Is Not a Feminist Who Became a Conspiracy Theorist: She's a Conspiracist Who Was Once Right". *New Statesman*, 7 out. 2014.

262 Naomi Klein. "Screen New Deal". *The Intercept*, 8 maio 2020.

263 "Watch Dr. Naomi Wolf Discuss 'Why Vaccine Passports Equal Slavery Forever'". Canal *DailyClout*, YouTube, 30 mar. 2021.

264 Arundhati Roy. "The Pandemic Is a Portal". *Financial Times*, 3 abr. 2020.

265 Ben Blanchet. "Newsmax TV Bans Reporter over Wacky Rant About Satan, Insects and Drinking Blood". *HuffPost*, 20 out. 2022.

266 Bill McKibben. *O fim da natureza*. Trad. de A. B. Pinheiro de Lemos. Rio de Janeiro: Nova Fronteira, 1990.

267 Philip Roth. *Operação Shylock*, op. cit., p. 78.

268 Nabil Ahmed et al. "Inequality Kills: The Unparalleled Action Needed to Combat Unprecedented Inequality in the Wake of COVID-19". Oxfam International, jan. 2022.

269 Agence France-Presse. "Shireen Abu Aqleh Killed by 'Seemingly Well-Aimed' Israeli Bullet, UN Says". *The Guardian*, 24 jun. 2022.

270 Angela Davis, entrevista a Alonzo King (gravação em áudio). *City Arts & Lectures*, 24 maio 2022.

271 "Greta Thunberg Mocks World Leaders in 'Blah, Blah, Blah' Speech". Canal *BBC News*, YouTube, 28 set. 2021, de 6s a 52s.

272 "Greta Thunberg: 'COP26 Even Watered Down the Blah, Blah, Blah'". *BBC News*, 15 nov. 2021.

273 Tamara Lindeman. *Loss*, no álbum *Ignorance* (Fat Possum Records, 2021).

Capítulo 9. A extrema direita encontra a extrema bizarrice

274 Naomi Wolf, @DrNaomiRWolf, "#walkoutwednesday", postagem no Gettr, 3 nov. 2021.

275 "Newsmax Host Suggests Vaccines Are 'Against Nature', and Some Diseases Are 'Supposed to Wipe Out a Certain Amount of People'". Media Matters for America, 12 jul. 2021 (vídeo e transcrição de *Rob Schmitt Tonight*, Newsmax, 9 jul. 2021).

276 "The Charter of New England: 1620". *The Avalon Project: Documents in Law, History, and Diplomacy*, Escola de Direito de Yale. Nota: modernizei a linguagem, em nome da maior clareza de leitura.

277 Howard Simpson. *Invisible Armies: The Impact of Disease on American History*. Nova York: Bobbs-Merrill, 1980, p. 7. Nota: modernizei a linguagem, em nome da maior clareza de leitura.

278 Alexander Salley Jr. (org.). "A New Description of That Fertile and Pleasant Province of Carolina, by John Archdale, 1707". *Original Narratives of Early American History: Narratives of Early Carolina 1650-1708*. Nova York: Charles Scribner's Sons, 1911, pp. 282-311.

279 Charlotte Ward e David Voas. "The Emergence of Conspirituality". *Journal of Contemporary Religion*, 2011, vol. 26, n. 1, pp. 103-121.

280 "The Disinformation Dozen: Why Platforms Must Act on Twelve Leading Online Anti-Vaxxers". Center for Countering Digital Hate [Centro de Combate ao Ódio Digital], 24 mar. 2021.

281 Sam Kestenbaum. "Christiane Northrup, Once a New Age Health Guru,

Now Spreads Covid Disinformation". *The Washington Post*, 3 maio 2022, atualizado em 9 maio 2022.

282 "Kamloops Gym Owners Explain Why They Remain Open Despite Public Health Order Mandating They Close". *Kamloops This Week*, 23 dez. 2021.

283 Naomi Wolf. *O mito da beleza: Como as imagens de beleza são usadas contra as mulheres*. 7. ed. Trad. de Waldéa Barcellos. Rio de Janeiro: Rosa dos Tempos, 2019, p. 48.

284 Barbara Ehrenreich. *Natural Causes: An Epidemic of Wellness, the Certainty of Dying, and Killing Ourselves to Live Longer*. Nova York: Hachette Book Group, 2018, pp. 54-56.

285 Ibid., pp. 56-57.

286 Carmen Maria Machado. "Oito bocados". In: *O corpo dela e outras farras*. Trad. de Gabriel Oliva Brum. São Paulo: Planeta Minotauro, 2018, p. 149.

287 Ibid., p. 160.

288 Philip Roth. *Homem comum*. Trad. de Paulo Henriques Britto. São Paulo: Companhia das Letras, 2007, p. 114.

289 "Working Together to Reduce Black Maternal Mortality". Centros de Controle e Prevenção de Doenças dos Estados Unidos (CDCs), 3 abr. 2023; Danielle M. Ely e Anne K. Driscoll. "Infant Mortality in the United States, 2019: Data from the Period Linked Birth/Infant Death File". *National Vital Statistics Reports*, 8 dez. 2021, vol. 70, n. 14, pp. 1-17.

290 "About: A Note from Steph". *Glowing Mama* (website), acesso em 13 out. 2022.

291 Michelle Cohen. "Goop Has Exploited the Medical Establishment's Failures on Women's Health". *CBC News*, 27 ago. 2018.

292 The Boston Women's Health Book Collective. *Nossos corpos por nós mesmas*. Trad. e adaptação do Coletivo Feminista Sexualidade e Saúde. São Paulo: Ema Livros; Timo, 2023.

293 Rupa Marya @DrRupaMarya, tuíte, 15 maio 2022, Twitter.

294 "Dietary Supplements Market Report till 2027". MarketsandMarkets, abr. 2022.

295 Alex Jones. "The Alex Jones Show". *Infowars*, 11 maio 2022.

296 John Elflein. "Percentage of U. S. Population Who Had Been Given a COVID-19 Vaccination as of October 5, 2022, by State or Territory". *Statista*, out. 2022.

297 "Homepage", dra. Christiane Northrup (website), acesso em 3 jan. 2023.

298 Carmen Maria Machado. "Oito bocados", op. cit., p. 159.

299 "People with Certain Medical Conditions". Covid-19, Centros de Controle e Prevenção de Doenças dos Estados Unidos (CDCs), atualizado em 10 fev. 2023.

300 @glowingmamafit, reel do Instagram, 13 set. 2021.

301 Keeanga-Yamahtta Taylor. "The Black Plague". *New Yorker*, 16 abr. 2020.

302 Akilah Johnson e Dan Keating. "Whites Now More Likely to Die from Covid Than Blacks". *The Washington Post*, 19 out. 2022.

303 "Nashville Hat Shop Faces Backlash for Selling Anti-vaccine Nazi Jewish Star". *BBC News*, 30 maio 2021.

304 Branko Marcetic. "You Know Who Else Opposed Vaccine Mandates? Hitler". *Jacobin*, 18 set. 2021.

305 Beatrice Adler-Bolton. "Deaths Pulled from the Future". *Blind Archive*, Substack, 3 jan. 2022.

306 "Living and Dying Nations: From Lord Salisbury's Speech to the Primrose League, May 4". *The New York Times*, 18 maio 1898.

307 Julie Bosman, Amy Harmon e Albert Sun. "As U. S. Nears 800,000 Virus Deaths, 1 of Every 100 Older Americans Has Perished". *The New York Times*, 13 dez. 2021; "A Poor People's Pandemic Report: Mapping the Intersections of Poverty, Race and COVID-19". Sumário Executivo, Poor People's Campaign, abr. 2022.

308 Andrew J. Webber. *The Doppelgänger: Double Visions in German Literature*. Nova York: Oxford University Press, 1996, p. 3.

309 Tom Huddleston Jr. "These Are the 5 Most Expensive Cities in the U. S. and Canada: And Los Angeles Isn't One of Them". *CNBC News*, 6 jul. 2022.

310 Jen St. Denis. "The Billionaire and the Mayor". *The Tyee*, 24 out. 2022.

311 Harry Bradford. "Lululemon's Founder Blames Yoga Pants Problem on Women's Bodies". *HuffPost*, 6 nov. 2013.

312 Bob Kronbauer. "Here's the Weird Essay Chip Wilson Just Wrote About Erections". *Vancouver Is Awesome*, 29 maio 2019.

313 Marc Fawcett-Atkinson. "Right-Wing Populist Group Fined for Ads Targeting Left-Leaning Politicians". *National Observer*, 7 out. 2022; Dan Fumano. "Lululemon Founder Gives $380,000 to Boost B.C.'s Right-Leaning Candidates, Asks Others to Donate". *Vancouver Sun*, 3 ago. 2022.

314 Garth Mullins @garthmullins, tuíte, 16 out. 2022, Twitter.

Capítulo 10. Autismo e o prelúdio antivacina

315 Ver, por exemplo, Kerri Rivera com Kimberly McDaniel e Daniel Bender, *Healing the Symptoms Known as Autism*, 2. ed., e-book (Kerri Rivera, publicação independente, 2014, p. 81).

316 "Retraction: Ileal-Lymphoid-Nodular Hyperplasia, Non-Specific Colitis, and Pervasive Developmental Disorder in Children". *The Lancet*, 6 fev. 2010, vol. 375, n. 9.713, p. 455.

317 Simon H. Murch et al. "Retraction of an Interpretation". *The Lancet*, 6 mar. 2004, vol. 363, n. 9.411, p. 750. Dos doze coautores originais que puderam ser contatados, dez se retrataram pelo equívoco do artigo. A revista não conseguiu se comunicar com o 13º coautor, John Linnell. Os dois que não assinaram a nota de retratação foram Andrew Wakefield e Peter Harvey.

318 "Fitness to Practise Panel Hearing". Conselho Geral de Medicina (Reino Unido), 28 jan. 2010.

319 Manisha Patel et al. "Increase in Measles Cases: United States, January 1-April 26, 2019", *Morbidity and Mortality Weekly Report*. Centros de Controle e Prevenção de Doenças dos Estados Unidos (CDCs), 3 maio 2019. Por "erradicada" entende-se a "ausência continuada de transmissão de sarampo por doze meses ou mais numa área geográfica específica".

320 "Worldwide Measles Deaths Climb 50% from 2016 to 2019 Claiming over 207,500 Lives in 2019". Comunicado à imprensa, Organização Mundial da Saúde (OMS), 12 nov. 2020.

321 Naomi Wolf. "'TRUTH' with Robert F. Kennedy, Jr. Featuring Naomi Wolf: Season 2 Episode 21". Children's Health Defense (vídeo), 8 mar. 2021, aos 6min20s.

322 "The Real Anthony Fauci and The Bodies of Others Boxed Set". All Seasons Press. Disponível em www.allseasonspress.com/store/p/the-real-anthony-fauci-

and-the-bodies-of-others-boxed-set, acesso em 12 jan. 2023.

323 Naomi Wolf. *The Bodies of Others: The New Authoritarians, covid-19 and the War Against the Human*. Fort Lauderdale, Flórida: All Seasons, 2022, p. 97; id. "Global Predators and the Assault on Human Freedom: The Naomi Wolf Interview". *The Monica Crowley Podcast*, 25 maio 2022, de 27min42s a 29min12s, disponível em Apple Podcasts.

324 @glowingmamafit, reel do Instagram, 13 set. 2021.

325 "'This Is Rape': Protesters Yell at Parents Walking with Masked Kids at School Event". *CNN News* (vídeo), 8 out. 2021; Andrew Guttman. "Dad Who Decried Antiracism Initiatives at Brearley Urges Parents to Join Fight". *New York Post*, 8 maio 2021; "Digital Hate: Social Media's Role in Amplifying Dangerous Lies About LGBTQ+ People". Center for Countering Digital Hate [Centro de Combate ao Ódio Digital], 10 ago. 2022.

326 "A extinção é um princípio básico do comportamento e tem como finalidade aniquilar ou acabar com comportamentos indesejados. Simplificando: quando um comportamento é reforçado, ele continua, então a extinção tira de cena o reforçador, e o comportamento cessa." Lizzy Engelman. "A Crash Course on Extinction". *ABA Solutions* (blog), 15 jul. 2019.

327 Whitney Ellenby. "Bystanders Were Horrified. But My Son Has Autism, and I Was Desperate". *The Washington Post*, 27 fev. 2018.

328 Aaden Friday. "When You're Autistic, Abuse Is Considered Love". *The Establishment*, 21 mar. 2018.

329 Whitney Ellenby. "Bystanders Were Horrified", op. cit.

330 Ole Ivar Lovaas. "Behavioral Treatment and Normal Educational and Intellectual Functioning in Young Autistic Children". *Journal of Consulting and Clinical Psychology*, 1987, vol. 55, n. 1, p. 8.

331 "Research Funding for Autism in the United States from 2008 to 2023". *Statista*, 8 set. 2022.

332 "Community Report on Autism 2021". Rede Monitoramento de Autismo e Deficiências no Desenvolvimento, Centros de Controle e Prevenção de Doenças dos Estados Unidos (CDCs); "Prevalence of Autism Spectrum Disorders". Rede Monitoramento de Autismo e Deficiências no Desenvolvimento, Centros de Controle e Prevenção de Doenças dos Estados Unidos (CDCs), 30 mar. 2012.

333 Lorna Wing. *The Autistic Spectrum*. Nova ed. atual. Londres: Constable & Robinson, 2002, p. 23.

334 Steve Silberman. *Neurotribes: The Legacy of Autism and the Future of Neurodiversity*. Nova York: Penguin Random House, 2015, pp. 41-43, 421.

335 Laura Hull, K. V. Petrides e William Mandy. "The Female Autism Phenotype and Camouflaging: A Narrative Review". *Review Journal of Autism and Developmental Disorders*, 2020, vol. 7, n. 4, pp. 306-317; Terra Vance. "What's in a Word: Autism and White Privilege". Neuroclastic: The Autism Spectrum According to Autistic People, 2 jun. 2019; David S. Mandell et al. "Race Differences in the Age at Diagnosis Among Medicaid-Eligible Children with Autism". *Journal of the American Academy of Child & Adolescent Psychiatry*, 2002, vol. 41, n. 12, pp. 1.447-1.453.

336 Kristen Lyall et al. "The Changing Epidemiology of Autism Spectrum Disorders". *Annual Review of Public Health*, 2017, vol. 38, n. 1, pp. 81-102.

337 Ben Smee. "When Covid Came to the Anti-Vax Capital of Australia". *The*

Guardian, 13 ago. 2021; "Children Fully Immunised in NSW by Local Government Area 2020-21". NSW Government Health, atualizado em 3 set. 2021; Jennifer King. "Now Diphtheria: Is Northern NSW Incubating Another Australian Health Crisis?". *The Guardian*, 8 jul. 2022.

338 Jenny McCarthy. *Mother Warriors: A Nation of Parents Healing Autism Against All Odds*. Nova York: Penguin, 2009, p. 7.

339 Id. "We're Not an Anti-Vaccine Movement... We're Pro-Safe Vaccine". *Frontline*, PBS, 23 mar. 2015.

340 Id., *Mother Warriors*, op. cit.

341 Eric Garcia. "Tracing America's Covid Vaccine Conspiracies to Autism Fearmongering". MSNBC Opinion, 8 dez. 2021.

342 Milton Friedman com colaboração de Rose D. Friedman. *Capitalism and Freedom*. Ed. comemorativa de 40 anos. Chicago: University of Chicago Press, 2002, p. XIV. [Ed. bras.: *Capitalismo e liberdade*. Trad. de Luciana Carli. São Paulo: Nova Cultural, 1984.]

343 "Fitness to Practise Panel Hearing". Conselho Geral de Medicina.

344 Lorna Wing e David Potter. "The Epidemiology of Autistic Spectrum Disorders: Is the Prevalence Rising?". *Mental Retardation and Developmental Disabilities Research Reviews*, 2002, vol. 8, n. 3, pp. 151-161.

345 Leo Kanner. "Autistic Disturbances of Affective Contact". *Nervous Child*, 1943, n. 2, p. 247.

346 Lorna Wing. *The Autistic Spectrum*, op. cit.

347 *Diagnostic and Statistical Manual of Mental Disorders*. 4. ed. Washington, D.C.: Associação Americana de Psiquiatria (APA), 1994, pp. 954-955.

348 Lorna Wing. "The History of Ideas on Autism: Legends, Myths and Reality". *Autism*, 1997, vol. 1, n. 1, pp. 13-14.

349 Lorna Wing e David Potter. "The Epidemiology of Autistic Spectrum Disorders", op. cit., p. 151.

350 Kristen L. Bone. "Murders Most Foul: Changeling Myths". Helen Gavin (org.). *Women and the Abuse of Power: Interdisciplinary Perspectives*. Bingley, Reino Unido: Emerald, 2022, pp. 31-42.

351 Carl Haffter. "The Changeling: History and Psychodynamics of Attitudes to Handicapped Children in European Folklore". *Journal of the History of the Behavioral Sciences*, 1968, vol. 4, n. 1, p. 57.

352 D. L. Ashliman. "Changelings: An Essay", 1997, seção 6.

353 Ibid., seção 6.

354 "Jenny McCarthy e Holly Robinson Peete Discuss Their Battles with Autism on Oprah". *People*, 18 set. 2007.

355 Steve Silberman. *Neurotribes*, op. cit, p. 42.

356 Mario Holzner e Michael Huberman. "Red Vienna: A Social Housing Experiment, 1923-1933". *Journal of Interdisciplinary History*, 2022, vol. 53, n. 1, pp. 49-88.

357 Tamara Kamatović. "How Vienna's Socialist City Hall Put Children at the Heart of the Welfare State". *Jacobin*, 22 jun. 2020.

358 Apud Tamara Kamatović, "How Vienna's Socialist City Hall...", op. cit.

359 Apud ibid.

360 Edith Sheffer. *Crianças de Asperger: As origens do autismo na Viena nazista*. Trad. de Alessandra Bonrruquer. Rio de Janeiro: Record, 2019, p. 35.

361 Steve Silberman. *Neurotribes*, op. cit., pp. 87-88.

362 Tamara Kamatović. "How Vienna's Socialist City Hall...", op. cit.

363 A expressão é amiúde atribuída ao Partido Nazista, que provavelmente a emprestou do advogado alemão Karl Binding e do psiquiatra Alfred Hoche. Ver Karl Binding e Alfred Hoche, *Permitting the Destruction of Life Unworthy of Life: Its Measure and Form*, trad. de Cristina Modak (Greenwood, Wisconsin: Suzeteo Enterprises, 2012), originalmente publicado em alemão em 1920. Ver também Howard Brody e M. Wayne Cooper, "Binding and Hoche's 'Life Unworthy of Life': A Historical and Ethical Analysis", *Perspectives in Biology and Medicine*, 2014, vol. 57, n. 4, pp. 500-511.

364 Apud Edith Sheffer, *Crianças de Asperger*, op. cit., p. 201.

365 Apud Herwig Czech, "Hans Asperger, National Socialism, and 'Race Hygiene' in Nazi-Era Vienna". *Molecular Autism*, 2018, vol. 9, n. 1, p. 13.

366 Apud Edith Sheffer, *Crianças de Asperger*, op. cit., p. 202.

367 Apud ibid., p. 147.

368 Apud ibid., p. 168.

369 Steve Silberman. *Neurotribes*, op. cit., p. 6.

370 Apud Herwig Czech, "Hans Asperger, National Socialism...", op. cit., p. 16.

371 Ibid., p. 20.

372 Edith Sheffer. *Crianças de Asperger*, op. cit., p. 62.

373 Philip Roth. *Operação Shylock: Uma confissão.* Trad. de Marcos Santarrita. São Paulo: Companhia das Letras, 1994, pp. 55-56.

374 Ibid., p. 57.

375 Edith Sheffer. *Crianças de Asperger*, op. cit., p. 14.

376 Anna N. de Hooge. "Binary Boys: Autism, Aspie Supremacy and Post/Humanist Normativity". *Disability Studies Quarterly*, 2019, vol. 39, n. 1.

PARTE III: TERRAS DAS SOMBRAS

377 *Terra e paz: Antologia poética*. Trad. de Moacir Amâncio. Rio de Janeiro: Bazar do Tempo, 2018.

378 *Amada*. Trad. de José Rubens Siqueira. São Paulo: Companhia das Letras, 2007, p. 59.

Capítulo 11. Calma, conspiração... capitalismo

379 Rodrigo Nunes. "O presente de uma ilusão: Estamos em negação sobre o negacionismo?". In: *Do transe à vertigem: Ensaios sobre bolsonarismo e um mundo em transição*. São Paulo: Ubu, 2022, pp. 65-66.

380 John Berger, comentário de quarta capa, "Advance Praise", *The Shock Doctrine: The Rise of Disaster Capitalism* (website), acesso em 8 nov. 2022.

381 Steve Bannon, apresentador, "Naomi Wolf: The Lies of Pfizer". *War Room: Pandemic* (podcast), 4 maio 2022, aos 41s, postagem na plataforma Rumble; Paul Elias Alexander. "Dr. Wolf: Twitter Ban: Menstrual Dysregualtion [sic] and Serious Fertility Issues After COVID Injection". 30 jul. 2022, aos 11min42s, postagem na plataforma Rumble.

382 Naomi Wolf, entrevista a Steve Bannon, *War Room: Pandemic* (podcast), episódio 1.076, 6 jul. 2021, de 27min17s a 27min35s.

383 "Identifying Conspiracy Theories". Comissão Europeia, acesso em 8 nov. 2022.

384 Naomi Wolf. *O mito da beleza: Como as imagens de beleza são usadas* *contra as mulheres*. 7. ed. Trad. de Waldéa Barcellos. Rio de Janeiro: Rosa dos Tempos, 2019, p. 103.

385 Naomi Wolf. "The Shocking Truth About the Crackdown on Occupy". *The Guardian*, 25 nov. 2011.

386 Katharine Viner. "Stitched Up". *The Guardian*, 1 set. 2001.

387 Paul Elias Alexander. "Dr. Wolf: Twitter Ban", op. cit., aos 16min29s.

388 Jack Bratich, e-mail à autora, 26 out. 2022.

389 Margaret Thatcher, 23 set. 1987, transcrição de uma entrevista a Douglas Key para *Woman's Own*, Fundação Margaret Thatcher.

390 Nikou Asgari. "'A Form of Brainwashing': Why Trump Voters Are Refusing to Have a Vaccine". *Financial Times*, 20 jul. 2021.

391 "Sovereign Citizens Movement". Southern Poverty Law Center [Centro de Direito da Pobreza do Sul], acesso em 8 nov. 2022.

392 Ryan Gingeras. "How the Deep State Came to America". *War on the Rocks*, 4 fev. 2019.

393 Adam Smith. *A riqueza das nações: Investigação sobre sua natureza e suas causas*. Trad. de Luiz João Baraúna. São Paulo: Nova Cultural, 1996, pp. 172-173.

394 Mark Fisher. "Exiting the Vampire Castle". *Open Democracy*, 24 nov. 2013. Republicado com permissão de *The North Star* (data de publicação original: 22 nov. 2013).

395 Marcus Gilroy-Ware. *After the Fact?: The Truth About Fake News*. Londres: Repeater, 2020, p. 169. Grifo do original.

396 Sarah Kendzior. *They Knew: How a Culture of Conspiracy Keeps America Complacent*. Nova York: Flatiron, 2022.

397 Mark Fisher. *Realismo capitalista: É mais fácil imaginar o fim do mundo do que o fim do capitalismo?*. Trad. de Rodrigo Gonsalves, Jorge Adeodato e Maikel da Silveira. São Paulo: Autonomia Literária, 2020, p. 114.

398 "George W. Bush Confuses Iraq with Ukraine in Gaffe". Canal da agência de notícias Associated Press, YouTube, 19 maio 2022.

399 Marcus Gilroy-Ware. *After the Fact?*, op. cit., p. 169.

400 Daisy Hildyard. "The Second Body". *The Learned Pig*, 15 nov. 2017. Excerto de Daisy Hildyard, *The Second Body*. Londres: Fitzcarraldo, 2017.

401 Walter Benjamin. "Theses on the Philosophy of History". Hannah Arendt (org.). *Illuminations: Essays and Reflections*. Londres: Bodley Head, 2015, p. 248. [Ed. bras.: "Sobre o conceito da História". *O anjo da história*. Org. e trad. de João Barrento. Belo Horizonte: Autêntica, 2012, p. 13.]

402 James Baldwin. "The Creative Process". *The Price of the Ticket: Collected Nonfiction 1948-1985*. Nova York: St. Martin's; Marek, 1985, p. 317.

403 Deena Metzger. *La Vieja: A Journal of Fire*. Topanga, Califórnia: Hand to Hand, 2022, p. 1.

Capítulo 12. A única saída é voltar atrás

404 Naomi Wolf. "I'm Not 'Brave'; You're Just a P– y". *Outspoken with Dr. Naomi Wolf*, Substack, 2 mar. 2022.

405 "IPCC Adaptation Report 'a Damning Indictment of Failed Global Leadership on Climate'". *UN News*, 28 fev. 2022.

406 Naomi Wolf. "I'm Not 'Brave'", op. cit.

407 Ibid.

408 Naomi Wolf. "I'm Not 'Brave'", op. cit.

409 Eric Adams @NYCMayor, tuíte, 27 fev. 2022, Twitter.

410 "As COVID Cases Plummet and Vaccination Rates Reach New Heights, Mayor Adams Announces Next Phase of Pandemic Response". NYC: Website Oficial da Cidade de Nova York, 4 mar. 2022.

411 Ann Gerhart. "Who's Afraid of Naomi Wolf?: The List Is Growing Fast Since the 'Promiscuities' Author Turned Gore Adviser". *The Washington Post*, 5 nov. 1999.

412 Naomi Wolf. "A Lost Small Town". *Outspoken with Dr. Naomi Wolf*, Substack, 26 out. 2022.

413 Ryan Clarke. "Newberg School Staffer Shows Up in Blackface, Fired from Position". *Newberg Graphic*, 20 set. 2021; Lars Larson, apresentador, "Lauren Pefferle: NW School Worker Shows Up to Protest Vaccine Mandate... in Blackface". *The Lars Larson Show*, 23 set. 2021, aos 3min18s, disponível em SoundCloud.

414 Tania Thorne. "The Woman Behind Let Them Breathe; the Fight Against School Mask Mandates". KPBS, 20 out. 2021.

415 Eoin Higgins. "Fresh Off Twitter Ban, Naomi Wolf to Headline Anti-Vax 'Juneteenth' Event". *The Flashpoint*, Substack, 8 jun. 2021.

416 Naomi Wolf @DrNaomiRWolf, postagem no Gettr (vídeo), 30 jun. 2022, aos 2min01s e 3min58s.

417 Ibid., 3min11s.

418 April Ehrlich. "Salem Restaurant Buried in Fake Reviews, Hateful Comments Following Naomi Wolf Incident". *Oregon Public Broadcasting*, 1 ago. 2022.

419 Naomi Wolf, postagem no Gettr, 30 jun. 2022, aos 3min32s.

420 Ta-Nehisi Coates. *Entre o mundo e eu*. Trad. de Paulo Geiger. Rio de Janeiro: Objetiva, 2015.

421 Keeanga-Yamahtta Taylor. "American Racism and the Buffalo Shooting". *New Yorker*, 15 maio 2022.

422 Naomi Wolf @DrNaomiRWolf, postagem no Gettr, 14 abr. 2022.

423 "Remains of Children of Kamloops Residential School Discovered". Comunicado à imprensa, Kamloops Indian Band, 21 maio 2021.

424 *Honouring the Truth, Reconciling for the Future: Summary of the Final Report of the Truth and Reconciliation Commission of Canada*. Comissão da Verdade e Reconciliação do Canadá, 2015, p. 1.

425 Ibid., p. 3.

426 Ibid., p. 53.

427 *Canada's Residential Schools: Missing Children and Unmarked Burials: The Final Report of the Truth and Reconciliation Commission of Canada*, vol. 4. Montreal: McGill-Queen's University Press, 2015, p. 15; "Concerted National Action Overdue for All the Children Who Never Came Home from Residential Schools". Comunicado conjunto à imprensa, Centro Nacional para a Verdade e Reconciliação e Centro de História e Diálogo das Escolas Residenciais Indígenas da Universidade da Colúmbia Britânica (UBC), 2 jun. 2021.

428 "Murray Sinclair on the Deaths of Children in Residential Schools, and What Must Be Done to Help Survivors". *The Current*, CBC Radio, 2 jun. 2021, de 5min57s a 6min23s.

429 Carina Xue Luo. "Missing Children of Indian Residential Schools". Centro de Dados Acadêmicos, Biblioteca Leddy, Universidade de Windsor, 6 set. 2022.

430 "Residential Schools in Canada:

Education Guide". *Historica Canada*, vol. 9, acesso em 3 jan. de 2023.

431 Ka'nhehsí:io Deer. "Pope Says Genocide Took Place at Canada's Residential Schools". *CBC News*, 30 jul. 2022.

432 Sean Kilpatrick. "Motion to Call Residential Schools Genocide Backed Unanimously". *Globe and Mail*, 28 out. 2022.

433 George Manuel e Michael Posluns. *The Fourth World: An Indian Reality*. Don Mills, Ontário: Collier-Macmillan Canada, 1974, p. 65.

434 Naomi Klein. "Stealing Children to Steal the Land". *The Intercept*, 16 jun. 2021.

435 Justin Trudeau. "Trudeau Says Canadians 'Must Be Honest' About Country's History in Canada Day Message". Canal Global News, YouTube, 1 jul. 2021, a 1min15s.

436 Edward Said. *Cultura e imperialismo*. Trad. de Denise Bottmann. São Paulo: Companhia das Letras, 2011, p. 11.

437 James Baldwin. *Da próxima vez, o fogo (o racismo nos EUA)*. Trad. de Christiano Monteiro Oiticica. Rio de Janeiro: Biblioteca Universal Popular (BUP), 1967, pp. 89-90.

438 Melissa Tait. "Healing Through Drums". *Globe and Mail*, 29 set. 2022.

439 Mike Otto. "An Idea Turned into a Trucking Convoy for a Cause". *Over the Road Legend* (podcast), 14 jul. 2021, aos 7min16s.

440 Shannon Proudfoot. "Tamara Lich vs. Pat King: A Tale of Two Convoy Protest Leaders". *Globe and Mail*, 4 nov. 2022.

441 Pat King. "Trudeau Is Going to Catch a Bullet... Only Way This Ends Is with Bullets". Vídeo publicado no Streamable, aos 56s.

442 David Bauder. "What Is White Replacement Theory? Police Probe Conspiracy's Role in Buffalo Shooting". *Global News*, 16 maio 2022.

443 "The 'Freedom Convoy' Is Nothing but a Vehicle for the Far Right". Rede Canadense Antiódio, 27 jan. 2022.

444 Peter Smith. "A Holocaust Denier Is Travelling Across Canada Building Up the Country's Newest Far-Right Militia Movement". Rede Canadense Antiódio, 11 jan. 2022.

445 Jesse Wente @JesseWente, tuíte, 17 fev. 2022. A conta foi excluída. Citado com permissão.

446 "Ottawa Occupation Was 'Canada Day Times 1000': Lianne Rood Conservative MP". Canal Women in Canadian Politics [Mulheres na política canadense], YouTube, 2 mar. 2022, aos 18s.

447 Matthew Remski. "Oppression Fantasies of White Anti-Vax Moms". *The Conspirituality Report, Medium*, 1 jun. 2021.

Capítulo 13. O nazista no espelho

448 *Extermine todos os brutos*. Direção: Raoul Peck. Original HBO, 7 abr. 2021.

449 "*Exterminate All the Brutes*: Raoul Peck's Statement of Intent". Canal da HBO, YouTube, 6 abr. 2021.

450 Joseph Conrad. *The Rescue*. Nova York: W. W. Norton, 1968, p. 148.

451 Charles Darwin. *A origem do homem e a seleção sexual*. Trad. de Eugênio Amado. Belo Horizonte: Itatiaia, 2004, p. 135.

452 Sven Lindqvist. *Exterminem todos os malditos: Uma viagem a* Coração das trevas *e à origem do genocídio europeu*. Trad. de Guilherme da Silva Braga. São Paulo: Fósforo, 2023, p. 20.

453 Apud Nikolaus Wachsmann, *KL: A History of the Nazi Concentration Camps*. Londres: Little Brown, 2016, pp. 6-7.

454 Bedford Pim. *The Negro and Jamaica*. Londres: Trübner, 1866, p. 63.

455 Phillip Reilly. *The Surgical Solution: A History of Involuntary Sterilization in the United States*. Baltimore: Johns Hopkins University Press, 1991.

456 Apud James Q. Whitman, *Hitler's American Model: The United States and the Making of Nazi Race Law*. Princeton, New Jersey: Princeton University Press, 2017, p. 9.

457 Apud David Blackbourn, *The Conquest of Nature: Water, Landscape, and the Making of Modern Germany*. Nova York: W. W. Norton, 2006, p. 303.

458 H. R. Trevor-Roper (org.). *Hitler's Table Talk 1941-1944: His Private Conversations*. Trad. de Norman Cameron e R. H. Stevens. Nova York: Enigma, 2000, p. 69.

459 Ibid., p. 34.

460 Sven Lindqvist. *Exterminem todos os malditos*, op. cit., p. 220.

461 Ibid., p. 235.

462 W. E. B. Du Bois. *The World and Africa: An Inquiry into the Part Which Africa Has Played in World History*. Nova York: International Publishers, 1965, p. 23.

463 Aimé Césaire. *Discurso sobre o colonialismo*. Trad. de Claudio Willer. São Paulo: Veneta, 2020, p. 18.

464 Ibid., p. 18.

465 Sven Lindqvist. *Exterminem todos os malditos*, op. cit., pp. 28-29.

466 Rinaldo Walcott. *On Property: Policing, Prisons, and the Call for Abolition*. Windsor: Biblioasis, 2021, p. 13.

467 Nomi Kaltmann. "The Courage of William Cooper". *Tablet*, 26 jan. 2021.

468 Sven Lindqvist. *"Exterminate All the Brutes": One Man's Odyssey into the Heart of Darkness and the Origins of European Genocide*. Londres: Granta, 1997, p. x. [Ed. bras.: *Exterminem todos os malditos*, op. cit.]

469 Olúfẹ́mi O. Táíwò. *Reconsidering Reparations*. Nova York: Oxford University Press, 2022, p. 199.

470 Jacqueline Rose. *Proust Among the Nations: From Dreyfus to the Middle East*. Chicago: University of Chicago Press, 2011, p. 120.

471 Dana Kennedy. "'Biggest Fake News Story in Canada': Kamloops Mass Grave Debunked by Academics". *New York Post*, 27 maio 2022.

472 Maxine Joselow. "Suspect in Buffalo Rampage Cited 'Ecofascism' to Justify Actions". *The Washington Post*, 17 maio 2022.

473 Julian Brave NoiseCat @jnoisecat, tuíte, 16 maio 2022, Twitter.

Capítulo 14. O indissociável duplo étnico

474 Jeet Heer @HeerJeet, tuíte, 20 mar. 2021, Twitter.

475 Hannah Arendt. *Compreender: Formação, exílio e totalitarismo – Ensaios 1930-1954*. Trad. de Denise Bottmann. São Paulo: Companhia das Letras; Belo Horizonte: Ed. UFMG, 2008, p. 41.

476 Omar Sakr @omarsakrpoet, tuíte, 29 mar. 2022, Twitter.

477 Apud Hannah Arendt, *Origens do totalitarismo: Antissemitismo, imperialismo, totalitarismo*. Trad. de Roberto Raposo. São Paulo: Companhia das Letras, 2012, p. 106.

478 Jean-Paul Sartre. *A questão judaica*. Trad. de Mário Vilela. São Paulo: Ática, 1995, p. 46. O original, em francês

[*Réflexions sur la question juive*], foi escrito em 1944 e publicado em livro em 1946.

479 W. E. B. Du Bois. "Strivings of the Negro People". *The Atlantic*, ago. 1897.

480 June Jordan. "I Must Become a Menace to My Enemies". *Things That I Do in the Dark: Selected Poetry*. Boston: Beacon, 1981 [1977], p. 144. Ed. bras.: "Eu devo me tornar uma ameaça para os meus inimigos". Lubi Prates (org.). *Você lembrará seus nomes: Antologia de poetas negras dos Estados Unidos do século* XX. Rio de Janeiro: Bazar do Tempo, 2023, p. 110.

481 Grace Ebert. "I'm Not a Look-Alike: Hundreds of Unrelated Doppelgängers Sit for François Brunelle's Uncanny Portraits". *Colossal*, 9 fev. 2022.

482 Richard Evans. *A chegada do Terceiro Reich*. 2. ed. Trad. de Lúcia Brito. São Paulo: Planeta, 2014, p. 228.

483 Robert Weinberg. "Workers, Pogroms, and the 1905 Revolution in Odessa". *Russian Review*, jan. 1987, vol. 46, n. 1, p. 53.

484 Ibid., pp. 63-64.

485 Ibid., p. 75.

486 Henry Rosenthal. "Eleanor Marx: 'I Am a Jewess'". *Jews, Marxism and the Workers Movement*, Arquivos Marxistas na Internet.

487 Carta a Émile Vandervelde, 8 out. 1910. Georg Adler, Peter Hudis e Annelies Laschitza (orgs.). *The Letters of Rosa Luxemburg*. Londres: Verso, 2011, p. 295.

488 Apud Alan Johnson, "Leon Trotsky's Long War Against Antisemitism". *Fathom*, mar. 2019.

489 Apud ibid.

490 Enzo Traverso. *The Jewish Question: History of a Marxist Debate*. Trad. de Bernard Gibbons. Leiden: Brill, 2019.

491 Karl Marx. *Crítica da filosofia do direito de Hegel*. 2. ed. rev. Trad. de Rubens Enderle e Leonardo de Deus. São Paulo: Boitempo, 2010, p. 145.

492 Antony Polonsky. "The Bund in Polish Political Life, 1935-1939". Ezra Mendelsohn (org.). *Essential Papers on Jews and the Left*. Nova York: New York University Press, 1997, p. 172.

493 Walter Benjamin. *Gesammelte Schriften*. Org. de Rolf Tiedemann e Hermann Schweppenhäuser. Frankfurt: Suhrkamp, 1991, p. 838.

494 Dana Mills. "Lessons from the Life of Rosa Luxemburg". Verso (blog), 5 mar. 2021.

495 Irving Abella e Harold Troper. *None Is Too Many: Canada and the Jews of Europe, 1939-1948*. Toronto: Universidade de Toronto, 2017.

496 Abraham Leon. *Concepção materialista da questão judaica*. Trad. de Sônia Rangel. São Paulo: Global, 1981, p. 163.

497 Ibid., p. 159.

498 Ibid., p. 163.

499 Enzo Traverso. *The Jewish Question*, op. cit., p. XV.

500 Caroline Rooney. "Prison Israel-Palestine: Literalities of Criminalization and Imaginative Resistance". *Journal of Postcolonial Writing*, 2014, vol. 50, n. 2, p. 134.

501 Diana Muir. "A Land Without a People for a People Without a Land". *Middle East Quarterly*, primavera 2008, vol. 15, n. 2, pp. 55-62.

502 Alan George. "'Making the Desert Bloom': A Myth Examined". *Journal of Palestine Studies*, inverno 1979, vol. 8, n. 2, p. 88.

503 I. F. Stone. *Underground to Palestine*. Nova York: Boni & Gaer, 1946, p. 221.

504 Id., "Holy War". Karl Weber (org.). *The Best of I. F. Stone*. Nova York: Public Affairs, 2006, p. 235.

505 Apud Rashid Khalidi, *Palestinian Identity: The Construction of Modern National Consciousness*. Nova York: Columbia University Press, 1997, p. 147.

506 Mahmud Darwish. *Da presença da ausência*. Trad. de Marco Calil. Rio de Janeiro: Tabla, 2020.

507 Yousef Al Jamal. "JNF Greenwashing as a Means to Hide Ethnic Cleansing in Palestine". *Politics Today*, 14 fev. 2022.

508 Edward Said. *The Pen and the Sword: Conversations with David Barsamian*. Monroe, Maine: Common Courage Press, 1994, p. 53; Bryan Cheyette. "A Glorious Achievement: Edward Said and the Last Jewish Intellectual". Tobias Doring e Mark U. Stein (orgs.). *Edward Said's Translocations*. Nova York: Routledge, 2012, p. 78.

509 Joseph Massad. "Affiliating with Edward Said". Adel Iskandar e Hakem Rustom (orgs.). *Edward Said: A Legacy of Emancipation and Representation*. Berkeley: University of California Press, 2010, p. 33.

510 Caroline Rooney. "Prison Israel-Palestine", op. cit., p. 134.

511 Natasha Roth-Rowland. "Land Grabs. Homophobia. Radicalized Police: What to Expect from Israel's Far-Right Government". *+972 Magazine*, 29 dez. 2022.

512 Jacqueline Rose. "Nation as Trauma, Zionism as Question: Jacqueline Rose Interviewed". *openDemocracy*, 17 ago. 2005.

513 *A cidade e a cidade*. Trad. de Fábio Fernandes. São Paulo: Boitempo, 2014.

514 "General Briefing: Palestinian Political Prisoners in Israeli Prisons". Associação Addameer de Defesa dos Presos Palestinos e dos Direitos Humanos.

515 "Key Figures on the 2014 Hostilities". Escritório das Nações Unidas para a Coordenação de Assuntos Humanitários (OCHA), 23 jun. 2015.

516 "50 Days: More Than 500 Children: Facts and Figures on Fatalities in Gaza, Summer 2014". B'Tselem, 20 jul. 2016.

517 L. Finch. "How a Jewish-American Author's Facebook Page Became a Hub for Citizen Reporting on Gaza". *Global Voices*, 5 ago. 2014.

518 Naomi Wolf, postagem no Facebook, 21 jul. 2014.

519 Shmuley Boteach. "Naomi Wolf's Allegations of an Israeli Genocide Fuel Anti-Semitism". *Jerusalem Post*, 10 set. 2014.

520 Rachel Cooke. "Naomi Wolf: 'We're in a Fight for Our Lives and for Democracy". *The Guardian*, 19 maio 2019.

521 "Security Consultant Shares Insider Tips on Self-Defense". Canal *DailyClout*, YouTube, 19 maio 2022, de 6min32s a 6min43s; Vincent M. Mallozzi. "An Author and Investigator Find Comfort in Each Other". *The New York Times*, 24 nov. 2018.

522 Philip Roth. *O complexo de Portnoy*. Trad. de Paulo Henriques Britto. São Paulo: Companhia das Letras, 2004, p. 77.

523 Corey Robin. "Arendt and Roth: An Uncanny Convergence". *New York Review*, 12 maio 2021.

524 Philip Roth. *Operação Shylock: Uma confissão*. Trad. de Marcos Santarrita. São Paulo: Companhia das Letras, 1994, p. 98.

525 Ibid., p. 73.

526 Ibid., p. 113.

527 Philip Roth. *Operação Shylock*, op. cit., p. 319.

528 Ibid., p. 313.

529 Id. "Writing About Jews". *Commentary*, dez. 1963.

530 Naomi Wolf @DrNaomiRWolf, postagem no Gettr, 13 maio 2022.

531 Ibid.

532 Naomi Wolf @DrNaomiRWolf, postagem no Gettr, 14 maio 2022.

533 Naomi Wolf @DrNaomiRWolf, postagem no Gettr (vídeo), 24 maio 2022.

534 Naomi Wolf. "Rethinking the Second Amendment". *Outspoken with Dr. Naomi Wolf*, Substack, 4 jun. 2022.

535 Naomi Wolf, postagem no Facebook, 21 jul. 2014.

536 Naomi Wolf. *The Bodies of Others: The New Authoritarians, Covid-19 and the War Against the Human*. Fort Lauderdale, Flórida: All Seasons, 2022, p. 47; Joseph Mercola. "The Last Stage of a Tyrannical Takeover: Interview with Naomi Wolf". *Bitchute* (vídeo), 1 jun. 2022, aos 13min56s.

537 Steve Bannon, apresentador, "'We Are at War': Naomi Wolf Breaks Down the WHO's Plan to Seize Power". *War Room: Pandemic* (podcast), 12 maio 2022, aos 5min13s, postagem na plataforma Rumble.

PARTE IV: ENCARANDO O REAL

Capítulo 15. Des-eu-ização

538 "Special Report: Global Warming of 1.5 °C". Painel Intergovernamental sobre Mudanças Climáticas, 2018; Jonathan Watts. "We Have 12 Years to Limit Climate Change Catastrophe, Warns UN". *The Guardian*, 8 out. 2018.

539 "Nevada Caucuses 2020: Live Election Results". *The New York Times*, 24 fev. 2020.

540 Matthew Brown. "US Drilling Approvals Increase Despite Biden Climate Pledge". Associated Press, 12 jul. 2021; "New Data: Biden's First Year Drilling Permitting Stomps Trump's by 34%". Comunicado à imprensa, Centro para Diversidade Biológica, 21 jan. 2022.

541 Daisy Hildyard. "The Second Body". *The Learned Pig*, 15 nov. 2017, excerto de Daisy Hildyard, *The Second Body* (Londres: Fitzcarraldo, 2017).

542 Eve Auchincloss e Nancy Lynch. "Disturber of the Peace: James Baldwin: An Interview/1969". Fred L. Standley e Louis H. Pratt (orgs.). *Conversations with James Baldwin*. Jackson: University Press of Mississippi, 1989, p. 73.

543 *The Magnitude of All Things*. Direção: Jennifer Abbott. National Film Board of Canada, 2020, aos 55min11s.

544 Ibid., aos 48min38s.

545 Iris Murdoch. *The Sovereignty of Good*. Nova York: Schocken, 1971, p. 84. [Ed. bras.: *A soberania do Bem*. Trad. de Julián Fuks. São Paulo: Ed. Unesp, 2013.]

546 *The Magnitude of All Things*, op. cit., aos 43min13s.

547 *O duplo*. Direção: Richard Ayoade. Magnolia Pictures, 2014, a 1h26min52s.

548 Helena de Bres. "It's Not You, It's Me". *The Point*, 23 set. 2019.

549 john a. powell, entrevista a Ivan Natividad, "To End White Supremacy, Attack Racist Policy, Not People". *Berkeley News*, 25 jan. 2021.

550 Eve L. Ewing. "Mariame Kaba: Everything Worthwhile Is Done with Other People". *Adi Magazine*, outono 2019.

551 Arielle Angel. "Beyond Grievance". *Jewish Currents*, verão 2022.

552 Keeanga-Yamahtta Taylor, conversa com a autora, 17 out. 2022.

553 John Berger. "The Nature of Mass Demonstrations". *International Socialism*, outono 1968, série 1, n. 34, pp. 11-12.

554 Bridget Read. "The Bernie Rally Felt So Much Bigger Than Bernie". *The Cut*, 21 out. 2019; Bernie Sanders. "Bernie's Back Rally with AOC in New York". Canal de Bernie Sanders, YouTube, 19 out. 2019, a 2h47min27s.

555 Sigmund Freud. "O inquietante", op. cit., 2010, p. 353.

556 Keeanga-Yamahtta Taylor, conversa com a autora, 17 out. 2022.

557 Sally Weintrobe. *Psychological Roots of the Climate Crisis: Neoliberal Exceptionalism and the Culture of Uncare*. Nova York: Bloomsbury Academic, 2021, p. 13.

558 Rosa Luxemburgo. *Socialism or Barbarism: Selected Writings*. Org. de Paul Le Blanc e Helen C. Scott. Londres: Pluto, 2010.

559 Naomi Klein. "Dancing the World into Being: A Conversation with Idle No More's Leanne Simpson". *Yes Magazine*, 6 mar. 2013.

560 Sunaura Taylor. "Age of Disability". *Orion*, 9 nov. 2021.

561 Ibid.

Epílogo: Quem é o duplo?

562 *Killing Us Softly: Advertising's Image of Women*. Direção: Margaret Lazarus e Renner Wunderlich. Com participação de Jean Kilbourne. Media Education Foundation, 1979.

563 *O duplo*. Direção: Richard Ayoade. Magnolia Pictures, 2014, aos 41min23s.

564 Lisa Hix. "Did Father Know Best? In Her New Book, Third Wave Feminist Naomi Wolf Reconsiders Her Bohemian Upbringing". *San Francisco Chronicle*, 19 jun. 2005, via SFGate.

565 Philip Roth. *Operação Shylock: Uma confissão*. Trad. de Marcos Santarrita. São Paulo: Companhia de Bolso, 2017, p. 328.

Índice remissivo

Sobre a autora

A premiada jornalista e documentarista canadense Naomi Klein é autora de livros best-seller do *New York Times* como *Sem logo*, *A doutrina do choque*, *Tudo pode mudar*, *Não basta dizer não* e *Em chamas*, que foram traduzidos em mais de 35 idiomas. É professora associada do Departamento de Geografia da Universidade da Colúmbia Britânica (UBC), mesma instituição em que é codiretora-fundadora do Centro para Justiça Climática, e professora honorária de Mídia e Clima na Universidade Rutgers. Klein recebeu vários títulos e doutorados honorários, foi laureada com o Prêmio Sydney da Paz em 2016 e indicada ao Emmy. O jornal inglês *The Guardian* escolheu *Sem logo* como um dos cem melhores livros de não ficção de todos os tempos, e a revista *Time* escolheu *Sem logo* como um dos cem melhores livros de não ficção publicados desde 1923.

Klein dá inúmeras aulas e palestras, escreve uma coluna para o *Guardian* reproduzida em diversos outros periódicos, e seus textos já apareceram nas principais publicações do mundo. *Doppelgänger* é seu nono livro. Best-seller imediato do *New York Times*, ganhou o prêmio Women's Prize de Não Ficção 2024 e entrou para a lista de melhores livros do ano do *New York Times*, *Guardian*, *Time* e *Slate*. Foi traduzido para mais de 30 idiomas.

naomiklein.org

EDIÇÃO DE TEXTO Julia Bussius
PREPARAÇÃO Karina Okamoto
REVISÃO Ricardo Jensen de Oliveira, Huendel Viana e Tamara Sender
PROJETO GRÁFICO DE CAPA CS Richardson
IMAGEM DA CAPA Kourosh Keshiri
PROJETO GRÁFICO DE MIOLO Laura Lotufo

DIREÇÃO EXECUTIVA Fabiano Curi
DIREÇÃO EDITORIAL Graziella Beting
PRODUÇÃO GRÁFICA Lilia Góes
RELAÇÕES INSTITUCIONAIS E IMPRENSA Clara Dias
COMERCIAL Fábio Igaki
ADMINISTRATIVO Lilian Périgo
ATENDIMENTO AO CLIENTE Roberta Malagodi
DIVULGAÇÃO/LIVRARIAS E ESCOLAS Rosália Meirelles

CAR
AMB
AIA

EDITORA CARAMBAIA
Av. São Luís, 86, cj. 182
01046-000 São Paulo SP
contato@carambaia.com.br
www.carambaia.com.br

Título original: *Doppelganger: A Trip into the Mirror World* [Nova York, 2023]

1ª reimpressão, 2025

CIP-BRASIL. CATALOGAÇÃO NA PUBLICAÇÃO
SINDICATO NACIONAL DOS EDITORES DE LIVROS, RJ

K72d
Klein, Naomi, 1970-
Doppelgänger: uma viagem através do Mundo-Espelho /
Naomi Klein ; tradução Renato Marques ; posfácio Rodrigo Nunes.
1. ed., 1. reimpr. – São Paulo : Carambaia, 2024.
480 p. ; 23 cm.

Tradução de: *Doppelganger: A Trip into the Mirror World*
ISBN 978-65-5461-077-3

1. Klein, Naomi, 1970 – Visão política e social. 2. Wolf, Naomi – Visão política e social. 3. Identidade (Psicologia) – Aspectos sociais. 4. Sósias – Aspectos sociais. 5. Teorias da conspiração. 6. COVID-19, Pandemia de, 2020-2023 – Aspectos sociais. 7. Direita e esquerda (Ciência política). 8. Comunicação de massa. 9. Mídias digitais – Aspectos morais e éticos. I. Marques, Renato. II. Nunes, Rodrigo. III. Título

24-93228 CDD: 302.231 CDU: 316.774:004.738.5
Meri Gleice Rodrigues de Souza – Bibliotecária CRB-7/6439

Fonte
Antonia

Papel
Pólen Bold 70 g/m²

Impressão
Rettec